CONTENTS

CONTENTS

PUNTOS DE ENCUENTRO: A CROSS-CULTURAL APPROACH TO ADVANCED SPANISH

REVISED EDITION

María J. de la Fuente and Beatriz Cobeta

cognella®
academic publishing

Bassim Hamadeh, CEO and Publisher
Michael Simpson, Vice President of Acquisitions
Jamie Giganti, Managing Editor
Jess Busch, Graphic Design Supervisor
Marissa Del Fierro, Acquisitions Editor
Jessica Knott, Senior Project Editor
Luiz Ferreira, Licensing Associate

First published in the United States of America in 2014 by Cognella, Inc.

Printed in the United States of America

ISBN: 978-1-62661-679-0 (pbk) / 978-1-62661-680-6 (br) / 978-1-63189-340-7 (hc)

www.cognella.com   800-200-3908

SCOPE AND SEQUENCE

	ENFOQUE 1	ENFOQUE 2	ENFOQUE 3
1 **CULTURAS PREHISPÁNICAS, COLONIZACIÓN E INDEPENDENCIAS**	**LAS CIVILIZACIONES PREHISPÁNICAS** PERSPECTIVA LINGÜÍSTICA Gramática 1-1, 1-2 PERSPECTIVAS INTERCULTURALES • Los primeros americanos • Aportaciones de los pueblos indígenas MANIFESTACIONES ARTÍSTICAS • Literatura indígena: el *Popol Vuh* • Música indígena	**EL ENCUENTRO DE DOS MUNDOS Y LA COLONIZACIÓN** PERSPECTIVA LINGÜÍSTICA Gramática 1-1, 1-2, 1-3, 1-4 PERSPECTIVAS INTERCULTURALES • El mestizaje • La esclavitud: esclavos indígenas, esclavos africanos MANIFESTACIONES ARTÍSTICAS • Pablo Neruda: *Canto General* • Música folclórica de raíces africanas: el son y el candombe	**LOS PROCESOS DE INDEPENDENCIA** PERSPECTIVA LINGÜÍSTICA Gramática 1-1, 1-2, 1-3, 1-4 PERSPECTIVAS INTERCULTURALES • Después de las independencias • Simón Bolívar y EE.UU. MANIFESTACIONES ARTÍSTICAS • El muralismo mexicano: Diego Rivera • José Martí (Cuba)
2 **DICTADURAS Y DEMOCRACIAS**	**ARGENTINA, CHILE Y URUGUAY: DE LA DICTADURA A LA DEMOCRACIA** PERSPECTIVA LINGÜÍSTICA Gramática 2-1, 2-2 PERSPECTIVAS INTERCULTURALES • Las violaciones de derechos humanos • La Operación Cóndor MANIFESTACIONES ARTÍSTICAS • Cine argentino sobre la dictadura • La novela del dictador y Mario Vargas Llosa	**LA REVOLUCIÓN CUBANA** PERSPECTIVA LINGÜÍSTICA Gramática 2-1, 2-2, 2-3, 2-4 PERSPECTIVAS INTERCULTURALES • Derechos humanos en Cuba • La migración cubana a EE.UU. MANIFESTACIONES ARTÍSTICAS • El escritor cubano Reinaldo Arenas • La Nueva Trova Cubana	**ESPAÑA: GUERRA CIVIL, DICTADURA Y DEMOCRACIA** PERSPECTIVA LINGÜÍSTICA Gramática 2-1, 2-4 PERSPECTIVAS INTERCULTURALES • La censura cultural • Las relaciones entre España y EE.UU. (1936–1978) MANIFESTACIONES ARTÍSTICAS • Pablo Picasso y *Guernica* • Los poetas Federico García Lorca y Rafael Alberti
3 **ESPAÑA HOY**	**ORGANIZACIÓN POLÍTICA Y SOCIEDAD** PERSPECTIVA LINGÜÍSTICA Gramática 3-1 PERSPECTIVAS INTERCULTURALES • La inmigración • El Movimiento 15-M y Occupy Wall Street MANIFESTACIONES ARTÍSTICAS • Música sobre inmigración e integración • El cine de Pedro Almodóvar	**COMUNIDADES AUTÓNOMAS, NACIONALISMOS E INDEPENDENTISMOS** PERSPECTIVA LINGÜÍSTICA Gramática 3-1, 3-2, 3-3 PERSPECTIVAS INTERCULTURALES • Lenguas oficiales • Movimientos independentistas en EE.UU. MANIFESTACIONES ARTÍSTICAS • El arte vasco y la escultura de Eduardo Chillida • El flamenco (música y baile)	**ESPAÑA EN EL MUNDO** PERSPECTIVA LINGÜÍSTICA Gramática 3-2, 3-4 PERSPECTIVAS INTERCULTURALES • Patriotismo, identidad y deporte • Españoles en EE.UU. MANIFESTACIONES ARTÍSTICAS • Escritores con proyección internacional: Arturo Pérez-Reverte • La arquitectura de Santiago Calatrava

LECTURA Y ESCRITURA	¡A DEBATE!	GRAMÁTICA
EL ENSAYO ARGUMENTATIVO (I) • Uso del diccionario bilingüe • Los conectores discursivos **TEXTO** *El juego de espejos del 12 de octubre,* de Miguel León Portilla **EL BLOG (I)** • El resumen • Conectores para secuenciar y contraargumentar	**RECURSOS PARA DEBATIR** • La expresión del acuerdo y el desacuerdo **TEMA DE DEBATE** ¿Debe España pedir disculpas por la colonización?	1-1. Uso del pretérito y el imperfecto 1-2. Uso del pluscuamperfecto 1-3. Fechas, años y siglos 1-4. Marcadores para situar eventos en el tiempo
EL ENSAYO ARGUMENTATIVO (II) • Organización textual: la introducción y la conclusión • Los referentes discursivos • Vocabulario: campos semánticos y familias léxicas **TEXTO** *España es diferente,* de Almudena Grandes **EL BLOG (II)** • La conclusión • La acentuación	**RECURSOS PARA DEBATIR** • La contraargumentación **TEMA DE DEBATE** ¿Se puede justificar un régimen autoritario si puede solucionar los problemas económicos y sociales?	2-1. Uso de las construcciones pasivas 2-2. Uso del condicional en el pasado 2-3. Perífrasis verbales 2-4. Comparaciones
EL ENSAYO ARGUMENTATIVO (III) • La tesis y las ideas de apoyo • La unidad del texto **TEXTO** *La política internacional de España,* de Felipe González **EL BLOG (III)** • La tesis y las ideas de apoyo • La puntuación y la ortografía	**RECURSOS PARA DEBATIR** • La expresión de la posibilidad, la duda o el escepticismo **TEMA DE DEBATE** ¿Es el sistema electoral español más justo que el sistema de EE.UU.?	3-1. Uso del subjuntivo en cláusulas nominales 3-2. Uso del subjuntivo en cláusulas de finalidad 3-3. Uso del subjuntivo en cláusulas de tiempo 3-4. Uso de *ser* y *estar*

SCOPE AND SEQUENCE

SCOPE AND SEQUENCE

	ENFOQUE 1	ENFOQUE 2	ENFOQUE 3
4 **LA AMÉRICA** **HISPANOHABLANTE HOY (I)**	**INDÍGENAS Y MOVIMIENTOS INDÍGENAS** PERSPECTIVA LINGÜÍSTICA Gramática 4-1, 4-2, 4-3 PERSPECTIVAS INTERCULTURALES • Lenguas originarias en peligro • Los indígenas en EE.UU. MANIFESTACIONES ARTÍSTICAS • Novela indigenista: Juan Rulfo • La pintura de Oswaldo Guayasamín	**EL MAPA POLÍTICO DE AMÉRICA LATINA** PERSPECTIVA LINGÜÍSTICA Gramática 4-2, 4-3, 4-4 PERSPECTIVAS INTERCULTURALES • Mujeres en la política • Las relaciones de EE.UU. con América Latina MANIFESTACIONES ARTÍSTICAS • Mario Benedetti: *El Sur también existe* • La música de Calle 13	**LA VIOLENCIA EN AMÉRICA LATINA** PERSPECTIVA LINGÜÍSTICA Gramática 4-2, 4-3, 4-4 PERSPECTIVAS INTERCULTURALES • La narcocultura • Las armas de fuego en EE.UU. y Latinoamérica MANIFESTACIONES ARTÍSTICAS • La representación de la violencia en la pintura (Fernando Botero) y en el cine (México y Colombia)
5 **LA AMÉRICA** **HISPANOHABLANTE HOY (II)**	**DESARROLLO MEDIOAMBIENTAL** PERSPECTIVA LINGÜÍSTICA Gramática 5-1, 5-2 PERSPECTIVAS INTERCULTURALES • El parque nacional Yasuní ITT (Ecuador) • El Patrimonio Natural de la Humanidad MANIFESTACIONES ARTÍSTICAS • Dos arquitectos: Rafael Viñoly y Rogelio Salmona • Maná: música y medioambiente	**DESARROLLO ECONÓMICO Y DESARROLLO HUMANO** PERSPECTIVA LINGÜÍSTICA Gramática 5-3, 5-4 PERSPECTIVAS INTERCULTURALES • Democracia digital y educación: El Plan Ceibal • El servicio en EE.UU. y en Latinoamérica MANIFESTACIONES ARTÍSTICAS • Música y desarrollo: Gustavo Dudamel y El Sistema • El escritor Eduardo Galeano	**CIENCIA, TECNOLOGÍA E INNOVACIÓN** PERSPECTIVA LINGÜÍSTICA Gramática 5-1, 5-2, 5-3, 5-4 PERSPECTIVAS INTERCULTURALES • El poder de los blogs • La 'fuga de cerebros' MANIFESTACIONES ARTÍSTICAS • Tres directores de cine mexicanos • La corriente literaria McOndo
6 **LA POBLACIÓN LATINA** **EN ESTADOS UNIDOS**	**HISPANOS/LATINOS EN EE.UU.** PERSPECTIVA LINGÜÍSTICA Gramática 6-1, 6-2 PERSPECTIVAS INTERCULTURALES • César Chávez y el Movimiento Chicano • El Mes de la Herencia Hispana MANIFESTACIONES ARTÍSTICAS • La representación de los hispanos en el cine • Escritoras latinas: Esmeralda Santiago y Julia Álvarez	**LA INMIGRACIÓN A EE.UU.** PERSPECTIVA LINGÜÍSTICA Gramática 6-1, 6-2, 6-3 PERSPECTIVAS INTERCULTURALES • Las remesas • Ciudades fronterizas MANIFESTACIONES ARTÍSTICAS • Música sobre la migración • La migración hispana en el cine	**EL ESPAÑOL EN EE.UU. Y EL BILINGÜISMO** PERSPECTIVA LINGÜÍSTICA Gramática 6-1, 6-3, 6-4 PERSPECTIVAS INTERCULTURALES • El estudio del español en EE.UU. • El 'spanglish' MANIFESTACIONES ARTÍSTICAS • Escritores hispanos: bilingüismo y biculturalismo. Junot Díaz y Sandra Cisneros • La música latina en EE.UU.

LECTURA Y ESCRITURA	¡A DEBATE!	GRAMÁTICA
EL ENSAYO ARGUMENTATIVO (IV) • La causa y la consecuencia • Conectores de causa y consecuencia • La contraargumentación TEXTO *El otro estado*, de Mario Vargas Llosa EL BLOG (IV) • Relaciones de causa y consecuencia • El título	RECURSOS PARA DEBATIR • Apoyar el punto de vista con ejemplos • Apoyar el punto de vista con argumentos de autoridad TEMA DE DEBATE A favor o en contra de la posesión de armas de fuego	4-1. Verbos reflexivos 4-2. Diferencia entre verbos reflexivos y construcciones pasivas con *se* 4-3. Adverbios terminados en *-mente* 4-4. Verbos como *gustar*
EL ENSAYO ARGUMENTATIVO (V) • La comparación y el contraste • Conectores de comparación y contraste TEXTO *Menos pobres, sí, pero...*, de Andrés Oppenheimer EL BLOG (V) • Relaciones de comparación y contraste	RECURSOS PARA DEBATIR • Indicar falta de comprensión y pedir clarificaciones • Clarificar • Intervenir TEMA DE DEBATE Objetivos del Milenio: ¿optimismo o pesimismo?	5-1. Uso del imperfecto de subjuntivo para hablar del pasado (construcciones sustantivas) 5-2. Uso del imperfecto de subjuntivo para hablar de situaciones hipotéticas (construcciones sustantivas) 5-3. Construcciones relativas 5-4. Uso del subjuntivo en construcciones relativas
EL ENSAYO ARGUMENTATIVO (VI) • Los datos y las citas • Las preguntas retóricas TEXTO *Los Estados Unidos por dos lenguas*, de Carlos Fuentes EL BLOG (VI) • Uso de citas y datos • Uso de preguntas retóricas	RECURSOS PARA DEBATIR • Referirse a aspectos de un tema • Expresar el significado o consecuencia de un dato específico TEMA DE DEBATE A favor o en contra de la oficialización del inglés en Estados Unidos	6-1. El estilo indirecto: referir las palabras de otros 6-2. Las preguntas indirectas 6-3. Construcciones condicionales con indicativo vs. subjuntivo 6-4. Uso del pluscuamperfecto de subjuntivo y el condicional compuesto

INTRODUCTION TO *PUNTOS DE ENCUENTRO*: A CROSS-CULTURAL APPROACH TO ADVANCED SPANISH

Puntos de encuentro is an innovative Spanish textbook that promotes college language learners' development of Advanced Spanish language proficiency and cross-cultural competence. Heavily informed by research on advanced foreign language learning, this textbook addresses the "advanced language challenge": i.e. the difficulty of many college Spanish learners to use the language at advanced levels of performance after three years of college foreign language study. It also rethinks third-year Spanish language study by replacing traditional composition/conversation models with a broader approach to language and culture. The result is a more comprehensive Spanish program.

The premise of *Puntos de encuentro* is that Advanced Spanish proficiency can be best achieved by using a *content-based* approach that views language as discourse, enhances the development of cross-cultural awareness, and bases pedagogical practice on a *task-based* framework.

CONTENT-BASED LANGUAGE INSTRUCTION

Content-based language instruction combines language learning and content learning objectives. Language acquisition research shows that this approach has the potential to promote and accelerate language learning by increasing opportunities for meaningful exposure to, and use of the target language. Due to its focus on content, it also promotes critical thinking and the development of cross-cultural knowledge. Studies reporting on integration of content and language learning in college foreign language instruction at the advanced level show similar benefits for students: increased proficiency in the L2, greater and more critical understanding of contents, and more confidence in comprehension and production skills. This framework is considered a perfect fit for current, theoretically driven instructional approaches to language teaching, such as cooperative learning and task-based learning.

Puntos de encuentro represents a truly content-based, Advanced Spanish language program because it accomplishes a real integration of language and content, rather than presenting grammar as an "add-on" to each lesson. A careful selection of cultural themes and contents representing the Spanish-speaking world is perfectly aligned with Advanced Spanish language grammatical, functional, and discursive contents. These contents were the basis for the design of communicative tasks that allow students to process both language and cultural content at higher levels, which in turn results in important gains in fluency and accuracy of oral production.

CROSS-CULTURAL COMPETENCE

Puntos de encuentro follows a content syllabus that constitutes an overview of the full breath of Spanish-speaking cultures and societies. A unique characteristic is its treatment of the content.

According to a 2007 report of the Modern Language Association's Ad Hoc Committee on Foreign Languages, entitled *Foreign Languages and Higher Education: New Structures for a Changed World*, the goal of advanced language learning should be the acquisition of "translingual and transcultural competence". Language learners should be trained to "reflect on the world and themselves through the lens of another language and culture", by acquiring "historical and political consciousness, social sensibility, and a basic knowledge of the cultures, literatures, and societies whose language they are learning". This report emphasized the need for advanced learners "to situate language study in cultural and cross-cultural frames", and for advanced language courses "to address more subject areas". From this perspective, the goal of *Puntos de encuentro* is to develop students' ability to critically understand, analyze, and reflect on a wide spectrum of cultural narratives (i.e. discourse) of the Spanish-speaking world, as well as to relate them to their own culture.

The following genres are represented as basis for cross cultural reflection: *essays, biographies, journalism* –news, reports–, *political rhetoric, literary and historical narratives, poetry, music, visual forms* –painting, architecture, photography–, *television* –news, interviews, reports– and *cinema* –documentaries and movies–. A great effort has been made to ensure that the many input sources (written and oral) represent this wide range of discourse types, in order to raise cultural awareness, and stimulate critical analysis of the themes.

LANGUAGE AS DISCOURSE

Advanced language level performance (oral and written) is by definition characterized by discourse level (i.e., beyond the sentence) features. The 2012 ACTFL Proficiency Guidelines define the language of an advanced speaker of a foreign language as "abundant, the oral paragraph being the measure of advanced-level length and discourse". Advanced speakers and writers are expected to "produce narrations and descriptions to relate relevant and supporting facts in connected, paragraph-length discourse".

Traditional third-year Spanish programs approach Spanish instruction through a focus on the development of conversation and/or composition, combined with a "review" of the challenging aspects of the Spanish grammar. This language form-based approach often results in students that exhibit, after three years of classroom instruction, poor oral and written discourse competence (sometimes unable to convey meaning beyond the sentence level). Form-based (as opposed to content-based) approaches to the Spanish language are also less than ideal to promote advancement of listening and reading abilities –understood here as the ability not only to understand linguistic content but also to analyze, interpret, and reflect on it–.

Puntos de encuentro's approach to language as discourse is evident in the way the Spanish language (grammatical, functional, and discursive contents) is presented: within the context (written or oral) where it was used, i.e. within discourse units, or texts. These inputs need to be understood and analyzed by students before they can undertake specific content-related tasks that encourage the production of their own oral or written discourse. A special emphasis is placed on production of oral and written argumentative Spanish discourse –including development of effective strategies. This is achieved through continuous engagement in discussion, analysis, and development of arguments to support a viewpoint –on themes such as political systems, environment, science and technology, or immigration– .

TASK-BASED INSTRUCTION

Tasks are collaborative classroom activities that create a need to communicate in the target language with a purpose or final goal, have a primary focus on content (meaning), and involve decision-making and/or problem-solving strategies. They can promote optimal conditions for classroom foreign language learning, such as *exposure* to substantial amount of rich and comprehensible input, and opportunities to *use* the language for real purposes.

In *Puntos de encuentro*, the rich input of all the selected texts provides the context for awareness-raising activities where learners explore, pay attention to, and notice specific grammar and discourse features of the Spanish language. This attention to form and subsequent analysis are necessary, due to an increased need for accuracy at the advanced levels of language study.

Puntos de encuentro includes a series of collaborative tasks that require students to select, classify, evaluate, or compare information; develop arguments to defend a position; or make a decision based on data, all while using Spanish to express opinions, show agreement or disagreement, make comparisons, hypothesize... These same tasks promote the development of cultural competence related to the Spanish-speaking cultures and societies. Many of the tasks have a language pedagogical component, which requires that students use specific target structures (grammatical or discursive) either while working collaboratively, or when presenting their results or decisions to the class. This feature works as a form of 'pushed output': students need to use the advanced target structures and, in doing so, they move closer to acquiring them.

STRUCTURE OF A LEARNING UNIT

Puntos de encuentro: A cross-cultural approach to Advanced Spanish contains six learning units, each of them focused on a broad historical or geographical area of the Spanish-speaking world. The first two units are of a historical nature: they provide a necessary background for students to be able to, later on, understand the Spanish-speaking cultures of today. Unit 1 focuses on the pre-Columbian civilizations, the Spanish colonization/invasion, and the major historical events that led to the formation of nineteen Spanish-speaking countries in the Americas. Unit 2 concentrates on the 20th century dictatorial periods of the Spanish-speaking countries and their transitions to democracy. The remaining four units are divided geographically, and present an overview of the current Spanish-speaking world: Spain (Unit 3), the Spanish-speaking Latin America (Units 4 and 5) and the US Hispanic population (Units 6). Each of these six units follows the same structure.

	SECTION	DESCRIPTION
ENFOQUES (3)	**INTRODUCCIÓN**	Each chapter (*Unidad*) opens with general data (charts, graphs, or maps) that will be useful to students as a general framework and reference during work on the *Unidad*. Then, each of the three *Enfoque* starts with 1-2 activities that serve as initial reflection on its thematic area.
	PERSPECTIVA LINGÜÍSTICA	This section develops each *Enfoque*'s content area, and introduces its target linguistic contents (vocabulary and grammar). It opens with the advanced target vocabulary that students will actively need to work throughout the *Enfoque*, followed by four to five activities. The starting point for each activity is cultural input offered in the form of an authentic text (audio, audiovisual, written, or a combination) that incorporates specific target grammar structures. This input is processed first for meaning (i.e. students need to answer content comprehension questions). 　　After this, a *Reflexión Lingüística* section (green box) focuses on students' discovery, noticing, and awareness of language forms embedded in the input. This initial attention to -and subsequent reflection on- specific grammar features helps students understand structures within the authentic context where they were used. The *Reflexiones Lingüísticas* (RLs) constitute awareness-raising tasks that help students make connections between forms, meaning, and use. 　　Finally, an *Interpretación* section focuses on language production and cross-cultural reflection by including tasks where students need to further process the same cultural input of the activity. The two goals are: (a) the development of oral Spanish discourse (presentational and argumentative) by engaging students in collaborative tasks that involve decision-making and problem-solving strategies (selecting, classifying, analyzing, evaluating, or comparing information; giving and reasoning opinions; distinguishing opinions from facts; achieving a consensus) while using specific language contents (expression of opinions, value judgments, agreement or disagreement, comparative structures...); and (b) the development of cultural competence related to the Spanish-speaking cultures and societies.
	PERSPECTIVAS INTERCULTURALES	This section continues to develop the *Enfoque*'s content area. Its two activities concentrate on two themes that can be explored from a cross-cultural perspective (Spanish-speaking and U.S. societies and cultures). Each offers authentic texts (written or oral) that need to be first processed for meaning (comprehension questions). The *Interpretación* tasks focus on cross-cultural reflection and awareness through examination of historical, societal, or cultural aspects that students can relate to their own culture. This specific focus is combined with a continued integration of language and content though output-based, argumentative tasks.
	MANIFESTACIONES ARTÍSTICAS	This section offers two activities in each *Enfoque* that widen the spectrum of cultural genres. It incorporates literary narratives, poetry, music, dance, painting, architecture, documentaries and movies of the Spanish-speaking world as basis for reflection and critical analysis. Students can obtain a deeper understanding of these products after they have examined –in previous sections— the historical and social contexts in which they were created. The activities present a similar format (from comprehension to interpretation) and continue to integrate language and content through output-based, argumentative tasks.

	SECTION	DESCRIPTION
LECTURA Y ESCRITURA	**EL ENSAYO ARGUMENTATIVO**	This section targets the reading of argumentative essays. Due to its inherent characteristics, this genre provides an ideal context to develop students' critical reading strategies. Each *Unidad* presents a text in which the author gives a reflected point of view on one of the content topics of the lesson, using objective and subjective data to convince the readers. Linguistically, argumentative texts in Spanish exhibit grammar and discursive features that are language behaviors required in advanced writers of Spanish. These include the subjunctive mode (to express subjectivity, judgments, disagreement, hypotheses...), indirect speech (to refer other people's words or ideas), and discourse markers and organizers (to compare and contrast, relate cause and consequence, organize information) among others. The activities related to each text target comprehension, strategic reading, linguistic analysis, and interpretation.
	EL BLOG EXPOSITIVO-ARGUMENTATIVO	This section focuses on argumentative writing. The argumentative genre requires critical thinking: students not only have to present or summarize information, but also express their own opinions and justify them based on data. They also need to integrate advanced grammar structures into extended, connected, and organized discourse. The product of the writing task takes the form of a shared online blog. Sharing their writing with the class gives students a real audience who will also comment on their blog –interactive approach to writing–. This awareness of audience has a positive effect on the linguistic and content quality of what students produce. Before students publish their writing, there is extensive focus on the writing process. Linguistic, organizational, and content standards are part of this reflective approach to writing.
¡A DEBATE!		Debates can be one of the most productive collaborative tasks for developing critical thinking strategies and discourse-based advanced language proficiency. During several of the activities prior to this section, students work on the development of arguments to support viewpoints or positions. This section also gives them the opportunity to plan and develop supporting arguments to defend a common position (in groups) while engaging in an organized, extended interaction with another group. The section starts with a strategic/functional Spanish language component, where students learn how to use different resources for formal or informal discussions, such as interrupting, show disagreement, or ask for clarification. Preparing for a debate includes understanding and interpreting the issue with the help of the lesson materials, the specific material provided in this section, and any additional sources that the instructor may consider relevant or appropriate. It also entails the use of reflective, decision-making, and critical thinking strategies prior to the debate, and the use of Advanced Spanish grammatical, lexical, functional, and discursive contents.
GRAMÁTICA		Research provides evidence of the benefits of making grammar rules explicit to adult language learners. For this reason, *Puntos de encuentro* also supports the development of *explicit grammar* knowledge. At the end of each learning unit, clear English explanations on the use of Advanced Spanish grammar are provided. These explanations follow a functional–rather than descriptive–approach to Spanish grammar. Grammar is illustrated within a context (sentence level) that refers to the same cultural topics of the lesson. This explicit Spanish grammar is also a reference point for students to do the *Reflexiones Lingüísticas* (RLs). An *Activities Manual* will allow students to check their explicit knowledge of this Spanish grammar in content-related exercises. These exercises are a good complement to the more implicit approach to grammar of the RLs.

1-6 LA INVESTIGACIÓN SOBRE LAS ANTIGUAS CIVILIZACIONES

Lee estas dos noticias y responde a las preguntas.

Hiram
Bingham,
Machu
Picchu
(1912)

NOTICIA 1: Hasta ahora <u>se creía</u> que el explorador estadounidense Hiram Bingham **había descubierto** Machu Picchu para el mundo contemporáneo en 1911, pero un equipo de historiadores afirma que, cuando Bingham llegó a Machu Picchu, un empresario alemán **había saqueado** sus tesoros. Augusto Berns, que <u>comerciaba</u> madera y oro peruano, profanó las tumbas de la ciudadela en 1867, aparentemente con el permiso del gobierno peruano. **Había instalado** un aserradero al pie de la montaña sobre la cual está construida Machu Picchu y robó artefactos preciosos que vendió a galerías y museos europeos. Los investigadores están tratando de establecer cuántos artefactos sacó del país en una época en la que no <u>había</u> ninguna expedición arqueológica conocida en Perú.

NOTICIA 2: Una nueva investigación publicada en la prestigiosa revista científica *Science* sugiere que la desaparición de la civilización maya se debió a (*was due to*) períodos de sequía relativamente leves. Durante años, los científicos <u>creyeron</u> que una sequía severa **había sido** la causante de su colapso, pero ahora investigadores mexicanos y británicos creen que una reducción de tan sólo el 25% en las precipitaciones agotó las reservas de agua en la región. Los científicos usaron técnicas avanzadas de modelación para calcular las tasas de precipitación y evaporación entre los años 800 y 950, cuando la civilización maya comenzó su declive. Los resultados reflejaron que un modesto descenso en el nivel de lluvia **había sido** suficiente para agotar las reservas de agua en las tierras bajas de Yucatán. Los arqueólogos llevan mucho tiempo intrigados por el colapso de la civilización maya, que floreció en América Central durante unos seis siglos. Otros estudios llevados a cabo (*carried out*) con anterioridad **habían culpado** (*blamed*) al malestar social, las enfermedades y la deforestación por su desaparición.

COMPRENSIÓN

1. ¿Por qué no se da crédito a Augusto Berns como el descubridor de Machu Picchu?
2. ¿En qué se diferencia la nueva teoría sobre la sequía –para explicar la caída del imperio maya– de la teoría anterior? ¿Por qué es importante esta diferencia?
3. ¿Hay otras teorías sobre la caída del imperio maya?

RL GRAMÁTICA 1-1 (pp. 50-53) Y 1-2 (p. 54)

1. En la Noticia 1, asocia los tres verbos en imperfecto (subrayados) con una de estas funciones:

- *una descripción*

- *una acción habitual o repetida en el pasado*

- *ideas que alguien tenía antes de conocer datos nuevos*

2. Presta atención a los verbos marcados en negrita en las dos noticias que has leído. ¿Puede usarse el pretérito en su lugar? Cambia los verbos a la forma del pretérito si es posible.

3. Explica la diferencia en el uso del verbo creer (subrayado) en la noticia 1 y la noticia 2.

FOCUS ON FORM
AWARENESS-RAISING
COMPREHENSION TASKS

FOCUS ON FORM
AWARENESS-RAISING
PRODUCTION TASKS

USE OF DISCOURSE
LEVEL LANGUAGE

USE OF TARGET
ADVANCED GRAMMAR

INTERPRETACIÓN

 1. Tito Puanchi dice que la percepción es que "si no hablas el español no eres civilizado". ¿Creen que los indígenas deben aprender español? Escriban tres razones a favor y tres en contra.

	ARGUMENTOS
Deben aprender español	1. Creemos que ... porque según el texto ... 2. Además, nos parece que ... porque de acuerdo con el gráfico ... 3. Por eso es urgente que ...
No deben aprender español	1. No creemos que ... porque según el gráfico ... 2. Además, nos parece que ... porque de acuerdo con el texto ... 3. Sin embargo, es importante que ...

CROSS-CULTURAL COMPARISON

CRITICAL THINKING

INTERPRETACIÓN

¿Qué beneficios y qué inconvenientes tendría la independencia para Puerto Rico? ¿Y para Estados Unidos?

	Beneficios	Inconvenientes
Para Puerto Rico	1. 2.	1. 2.
Para EE.UU.	1. 2.	1. 2.

CRITICAL THINKING

INTERPRETACIÓN

1. Imaginen que ustedes son criollos de las colonias españolas a principios del siglo XIX que desean la independencia de España. Hagan una lista de las ideas de la *Declaración de Derechos del Hombre* y de la Constitución de 1812 que son importantes para ustedes. Identifiquen algunas ideas de estos dos documentos que vayan en contra de sus intereses.

	Declaración de Derechos del Hombre	Constitución española de 1812
A FAVOR	1. 2.	1. 2.
EN CONTRA	1. 2.	1. 2.

CULTURAL INPUT

2. ¿Fueron estas revoluciones también revoluciones sociales? Justifiquen su respuesta.

3. Lean los datos a continuación. ¿Qué diferenció estos levantamientos de los procesos revolucionarios más importantes?

Miguel Hidalgo

En Perú, el cacique indígena Tupac Amaru II (1742-1781), considerado precursor de la independencia de Perú, lideró una rebelión para mejorar las condiciones laborales de los indígenas, la cual fracasó por falta de organización técnica y de armamentos militares.

En México, el sacerdote Miguel Hidalgo (1753-1811) lideró una rebelión en 1810 apoyado por indígenas y mestizos, quienes se levantaron para luchar por la libertad del país con el objetivo de mejorar su situación social.

Tupac Amaru II

SUPPORTING MATERIALS

Student workbook and Answer Key: exercise book with written and oral activities

- ☐ Written: a series of vocabulary, grammar, and reading and writing modules to support students' explicit study of formal aspects of Advanced Spanish discourse. These modules are also available as a Blackboard cartridge for self-assessment (machine-graded).
- ☐ Oral: a series of computer-based, oral tasks that involve listening, processing, and manipulating video input (including consciousness-raising activities) and producing output (reports, summaries, opinions). These tasks can be recorded digitally.

Website: a comprehensive site containing

- ☐ textbook's audio and video materials (audio and video log)
- ☐ links to further readings and additional information on related topics
- ☐ instructor's notes (clear and extensive information on the target language and content of each exercise and task, procedural explanations, pedagogical recommendations, and answers to the textbook's activities)
- ☐ slides with textbook's images (grapas, maps, statistics) that can be projected in class
- ☐ sample syllabi and sample lessons plans

Assessment program

- *Oral proficiency assessment materials*

  - ☐ Performance-based assessment tasks designed to evaluate outcomes for oral proficiency and cross-cultural competence (with grading rubric)
  - ☐ Debate tasks (with grading rubric)

- *Writing proficiency assessment materials*

  - ☐ Performance-based assessment tasks designed to evaluate outcomes for written proficiency and cross-cultural competence (with grading rubric)

- *Chapter tests*
  A test for each learning unit (with answer key). The tests assess

  - ☐ listening proficiency (performance-based)
  - ☐ reading proficiency (performance-based, plus testing of reading strategies)
  - ☐ language competence (contextualized grammar and vocabulary)

ACKNOWLEDGMENTS

We first and foremost thank our students at The George Washington University –too many to list here–, who supported us during the first stages of this project. Their passionate comments and views truly helped shape this book. We dedicate it to them.

We also thank all other George Washington University students who have taken a class with any of the earlier versions of this textbook: every day of every semester was another opportunity to fine-tune the materials, to sharpen the pedagogical focus of an activity, or to add a new idea or angle to explore.

We are indebted to all the Spanish instructors at our department who used earlier versions of this material in their classrooms over the past two years, and whose suggestions and recommendations have improved the overall quality of this work: Margarita Moreno, Teresa Fernández Ulloa, Mila Sánchez-García, Ariadna Pichs, Rosa Isela Pozos, Carolina Rodríguez, Alicia Suarez-Touzón, Antonio Rico-Sulayes, Ana Martínez-Prantte, and Paloma Visscher-Gingerich. A special thanks to Francisco Cornejo (Georgetown University) for believing in this project and piloting it in his Advanced Spanish courses.

We are grateful to Marco Aponte, first reader of this project, for his dedication to the text and attention to details. We also thank the suggestions from anonymous reviewers that, with their critique and insight, made this a better product. We are especially in debt with Ron Leow (Georgetown University), whose detailed reading of the full manuscript ensured the pedagogical coherence of this text.

We would like to thank the Cognella publishing team, who made our textbook possible without compromising our vision. First and foremost, a special thanks to Marissa del Fierro, our Acquisitions Editor: thanks to her backing of this project we could transform a pedagogical vision into a reality. Our gratitude also goes out to the outstanding Jessica Knott, Senior Project Editor, who led this project and followed it from beginning to end. We are very grateful to Jamie Giganti, Managing Editor; Mandy Licata, Associate Editor; Sean Adams, Associate Editor; Jess Busch, Graphic Design Supervisor and Luiz Ferreira, Senior Licensing Specialist. A special thanks to Miguel Macias, Graphic Designer, for the beautiful cover and design.

A very special thanks to Noelle Cremer for creating over one-hundred beautiful graphs, charts, and maps that are an invaluable material to the textbook. Last, but not least, we thank our families for their unconditional support and encouragement throughout this project: John, Noelle and Nico Cremer; and Bob, Oliver and Inigo Glass.

María José de la Fuente

Beatriz Cobeta

The George Washington University

ACKNOWLEDGMENTS

La Gran Tenochtitlan, de Diego Rivera (1945). Palacio Nacional de México.

TEMAS

Enfoque 1
- los orígenes culturales de América y las civilizaciones prehispánicas
- los primeros americanos; aportaciones de los pueblos indígenas
- literatura indígena; música indígena

Enfoque 2
- Colón, el encuentro de dos mundos y la colonización
- el mestizaje; la esclavitud
- la poesía de Pablo Neruda y la historia de Latinoamérica; música de raíces africanas

Enfoque 3
- los procesos de independencia en América Latina
- después de las independencias; Bolívar y los EE.UU.
- el muralismo mexicano y Diego Rivera; el escritor cubano José Martí

LECTURA
- leer e interpretar un ensayo argumentativo
- uso del diccionario bilingüe
- los conectores discursivos

ESCRITURA
- escribir una entrada para un blog
- escribir un resumen
- uso de conectores para secuenciar y contraargumentar

¡A DEBATE!
- la expresión del acuerdo y el desacuerdo

GRAMÁTICA
- el uso de los tiempos verbales de la narración (imperfecto, pretérito, pluscuamperfecto)
- las expresiones de tiempo
- los marcadores discursivos usados en la narración

	LATINOAMÉRICA	ESTADOS UNIDOS
40.000 a.C.	Primeras migraciones desde el Pacífico	Primeras migraciones desde Asia a Alaska
14.000 a.C.	**Cultura** de Monte Verde (Chile)	**Cultura** Clovis
2600 a.C. -1500 a.C.	**Civilización** de Caral-Supe (Perú) (2600 a.C.)	
1500 a.C. -200 d.C.	Periodo preclásico - **Civilización** olmeca (México) - **Civilización** chavín (Perú)	**Culturas** anasazi (Colorado, Utah, Arizona y Nuevo México), hohokam y mogollón (Nuevo México, Texas) **Culturas** del Mississippi (900 d.C.)
200 d.C.- 1000 d.C.	Período clásico - **Civilización** teotihuacana (México) - **Civilización** zapoteca (México) - **Civilización** maya (sur de México, Guatemala, Honduras, El Salvador) - **Civilización** mochica (Perú) - **Civilización** nazca (Perú) - **Civilización** de Tihuanaco (Bolivia)	
1000 d.C. -1492	Período posclásico - **Civilización** azteca (México) - **Civilización** inca (Ecuador, Perú)	Diferentes **culturas** indígenas en Norteamérica
1492	Cristóbal Colón llega a América	
1500-1540	• Ponce de León conquista Puerto Rico • Hernán Cortés conquista el imperio azteca (1521) • Pizarro conquista el imperio inca (1531) • Almagro conquista Perú (1533) y llega a Chile • Pedro de Valdivia conquista Chile (1541)	• Ponce de León llega a la Florida • Vázquez de Coronado explora el suroeste • Los españoles fundan San Agustín, primera ciudad de los EE.UU. (1565)
1560-1770	• España establece Virreinatos en el continente • Bartolomé de las Casas declara al mundo que los indígenas tienen alma (1552)	• John Smith funda Jameston (Virginia), primer asentamiento británico • Los españoles fundan Santa Fe (Nuevo México) • El Mayflower llega a Plymouth • Francia ocupa Mississippi y Luisiana • Guerra entre Gran Bretaña y Francia
1770-1809	• Independencia de Haití (1804)	• Revolución americana y Declaración de Independencia (1776) • Se ratifica la Constitución (1789) • George Washington, primer presidente de EE.UU. (1789)
1809-1830	• Guerras de Independencia (1809-1824) • Independencia de México (1821) y 14 países más • Formación de la Gran Colombia (1819-1830) • Formación de las Provincias Unidas del Centro de América (1823-1839)	• Guerra con Gran Bretaña (1812)
1830-1850	• Independencia de la Rep. Dominicana (1844) • México cede territorio a EE.UU. (1848)	• Revolución en Texas • Se encuentra oro en California • Guerra con México (1846-1848)
1850-1870	• Francia invade México	• Lincoln: Declaración de Emancipación • Guerra Civil (1861-1865) • Asesinato de Lincoln
1870-1920	• Guerra del Pacífico: Chile vs. Bolivia-Perú (1879-1884) • Cuba se independiza de EE.UU. (1902) • Panamá se independiza de Colombia (1903) • Revolución mexicana (1910-1920)	• Guerra de Cuba (1895-1898): EE.UU. derrota a España en 1898; Cuba y Puerto Rico quedan bajo el control de EE.UU.

1-1 ¿QUÉ ES AMÉRICA?

Escribe una definición de los términos 'América' y 'americano'. Después lee este fragmento y reflexiona sobre las diferencias entre tu definición y la que da el texto. Extrae una conclusión.

El nombre 'América' se usó por primera vez en Europa para designar las tierras a las que llegó Colón. El cartógrafo alemán Martín Waldseemüller describió en su obra *Cosmographiae Introductio* las posesiones españolas de América del Norte, las Antillas, América Central y América del Sur. Allí incluyó el primer mapa mundi existente, y nombró 'América' al continente en su conjunto, en honor a Américo Vespucio. Durante la época colonial, en España se llamaba 'americanos' –y en Inglaterra 'Americans'– a las personas que habían nacido en sus dominios en América. Cuando las trece colonias inglesas se independizaron y crearon un nuevo estado federal, adoptaron la denominación genérica de Estados Unidos de América.

   Las diferencias culturales y étnicas entre el norte y el sur contribuyeron a una visión segmentaria de América entre los angloparlantes. Así surgió el término 'The Americas', en contraste con los Estados Unidos o 'América'. Debido a (*due to*) la influencia de EE.UU., en el mundo anglosajón se llama 'Americans' a los ciudadanos de EE.UU. Sin embargo, en el idioma español la denominación más común es 'estadounidense' y los términos 'América' y 'americano' se refieren a todo un continente –desde Canadá hasta Chile– y a los ciudadanos de cualquiera de las naciones que lo conforman.

1-2 ¿CUÁL ES LA CIVILIZACIÓN MÁS ANTIGUA DE AMÉRICA?

Mira las palabras en negrita en la tabla cronológica de la página dos. ¿Son diferentes los conceptos 'cultura' y 'civilización'? ¿Cuáles de estas palabras puedes relacionar con 'civilización'?

sociedad	ciudad	sedentario/a	cultura	ley	agricultura	urbano/a
tribu	comercio	poder político	nómada	rural	religión	clase social

 Lee el texto y mira el video sobre la ciudad más antigua del continente americano. Después responde a las preguntas.

La civilización comenzó en seis áreas del mundo – Mesopotamia, Egipto, India, China, Centroamérica y Perú – cuando la gente pasó de vivir en pequeñas unidades familiares nómadas a desarrollar la agricultura y a construir ciudades de miles de personas. Hasta 1994 se consideraba que las primeras civilizaciones del continente americano habían surgido mucho más tarde que el resto, pero en 1994 se descubrieron al norte de Lima (Perú) las ruinas de una magnífica ciudad de pirámides: Caral, que data del año 2900 a.C. Esta ciudad fue el centro de una sociedad milenaria que formó la primera civilización de América –tan antigua como las pirámides de Egipto– y que floreció entre los años 2600 a.C. y 2000 a.C.

Caral (Perú)

COMPRENSIÓN

1. Di dos características que Caral comparte con otras antiguas civilizaciones como Egipto o Mesopotamia.
2. ¿Qué características tenía la sociedad de Caral, según Ruth Shady? Escribe tres.
3. ¿Cuál es la importancia histórica del descubrimiento de Caral?
4. ¿Cómo se sabe que la sociedad de Caral-Supe practicó el comercio?

PERSPECTIVA LINGÜÍSTICA

VOCABULARIO META

acontecimiento (el)	*event*	imperio (el)	*empire*
agrícola	*farming*	indígena	*indigenous, native*
aportación (la)	*contribution*	invadir	*to invade*
aportar	*to contribute*	investigación (la)	*investigation, research*
amerindio/a (el, la)	*American Indian*	jeroglífico (el)	*hieroglyphic*
antiguo	*ancient, old*	medio ambiente (el)	*environment*
apogeo (el)	*height*	mito (el)	*myth*
caída (la)	*fall*	movimiento (el)	*movement*
ceder	*to cede, hand over*	oro (el)	*gold*
civilización (la)	*civilization*	patria (la)	*homeland*
costumbres (las)	*customs*	población (la)	*population*
cultivar	*to grow, farm*	poblador (el)	*settler*
cultivo (el)	*farming, growing*	poblamiento (el)	*settlement*
declive (el)	*decline*	poblar	*to settle, inhabit*
derrotar	*to defeat*	preceder	*to precede*
desarrollar	*to develop*	precolombino/a	*pre-columbian*
desarrollarse	*to develop*	prehispánico/a	*pre-hispanic*
edificio (el)	*building*	pueblos (los)	*peoples*
estado (el)	*state*	regir	*to govern, rule*
florecer	*to flourish*	reinar	*to reign*
fuente (la)	*source*	restos (los)	*remains*
fundar	*to found*	ruinas (las)	*ruins*
guerra (la)	*war*	sequía (la)	*drought*
habitante (el, la)	*inhabitant*	tierra (la)	*land*
herramienta (la)	*tool*	yacimiento (el)	*site (arqueol.)*
huella (la)	*trace*		

1-3 CIVILIZACIONES PREHISPÁNICAS

 ¿Qué sabes sobre las civilizaciones prehispánicas? Completa el cuadro con la información que sabes. Después, mira el video titulado *América* y responde a las preguntas.

Período	Duración	MESOAMÉRICA Civilización / país actual	ÁREA ANDINA Civilización / país actual
Preclásico	1500 a.C. a ____	1. ____ (México)	1. Chavín (____)
Clásico	200 d.C. a ____	2. Zapoteca (México) 3. ____ (sur de México y Guatemala)	2. Tiahuanaco (____)
Posclásico	____ a 1500 d. C.	4. Imperio _____	3. Imperio ____

COMPRENSIÓN

1. ¿Qué aspectos geográficos son comunes a todo el continente americano?
2. ¿Qué sabemos de los orígenes culturales de América?
3. ¿Cuántos años atrás podemos trazar la historia de los amerindios?
4. ¿Cuál fue el período más importante desde el punto de vista artístico y cultural?
5. Completa el cuadro con la información del video.

Mira las fotos, lee las descripciones y asocia cada foto con una descripción.

A   B   C

Machu Picchu (Perú)   Teotihuacan (México)   Mesa Verde (Colorado, EE.UU.)

1. **Fue** el centro urbano más densamente poblado de Mesoamérica durante el período clásico y **tuvo** una superficie de aproximadamente 21 km², pero en la actualidad representa la décima parte de la ciudad original. <u>Tuvo una población de unos 200.000 habitantes en su época de esplendor</u>. La literatura maya ilustra la vida de esta cultura, cuya economía **se basaba** en la agricultura y el comercio. La ciudad **tenía** monumentos, centros religiosos, palacios y residencias. Hoy día las diferentes etnias mayas hablan más de cuarenta lenguas.

2. Construido a mediados del siglo XV, **fue** una de las residencias de descanso del emperador y también un santuario religioso. Desde la ciudad sagrada del Cuzco, los incas **consolidaron** un Estado que, por su extraordinaria capacidad organizadora, **logró** sintetizar y difundir los múltiples conocimientos artísticos, científicos y tecnológicos de sus antecesores. Aunque su cultura **era** muy sofisticada, sabemos muy poco debido a la conquista. Actualmente, sus costumbres y tradiciones prevalecen en etnias como los quechuas y aymaras.

3. Construidas entre los años 900 y 1100 sin fuerza animal ni herramientas metálicas, estas construcciones de varios pisos representan la existencia de poblaciones autóctonas con una arquitectura típica que además **conocían** la cerámica, la astronomía, la irrigación y el tejido. Se cree que en este área **se concentraron** hasta 6.000 habitantes. <u>No tenían escritura, rueda o moneda</u>. Estos pueblos **desaparecieron** completamente antes de la llegada de los europeos a América. Existen varias hipótesis: un cambio climático, un "colapso" ecológico provocado por la sobreexplotación y sobrepoblación, problemas políticos, o tal vez guerras.

RL GRAMÁTICA 1-1 (pp. 50-53)

1. Lee otra vez los tres párrafos y presta atención a los verbos en negrita. Usando la información de la Gramática 1-1, explica por qué el autor del texto usó el *pretérito* en cada caso.

2. ¿Qué función tienen los verbos en *imperfecto* usados en los tres párrafos?

3. Explica la diferencia en el uso del verbo *tener* en las dos frases subrayadas (textos 1 y 3). Usa la información gramatical en la página 53 para ayudarte a responder.

INTERPRETACIÓN

 Muchos historiadores sostienen que la cultura anasazi fue una civilización. En grupos o parejas, preparen argumentos a favor o en contra de esta posición que se podrían usar en un debate sobre este tema.

A FAVOR	1. Nos parece que fue una civilización porque ... 2.
EN CONTRA	1. En nuestra opinión, no fue una civilización porque ... 2.

1-4 LOS INCAS

 Mira el video titulado *Los incas* y responde a las preguntas.

COMPRENSIÓN

1. Explica con tus propias palabras qué era el *ayllu*.
2. Explica con tus propias palabras el concepto de *reciprocidad*.
3. ¿Cómo era el sistema de convivencia de los incas? Escribe una descripción.

RL GRAMÁTICA 1-1 (pp. 50-53)

Completa estos fragmentos poniendo los verbos en la forma correcta de imperfecto o pretérito.

"El inca (tener) _____ tierras del estado y el producto de esas tierras (ir) _____ a los depósitos estatales; o sea que el inca (tener) _____ almacenamientos de productos alimenticios, de trabajos manufacturados, y eso (ser) _____ su riqueza, de la cual (necesitar) _____ para la reciprocidad."

"Piedra sobre piedra, los incas (construir) _____ el estado más extenso de América. Cuzco (ser) _____ durante un siglo la ciudad más influyente de los Andes."

2. Mira otra vez el video min. (min. 2:11-2:38 y min. 4:10-4:21) y revisa tus respuestas. Justifica para cada caso los usos del imperfecto o del pretérito.

INTERPRETACIÓN

 Reflexionen sobre los conceptos del *ayllu* y la reciprocidad. ¿Son compatibles con los sistemas económicos modernos? Si no lo son, ¿cuáles son las diferencias?

DIFERENCIAS	1. En la economía moderna ...; en cambio ... 2. _____; en contraste ... . Por ejemplo ...

1-5 LA CIVILIZACIÓN MAYA

 Mira el video titulado *Los mayas* y responde a las preguntas.

COMPRENSIÓN

1. ¿Durante qué período hicieron los mayas sus mayores aportaciones?
2. Los mesoamericanos no conocían los metales, pero habían desarrollado la escritura. ¿Qué significa esto, según las teorías evolucionistas?
3. ¿Para qué usaban el arte los gobernantes mayas?
4. ¿Cuándo y cómo decayó la civilización maya?

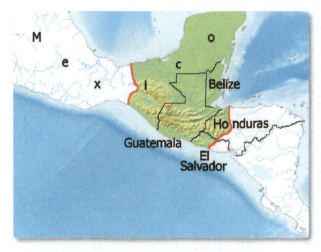

La civilización maya

> ### RL GRAMÁTICA 1-1 (pp. 50-53) Y 1-2 (p. 54)
>
> **1. Completa estos fragmentos poniendo los verbos en la forma correcta de *imperfecto, pretérito o pluscuamperfecto*. Justifica tu elección de cada tiempo verbal.**
>
> - *"Desde el momento del contacto entre la cultura europea y el nuevo continente hasta nuestros días, el mundo occidental (tener) _____ serias dificultades para entender la complejidad de estas civilizaciones."*
>
> - *"La civilización maya (perseguir) _____ vorazmente el conocimiento y como premio (alcanzar) _____ el más alto grado de saber de una sociedad latinoamericana antes de la invasión europea. Hacia el año 1000 de nuestra era, este esplendor se (diluir) _____."*
>
> **2. Escucha otra vez el video y revisa tus respuestas.**

INTERPRETACIÓN

 El narrador del video dice que "desde el momento del contacto ... hasta nuestros días, el mundo occidental tuvo serias dificultades para entender la complejidad de estas civilizaciones". ¿Por qué creen que los europeos no pudieron comprender a estas civilizaciones? ¿Por qué no los comprenden en "nuestros días"? Piensen en *dos razones* y luego compártanlas con la clase.

ENTONCES	Nos parece que el mundo occidental no pudo comprenderlas porque ... . Por ejemplo ...
AHORA	Pensamos que tampoco las comprende hoy porque ...; en cambio ...

1-6 LA INVESTIGACIÓN SOBRE LAS ANTIGUAS CIVILIZACIONES

Lee estas dos noticias y responde a las preguntas.

Hiram Bingham, Machu Picchu (1912)

NOTICIA 1: Hasta ahora <u>se creía</u> que el explorador estadounidense Hiram Bingham **había descubierto** Machu Picchu para el mundo contemporáneo en 1911, pero un equipo de historiadores afirma que, cuando Bingham llegó a Machu Picchu, un empresario alemán **había saqueado** sus tesoros. Augusto Berns, que <u>comerciaba</u> madera y oro peruano, profanó las tumbas de la ciudadela en 1867, aparentemente con el permiso del gobierno peruano. **Había instalado** un aserradero al pie de la montaña sobre la cual está construida Machu Picchu y robó artefactos preciosos que vendió a galerías y museos europeos. Los investigadores están tratando de establecer cuántos artefactos sacó del país en una época en la que no <u>había</u> ninguna expedición arqueológica conocida en Perú.

NOTICIA 2: Una nueva investigación publicada en la prestigiosa revista científica *Science* sugiere que la desaparición de la civilización maya se debió a (*was due to*) períodos de sequía relativamente leves. Durante años, los científicos <u>creyeron</u> que una sequía severa **había sido** la causante de su colapso, pero ahora investigadores mexicanos y británicos creen que una reducción de tan sólo el 25% en las precipitaciones agotó las reservas de agua en la región. Los científicos usaron técnicas avanzadas de modelación para calcular las tasas de precipitación y evaporación entre los años 800 y 950, cuando la civilización maya comenzó su declive. Los resultados reflejaron que un modesto descenso en el nivel de lluvia **había sido** suficiente para agotar las reservas de agua en las tierras bajas de Yucatán. Los arqueólogos llevan mucho tiempo intrigados por el colapso de la civilización maya, que floreció en América Central durante unos seis siglos. Otros estudios llevados a cabo (*carried out*) con anterioridad **habían culpado** (*blamed*) al malestar social, las enfermedades y la deforestación por su desaparición.

COMPRENSIÓN

1. ¿Por qué no se da crédito a Augusto Berns como el descubridor de Machu Picchu?
2. ¿En qué se diferencia la nueva teoría sobre la sequía –para explicar la caída del imperio maya– de la teoría anterior? ¿Por qué es importante esta diferencia?
3. ¿Hay otras teorías sobre la caída del imperio maya?

RL GRAMÁTICA 1-1 (pp. 50-53) Y 1-2 (p. 54)

1. En la Noticia 1, asocia los tres verbos en imperfecto (subrayados) con una de estas funciones:

- *una descripción*

- *una acción habitual o repetida en el pasado*

- *ideas que alguien tenía antes de conocer datos nuevos*

2. Presta atención a los verbos marcados en negrita en las dos noticias que has leído. ¿Puede usarse el pretérito en su lugar? Cambia los verbos a la forma del pretérito si es posible.

3. Explica la diferencia en el uso del verbo creer (subrayado) en la noticia 1 y la noticia 2.

INTERPRETACIÓN

1. ¿Hay suficiente interés en su país por las noticias relacionadas con sus antiguos pobladores? Justifiquen su respuesta con dos razones.
2. Escriban dos argumentos a favor de esta afirmación y dos en contra:

Es muy importante financiar y promover la investigación arqueológica en un país.

A FAVOR	1. Nos parece que ... porque ... 2.
EN CONTRA	1. En nuestra opinión, no ... ya que ... 2.

PERSPECTIVAS INTERCULTURALES

1-7 LOS PRIMEROS AMERICANOS

Lee estos textos y responde a las preguntas.

La llegada del hombre a América es una cuestión muy debatida. Existe un cierto consenso, aunque no unánime, sobre el hecho de que América se pobló desde Siberia (Asia), pero la comunidad científica continúa debatiendo la fecha y ruta de las oleadas migratorias que poblaron el continente americano. Las teorías se dividen en dos grupos: (a) Teoría del poblamiento tardío, o Consenso de Clovis, que sostiene que el hombre tiene una antigüedad en América no mayor de 14.000 años; (b) Teoría del poblamiento temprano o pre-Clovis, que sostiene que el hombre llegó a América mucho antes, con hipótesis muy diversas que van desde 22.000 años hasta 65.000 años.

El hecho de que las dataciones de máxima antigüedad que tienen consenso de la comunidad científica, Clovis (EE.UU., 12.900-13.500 a.C.) y Monte Verde (Chile, 12.500-14.000 a.C.), se encuentren simultáneamente en América del Norte y en el extremo sur de la Patagonia impide extraer una conclusión definitiva. Además, algunos científicos defienden la idea de un poblamiento autóctono de América del Sur, ya que se han detectado diferencias genéticas que cuestionan la teoría de que los antiguos pobladores del sur del continente llegaron del norte.

Clovis

Durante mucho tiempo la cultura Clovis fue considerada la más antigua cultura indígena del continente americano (13.500 años a. C.). Su nombre viene de la localidad de Clovis, en Nuevo México, donde en el año 1929 se encontraron las primeras piezas de esta cultura. Lo que la caracteriza es una punta de lanza, o *punta Clovis*, considerada una de las herramientas de piedra más sofisticadas de las encontradas hasta ahora. La gente de Clovis se organizaba en pequeños grupos nómadas y se dedicaba a la caza y a la recolección. Esta cultura desapareció abruptamente, pero fue reemplazada por otras culturas cazadoras-recolectoras. Los expertos piensan que su origen es asiático, en concreto siberiano, como apuntan algunos estudios genéticos.

Punta Clovis

Monte Verde

En 2008, un grupo de científicos estadounidenses y chilenos afirmó que el primer asentamiento humano de América no fue Clovis sino Monte Verde, al sur de Chile, y que sus pobladores siguieron una ruta de migración por la costa del Pacífico hace más de 14.000 años. Allá se encontró una gran variedad de fósiles que databan de hace 14.000 años. El sitio de Monte Verde fue hallado en 1976, pero la nueva evidencia confirma la antigüedad de este asentamiento. Hasta 2008 nadie había podido encontrar pruebas para apoyar esta teoría. Se cree que estos pobladores eran expertos en recursos marinos y explotaban los recursos costeros como las algas marinas.

Los descubrimientos de Monte Verde y otros yacimientos antropológicos de América como Topper (Carolina del Sur, EE.UU.) o Meadowcroft Rockshelter (Pennsylvania, EE.UU.) apoyan la teoría del poblamiento temprano de América, que ubica la fecha de ingreso entre 15.000 y 50.000 años.

Poblamiento de América

COMPRENSIÓN

1. ¿Qué es el Consenso de Clovis?
2. ¿Por qué razón se cuestiona la idea de que la población de América ocurrió sólo desde el norte (Siberia)?
3. ¿Cómo vivían los antiguos pobladores de Clovis? ¿Y los antiguos pobladores de Monte Verde?

INTERPRETACIÓN

 Reflexionen sobre los conceptos 'descubrimiento de América' y 'culturas originarias' (mayas, incas, aztecas...). Luego respondan a estas preguntas y extraigan conclusiones para compartir con la clase.

PREGUNTA	CONCLUSIÓN
1. ¿Quién descubrió América y cuándo?	1. En nuestra opinión, no ... ya que ...
2. ¿Cuáles son las culturas originarias de América?	2. Nos parece que ... porque ...

1-8 DEL PASADO AL PRESENTE: APORTACIONES DE LOS PUEBLOS INDÍGENAS

Lee estos textos sobre dos importantes aportaciones de dos pueblos originarios: los incas (Perú, Bolivia, Ecuador) y los navajos (Arizona, Utah, Nuevo México). Luego responde a las preguntas.

Andenes
en Moray
(Perú)

En Bolivia, Perú y Ecuador hay más de doce millones de indígenas descendientes de los incas que conservan costumbres y tradiciones ancestrales. Los incas creían en la conservación de la tierra y en vivir en armonía con el medio ambiente. Además su modelo económico era comunitario: todas las familias participaban en el trabajo de la tierra y el producto se compartía. Los incas aprovecharon al máximo el suelo, venciendo las adversidades del terreno andino y las inclemencias climáticas. La relación entre el cultivo y el medio ambiente fue fundamental: en cada región climática se producía algo diferente y se usaban abonos naturales. También se usaba el sistema de rotación de cultivos. Los conocimientos hidráulicos de los incas les permitieron desarrollar además métodos muy sofisticados de irrigación. Los *andenes* eran terrazas agrícolas artificiales que permitían usar mejor el agua, haciéndola circular a través de los canales que comunicaban sus diversos niveles, evitando así la erosión del suelo. Hoy día muchas comunidades indígenas usan y replican las mismas prácticas agrícolas y el modelo económico comunitario inca.

Descodificadores
navajos (1944)

La Nación Navajo es un vasto territorio de 70.000 kilómetros cuadrados que abarca una cuarta parte del estado de Arizona y se extiende por Utah y Nuevo México. La reserva fue creada en 1868 y hoy es el mayor territorio bajo jurisdicción india dentro de Estados Unidos, donde viven unos 300.000 navajos (aproximadamente 175.000 viven en la Nación Navajo). Los navajos continúan transmitiendo sus tradiciones y cultura y su mayor elemento de identidad es su propia lengua: el navajo o *diné bizaad*, la lengua indígena más hablada en los Estados Unidos con algo más de 175.000 hablantes.

El Código Navajo fue un sistema de claves desarrollado por indios navajos para el ejército de Estados Unidos y empleado en la Segunda Guerra Mundial, especialmente en el área del Pacífico. Este sistema estaba basado en el idioma navajo y se usaba para transmitir mensajes militares secretos que eran indescifrables para los japoneses y que sólo los navajos podían descodificar. El papel crucial de estos navajos, que ayudaron de manera decisiva en victorias estadounidenses como la de Iwo Jima, no fue reconocido hasta el año 2000, cuando recibieron la medalla de oro del Congreso de Estados Unidos.

COMPRENSIÓN

1. ¿Qué aportación cultural fundamental de los incas menciona el primer texto?
2. Enumera tres de las técnicas agrícolas que aportaron los incas.
3. Algunos historiadores opinan que los incas fueron los primeros ecologistas. ¿Qué datos del texto apoyarían esta opinión?
4. ¿Qué aportación cultural fundamental de los navajos menciona el segundo texto?
5. ¿Cuál es el estado actual de la lengua navajo en Estados Unidos?

INTERPRETACIÓN

1. ¿Por qué creen que el modelo comunitario inca podría ser un modelo económico efectivo para luchar contra el hambre?
2. ¿Por qué creen que fue tan efectivo el código navajo?
3. Hagan una lista de al menos cinco aportaciones de las poblaciones originarias de su país y ordénenlas según su importancia. Después presenten la lista a la clase.

MANIFESTACIONES ARTÍSTICAS

1-9 LITERATURA INDÍGENA: EL POPOL VUH

Lee la introducción y el fragmento de una de las obras más importantes de la literatura indígena. Después responde a las preguntas.

Existen numerosos testimonios de escritura de civilizaciones precolombinas. Los libros de la literatura maya tratan temas como la historia, los mitos, el origen del mundo o la religión. Todas estas características se pueden encontrar en el *Popol Vuh* o "Libro del Consejo", códice sagrado de los indios quichés de Guatemala que proviene de fuentes orales –la memoria colectiva de los quichés–. Está escrito en lengua quiché y en él se explica el origen del mundo y de los mayas. Aunque es anónimo, se cree que el autor fue un indígena alfabetizado que tuvo contacto con frailes españoles. Fue escrito originalmente en piel de venado y posteriormente transcrito al latín. La versión en español fue realizada por el fraile dominico Francisco Jiménez. En la primera parte del libro se describe la creación del mundo y el origen del hombre. Se cuenta cómo el primer hombre fue hecho de barro, pero esta creación fue destruida por el agua. La segunda creación fue el hombre hecho de madera que, como estaba hueco, no podía alabar a los dioses. Esta creación fue destruida por el fuego. En la tercera creación los dioses decidieron hacer la carne del hombre de la pulpa del maíz.

El hombre saliendo del maíz, de Fernando Pacheco. Mural en el Palacio de Gobierno, Mérida (México)

Este es el principio de las antiguas historias del Quiché donde se referirá, declarará y manifestará lo claro y escondido del Creador y Formador, que es Madre y Padre de todo. Esto lo trasladamos en el tiempo de la Cristiandad porque, aunque tenemos libro antiguo y original de estas cosas, ya no se entiende.

[...]

No había todavía un hombre, ni un animal [...] sólo el cielo existía. [...] Sólo estaban el mar en calma y el cielo en toda su extensión. [...] No había nada dotado de existencia. Solamente había inmovilidad y silencio en la oscuridad, en la noche. Sólo el Creador, el Formador, Tepeu, Gucumatz, los Progenitores, estaban en el agua rodeados de claridad. [...] Llegó aquí entonces la palabra, vinieron juntos Tepeu y Gucumatz, en la oscuridad, en la noche, y hablaron entre sí Tepeu y Gucumatz. [...] Entonces se manifestó con claridad, mientras meditaban, que cuando amaneciera debía aparecer el hombre [...] No habrá gloria ni grandeza en nuestra creación y formación hasta que exista la criatura humana, el hombre formado. Así dijeron. Luego la tierra fue creada por ellos. Así fue en verdad como se hizo la creación de la tierra:

- ¡Tierra!, dijeron, y al instante fue hecha.

Como la neblina, como la nube y como una polvareda fue la creación, cuando surgieron del agua las montañas; y al instante crecieron las montañas. [...] Primero se formaron la tierra, las montañas y los valles; se dividieron las corrientes de agua, los arroyos se fueron corriendo libremente entre los cerros, y las aguas quedaron separadas cuando aparecieron las altas montañas. [...] Luego hicieron a los animales [...] Pero no se pudo conseguir que hablaran como los hombres; sólo chillaban, cacareaban y graznaban; no se manifestó la forma de su lenguaje, y cada uno gritaba de manera diferente. Así, pues, hubo que hacer una nueva tentativa de crear y formar al hombre por el Creador, el Formador y los Progenitores. (...) Probemos ahora a hacer unos seres obedientes, respetuosos, que nos sustenten y alimenten. De este modo hicieron a los seres humanos que existen en la tierra.

COMPRENSIÓN

1. ¿En qué lenguas existen versiones del *Popol Vuh*?
2. ¿Por qué fue traducido este texto al español? Busca la respuesta en el primer párrafo del fragmento.
3. De acuerdo con lo que has leído, pon en orden los siguientes acontecimientos de la creación del mundo según el *Popol Vuh*.

   a. *Las montañas salieron del agua.*
   b. *Los Grandes del Cielo decidieron crear al hombre.*
   c. *Se crearon los animales.*
   d. *No existía nada sobre la tierra.*
   e. *Se creó la tierra.*
   f. *Se creó al hombre.*

INTERPRETACIÓN

1. Comparen este fragmento de la Biblia judeo-cristiana con la parte del fragmento del *Popol Vuh* que se refiere a la creación de la Tierra. ¿Es la cosmogonía de los mayas quichés similar a la de la tradición judeo-cristiana? ¿Hay más diferencias o similitudes? ¿Por qué creen que hay similitudes?

> **Cosmogonía**: es una narración mítica que pretende dar respuesta al origen del universo y de la propia humanidad.

"En el principio creó Dios los cielos y la tierra. Y la tierra estaba desordenada y vacía, y las tinieblas estaban sobre la faz del abismo, y el Espíritu de Dios se movía sobre la Faz de las aguas" (Gén. 1.1-2).

2. Identifiquen otra similitud y/o diferencia entre la cosmogonía maya y la judeo-cristiana.
3. ¿Es el valor de esta obra fundamentalmente literario o histórico? Justifiquen su respuesta.

1-10 LA MÚSICA INDÍGENA DE LOS ANDES

Lean este texto sobre la música tradicional andina y después respondan a las preguntas.

La música folclórica es la que se transmite de generación en generación como una parte más de los valores y de la cultura de un pueblo. Así pues, tiene un marcado carácter étnico. La música andina comprende una gran variedad de géneros musicales originados en los Andes sudamericanos, aproximadamente en el área dominada por los incas previa al contacto europeo. Se interpreta con varios instrumentos de viento autóctonos como el siku o zampoña (*panpipes*) y la quena (*reed flute*). Más tarde se unen instrumentos de cuerda como el charango (*small guitar*) y de percusión como el bombo (*bass drum*). Muchos de estos ritmos tienen sin duda origen tribal y estaban ligados a los ritos paganos, ceremonias y festividades propias de las antiguas civilizaciones. Hoy día hay importantes grupos como Los Kjarkas, Savia Andina o Inti-Illimani que mantienen vivo este folclore.

El *huayno* (quechua: wayñu) es un importante género musical y de baile andino de origen incaico y actualmente muy difundido en el Perú, Bolivia y en el noroeste argentino. Es considerado el baile andino por excelencia. *El cóndor pasa* es un huayno del peruano Daniel Alomía Robles de 1913 que fue declarado Patrimonio Cultural del Perú en el año 2004 por "fortalecer la identidad cultural y explorar la tradición musical incaica del viejo mundo".

Aymaras tocando la zampoña

INTERPRETACIÓN

1. Se dice que la música andina se caracteriza por un aire de melancolía. ¿Están de acuerdo? ¿Por qué creen que es así?
2. ¿Qué instrumentos pueden identificar en la canción?
3. ¿Qué sentimientos e imágenes evoca esta canción?
4. Piensen en dos razones por las cuales la música folclórica debe preservarse y promoverse.

Lean este texto para conocer a uno de los grupos musicales más representativos de la música de raíces indígenas.

Los Kjarkas es un grupo musical boliviano fundado en 1965 que compone e interpreta música andina. El nombre del conjunto tiene su origen en la palabra quechua *qarka*, que significa "fuerza". En el año 1976 publicaron su primer álbum, *Bolivia*, y la canción del mismo título se convirtió en un segundo himno nacional. Durante los años ochenta del siglo XX se convirtieron en el principal grupo musical de Bolivia y comenzaron a hacer giras por todo el mundo. Entre sus producciones están *Sueño milenario de los Andes, Cóndor Mallku, Ch'uwa yacu* o *Hermanos*. Su música trata temas de importancia para las comunidades indígenas como las raíces, la conservación del planeta y la armonía del hombre con la naturaleza.

Los Kjarkas

INTERPRETACIÓN

1. ¿Qué aspectos de la música y la imagen de este grupo pueden relacionar con la tradición indígena?
2. Lean la letra de una canción de los Kjarkas, escuchen la canción y respondan a las preguntas.

Bolivia

Ser tu bravura, ser la fuerza y juventud
*en tu **letargo mudo** la voz de inquietud.*
Bolivia
*Quiero pegar un **grito de liberación***
*después de un **siglo y medio de humillación**.*

Quiero tengan tus días destino mejor
y el futuro sonría prometedor.
En las faldas de tus cerros haré mi hogar
donde felices los niños irán a jugar.

> **Mudo**: *mute, without voice*

a. ¿De qué trata esta canción?
b. ¿A qué se refieren las palabras en negrita?
c. ¿Cuál es el mensaje de esta canción?

Lean este texto y después, en grupos de cuatro, preparen dos argumentos a favor y dos en contra de la globalización de la música indígena. Finalmente hagan un pequeño debate.

Lila Downs

¿MÚSICA ÉTNICA o MÚSICA GLOBAL?

Antes de los años ochenta, la música étnica tenía, en el primer mundo, poca importancia comercial. Aunque en América Latina algunos géneros alcanzaron una difusión significativa a nivel comercial, nunca perdieron su asociación con la idea de folclore. El son cubano, por ejemplo, aunque actualmente es un género globalizado, se había consolidado ya como género de música popular en Cuba desde comienzos del siglo XX. En general, la música étnica en América Latina se desarrolló mediante políticas culturales para promover su carácter folclórico.

La "world music" aparece a finales de los ochenta con el fin de abrir un mercado en el primer mundo para músicos de los países del tercer mundo. De ese modo, músicas que no eran visibles adquirieron visibilidad nacional e internacional. En 1991, la música global apareció como categoría en la revista Billboard de la industria musical y en la actualidad se ha convertido en una gran categoría comercial de mercadeo de músicas locales en diferentes partes del mundo.

Este fenómeno ha generado considerables críticas y un debate en América Latina. Muchos denuncian las relaciones desiguales entre productores del primer mundo y músicas del tercer mundo, problemas de apropiación musical y de hibridaciones; otros celebran la diversidad disponible, los nuevos procesos de indigenización para las culturas desposeídas a través de su música, que se constituye como símbolo de su identidad. Según Alfonso Cachiguango, líder del grupo Ñanda Mañachi de Ecuador "es la mejor forma de reclamar nuestros derechos". Gran parte del debate se centra en la relación desigual de poder entre el primer y el tercer mundo; es decir, es común a la historia social, económica y cultural de la globalización en general.

Lila Downs es una cantante y compositora que reivindica sus raíces mexicanas y las de los pueblos indígenas de México cantando en diversas lenguas como el mixteco, el zapoteco, el maya o el nahuatl, además del español y el inglés. En su estética combina trajes regionales de México con estilos modernos. Es una de las artistas más importantes e influyentes dentro de la música global.

A FAVOR	1. Nos parece que … porque … 2. En nuestra opinión, … . Por ejemplo …
EN CONTRA	1. En nuestra opinión, no … ya que … 2. En nuestra opinión, … . Por ejemplo …

1-11 ¿QUÉ FUE EL ENCUENTRO?

La llegada de Cristóbal Colón al Caribe en 1492 desencadenó un proceso de repercusiones importantísimas: la colonización de todo un continente. Lee estos fragmentos del *Diario de Cristóbal Colón*, en los que describe su primer contacto con los habitantes nativos americanos.

Jueves, 12 de octubre de 1492

"Yo", dice él, "porque nos tuviesen mucha amistad, porque conocí que era gente que mejor se libraría y convertiría a nuestra santa fe con amor que no por fuerza, les di a algunos de ellos unos bonetes colorados y unas cuentas de vidrio que se ponían al pescuezo, y otras cosas muchas de poco valor, con que tuvieron mucho placer y quedaron tanto nuestros que era maravilla. [...] mas me pareció que era gente muy pobre de todo. Ellos andaban todos desnudos como su madre los parió, y también las mujeres, aunque no vi más que una, harto moza, y todos los que yo vi eran todos mancebos, que ninguno vi de edad de más de 30 años [...] y algunos de ellos se pintan las caras, y otros todo el cuerpo, y otros sólo los ojos, y otros sólo la nariz. Ellos no traen armas ni las conocen, porque les mostré espadas y las tomaban por el filo y se cortaban con ignorancia. [...] Ellos deben ser buenos servidores y de buen ingenio, que veo que muy presto dicen todo lo que les decía. Y creo que ligeramente se harían cristianos, que me pareció que ninguna secta tenían. Yo, placiendo a nuestro Señor, llevaré de aquí al tiempo de mi partida seis a Vuestras Altezas para que aprendan a hablar."

Sábado, 14 de octubre de 1492

"Luego que amaneció, vinieron a la playa muchos de estos hombres, todos mancebos, como dicho tengo, y todos de buena estatura, gente muy hermosa; los cabellos no crespos, sino corredíos [lacios] y gruesos como sedas de caballo, y todos de la frente y cabeza muy ancha, más que otra generación que hasta aquí haya visto; y los ojos muy hermosos y no pequeños; y ellos ninguno prieto [negro], sino del color de los canarios [...]. Y yo estaba atento y trabajaba de saber si había oro, y vi que algunos de ellos traían un pedazuelo colgado en un agujero que tienen en la nariz. Y por señas pude entender que, yendo al sur o volviendo la isla por el sur, que estaba allí un rey que tenía grandes vasos de ello y tenía muy mucho [...]. Esto defendería yo y no dejaría tomar a nadie sino que yo lo mandaría tomar todo para Vuestras Altezas, si tuviera en cantidad. Aquí nace en esta isla, mas por el poco tiempo no pude dar así del todo fe. Y también aquí nace el oro que traen colgado a la nariz, mas, por no perder tiempo, quiero ir a ver si puedo topar a la isla de Cipango."

Llegada de Colón, 12 de octubre de 1492

COMPRENSIÓN

1. ¿Cómo describió Colón a los primeros habitantes nativos con quienes se encontró? Escribe una descripción basada en los fragmentos que has leído.
2. ¿Cómo reaccionaron los nativos ante el contacto con Colón y sus hombres?
3. Colón menciona tres conceptos que serán cruciales en el proceso de conquista y colonización de América: *religión*, *raza* y *riquezas*. Subraya todas las referencias a estos tres conceptos en los textos.

INTERPRETACIÓN

 ¿Cuál fue la importancia de estos tres conceptos en las posteriores colonizaciones—británica y española—? Escriban una diferencia o similitud para cada concepto.

	Similitud	Diferencia
RELIGIÓN	En ambos casos ...	_____ en cambio _____
RAZA	Tanto en _____ como en_____	_____ sin embargo _____
RIQUEZAS		

PERSPECTIVA LINGÜÍSTICA

VOCABULARIO META

a corto plazo	*in the short term*	género (el)	*genre*
a largo plazo	*in the long term*	libre	*free*
acuerdo (el)	*agreement, treaty*	mano de obra (la)	*workforce*
colonia (la)	*colony*	mestizaje (el)	*mixed races*
colonización (la)	*colonization*	mestizo/a	*of mixed race*
colono (el)	*colonist, settler*	nave (la)	*ship*
conquista (la)	*conquest*	navegación (la)	*navigation*
conquistador (el)	*conqueror*	navegante (el)	*navigator*
conquistar	*to conquest*	navegar	*to navigate*
comercio (el)	*trade*	partir	*to depart, to leave*
corona (la)	*crown*	plata (la)	*silver*
desaparición (la)	*disappearance*	propuesta (la)	*proposal*
devenir (el)	*evolution*	raza (la)	*race*
diezmar	*to decimate*	recorrer	*to travel*
dominar	*to dominate*	regresar	*to come back, to return*
dominio (el)	*control*	riqueza (la)	*richness, wealth*
emprender	*to undertake*	rumbo a	*on the way to, heading to*
empresa (la)	*venture, undertaking*	someter	*to subdue*
esclavitud (la)	*slavery*	territorio (el)	*territory*
esclavo (el)	*slave*	trabajo forzado (el)	*forced labor*
establecer	*to establish*	vicerreinato (el)	*viceroyalty*
establecerse	*to settle*	volver	*to return*

1-12 COLÓN Y EL ENCUENTRO DE DOS MUNDOS

 Escucha cómo esta historiadora narra el proyecto de Cristóbal Colón. Luego responde a las preguntas.

COMPRENSIÓN

1. ¿En qué consistía el proyecto de Cristóbal Colón y por qué fue a España para presentarlo?
2. ¿Qué fueron las Capitulaciones de Santa Fe?
3. ¿A qué zona de América llegó Colón y qué territorios visitó?
4. ¿De qué estuvo convencido Colón hasta el día de su muerte?

RL GRAMÁTICA 1-2 (p. 54)

Completa este párrafo y después escucha el primer fragmento del audio para revisar tus respuestas.

Poco después de la rendición de Granada los Reyes Católicos recibieron a Cristóbal Colón en Santa Fe. [...] Cristóbal Colón (llegar) _____ a Castilla en 1485 procedente de Portugal donde (presentar) _____ su propuesta de llegar a Oriente a través del Océano Atlántico.

RL GRAMÁTICA 1-3 (pp. 55-56)

Escucha el audio otra vez. Presta atención a las fechas y escríbelas en los espacios en blanco.

1. Cristóbal Colón había llegado a Castilla _____ procedente de Portugal.

2. La conquista de Granada facilitó el acuerdo, firmándose las Capitulaciones de Santa Fe _____.

3. La expedición de tres carabelas salió del Puerto de Palos _____ .

4. Por fin, en la madrugada del _____, Rodrigo de Triana divisó tierra.

5. Colón realizó _____ otros tres viajes.

6. Colón murió en Valladolid _____.

 Ahora mira el video titulado *Los viajes de Cristóbal Colón* y responde a las preguntas. Después, usando el mapa y el video, escribe a qué viaje corresponde cada color en el mapa.

COMPRENSIÓN

1. Para cada uno de los cuatro viajes que hizo Colón, haz un breve esquema con los siguientes datos, incluyendo lugares y fechas.
   a. ¿Cuándo partió?
   b. ¿Qué encontró?
   c. ¿Cuándo regresó?
2. ¿ Por qué Colón llamó *Isabela* a la ciudad que fundó en La Española?
3. ¿Qué ocurrió durante el tercer viaje de Colón?

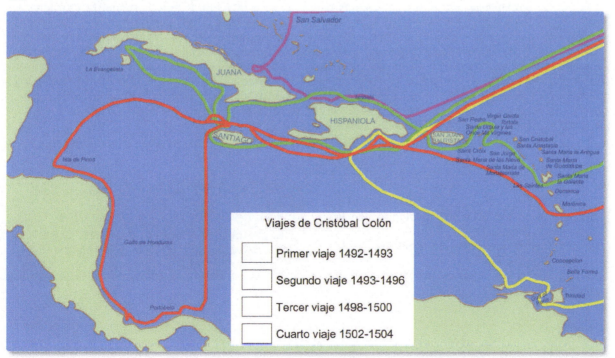

Los viajes de Cristóbal Colón

Primer viaje 1492-1493

Segundo viaje 1493-1496

Tercer viaje 1498-1500

Cuarto viaje 1502-1504

Los viajes de Cristóbal Colón

INTERPRETACIÓN

1. El *Día de la Raza* es el nombre que reciben en la mayoría de los países hispanoamericanos las fiestas del 12 de octubre en conmemoración de la llegada de Colón a América. En Argentina se le llama el *Día del Respeto a la Diversidad Cultural*, en Venezuela el *Día de la resistencia indígena* y en Costa Rica el *Día de las culturas*. ¿Cuáles de estos tres nombres mencionados representan una visión similar de esta fecha? ¿Hay alguno que presente una visión diferente?
2. En EE.UU. 'Columbus Day' es una fiesta que fue promovida por la comunidad ítaloamericana como celebración de su herencia. En Dakota del Sur se celebra el *Día de los nativoamericanos*. En general, ¿qué significa 'Columbus Day' en EE.UU.?

1-13 OBJETIVOS DE LA COLONIZACIÓN

Lee este texto sobre los objetivos de la colonización española y responde a las preguntas.

Emblema usado en la moneda de las colonias españolas de América

Para 1492, España **se había consolidado** como una de las primeras naciones europeas que, en la era moderna, se unificaron bajo un gobierno central en un nuevo reino llamado España. También en ese año **se decretó** la expulsión de los judíos (o su forzosa conversión al cristianismo) y se publicó la primera gramática del idioma castellano de Antonio de Nebrija. Estos datos revelan las tres bases ideológicas y políticas con que se inició la expansión española en América. En la esfera ideológica, **había** un ejército muy organizado y ansioso de nuevas conquistas heroicas con una misión evangelizadora: cristianizar el mundo. En segundo término, el catolicismo, el idioma español y el absolutismo de la corona **eran** los elementos unificadores de la nueva identidad nacional. La colonización debía expandir el dominio de la corona española, consagrada a la fe católica. Un tercer factor, no menos importante, en el campo económico, era la ambición expansiva, en busca de riquezas para premiar a los héroes de la Reconquista y sostener una economía basada en la guerra y en la posesión de tierras. Había que encontrar metales preciosos, competir comercialmente con el resto de Europa y dar tierras a los héroes españoles y a la Iglesia.

Por eso la conquista **fue** una operación fundamentalmente militar, pero también evangelizadora, que avanzó en busca de oro y de plata hasta el extremo sur del continente, con la esperanza de encontrar el legendario "dorado". Una vez conquistado un vasto terreno, el esfuerzo militar pronto se concentró en neutralizar la intervención de otras potencias en la zona. Además, la corona española estableció un fuerte monopolio comercial sobre sus territorios de ultramar y una estructura autoritaria, burocrática y jerárquica que duró más de tres siglos y que hasta el presente tiene influencia en la cultura, economía y política de la región.

COMPRENSIÓN

1. ¿Cuáles fueron los objetivos ideológicos de la colonización española?
2. ¿Cuáles fueron los objetivos políticos de la colonización española?
3. ¿Cuáles fueron los objetivos económicos de la colonización española?

> **RL GRAMÁTICA 1-1 (pp. 50-53) Y 1-2 (p. 54)**
>
> Justifica los usos del *imperfecto*, el *pretérito* y el *pluscuamperfecto* (verbos en negrita) en este texto.

INTERPRETACIÓN

¿Cuál de los tres factores—ideológico, político y económico—fue el más importante? Pónganlos en orden de importancia y después justifiquen su decisión ante la clase.

1-14 CONQUISTADORES

Lee este texto sobre Vasco Núñez de Balboa. Después responde a las preguntas.

Vasco Núñez de Balboa (1475-1519) fue un explorador y conquistador español y el primer europeo en divisar el Océano Pacífico desde su costa oriental. En 1500 emprendió su primer viaje a América. Allí recorrió el istmo de Panamá en busca de oro y esclavos. A comienzos de 1513 llegó a una comarca donde dominaba el cacique Careta, lo dominó fácilmente y **poco después** se hizo su amigo. **Luego** Núñez de Balboa prosiguió su conquista llegando a las tierras del rival de Careta, el cacique Ponca, y **tras** vencer a Ponca fue hacia los dominios del cacique Comagre. En este lugar oyó por primera vez de la existencia de otro mar. Entonces pidió de España hombres y suministros, pero su petición fue negada. **Unos meses más tarde,** el 1 de septiembre de ese año, emprendió el viaje a través del istmo de Panamá junto con 190 españoles y algunos guías indígenas. **A los pocos días** Balboa llegó, junto con mil indígenas de Careta, hacia las tierras de Ponca, y **al cabo de varias semanas** se internaron en la selva. **Cuatro días después** llegaron a las tierras del cacique Torecha, que fue vencido y muerto en combate. Desde allá se dirigió a la cordillera del río Chucunaque. Según los indígenas, desde la cima de esta cordillera se podía ver el mar, así que Núñez de Balboa se adelantó y antes del mediodía logró llegar a la cima. **En ese instante** contempló en el horizonte las aguas del mar desconocido. Todo eso ocurrió el 25 de septiembre de 1513. Balboa tomó posesión del mar en nombre de los reyes de Castilla.

Viaje de Vasco Núñez de Balboa (1513)
—— Ida —— Regreso

COMPRENSIÓN

1. ¿Qué evento histórico narra este texto?
2. ¿Cuánto tiempo duró la expedición de Balboa que lo llevó desde el océano Atlántico hasta el océano Pacífico?
3. ¿De quién obtuvo ayuda Núñez de Balboa para llevar a cabo esta expedición?

RL GRAMÁTICA 1-4 (pp. 56-57)

Fíjate en los marcadores de tiempo (en negrita) del texto. Cámbialos por otros que expresen lo mismo.

INTERPRETACIÓN

1. Piensen en dos consecuencias, a corto plazo y a largo plazo, del descubrimiento del Pacífico.

A CORTO PLAZO	A LARGO PLAZO
1.	1.
2.	2.

2. Lean e interpreten este fragmento del escritor uruguayo Eduardo Galeano.

"¿LOS INDIOS ERAN CIEGOS?"

Cuando yo estaba en la escuela... la maestra nos explicó que Vasco Núñez de Balboa había sido el primer hombre que vio los dos océanos, --vio los dos mares a la vez, el Pacífico y el Atlántico, desde una cumbre de Panamá-- el primer hombre. Y yo levanté la mano y dije:
--"Señorita, señorita".
--"¿Sí?"
--"¿Los indios eran ciegos?"
--"¡Fuera!"
Fue mi primera expulsión.
¿Quiénes pusieron sus primeros nombres al maíz y a la papa y al tomate y al chocolate y a las montañas y a los ríos de América? ¿Hernán Cortés? ¿Francisco Pizarro? Los que allí vivían ¿eran mudos?

1-15 COLONIZACIONES

Examina el mapa y lee este texto para identificar estos seis aspectos del proceso colonizador español.

1. Fecha de comienzo y territorio
2. Dependencia de la metrópoli (*mother country*)
3. Sentimiento de patriotismo
4. Organización política/social
5. Esclavitud
6. Religión

Pueblos originarios
España
Portugal
Gran Bretaña
Francia
Holanda

La colonización española comenzó a fines del siglo XV y España tomó posesión por la fuerza de los dos grandes imperios existentes: el azteca en América del Norte y el inca en el actual Perú. A partir de ahí controló una gran parte de América Central y del Sur, el Caribe y la península de Florida. En 30 años los españoles dominaron gran parte del continente. Esta colonización tuvo un espíritu de cruzada, con el deseo de anexionar nuevos territorios a la corona española. América no fue considerada "la patria" para los españoles que residían en ella. El control desde España fue total y se formó una América Hispana dependiente de España. Pronto comenzó la sujeción de los aborígenes a sistemas de trabajo obligatorios, la explotación económica, la fundación de ciudades y el establecimiento de las instituciones de gobierno o virreinatos. La estratificación social de las colonias estaba basada en la raza y las riquezas. Aunque existió el trabajo forzoso, los nativos colaboraron en el proceso de colonización y los españoles centraron parte de su esfuerzo en adoctrinarlos y convertirles a la religión católica. En los primeros 130 años de la colonización murió el 90-95% de la población total originaria, lo que justificó el secuestro de millones de africanos para llevarlos como esclavos a América y reemplazar la mano de obra indígena.

Colonias europeas en América
(siglos XVI-XVIII)

Ahora escucha a esta historiadora, quien nos cuenta cómo fue la colonización británica del norte de América. Identifica los mismos seis aspectos del proceso colonizador británico.

INTERPRETACIÓN

 1. Decidan las dos diferencias y las dos similitudes más importantes entre estos dos procesos: la colonización del norte y la del sur. Justifiquen su elección.

SIMILITUDES	DIFERENCIAS
1. En ambos casos ...	1. _____ en cambio _____
2. Tanto en _____ como en_____	2. _____ sin embargo _____

2. Elijan los dos aspectos o factores (similares o diferentes) del proceso de colonización que más contribuyeron a conformar *(to shape)* estas dos regiones del continente.

1-16 CONSECUENCIAS DE LA COLONIZACIÓN

 Mira este video titulado *Colonización y nueva sociedad* y después responde a las preguntas.

1. ¿Qué eran los "pueblos de indios" o "repúblicas de indios"?
2. ¿Qué eran las encomiendas? Escribe una descripción. ¿Qué consecuencias tuvo este sistema?
3. ¿Qué factores causaron la catástrofe demográfica resultado de la conquista?
4. ¿Qué características tienen los pueblos originarios desde 1780 hasta la actualidad?

RL GRAMÁTICA 1-3 (pp. 55-56)

Mira el primer minuto y medio del video otra vez y completa estas frases con las fechas que faltan.

- *"Recién _____ , en los últimos tercios, se crea el Virreinato de Nueva Granada [...]".*

- *"Finalmente, lo que la corona estableció _____ fueron los llamados 'pueblos de indios' [...]".*

INTERPRETACIÓN

 ¿Es posible justificar la colonización, a la vista de los datos demográficos? Piensen en dos argumentos para justificarla y dos para argumentar en contra.

A FAVOR	1. Nos parece que ... porque ... 2.
EN CONTRA	1. Creemos que no ... ya que ... 2.

PERSPECTIVAS INTERCULTURALES

1-17 EL MESTIZAJE

La colonización europea del centro y sur de América a fines del siglo XV convirtió a una población indígena en una población mestiza, debido al encuentro biológico y cultural de europeos, indígenas y africanos. Lean este texto sobre la *pirámide social* que resultó de este mestizaje y observen los cuadros.

De mestizo e india, coyote, de Miguel Cabrera (1763)

En la cima de la pirámide, con el mayor poder político y económico, estaban los españoles venidos de Europa. Junto a ellos, pero con menor influencia política, estaban los criollos: americanos de "pura sangre" española que eran latifundistas y tenían pleno acceso a la educación. En el estrato medio estaban los mestizos, que solían ser artesanos o pequeños propietarios de tierras: estos eran una mezcla de indígena y español. En escala descendiente había un gran número de otras *castas* o mezclas raciales: mulatos (negro y español), zambos (negro e indígena), etc. Por fin, en la base de la pirámide y destinados a los trabajos más duros en las minas y la agricultura, estaban los indígenas y los esclavos africanos.

De español y mulata, morisca, de Miguel Cabrera (1763)

INTERPRETACIÓN

1. Miren el título del primer cuadro (a la izquierda). ¿Qué razas o mezcla de razas tienen los miembros de la familia representados? La *casta* del padre representa la mezcla de _____ y _____.
2. Miren el título del segundo cuadro (a la derecha). ¿Qué razas o mezcla de razas tienen los miembros de la familia representados? La *casta* de la madre representa la mezcla de _____ y _____.
3. Describan la ropa de las personas. ¿Hay elementos indígenas, africanos, europeos?
4. Con lo que sabemos sobre la pirámide social, ¿creen que estas imágenes representan la realidad social de las colonias españolas en América?
5. ¿Por qué creen que los artistas representaron de este modo a estas personas?
6. El mestizaje dio lugar al sincretismo cultural, donde la lengua, la música, las creencias, las costumbres y los conocimientos se combinaron. Piensen en tres ejemplos de sincretismo cultural que se puedan observar hoy en América Latina.
7. Además de las diferencias en los propósitos de la colonización, ¿hay más razones por las que el mestizaje no ocurrió en Estados Unidos de la misma manera que en América Latina? Piensen en dos y luego compártanlas por la clase.

8. Ahora lean esta noticia reciente sobre el mestizaje en Estados Unidos.

El número de bebés mestizos en Estados Unidos ha aumentado del 5% a más del 7% en una década, según un estudio demográfico publicado por 'The Washington Post' en mayo del 2012. El demógrafo William H. Frey, del Instituto Brookings, hizo un estudio de los censos de 2000 y 2010 y comprobó que en este período el número de niños nacidos de parejas de blancos y negros, o de blancos y asiáticos, casi se había duplicado. "Pienso que la gente ahora se siente cómoda al identificarse ellos mismos y a sus hijos como mestizos. Es, socialmente, más aceptable", dijo Frey. Según Frey, las estadísticas del censo apuntan a un país que avanza hacia una época en la cual la "raza" dejará de ser un tema irritante. El estudio indicó que la gente más joven tiende a identificarse como mestizo (y no solamente 'negro', 'blanco' o 'asiático') mientras que los mayores todavía eligen una sola raza, aunque sean de padre y madre de etnia diferente.

Otro estudio del mismo año del Centro de Investigación Pew indicó que el número de matrimonios entre personas de distintas razas aumentó considerablemente en Estados Unidos en los últimos años y que el país es más abierto a la mezcla racial. Durante buena parte de la historia de Estados Unidos las leyes prohibían que los blancos se casaran con personas de otras razas e incluso después de que el Tribunal Supremo abolió la última de esas leyes, en 1967, los matrimonios mixtos continuaron siendo un tema tabú. El estudio pone en evidencia que el proceso de mestizaje entre los distintos grupos que conforman el espectro de la sociedad estadounidense está en crecimiento.

a. ¿Están de acuerdo con las razones que da el texto para la mayor mezcla racial actual?
b. Hagan una lista de cuatro factores que han contribuido al cambio en la percepción del mestizaje.

1-18 LA ESCLAVITUD: ESCLAVOS INDÍGENAS, ESCLAVOS AFRICANOS

PARTE I

 Escucha este fragmento de una presentación sobre la esclavitud en Latinoamérica. Luego contesta a las preguntas.

COMPRENSIÓN

1. ¿Cuántos tipos de esclavitud existieron en Latinoamérica?
2. ¿Cuándo y por qué se empezaron a llevar esclavos desde África a Latinoamérica?
3. ¿Qué diferencias hubo entre la esclavitud africana en Estados Unidos y en Latinoamérica?
4. Explica esta frase: "Todos tenemos un abuelo africano".

Familia de afrodescendientes libres, Perú (Siglo XVIII)

 Ahora lee este texto y mira el video sobre el fraile español Bartolomé de las Casas y su obra titulada *Brevísima Relación de la Destrucción de las Indias*. Luego responde a las preguntas.

Bartolomé de las Casas (1474-1566) fue un religioso español que defendió los derechos de los indígenas en los inicios de la colonización de América. Por ello, es considerado uno de los fundadores del derecho internacional moderno. En su obra *Brevísima Relación de la Destrucción de las Indias* (1552) argumentó que los indígenas tenían uso de razón y, por lo tanto, eran seres humanos protegidos por el derecho natural y tenían derecho a la libertad. Además documentó las atrocidades a las que fueron sometidos los indígenas de las Américas por los conquistadores españoles. Gracias a la publicación de su libro se promulgaron leyes en España que prohibían esclavizar a los indígenas. En 1550 De las Casas defendió la humanización de los métodos de conquista y colonización, y la necesidad de construir un orden más justo y equitativo, en un debate frente a Ginés de Sepúlveda, consejero del rey Carlos V, quien sostenía la tesis de la superioridad de la civilización europea. Según algunos historiadores, el propio rey de España se cuestionó la legitimidad moral de la conquista a raíz de la obra de De las Casas.

Bartolomé de las Casas

COMPRENSIÓN

1. Explica con tus propias palabras los dos lados del debate entre Bartolomé de las Casas y Ginés de Sepúlveda. ¿Qué visión defendió cada uno de ellos?
2. ¿Cómo afectaron al rey Carlos V las nuevas ideas de Bartolomé de las Casas?
3. Explica el efecto que tuvo la publicación del libro de De las Casas en el mundo.

INTERPRETACIÓN

 Comparen la situación de los indígenas en Latinoamérica con la situación de los indígenas en Estados Unidos durante la época colonial con respecto a estos cuatro aspectos.

	Latinoamérica	Estados Unidos
esclavitud		
exterminio		
integración		
derechos		

PARTE II

 Mira este video sobre *San Basilio del Palenque*, el primer pueblo de esclavos negros libres de América, ya que firmó en 1713 un tratado por el cual se independizó de España.

COMPRENSIÓN

1. ¿Quién fue el líder de esta primera guerra de independencia, qué hizo y cómo murió?
2. ¿Qué valores representa este pueblo hoy día en el mundo?

INTERPRETACIÓN

1. Comparen la situación de la población afrodescendiente en la época colonial en Latinoamérica y en Estados Unidos. Usen una tabla similar a la anterior.
2. Miren la información de esta tabla y lean esta información.

Según el Fondo de Naciones Unidas para la Infancia (UNICEF) el 30% de la población de Latinoamérica -150 millones de personas - es afrodescendiente y el 92% de ella es pobre.

Finalmente, comparen la situación de la población afrodescendiente hoy día en las dos regiones.

	Latinoamérica	Estados Unidos
número de afrodescendientes		
derechos y oportunidades		
integración		

Población Afrodescendiente

Según el Fondo de Naciones Unidas para la infancia (UNICEF) el 30% de la población de Latinoamérica – 150 millones de personas – es afrodescendiente y el 92% de ella es pobre.

R. Dominicana	84%	Argentina	5%
Cuba	34,9%	Paraguay	3,5%
Venezuela	34%	Perú	3%
Colombia	21%	Honduras	2%
Panamá	14%	Guatemala	2%
Puerto Rico	12%	Bolivia	1,7%
Nicaragua	9%	México	0,4%
Costa Rica	8%	El Salvador	0,1%
Uruguay	8%	Chile	0,001%
Ecuador	5%		

MANIFESTACIONES ARTÍSTICAS

1-19 EL *CANTO GENERAL* DE PABLO NERUDA

Numerosos escritores latinoamericanos han escrito sobre la historia de Latinoamérica. Lee este texto sobre una obra del poeta chileno y Premio Nobel de Literatura Pablo Neruda (1904-1973). Luego lee los poemas y responde a las preguntas.

Estatua en piedra de Pablo Neruda. Isla Negra (Chile)

La obra más importante de Pablo Neruda (Premio Nobel de Literatura en 1971), *Canto General* (1950), es una crónica de toda Hispanoamérica y de la naturaleza e historia entera del continente americano. Cada una de las secciones de esta obra está centrada en una etapa de la historia de América, desde las comunidades precolombinas, pasando por la conquista, los libertadores y los periodos dictatoriales. Consta de quince secciones, 231 poemas y más de quince mil versos y es la obra de mayor amplitud temática y síntesis americanista realizada en el continente. En la tercera parte, titulada "Los Conquistadores", Neruda habla de una América pura destruida por los conquistadores. El poeta los acusa duramente porque en su opinión sumergieron a las tierras americanas en una profunda agonía. En general percibe de forma negativa la conquista excepto por algunas características puntuales de su legado cultural, como por ejemplo el idioma.

III. Los conquistadores

*¡Ccollanan Pachacutec! ¡Ricuy
anceacunac yahuarniy richacaucuta!*
(Tupac Amaru I)

> Madre Tierra, atestigua cómo mis enemigos derraman mi sangre.

*I
Vienen por las islas (1493)*

Los carniceros desolaron las islas.
Guanahaní fue la primera
en esta historia de martirios.
Los hijos de la arcilla vieron rota
su sonrisa golpeada,
su frágil estatura de venados,
y aún en la muerte no entendían.

Fueron amarrados y heridos,
fueron quemados y abrasados,
fueron mordidos y enterrados.
Y cuando el tiempo dio su vuelta de vals
el salón verde estaba vacío.

COMPRENSIÓN (POEMA 1)

1. ¿De qué trata este poema? Explícalo con tus propias palabras.
2. ¿Qué palabras usa Pablo Neruda para referirse a los conquistadores, a los indígenas y a las islas?
3. ¿Qué verbos usa para referirse a las acciones de los conquistadores?

XIV
Las agonías

En Cajamarca empezó la agonía.
El joven Atahualpa, estambre azul,
árbol insigne, escuchó al viento
traer rumor de acero.
Era un confuso
brillo y temblor desde la costa,
un galope increíble
-piafar y poderío-
de hierro y hierro entre la hierba. [...]
Las visitas
de otro planeta, sudadas y barbudas,
iban a hacer la reverencia.

El capellán Valverde,
corazón traidor, chacal podrido,
adelanta un extraño objeto, un trozo
de cesto, un fruto
tal vez de aquel planeta
de donde vienen los caballos.
Atahualpa lo toma. No conoce
de qué se trata: no brilla, no suena,
y lo deja caer sonriendo. [...]
Diez mil peruanos caen
bajo cruces y espadas, la sangre
moja las vestiduras de Atahualpa.
Pizarro, el cerdo cruel de Extremadura
hace amarrar los delicados brazos
del Inca. La noche ha descendido
sobre el Perú como una brasa negra.

COMPRENSIÓN (POEMA 2)

1. Asocia cada nombre con cada definición.

Cajamarca	a.	Fraile dominico español que participó en la colonización de América al lado de Pizarro.
Atahualpa	b.	Región de España de la que procedieron numerosos conquistadores como Cortés, Valdivia o Pizarro.
Vicente Valverde	c.	Ciudad de Perú, donde tuvo lugar la batalla de Cajamarca (1532) y la captura del último emperador inca.
Francisco Pizarro	d.	Último emperador o sapa inca.
Extremadura	e.	Explorador y conquistador español del Perú.

2. ¿Cuál es la historia que relata el poema? Cuéntala con tus propias palabras.
3. ¿Por qué dice en la primera línea del poema "empezó la agonía"?
4. Busca las expresiones que usa el poeta para referirse a los conquistadores. ¿Por qué las usa?
5. Enumera las expresiones que usa el poeta para referirse a Atahualpa, a Valverde y a Pizarro.
6. ¿Qué expresiones usa el poeta para referirse al mundo europeo?

INTERPRETACIÓN

1. Usen ejemplos de los poemas para ilustrar la visión del viejo mundo que tenían los indígenas.
2. La sección "Los conquistadores" del *Canto General* termina con este verso: "La luz vino a pesar de los puñales". ¿A qué se refiere Neruda?
3. Pablo Neruda fue un autor comprometido que pensaba que la poesía tenía la función de concienciar a la sociedad. ¿De qué quiere concienciar el autor del *Canto General* a los lectores?

1-20 MÚSICA FOLCLÓRICA DE RAÍCES AFRICANAS

El sincretismo cultural producto del mestizaje se manifiesta en la música latinoamericana. Lee estos textos sobre la *música de raíces africanas* en dos países latinoamericanos y responde a las preguntas.

Batá yoruba

Texto 1

Según el Fondo de Naciones Unidas para la Infancia (UNICEF) el 30% de la población de América Latina—unos 150 millones de personas—tiene ascendencia africana y casi todos los géneros musicales más populares en América tienen su raíz en las comunidades africanas que llegaron al continente desde el siglo XVI. Más tarde estos ritmos se mezclaron con elementos indígenas y españoles en mayor o menor medida.

Miles de esclavos llegaron a Cuba durante los siglos XVI, XVII y XVIII desde países como Nigeria, Congo y otras partes del África Occidental. Todos estos grupos contribuyeron al desarrollo de la música afrocubana. Los yorubas aportaron su complejo sistema de bailes y tambores llamados *batá*; los bantúes aportaron la conga o el bongó. Estos esclavos se reunían de forma secreta después del trabajo para celebrar el recuerdo de su África natal y practicar su religión. Más adelante se permitió a los afrocubanos reunirse en cabildos, en los cuales practicaban su religión, bailes y música.

El **son** se originó en las montañas de la Sierra Maestra, al oriente de Cuba, donde africanos de etnia bantú realizaban labores domésticas en las mansiones y plantaciones de sus dueños. Lo negro se mezcló con lo español para crear lo que hoy se conoce como el son cubano tradicional. El más antiguo conocido es el "Son de la Má Teodora", del siglo XVI. Los grupos soneros originalmente estaban conformados por guitarra, tres cubano, bongó o congas (instrumentos de percusión africanos), bajo, claves, maracas y trompeta. Algunos de los soneros más célebres son Arsenio Rodríguez, Beny Moré y Compay Segundo.

En 1996, el compositor y guitarrista Ry Cooder viajó a La Habana, donde conoció a un grupo de legendarios músicos soneros cubanos, entre ellos Compay Segundo. El resultado fue *Buena Vista Social Club*, un álbum aclamado internacionalmente. En 1998 el director de cine Wim Wenders observó a los músicos en el estudio y rastreó sus vidas en La Habana. De este modo filmó un documental que narraba el viaje de los artistas desde su país natal hasta la ciudad de Ámsterdam —donde ofrecieron dos conciertos— y que finalizó en Nueva York con una presentación en el Carnegie Hall. El fenómeno *Buena Vista Social Club* tuvo tanta repercusión mundial que los músicos hicieron giras por todo el mundo. *Buena Vista Social Club* hizo que el mundo entero conociera el son cubano.

Orquesta Buena Vista Social Club

COMPRENSIÓN

1. ¿Cuáles fueron las aportaciones de los distintos grupos de esclavos a la música actual cubana?
2. ¿Dónde y cuándo se originó el son?
3. ¿Es el son una música originaria de África? Explica.
4. ¿Qué tipo de instrumentos predominan en los grupos soneros originales: cuerda, percusión o viento?
5. ¿Qué impacto tuvieron el álbum y el documental titulados *Buena Vista Social Club* en la música sonera?

Texto 2

En Uruguay existe una cultura de ascendencia africana—esclavos en su mayoría de origen bantú que llegaron a Uruguay en el siglo XVIII—bastante significativa, que musicalmente se asocia con el género del **candombe**, sinónimo de danza negra, evocación del ritual de sus pueblos originarios. El candombe surge como el principal medio de comunicación de los africanos esclavizados, uniendo comunicación, danza y religión. Los esclavos se reunían en lugares llamados candombes donde exponían la música y ritmos de su nación de origen. El candombe se toca con tres tamboriles hechos de madera que tienen tres tamaños y tres sonidos diferentes. Hoy día el candombe persiste y es una expresión cultural muy importante en Uruguay, Argentina y el sur de Brasil. El candombe uruguayo ha sido reconocido por la UNESCO como Patrimonio Cultural Inmaterial de la Humanidad.

Candombe, de Pedro Figari (1921)

COMPRENSIÓN

1. ¿Dónde y cuándo se originó el candombe?
2. ¿Qué elementos tienen en común el candombe y el son? ¿En qué se diferencian?
3. ¿Qué papel tenía la música y el baile en la vida de los esclavos?

INTERPRETACIÓN

1. Escuchen ahora dos ejemplos de *candombe*. ¿Qué similitudes y diferencias pueden observar?
2. Escuchen un ejemplo de *son*. ¿Qué similitudes y diferencias pueden observar con respecto al candombe?
3. El *blues* es un ejemplo de un género musical de Estados Unidos con raíces africanas. Apareció en la segunda mitad del siglo XIX en las ciudades del sur y deriva directamente de las canciones que cantaban los esclavos en las plantaciones de algodón. Escuchen este ejemplo y compárenlo con el son y el candombe.
4. Lean la letra de la canción *Esclavo triste*, del cubano Arsenio Rodríguez, y expliquen el significado de las expresiones en negrita.

> *Esclavo triste*
> de Arsenio Rodríguez
>
> El **triste lamento** del esclavo,
> es triste tener que recordar...
> Se **me destroza el alma**
> tan sólo de pensar
> que el pobre esclavo
> vive llorando,
> vive implorando
> libertad.
> Sufre,
> **llora su fatalidad**
> y van pasando las horas
> y va muriendo el esclavo
> y soportando maltratos
> **lleno de pesar,**
> lleno de pesar,
> lleno de pesar.

1-21 ¿QUÉ FUE LA INDEPENDENCIA?

La independencia como concepto político apareció con la Declaración de Independencia de Estados Unidos en 1776 en respuesta al colonialismo europeo y se extendió con las Actas de Independencia de los países latinoamericanos tras las Guerras de Independencia (1810-1821). Todas estas declaraciones de independencia fueron resultado de guerras internacionales.

Lee el fragmento de la Declaración de Independencia de EE.UU. y los fragmentos de las Actas de Independencia de otros tres países americanos. ¿Qué palabras y expresiones en estos fragmentos ponen énfasis en la dependencia de un país hacia otro? ¿Cuáles enfatizan la idea de independencia?

[...] declaramos que estas colonias unidas son y por derecho han de ser Estados libres e independientes; que están exentas de todo deber de súbditos para con la corona británica y que queda completamente rota toda conexión política entre ellas y el Estado de la Gran Bretaña [...]
Declaración de Independencia de Estados Unidos, 1776

[...] declaramos solemnemente a la faz de la tierra, que es voluntad unánime e indubitable de estas Provincias romper los violentos vínculos que los ligaban a los reyes de España, recuperar los derechos de que fueron despojados, e investirse del alto carácter de una nación libre e independiente del rey Fernando séptimo, sus sucesores y metrópoli.
Acta de la Independencia de Argentina, 1816

La Nación Mexicana que, por trescientos años, ni ha tenido voluntad propia, ni libre uso de la voz, sale hoy de la opresión en que ha vivido [...] y declara solemnemente, por medio de la Junta Suprema del Imperio, que es Nación Soberana, e independiente de la antigua España [...]
Acta de la Independencia de México, 1821

El mundo sabe que el Alto Perú ha sido, en el continente de América, el ara (*altar*) donde vertió la primera sangre de los libres y la tierra donde existe la tumba del último de los tiranos. [...] Los departamentos del Alto Perú protestan a la faz de la tierra entera que su resolución irrevocable es gobernarse por sí mismos.
Acta de la Independencia de Bolivia, 1825

La independencia de la América española

INTERPRETACIÓN

 Piensen en dos razones por las que estos grupos sociales querían formar naciones independientes y los beneficios que obtuvieron. Lean el texto de 1-17 para ayudarles a responder.

	¿Por qué querían la independencia?	Beneficios de la independencia
Los criollos de las colonias españolas	1. 2.	1. 2.
Las clases bajas: mestizos, indígenas, mulatos, negros, etc.	1. 2.	1. 2.

PERSPECTIVA LINGÜÍSTICA

VOCABULARIO META

asociación (la)	*assembly*	independencia (la)	*independence*
avanzar	*to advance, to make progress*	independizarse	*to become independent*
abolir	*to abolish*	independentista	*pro-independence*
batalla (la	*battle*	independiente	*independent*
casta (la)	*caste*	junta (la)	*board*
criollo/a (el, la)	*creole*	levantamiento (el)	*uprising*
deberse a	*to be due to*	levantarse	*to rise, revolt*
derecho (el)	*right*	liberar	*to liberate, to free*
derogar	*to abolish, repeal*	libertad (la)	*freedom*
dirigir	*to lead*	libertador (el)	*liberator*
ejército (el)	*army*	libre comercio (el)	*free trade*
emancipación (la)	*emancipation*	liderar	*to lead, head*
emanciparse	*to become emancipated*	militar (el)	*soldier, military man/woman*
gobernar	*to govern*	pensamiento (el)	*thought*
gobierno (el)	*government*	poder (el)	*power*
héroe (el)	*hero*	promulgar	*to enact*
iglesia (la)	*church*	propiedad (la)	*property*
igualdad (la)	*equality*	república (la)	*republic*
Ilustración (la)	*the Enlightenment*	secesionista	*secessionist*
identidad (la)	*identity*	secesión (la)	*secession*
igualitario/a	*egalitarian*	soberanía (la)	*sovereignty*

1-22 AMÉRICA A PRINCIPIOS DEL SIGLO XIX

Lee este texto que resume brevemente la situación y eventos que marcaron el inicio de las guerras independentistas. Después responde a las preguntas.

A principios del siglo XIX España y Portugal **dominan** la mayor parte del continente americano. Ese dominio **está** distribuido entonces en virreinatos y capitanías generales: Guatemala, Venezuela y Chile. Después de tres siglos de dominio colonial, los pueblos americanos **comienzan** a declarar su independencia enfrentándose militarmente a las potencias europeas y abriendo el proceso de descolonización. Los primeros **son** las trece colonias británicas mediante la revolución que dio origen a los Estados Unidos en 1776, organizando un nuevo tipo de sociedad a partir de conceptos políticos como federalismo, constitución y derechos del hombre. En 1804 Haití **se independiza** de Francia tras una revolución de carácter abolicionista iniciada en 1791. A partir de 1809 **se produce** un levantamiento generalizado en el territorio americano. Las colonias de España **inician** el proceso que más tarde **lleva** al surgimiento de varias naciones. En ciudades como Caracas, Buenos Aires, Quito o Santiago **estallan** revoluciones que **reemplazan** a las autoridades coloniales con juntas de gobierno. A comienzos de 1816 la revolución **avanza** por todo el continente.

América 1794

- España
- Portugal
- Gran Bretaña
- Estados Unidos
- Rusia
- Francia
- Holanda

RL GRAMÁTICA 1-4 (pp. 56-57)

Usando la Gramática 1-4 como referencia, identifica en el texto *cinco marcadores temporales*. Después cámbialos por otros que signifiquen lo mismo.

RL GRAMÁTICA 1-1 (pp. 50-53)

Cambia los verbos en negrita del texto anterior del presente al pasado. Decide si debes usar el *pretérito* o el *imperfecto*. Justifica tu elección.

COMPRENSIÓN

1. ¿Cuáles fueron los dos eventos precursores del proceso independentista de las colonias de España?
2. ¿En qué se diferenció la revolución de 1776 (norte) de la revolución de Haití de 1804?

INTERPRETACIÓN

 ¿Qué tres nuevos conceptos políticos (mencionados en el texto) formaron la base de la revolución que dio origen a los EE.UU.? Expliquen su significado y den un ejemplo de cómo se manifiestan hoy.

1-23 EL ESTALLIDO DE LAS REVOLUCIONES DE INDEPENDENCIA

 Mira el video *El estallido de las revoluciones de independencia* y responde a las preguntas.

COMPRENSIÓN

1. ¿Entre qué año y qué año sucedieron los estallidos de las revoluciones de independencia?
2. ¿Cuál fue la forma de gobierno por la que lucharon los independentistas? ¿Con qué forma de gobierno contrastaba?
3. ¿En qué país y en qué fecha estalló primero la lucha independentista?
4. ¿Por qué fue la revolución independentista una "revolución intelectual"?
5. ¿Cómo se formaron las identidades nacionales? ¿Qué tuvieron en común?
6. ¿Qué corriente ideológica influyó en las revoluciones independentistas? ¿Qué ideas? ¿Qué consecuencias tuvo esto?

RL GRAMÁTICA 1-4 (pp. 56-57)

Escucha otra vez el video, lee este fragmento e identifica las expresiones que se usaron para situar los eventos. Después sustituye estas expresiones por otras que expresen lo mismo.

Las luchas por la independencia se encendieron desde México hasta Argentina. Comenzó el 25 de mayo de 1809 en Bolivia, siguió el 10 de agosto en Ecuador, _____ en Venezuela, _____ Argentina y _____ Colombia. El 16 y el 18 de septiembre en México y Chile, el 14 de mayo de 1811 el Paraguay, el 5 de noviembre El Salvador.

INTERPRETACIÓN

 Definan cada una de estas ideas de la Ilustración. ¿Cuáles de ellas siguen teniendo importancia hoy día? Justifiquen su respuesta.

soberanía popular   división de poderes   igualdad de derechos

tolerancia   libre comercio

1-24 CAUSAS DE LAS REVOLUCIONES DE INDEPENDENCIA

Además de las ideas contenidas en la *Declaración de Independencia* de EE.UU., otros fenómenos tuvieron influencia en el proceso independentista hispanoamericano. Lee los textos para saber más.

Constitución
de 1812

AMÉRICA: Los españoles nacidos en España -a diferencia de los criollos- eran quienes recibían tierras en encomienda y los únicos que tenían acceso a altos puestos en el gobierno y en la iglesia. Los criollos consideraban este sistema injusto ya que eran excluidos de las decisiones políticas y económicas importantes. Los criollos querían dirigir el poder político y desarrollar libremente sus actividades comerciales (libre mercado), pero la metrópoli ejercía un monopolio férreo. Entre tanto, los mestizos eran discriminados por una sociedad que no los consideraba parte de ella y las demás castas eran tratadas de forma inferior.

ESPAÑA: En 1808 Francia invadió España y el país **(estar)** inmerso en una guerra hasta 1814. Durante este periodo **(haber)** un vacío de gobierno porque el rey Fernando VII **(estar)** preso en Francia, ya que Napoleón **(nombrar)** a su hermano, José Bonaparte, rey de España. En este contexto, las provincias americanas formaron Juntas de Gobierno en cada país cuyo objetivo era autogobernarse. En 1810 se convocaron las Cortes de Cádiz en reacción a la invasión francesa, las cuales instituyeron en 1812 la primera Constitución española, de carácter liberal. En esta Constitución se **(plasmar)** ideas como la libertad de expresión del pensamiento, la soberanía nacional o la separación de poderes. También se promulgaba la igualdad política y de derechos entre criollos e indígenas y se reducía el número de representantes americanos del parlamento. Con la derrota de los ejércitos napoleónicos y la expulsión de José Bonaparte, Napoleón le devolvió el trono de España a Fernando VII, quien restauró el absolutismo y derogó la Constitución de 1812. En América, el trabajo de autogobierno de las Juntas se transformó en un proceso revolucionario e independentista.

COMPRENSIÓN

1. ¿Cuándo y por qué se organizaron las primeras Juntas de gobierno en las colonias españolas?
2. ¿Cómo reaccionaron los sectores liberales en España ante la invasión napoleónica?
3. ¿Era la Constitución de 1812 favorable a los intereses de los criollos americanos? ¿Por qué?

RL GRAMÁTICA 1-1 (pp. 50-53) Y 1-2 (p. 54)

Escribe los verbos en negrita en el segundo texto en la forma y tiempo correctos del pasado: *imperfecto*, *pretérito* o *pluscuamperfecto*.

 Escucha a un historiador que habla de la Revolución francesa (1789) y responde a las preguntas.

COMPRENSIÓN

1. ¿Conocían las colonias americanas la *Declaración de los Derechos del Hombre* antes del comienzo de sus revoluciones independentistas?
2. ¿Cuáles de estos derechos específicos menciona el historiador?

   ☐ el derecho a la asociación
   ☐ el derecho a la libertad
   ☐ el derecho a la libre expresión
   ☐ el derecho a la libertad de religión
   ☐ el derecho a defenderse ante la opresión
   ☐ el derecho de soberanía nacional
   ☐ el derecho a un sistema legal igualitario

INTERPRETACIÓN

1. Imaginen que ustedes son criollos de las colonias españolas a principios del siglo XIX que desean la independencia de España. Hagan una lista de las ideas de la *Declaración de Derechos del Hombre* y de la Constitución de 1812 que son importantes para ustedes. Identifiquen algunas ideas de estos dos documentos que vayan en contra de sus intereses.

	Declaración de Derechos del Hombre	Constitución española de 1812
A FAVOR	1. 2.	1. 2.
EN CONTRA	1. 2.	1. 2.

2. ¿Fueron estas revoluciones también revoluciones sociales? Justifiquen su respuesta.

3. Lean los datos a continuación. ¿Qué diferenció estos levantamientos de los procesos revolucionarios más importantes?

En Perú, el cacique indígena Tupac Amaru II (1742-1781), considerado precursor de la independencia de Perú, lideró una rebelión para mejorar las condiciones laborales de los indígenas, la cual fracasó por falta de organización técnica y de armamentos militares.

En México, el sacerdote Miguel Hidalgo (1753-1811) lideró una rebelión en 1810 apoyado por indígenas y mestizos, quienes se levantaron para luchar por la libertad del país con el objetivo de mejorar su situación social.

Tupac Amaru II

Miguel Hidalgo

4. Miren el video sobre Miguel Hidalgo. Después identifiquen cuatro aspectos que muestren el carácter social de la rebelión liderada por este sacerdote.

1.	
2.	
3.	
4.	

1-25 SIMÓN BOLÍVAR

En el proceso de lucha, las colonias vieron surgir a muchas figuras que dejaron su huella en el desarrollo de una nueva identidad nacional. Lee el texto y responde a las preguntas.

Simón Bolívar

Simón Bolívar, considerado uno de los militares más brillantes de todos los tiempos, dirigió las guerras independentistas de Venezuela, Colombia, Perú y Ecuador y creó Bolivia. Nació en Caracas en 1783 y a los 16 años viajó a España, regresando a Venezuela en 1807 después de una breve visita a los Estados Unidos. Seis años después, en 1813, invadió Venezuela y fue proclamado 'Libertador'. Unos días más tarde Bolívar proclamó la 'guerra a muerte' en favor de la libertad, tomó Caracas el 6 de agosto y dos días después proclamó la segunda república venezolana. En 1819 Bolívar creó el Congreso de Angostura, el cual fundó la Gran Colombia (una federación formada por las actuales repúblicas de Venezuela, Colombia, Panamá y Ecuador) y nombró a Bolívar presidente. El 26 de julio de 1822 Bolívar tuvo una conferencia en Guayaquil (Ecuador) con el argentino José de San Martín para discutir la estrategia de la liberación de Perú. En 1823 Bolívar tomó el mando de la invasión de Perú. El 6 de agosto de 1824 Bolívar y el venezolano Antonio José de Sucre derrotaron al ejército español. El 9 de diciembre Sucre derrotó al ejército español en la Batalla de Ayacucho, eliminando la presencia española en Sudamérica. El 6 de agosto de 1825 Sucre creó el Congreso del Alto Perú, el cual creó la República de Bolivia en honor de Bolívar. La Constitución de 1826, aunque nunca usada, fue escrita por el mismo Bolívar. En diciembre de 1830, poco antes de morir y después de ver la división de la Gran Colombia en tres países diferentes, Simón Bolívar afirmó: "América es ingobernable. Los que hemos servido a la revolución hemos arado en el mar".

COMPRENSIÓN

1. ¿De qué tema hablaron Bolívar y San Martín cuando se encontraron?
2. ¿En qué fecha (día, mes y año) se proclamó la segunda república de Venezuela?
3. ¿Qué fue la Gran Colombia y cuánto tiempo existió como tal (as such)?
4. ¿En qué fecha exacta y dónde terminó la presencia española en Sudamérica?
5. ¿Quién le dio nombre a la República de Bolivia y por qué?

INTERPRETACIÓN

1. Interpreten este fragmento de una carta de Bolívar.

   "Es una idea grandiosa pretender formar de todo el Mundo Nuevo una sola nación con un solo vínculo que ligue sus partes entre sí y con el todo. Ya que tiene un origen, una lengua, unas costumbres y una religión, debería, por consiguiente, tener un solo gobierno que confederase los diferentes estados".

   Carta de Jamaica, S. Bolívar, 1815.

2. ¿Qué significa la frase (al final del texto) que dijo Bolívar poco antes de su muerte? Hagan una lista de tres posibles razones para la "ingobernabilidad" de América.

> **RL GRAMÁTICA 1-3 (pp. 55-56)**
>
> Identifica las cinco fechas mencionadas en el texto que incluyen *día* y *mes*, o *día, mes* y *año*. Elimina *el día* y escribe otra vez las fechas.

> **RL GRAMÁTICA 1-4 (pp. 56-57)**
>
> Identifica seis *marcadores de tiempo* en el texto y sustitúyelos por otros que signifiquen lo mismo.

PERSPECTIVAS INTERCULTURALES

1-26 DESPUÉS DE LAS INDEPENDENCIAS

Lee este fragmento de un artículo del historiador, escritor y periodista mexicano Héctor Aguilar Camín. Después responde a las preguntas.

La historia patria es una de las extrañas cosas que les pasan a los niños, junto con los cuentos de hadas y los terrores nocturnos. Aprenden que sus países fueron fundados en gestas heroicas por seres sobrehumanos. Luego, cuando adultos, descubren que la realidad es menos heroica de lo que les contaron, más imperfecta, cuando no atroz. [...] El libertador mayor, el loco mayor, Simón Bolívar, resumió el asunto en una frase: "La independencia es el único bien que hemos conseguido a costa de todo lo demás. [...]".

Batalla de Rancagua, Chile (1814)

Apenas puede exagerarse el poder destructor de nuestras guerras de independencias, y es difícil decir para qué sirvió tanta destrucción. [...] La peor herencia de aquella violencia endémica de las guerras independientes fue el militarismo. La Independencia creó a los ejércitos que la hicieron posible, militarizó nuestra vida pública. Los militares fueron desde entonces los dueños de las nacientes naciones [...]. Desde entonces, la fuerza militar no sujeta a control de los gobiernos civiles es una sombra persistente de nuestra vida pública y ha llenado de golpes militares nuestra historia. En esos territorios, que buscaban no sólo su independencia de España sino también de sus vecinos, se crearon las nuevas soberanías que dieron por mucho tiempo paso al dominio de las oligarquías locales, cuyos intereses provinciales triunfaron sobre el sueño unitario de Bolívar [...]. Esos oligarcas de mira estrecha fueron los verdaderos artífices de nuestras naciones, sus primeros arquitectos. Lo que salió de sus manos no fue el diseño de la felicidad independiente que prometieron, sino nuestra historia decimonónica, otra magnífica catástrofe.

COMPRENSIÓN

1. ¿Qué característica de la historia más reciente (siglo XIX y parte del XX) de los países hispanoamericanos es consecuencia directa de la independencia, según el autor? ¿Cómo se manifestó esta característica en los diversos países durante estos siglos?
2. ¿Por qué no triunfó el sueño unitario de Bolívar?

INTERPRETACIÓN

1. Lean la parte subrayada en el texto. ¿Es igual en el caso de EE.UU.? Justifiquen su opinión con ejemplos.
2. ¿Cree el autor que valieron la pena (*were worth it*) las luchas independentistas? ¿Y ustedes? Argumenten a favor y en contra después de preparar dos argumentos para defender cada posición.

A FAVOR	1. Nos parece que ... porque ... 2.
EN CONTRA	1. En nuestra opinión no ... ya que .. 2.

1-27 BOLÍVAR Y LOS ESTADOS UNIDOS

Lee este texto del historiador estadounidense David Bushnell para saber sobre la relación entre Simón Bolívar y los Estados Unidos. Luego responde a las preguntas.

Simón Bolívar

Bolívar fue uno de los pocos latinoamericanos de su época que visitó Estados Unidos y aunque nunca hizo referencia detallada de esta visita en sus escritos, hay razones para suponer que sus impresiones fueron en general positivas. Como mencionó años después a un diplomático estadounidense, fue en esa corta visita que observó por primera vez una condición de libertad racional. Bolívar conoció y trató con muchos ciudadanos y representantes del gobierno de los Estados Unidos y la prensa norteamericana lo consideraba como el "Washington de América del Sur". La buena opinión que tenían los norteamericanos de Bolívar fue eclipsada por una corriente de crítica que cuestionaba la sinceridad de su compromiso con los principios republicanos. En gran medida, esta reacción fue causada por las iniciativas políticas de Bolívar en América Latina. Allí, Bolívar había planteado en la constitución que personalmente redactó para Bolivia la idea de un presidente vitalicio. Esta idea no fue bien recibida por la opinión en los Estados Unidos, una nación que se consideraba el baluarte del republicanismo en un mundo aún dominado por monarquías.

La actitud de Bolívar hacia Estados Unidos tenía elementos de admiración y desconfianza. En sus escritos encontramos muchas referencias positivas hacia Estados Unidos, su pueblo y sus instituciones. En su Discurso de Angostura de 1819, Bolívar declaró que "el pueblo norteamericano es un modelo singular de virtud política y rectitud moral; . . . esa nación nació en libertad, se crió en libertad y se mantuvo sólo por la libertad". En contraste, en una carta al Vicepresidente de la Gran Colombia, advertía que "una nación muy rica y poderosa, sumamente dispuesta a la guerra y capaz de cualquier cosa, está a la cabeza de este continente". Bolívar admiraba las características positivas que vio en la cultura y las instituciones estadounidenses, pero reconocía que los intereses de las dos regiones no eran los mismos. Sin embargo, aunque creía que había diferencias importantes de cultura y tradiciones históricas, entendía que los intereses de las dos Américas sí coincidían en un principal objetivo—la independencia latinoamericana.

COMPRENSIÓN

1. ¿Por qué el historiador piensa que Bolívar tenía una opinión positiva de EE.UU.? Di dos razones.
2. ¿Por qué cambió, según el historiador, la opinión de los estadounidenses sobre Bolívar?
3. Di una opinión positiva y una negativa que Bolívar tenía de EE.UU. Usa tus propias palabras.

INTERPRETACIÓN

1. En el texto se dice que Simón Bolívar era considerado "el George Washington" de Latinoamérica. Comparen a estas dos figuras históricas: ¿en qué se parecieron y diferenciaron? Usando los datos de la página siguiente identifiquen las dos diferencias y las dos similitudes más importantes.
2. Interpreten las dos citas.

- Nació en 1732 y murió en 1799 en Virginia. Provenía de una familia de terratenientes. Su padre murió cuando tenía once años. No tuvo descendencia.
- Fue el comandante en jefe de las fuerzas revolucionarias que lucharon contra el imperio británico en la Guerra de Independencia de los Estados Unidos.
- Fue presidente de Estados Unidos de 1789 a 1797 y en 1793 fundó la nueva capital federal, que lleva el nombre de Washington en su honor. Aceptó el cargo de presidente para un segundo mandato, pero rehusó un tercero.
- No luchó por el fin de la esclavitud.

CITA: "La libertad, cuando echa raíces, es una planta de rápido crecimiento".

George Washington

- Nació en 1783 en Caracas y murió en 1830 en Colombia. Provenía de una influyente familia aristócrata. Su padre murió cuando él tenía dos años. Su esposa murió joven y no tuvo descendencia.
- Militar y político, fue el más destacado líder de la lucha por la independencia de América Latina y seis naciones lo reivindican como uno de sus fundadores: Venezuela, Colombia, Panamá y Ecuador (la Gran Colombia), Perú y Bolivia.
- Fue presidente de la Gran Colombia y partes de Costa Rica, Perú y Nicaragua. En 1825 propuso el concepto de un presidente vitalicio con derecho a elegir a su sucesor.
- Promovió la emancipación de los esclavos.

CITA: "La biblioteca destinada a la educación universal es más poderosa que nuestros ejércitos".

Simón Bolívar

SIMILITUDES	1. Nos parece que ... porque ... 2. Pensamos que ... 3. Creemos que ... 4. En nuestra opinión no ...
DIFERENCIAS	1. En nuestra opinión no ... ya que ... 2. Pensamos que ... 3. Creemos que ... 4. Nos parece que ...

MANIFESTACIONES ARTÍSTICAS

1-28 EL MURALISMO MEXICANO

 A. El muralismo mexicano es uno de los movimientos artísticos más importantes de Latinoamérica. Mira el video y lee este texto sobre el muralismo. Después responde a las preguntas.

El muralismo se origina en México a principios del siglo XX, tras la revolución de 1910-1917, y se distingue por tener una función social: se consideraba que el arte debía servir al pueblo y tener un fin educativo. Es representado por pintores como los mexicanos Diego Rivera o José Clemente Orozco. Debido al contexto histórico, muchos de estos artistas, quienes tuvieron una gran influencia de las ideas marxistas, proyectaron a través de sus murales la situación social y política de México. Algunos de los temas eran la conquista, la Revolución mexicana, la industrialización, los militares, el socialismo, el capitalismo, etc.

COMPRENSIÓN

1. ¿Cuál fue el propósito del muralismo mexicano?
2. Explica en qué contexto histórico surgió este movimiento artístico.
3. ¿Quiénes eran los héroes de los murales?
4. ¿Qué ideología política tenían muchos de los muralistas mexicanos?

B. El pintor mexicano Diego Rivera resumió su concepción de la historia de Latinoamérica en sus murales.

Historia de México, mural de Diego Rivera, Palacio Nacional de México

Diego Rivera (1886-1957) fue un destacado muralista mexicano que pintó obras de contenido social y político en edificios públicos del centro histórico de la Ciudad de México y en otras ciudades mexicanas. También realizó algunas obras en Estados Unidos. En 1917 se introdujo en el Postimpresionismo y sus pinturas se llenaron de vivos colores. Ese año se unió al Partido Comunista Mexicano, una de las grandes influencias dentro de su pintura. Entre 1929 y 1935 creó en el Palacio Nacional de la Ciudad de México unos murales que ilustran eventos importantes y figuras prominentes de la historia mexicana, desde los tiempos de los aztecas hasta el siglo XX. En el arco central sobre las escaleras del palacio pintó "Tierra y libertad", las palabras históricas de los ideales mexicanos. En otra parte del gran mural se representa la revolución de 1910.

INTERPRETACIÓN

 1. Asocien a estos personajes con sus descripciones e identifíquenlos en el fragmento del mural.

Miguel Hidalgo	Líder de la Revolución mexicana (1910-1917)
José María Morelos	Líder de la Revolución mexicana (1910-1917)
Emiliano Zapata	Líder de la Guerra de Independencia de México (1810-1821)
Pancho Villa	Líder de la Guerra de Independencia de México (1810-1821)

2. ¿Cómo se refleja la ideología política de Diego Rivera en los murales del Palacio Nacional de México? Da algunos ejemplos.
3. ¿Por qué creen que Rivera eligió el lema "Tierra y libertad" para ilustrar el centro de su mural?
4. ¿Creen que la pintura debe tener un fin educativo? Justifiquen su respuesta.
5. ¿Conocen otros ejemplos de arte comprometido socialmente?

1-29 JOSÉ MARTÍ

Lee este texto sobre el cubano José Martí, héroe de la independencia de Cuba. Luego responde a las preguntas.

"Y Cuba debe ser libre—de España y de los Estados Unidos."

José Martí (1853-1895) fue un escritor, periodista, poeta, político y filósofo cubano, héroe de la independencia de Cuba, la última colonia española en América. Martí inició la Guerra de Independencia en 1895 con el propósito de lograr la independencia de España, impedir la expansión de Estados Unidos y establecer una república democrática. Después de su muerte en combate ese mismo año, ocurrió lo que más le preocupaba: cuando Cuba estaba a punto de lograr el triunfo en la Guerra de Independencia, Estados Unidos desencadenó la Guerra Hispano-Estadounidense (1898) con el propósito de anexionarse Cuba, Puerto Rico y Filipinas. La Guerra terminó con la derrota de España y Estados Unidos firmó el Tratado de Paz con España y ocupó militarmente la isla. Cuba proclamó finalmente la República el 20 de mayo de 1902.

Estatua de José Martí en La Habana (Cuba)

Martí fue precursor del movimiento literario llamado *modernismo*. En la poesía sus obras más conocidas son *Versos libres* (1882), *Flores del destierro* (1895) y *Versos sencillos* (1891). En una serie de ensayos escritos desde el exilio (1880-1895) Martí presentó de manera crítica la sociedad y la política de Estados Unidos a los lectores latinoamericanos. Sus ensayos políticos más populares sobre Latinoamérica son *El presidio político en Cuba* (1871) y *Nuestra América* (1891). En este último, publicado en Nueva York, critica desde una visión latinoamericanista el imperialismo de España y la inminente expansión imperialista de Estados Unidos, haciendo un llamado a las naciones hispanohablantes de América para la unificación de la región. Martí utilizó la prensa libre para difundir sus ideas por todo el continente.

COMPRENSIÓN

1. ¿Qué fueron la Guerra de la Independencia y la Guerra Hispano-Estadounidense? ¿Cuál de las dos inició José Martí y con qué propósito?
2. ¿Cómo terminó la Guerra Hispano-Estadounidense?
3. ¿Qué temas aparecen en los ensayos de José Martí?

INTERPRETACIÓN

1. Lean estos fragmentos del ensayo *Nuestra América*. Después asocien cada fragmento con uno de los temas del ensayo.

   Tema 1. Antiimperialismo: el peligro que le acecha a Latinoamérica desde el norte anglosajón.
   Tema 2. Panamericanismo: unión de los pueblos latinoamericanos en defensa de sus intereses.
   Tema 3. Toma de conciencia de la identidad latinoamericana frente a España o Estados Unidos.

   A. "**¡Los árboles** se han de poner en fila para que no pase el **gigante de las siete leguas**! Es la hora del recuento, y de la marcha unida, y hemos de andar en cuadro apretado, como la plata en las raíces de los Andes."

   B. "Ni el libro europeo, ni el libro yanqui, daban la clave del enigma hispanoamericano."

   C. "Por eso el libro importado ha sido vencido en América por el hombre natural. Los hombres naturales han vencido a los letrados artificiales. El mestizo autóctono ha vencido al criollo exótico. No hay batalla entre la civilización y la barbarie, sino entre la falsa erudición y la naturaleza."

D. "El desdén del **vecino formidable**, que no la conoce, es el peligro mayor de nuestra América; y urge, porque el día de la visita está próximo, que **el vecino** la conozca, la conozca pronto, para que no la desdeñe."

    a.   Teniendo en cuenta lo que ya saben de este ensayo, ¿cómo se puede interpretar el título *Nuestra América*?

    b.   ¿A qué o quién se refieren las expresiones en negrita en los fragmentos que han leído?

    c.   Explica el significado del fragmento B.

    d.   En el fragmento C, ¿qué contraste se presenta? ¿Con qué expresiones?

2.   Ahora lean este fragmento de la carta de José Martí a su amigo Manuel Mercado, el día antes de su muerte en combate. ¿Cómo refleja los dos objetivos de Martí?

> *"[...] ya estoy todos los días en peligro de dar mi vida por mi país y por mi deber [...] de impedir a tiempo con la independencia de Cuba que se extiendan por las Antillas los Estados Unidos y caigan, con esa fuerza más, sobre nuestras tierras de América."*

Estatua de José Martí en Nueva York (EE.UU.)

3.   Lean este poema patriótico titulado "Dos patrias", de su libro *Flores del destierro*, que se refiere al momento de la lucha contra los españoles.

Dos patrias

Dos patrias tengo yo: Cuba y la noche.
*¿O son una las dos? **No bien** retira*
su majestad el sol, con largos velos
*y un **clavel** en la mano, silenciosa,*
*Cuba **cual** viuda triste me aparece.*
¡Yo sé cuál es ese clavel sangriento
que en la mano le tiembla! Está vacío
*mi **pecho**, destrozado está y vacío*
en donde estaba el corazón. Ya es hora
de empezar a morir. La noche es buena
*para decir adiós. La luz **estorba***
y la palabra humana. El universo
habla mejor que el hombre.
Cual bandera
*que invita a batallar, la **llama** roja*
de la vela flamea. Las ventanas
*abro, ya estrecho en mí. **Muda**, rompiendo*
las hojas del clavel, como una nube
*que **enturbia** el cielo, Cuba, viuda, pasa ...*

> No bien: *as soon as*
> clavel: *carnation*
> cual: *like a*
> pecho: *chest*
> estorba: *bothers*
> llama: *flame*
> muda: *mute*
> enturbia: *clouds*

    a.   ¿Con quién compara Martí a Cuba? Identifica la comparación en el poema.

    b.   ¿Cómo se siente el poeta-narrador?

    c.   ¿Por qué es éste un poema patriótico?

EL ENSAYO ARGUMENTATIVO I

El objetivo de un ensayo es presentar una *reflexión argumentada* sobre un tema específico. En este texto el escritor presenta su propio *punto de vista* sobre el tema o asunto y organiza la información de la manera más eficiente posible. Los ensayos pueden ser de tipo histórico, filosófico, político, social o cultural. El autor generalmente tiene un *punto de vista subjetivo o crítico*, pero usa *datos objetivos* para justificar su opinión y tratar de convencer al lector. Estos datos objetivos son fundamentales para dar validez a su punto de vista. El autor puede presentar su opinión basándose en argumentos racionales, morales, históricos o fácticos, ejemplares o sentimentales. Algunos escritores usan un lenguaje periodístico; otros usan un lenguaje sofisticado, con elementos literarios.

EL USO DEL DICCIONARIO BILINGÜE

Para un uso efectivo del diccionario bilingüe, recuerda:

- Antes de buscar una palabra, debes averiguar a qué *categoría* pertenece: ¿es un verbo?, ¿es un nombre?, ¿es un adjetivo?
- Los verbos aparecen siempre bajo la forma del infinitivo.
- Los adjetivos se buscan siempre en su forma masculina singular.
- Es importante familiarizarse con las abreviaturas que se usan en el diccionario. Por ejemplo *vt* significa *verbo transitivo* (verbo que lleva complemento directo); *nf* significa *nombre femenino* o *sf* sustantivo femenino.
- Normalmente aparecen varias definiciones para cada entrada, así que debes decidir cuál es la que encaja mejor con el contexto.

LOS CONECTORES DISCURSIVOS

Estos son elementos que dan organización y coherencia a un texto y permiten al lector comprender la organización de las ideas y la conexión entre ellas. Observa esta lista de conectores. Clasifica cada uno según su función.

por un lado (*in one hand*)	ORDENAR INFORMACIÓN
de hecho (*in fact*)	REFORMULAR INFORMACIÓN
aunque (*although*)	CONTRASTAR
debido a (*due to*)	AÑADIR INFORMACIÓN
por eso (*therefore, because of that*)	CONSECUENCIA
asimismo (also, *likewise*)	REAFIRMAR
en cambio (*on the other hand*)	RESUMIR o CONCLUIR
en conclusión	CAUSA
o sea (*that is to say*)	INTRODUCIR UN TEMA
respecto a (*with respect to*)	

Sobre el autor

Miguel León Portilla (México, 1926) es historiador y antropólogo, gran especialista en los pueblos del México prehispánico. Entre 1955 y 1963 desempeñó los cargos de subdirector y director del Instituto Nacional Indigenista Interamericano. Desde 1963 y durante más de una década fue director del Instituto de Investigaciones Históricas de la UNAM (Universidad Nacional Autónoma de México). Fue coordinador general de la Comisión Mexicana para la Conmemoración del V Centenario del Encuentro entre dos Mundos.

LECTURA

El juego de espejos del 12 de octubre

Son los mapas, como en alguno de ellos se lee, *speculum orbis terrarum,* espejo de las tierras del mundo. Europa y África, al Poniente, y el Asia inmensa, al Oriente, en la concepción ptolemaica, conformaron por muchos siglos la imagen del mundo. [...] Cuando el 12 de octubre de 1492 desembarcó Colón en la isla de Guanahaní no pudo explicarse por qué desde las Canarias había tenido que navegar 37 días. [...] Como lo muestran su diario y sus cartas, Colón se mantuvo firme, aun después (*even after*) del cuarto de sus viajes, en la persuasión de haber llegado a Asia. Correspondió a otros - entre ellos a los Cabotos, Álvarez Cabral, Corte Real, Vespucio, La Cosa, Solís, Ojeda, Núñez de Balboa... - hacer aportaciones que fueron cambiando la imagen del mundo. En los espejos de otros muchos mapas aparecieron ya delineaciones geográficas y leyendas muy diferentes. Por el rumbo donde se situaba antes la mítica ínsula de Antilla se delinearon otras varias islas con leyendas que decían: "Son éstas las Antillas del Rey de Castilla". En mapas posteriores se mostró el perfil de una gran masa terrestre en el ámbito sur: "Terra incognita", "Tierra de Santa Cruz", "América" y "Mundus Novus". En casi todos esos espejos del orbe terráqueo pronto se incluyeron leyendas que decían que tal isla o tal tierra había sido inventada, descubierta, por determinado navegante al servicio de una u otra corona.

Mapa del mundo (1572)

[...] En los años veinte del siglo XVI, con **asombro** se supo que al Poniente de las Antillas habían sido descubiertos y conquistados reinos no sospechados, con grandes poblaciones y muy ricos en oro. **En particular** se hablaba del rey Moctezuma y de su gran Ciudad de México–Temixtitan. Lo alcanzado por Hernán Cortés, conquistador de esos reinos, casi parecía exceder a lo que antes se esperaba de llegar a Asia por el Poniente. El mismo Cortés, según se supo por sus cartas publicadas en latín, castellano, italiano, alemán..., emprendía ya exploraciones por la mar del sur y había enviado una armada desde allí hasta las Molucas. Espejo en el que se reflejaban todas esas maravillas fue entonces la conciencia de no pocos españoles, portugueses y otros muchos europeos. La idea de que sus hombres habían descubierto y conquistado un nuevo mundo fue ya parte de su ser y de su historia. Para los pueblos del Nuevo Mundo, como se volvió tradición en las grandes obras y en los manuales sobre historia universal, su significación en ella se reducía precisamente a eso: haber sido descubiertos y conquistados.

Otro espejo hubo **además**, por larguísimo tiempo ignorado: la conciencia que tuvieron y los testimonios que dejaron los que, por la confusión colombina, se conocieron como *indios*. Aún ahora (*even now*) piensan algunos que los indios ni siquiera se enteraron de (*did not even realize*) lo que les había ocurrido. Y, **sin embargo**, sobre todo (*above all*) entre los mayas y los nahuas (mexicas o aztecas), hubo quienes pusieron en sus libros o códices su propia imagen e interpretación de los hechos. **Aunque** por largo tiempo quedó olvidada, en ese otro espejo se reflejó la visión de los vencidos. Los cronistas indígenas de América interpretaron a la luz de sus tradiciones las realidades que se les entraron de pronto en su propia tierra. Pensaron **al principio** que era un dios suyo que regresaba del Oriente. Luego, **al percatarse** (*notice*) del comportamiento de esos que habían tenido por dioses, <u>cambiaron de parecer</u>. Eran los *caxtililaca,* "hombres de Castilla", según los mismos se decían, gente decidida, que venía a imponerse. Eran invasores llegados de más allá de las aguas inmensas, según ellos, los dioses que adoraban los hombres mayas, aztecas y los demás de la tierra, eran perversos como unos que llamaban demonios... todo quisieron cambiarlo, decían que era suyo porque sostenían que lo habían descubierto, y además un señor Papa se los había concedido.

Han **transcurrido** ya muchas cuentas de años desde que se inició esta historia. [...] En América sobreviven hoy muchos millones de los mal llamados *indios*. Hay **asimismo** otros muchos millones que descienden del encuentro de los europeos con los nativos americanos. Para todos ellos, ¿qué significó y qué puede significar el desembarco del 12 de octubre de 1492? ¿Se les pedirá que celebren como una **gesta** el principio de lo que fue su *descubrimiento* y su ulterior conquista? En las viejas crónicas en maya, quiché, náhuatl y otras lenguas, en sus códices con glifos e imágenes están sus testimonios de lo que entonces ocurrió. Para ellos fue un encuentro, pacífico en ocasiones; en otras, las más, violento. De ese encuentro se siguieron muchos sufrimientos, pero, a la postre, nacieron también otras realidades. Se fueron **gestando** rostros y culturas mestizas. El Nuevo Mundo no sólo fue receptor, hizo también grandes aportaciones al Viejo: en la alimentación (patatas, tomates, chocolate y otra gran variedad de frutos); en la farmacología, plantas y remedios de extraordinarias virtudes. No sólo el oro y la plata de las Indias, sino (*but also*) otras muchas de sus maravillas enriquecieron al Viejo Mundo. El encuentro, visto ahora en el espejo de una historia en verdad universal y abierta, es acercamiento de todos los pueblos del planeta. Y esto necesariamente lleva a nueva toma de conciencia.

Interesa la memoria de lo ocurrido, pero importan sobre todo el presente y el futuro. Dar, por ejemplo, entrada a preguntas como ésta: ¿seguirán **depauperados** los descendientes de los *descubiertos* y continuarán para siempre *conquistados* en beneficio de los poderosos, los que viven en el mismo Nuevo Mundo y los de afuera, a los que habrá de seguir pagando enormes sumas de oro, más grandes que las que antes salieron de las *Indias?* Mucho es lo que cabe pensar, plantearse y proponer. Aquí me he limitado a mostrar por qué me parece mejor ampliar la **mira** y el espejo, hablando no ya de descubrimientos y conquistas, sino de un encuentro que perdura y ha de dar (*will give*) otros muchos y mejores frutos.

1-30 COMPRENSIÓN

1. ¿De qué quiere convencer a los lectores el autor de este texto? Marca todas las posibles respuestas.
    - ☐ El 12 de octubre marcó un acontecimiento bidireccional.
    - ☐ La influencia del Viejo Mundo en el Nuevo Mundo fue mucho mayor que al contrario.
    - ☐ Los mapas antiguos eran incorrectos.
    - ☐ Hay que considerar todas las fuentes (*sources*) para conocer la historia.
    - ☐ La situación de los indígenas hoy ha mejorado con respecto a la época de la conquista.
    - ☐ Se necesita una visión más completa e integral de la conquista.

2. ¿Qué consecuencia tuvo la llegada de Colón a América? (p. 1)
3. ¿Cómo se presentaba a los indígenas en los manuales de historia del siglo XVI? (p. 2)
4. ¿Qué opinión tuvieron los indígenas de los europeos? ¿Por qué cambió esa opinión? (p. 3)
5. ¿A qué se refiere el autor cuando habla de la *toma de conciencia*? (p. 4)
6. Mira las preguntas del párrafo 5. ¿Cuáles de ellas son preguntas retóricas? ¿Tienen una respuesta? ¿Cuál es?

1-31 USO DEL DICCIONARIO BILINGÜE

1. En el párrafo cuatro del texto, encontramos la siguiente frase: "*De ese encuentro se siguieron muchos sufrimientos, pero, a la postre, nacieron también otras realidades*". Usa este extracto de un diccionario bilingüe y di qué significa la palabra 'postre'.

postre

A. SM dessert, pudding
¿qué hay de postre?   what's for dessert?
de postre tomé un helado   I had ice cream for dessert
MODISMO: para postre   to cap it all, on top of everything
MODISMO. *llegar para los postres*   to come very late

B. SF MODISMO: *a la postre*   when all is said and done, at the end of the day

2. ¿Qué tipos de palabra son: *asombro* (p. 2), *transcurrido* (p. 4), *gesta* (p.4), *gestando*, (p. 4) *depauperado* (p. 5), *mira* (p. 5)? ¿Qué entrada tienes que buscar en el diccionario? ¿Qué significan –en inglés– estas palabras?

	¿Qué busco en el diccionario (nombre, verbo, adjetivo)?	**Traducción**
asombro		
transcurrido		
gesta		
gestando		
depauperado		
mira		

3. Averigua el significado de las expresiones subrayadas en los párrafos 3 y 4 usando el diccionario. Teniendo en cuenta el contexto, ¿cuál es la definición apropiada en este caso? Explica cómo has usado la entrada del diccionario.

1-32 CONECTORES DISCURSIVOS

1. ¿Qué función tienen, en el contexto de la lectura, estos conectores? ¿Qué significan?

	FUNCIÓN	**TRADUCCIÓN**
además (p. 3):		
sin embargo (p. 3):		
aunque (p. 3):		
al principio (p. 3):		
al (p. 3):		

2. Elige el significado correcto de estos conectores:

en particular (p. 2): a. en cambio b. por ejemplo c. o sea

asimismo (p. 4): a. también b. por ejemplo c. sin embargo

1-33 INTERPRETACIÓN

 1. ¿Cuáles son los *espejos* que menciona el autor? Identifíquenlos en el texto y subrayen todos los lugares donde se mencionan. Después expliquen el valor simbólico de esta palabra en el texto.

Espejo 1.   Espejo 2.   Espejo 3.   Espejo 4.

2. Busquen en el texto y subrayen los usos de las palabras *conquistar* y *descubrir*. ¿Tienen una connotación positiva o negativa? Justifiquen su respuesta.
3. Examinen los párrafos 4 y 5. ¿Qué otra palabra usa el autor para referirse al hecho histórico del descubrimiento?
4. ¿Qué problema menciona el autor en el párrafo final?
5. ¿Qué propone el autor a los lectores al final del texto?

ESCRITURA

EL BLOG (O BITÁCORA)

Un blog es un sitio en la red donde un autor publica un ensayo o artículo sobre un tema de interés. Cada artículo o ensayo que el autor escribe en su página de blog es una *entrada* del blog. Frecuentemente un blog contiene una lista de *enlaces* a otras páginas para ampliar la información o citar fuentes (*sources*). También tiene un sistema de *comentarios* que permiten a los lectores—la comunidad del blog—establecer una conversación con el autor y entre ellos acerca de lo que el autor ha publicado. Finalmente, contiene fotografías y/o videos que ilustran las ideas del autor.

LA ENTRADA DEL BLOG

En clase vamos a escribir artículos o entradas (*entries*) de blog de carácter expositivo-argumentativo. Tu blog será individual y en él vas a crear tus entradas. Puesto que tu blog se publica, debes revisar y editar tus entradas cuidadosamente. La versión final –en línea– debe incluir fotos que ayuden al lector a comprender, y/o video, y/o enlaces a páginas web.

LA PRIMERA VERSIÓN

Antes de publicar una entrada en tu página de blog, escribe una primera versión en formato Word y entrégasela a tu profesor/a para obtener comentarios. Estos son los estándares:

ESTÁNDARES GENERALES

1. Tiene al menos 600 palabras.
2. Contiene un *título original, el resumen* (200 palabras aproximadamente) y el *análisis* (400 palabras aproximadamente).
3. La entrada de tu blog cumple los requisitos siguientes:
   - ☐ mi entrada del blog resume un artículo publicado en un periódico en línea escrito en español –*exposición*–. Este artículo que he elegido trata un asunto relacionado con el mundo hispanohablante, amplía (*expands*) la información sobre el tema estudiado en clase y está basado en un *tema debatible*;
   - ☐ mi entrada ofrece mi propio análisis crítico –*interpretación*– del asunto y al menos dos posturas que se pueden tomar sobre este asunto. Mi análisis incluye argumentos relevantes (a favor o en contra) basados en mi comprensión del artículo;
   - ☐ mi entrada ofrece mi postura personal sobre el asunto y la justifica;
   - ☐ mi entrada termina con preguntas para mis compañeros.
4. Contiene el enlace (*link*) al artículo que he leído.

ESTÁNDARES DE LENGUA

5. Contiene gramática representativa de la clase (con un número razonable de errores) y pocos errores de gramática básica.
6. He revisado las concordancias (género y número, sujeto y verbo).
7. He usado una variedad de verbos y expresiones para dar mi opinión personal.
8. He usado bastantes frases complejas (subordinadas).
9. He usado vocabulario meta (*target*).
10. He revisado la ortografía, los acentos y la puntuación. No hay errores mecanográficos.

ESTÁNDARES DE ORGANIZACIÓN Y CONTENIDO

11. Los párrafos son coherentes (cada párrafo desarrolla una idea).
12. Las ideas y párrafos están organizados y secuenciados de forma lógica.
13. He usado transiciones y conectores (para comparar, contrastar, organizar información, etc.).
14. Hay una idea específica que quiero defender; quiero convencer a mis compañeros.
15. Creo que los lectores pueden ver claramente mi postura sobre este asunto.
16. Creo que mis argumentos son convincentes.
17. Mi conclusión incluye aspectos clave del análisis.
18. He usado cifras, datos y/o citas para apoyar mi punto de vista.
19. Creo que mis compañeros pueden responder a mis preguntas.

EL RESUMEN

Un resumen es un texto breve que trasmite la información fundamental de otro texto. Para hacer un resumen debes

1. mirar el título, subtítulo(s), fotos, etc. para identificar el tema principal;
2. leer el texto para tener una idea general y asimilar la información;
3. seleccionar la información más importante (hacer un esquema, escribir notas en los márgenes, subrayar información, etc.);
4. usar tus propias palabras para transmitir la información en el resumen.

PRÁCTICA

 ### PASO 1: RESUMEN

Lee este artículo sobre un asunto polémico en México. Después sigue los pasos anteriores y escribe un *resumen* de unas 100 palabras. Entrega el resumen a tu compañero/a y lee su resumen. ¿Cuántas ideas incorporaron los dos? ¿Qué ideas no incorporó tu compañero/a?

http://www.bbc.co.uk/mundo/america_latina/2009/08/090825_mexico_libro_rg.shtml

PASO 2: ANÁLISIS

Escribe un análisis de unas 350 palabras sobre este asunto. Sigue los estándares del borrador.

Conectores secuenciales		Conectores para contraargumentar	
para empezar	*to start*	en cambio	*on the other hand*
primero, en primer lugar	*first, in the first place*	por otro lado	*on the other hand*
segundo, en segundo lugar	*second, in the second place*	por el contrario	*on the other hand*
tercero, en tercer lugar	*third, in the third place*	sin embargo	*however*
a continuación	*next*	aunque	*although*
para continuar	*to continue*	a pesar de	*in spite of*
por último	*finally, last*	a pesar de que	*despite*
finalmente	*finally*		

RECURSOS PARA DEBATIR

LA EXPRESIÓN DEL ACUERDO Y EL DESACUERDO

En muchas situaciones comunicativas es necesario llegar a un consenso sobre una idea o un tema, para lo cual se debe argumentar a favor o en contra. De igual modo, cuando se debate sobre un tema es fundamental saber expresar el *acuerdo* o el *desacuerdo* con ciertas opiniones o ideas respecto al tema. En español se puede expresar acuerdo o desacuerdo con diversos grados de énfasis y con propósitos diferentes.

ACUERDO		DESACUERDO	
De acuerdo, vale (España)	*OK*	Eso no es así	*It's not like that*
Es cierto	*That's true*	No, no	*No, not at all*
Bueno	*OK*	No es cierto/verdad	*That is not true*
Correcto	*That's right*	No puede ser	*That can't be*
Estoy de acuerdo	*I agree*	(Lo siento, pero) no estoy de acuerdo	*(I'm sorry, but) I don't agree*
¡Por supuesto (que sí/no)!	*Of course (not)!*	(Eso) no tiene sentido	*That doesn't make sense*
¡Cómo no!	*Of course!*	Ni hablar	*No way!*
¡Claro (que sí/no)!	*Of course (not)!*	Para nada	*Not at all*
¡Desde luego (que sí/no)!	*Of course (not)!*	En absoluto	*Absolutely not*
¡No cabe duda!	*No doubt!*	De ninguna manera/de ningún modo	*No way!*
Tiene(s) razón	*You're right*	No tienes razón	*You're wrong*
Opino igual que tú/usted...	*I agree with you...*	No lo veo así	*I don't see it like that*
Estoy de acuerdo contigo/ con usted/con...	*I agree with you/ with ...*	No estoy de acuerdo contigo/con ...	*I disagree with you/with ...*
		Estás (totalmente) equivocado	*You're (completely) wrong*

1. ¿Qué expresiones de desacuerdo usarías con un amigo? ¿Y con tu jefe/a?
2. ¿Qué expresiones de acuerdo no usarías nunca en una situación muy formal?
3. ¿Qué expresiones de acuerdo no usarías nunca en una situación coloquial?

PRÁCTICA

Respondan cada uno de modo individual a estas preguntas *explicando su opinión* sobre ellas. Después compartan sus opiniones con un/a compañero/a. Su compañero/a debe *expresar acuerdo o desacuerdo* usando diferentes expresiones y también debe justificarlo.

Estudiante A	Estudiante B
1. ¿Crees que hay que dejar de usar la palabra 'American' en inglés para referirse a los ciudadanos de Estados Unidos?	4. ¿Crees que los libros de historia de tu país reflejan de forma adecuada los eventos del pasado?
2. ¿Qué crees que es un héroe? ¿Quién es el mayor héroe de la historia de tu país?	5. ¿Piensas que se debe celebrar el día 12 de octubre en España?
3. ¿Te parece que España debe pedir disculpas por la colonización?	6. ¿Piensas que se debe celebrar el día 12 de octubre en los países que fueron colonias de España?

EJEMPLO:

- **Estudiante A**: Yo creo que la palabra 'American' no se debería usar para referirse a los ciudadanos de Estados Unidos porque es el nombre de todo el continente. ¿Tú que piensas?
- **Estudiante B**: **Yo no lo veo así** porque...
- **Estudiante A**: Yo creo que **no tienes razón**.

TEMA DE DEBATE

¿DEBE ESPAÑA PEDIR DISCULPAS POR LA COLONIZACIÓN?

Lee este fragmento de un artículo sobre el tema. Después de leerlo responde a las preguntas.

Explotación de México por los conquistadores españoles, de Diego Rivera.

Dos siglos después del inicio de las luchas independentistas en América Latina, el debate sobre si España debe pedir disculpas por el papel que tuvo en sus antiguas colonias sigue latente. "No es la historia lo que ahora le preocupa al gobierno español ni lo que me parece que les preocupa a los gobiernos latinoamericanos. Les preocupa mucho más el futuro que el pasado", afirmó el secretario de estado español para Iberoamérica, Juan Pablo de Laiglesia. Estas declaraciones contrastan con la actitud de algunos gobiernos latinoamericanos que aprovecharon la conmemoración del Bicentenario para recordar los abusos cometidos contra los indígenas durante la colonia o después de la misma. El presidente boliviano, Evo Morales, por ejemplo, afirmó que durante la colonia se buscó "el exterminio de los pueblos indígenas" y una explotación de "los recursos naturales" de la región.

España ha optado por mantener un perfil discreto en este aniversario para minimizar el riesgo de roces *(frictions)* con países como Venezuela o Bolivia. Carlos Malamud, investigador sobre América Latina, opina que las disculpas españolas tendrían cabida "desde una perspectiva teórica", pero opinó que en la actual coyuntura política "un mensaje de ese tipo sería usado con fines claramente propagandísticos y no sería constructivo". Por su parte, Miguel Ángel Bastenier, columnista del diario español *El País*, señaló que "España ha de saber reconocer los horrores de la conquista; no el genocidio, porque no hubo plan de exterminio [...] pero la evangelización y la rapiña *(pillage)* de riquezas a sangre y fuego son episodios cuya extrema crueldad no fue fruto del azar *(chance)*".

COMPRENSIÓN

1. Resume la postura oficial de España ante la conmemoración de las independencias latinoamericanas. ¿Por qué España ha decidido mantener esta actitud, según el texto?
2. Di cuántas opiniones aparecen en el texto sobre la pregunta: *"¿Debería España pedir perdón por la conquista y colonización?".*

   Opinión 1: Juan Pablo de Laiglesia opina que ...   Opinión 2: Según Evo Morales ...
   Opinión 3: Para Carlos Malamud ...   Opinión 4: Miguel Ángel Bastenier piensa que ...

Lee ahora este fragmento de una entrevista con el mexicano Rodolfo Stavenhagen, antropólogo y relator especial de la ONU para los derechos de los indígenas. Después responde a las preguntas.

- **Periodista.** Se oyen voces indígenas que atribuyen todos sus males actuales a la herencia que ha dejado en el continente la conquista y colonización española.
- **Rodolfo.** No creo que haya un creciente sentimiento antiespañol como muchos dicen, sino todo lo contrario. Creo que muchos ven en la presencia española, a través de los convenios de cooperación e intercambios académicos, un gran apoyo.
- **P.** Usted ha hablado de la deuda histórica de los estados hacia los pueblos indígenas. ¿Debería España pedir perdón?
- **R.** Si no pedir perdón, por lo menos *(at least)* podría pedir disculpas a los pueblos indígenas, tal como vienen reclamando históricamente. Claro que los primeros que deberían pedir disculpas son los estados nacionales, por el trato que han dado a sus indígenas desde que accedieron a la independencia. Por otra parte, la mejor forma de pedir disculpas es cambiar la forma de ver la realidad y esclarecer la verdad. Creo que lo que puede hacer España no es tanto asumir *(accept)* culpas *(blame)* históricas como ayudar a repensar la historia y, a partir de ahí, orientar la política de cooperación. Ésta puede contribuir mucho a resarcir *(compensate for)* las imágenes de injusticia acumuladas.

COMPRENSIÓN

1. ¿Qué país o países deberían pedir disculpas a los indígenas y por qué, según el antropólogo?
2. ¿Qué opina Stavenhagen de la acción de pedir disculpas?
3. ¿Se parece la opinión de Stavenhagen a alguna de las opiniones expresadas en el texto anterior? Justifica tu respuesta.

EL DEBATE Y SUS PARTES

Durante un debate, con tu equipo, vas a:

- examinar un asunto desde dos puntos de vista diferentes: *a favor* o *en contra*;
- presentar argumentos a favor o en contra basados en datos objetivos, ejemplos, opiniones de expertos y tu propia opinión;
- refutar los argumentos del equipo contrario, basándote en datos objetivos, ejemplos, opiniones de expertos, etc.

PARTES DEL DEBATE

- *DECLARACIÓN INICIAL*: un representante de tu equipo expone la posición general del equipo sobre el tema y las razones por las que este tema es debatible (30 segundos).

- *PRESENTACIÓN DE LOS ARGUMENTOS*: cada miembro de cada equipo, alternando, presenta un argumento (1 minuto máximo). Escucha a los miembros del equipo contrario y toma notas.

- *REFUTACIÓN Y DEBATE ABIERTO*: se refutan los argumentos del equipo contrario en un debate libre y abierto mediante intervenciones breves. El profesor modera el debate.

PREPARACIÓN PARA EL DEBATE

1. Tus principales recursos para prepararte para el debate son (a) tu libro de texto y (b) las fuentes que tu profesor te indique. Si necesitas consultar otras fuentes, recuerda que deben ser fuentes *en español*.
2. Decide con tu equipo *quién* prepara *qué*: si el equipo tiene tres o cuatro miembros, elijan dos áreas para cada uno; si tiene dos miembros, elijan tres áreas para cada uno.

ASPECTOS DEL TEMA	NUESTROS ARGUMENTOS	POSIBLES ARGUMENTOS DEL EQUIPO CONTRARIO
1. Política 2. Economía 3. Sociedad 4. Ética 5. Historia 6. Ley 7. Relaciones internacionales 8. Otro		

3. Reflexiona sobre lo que has aprendido acerca de este tema y consulta las *fuentes*.
4. Elabora tus argumentos, pero piensa además en posibles contraargumentos y cómo vas a responder a ellos.
5. Incluye tu opinión, pero también fuentes de autoridad, citas (*quotes*), ejemplos y datos objetivos para apoyar tus argumentos.

1-1. USE OF PRETERIT AND IMPERFECT

When we narrate or tell a story, or when we talk/write about something that happened in the past, we refer to past *events*, to the *circumstances* surrounding the events, and to the moments or *periods* in which these events occurred. Past actions are conveyed with verbs that, in the case of Spanish, can be in the *imperfect* or the *preterit* tense. There are no events that require the use of a specific past tense; the same event can be referred to in the past in different ways, using the imperfect or the preterit. It is the speaker or writer who decides how she or he wants to present the events.

The following example is part of a context, a situational framework that the writer/speaker is giving to certain events that happened in that time.

> La economía maya **se basaba** en la economía y el comercio.
> *The Mayan economy **was based** on agriculture and trade.*

However, in the example below the author refers to a phenomenon that happened in a specific period in the past. In this case, the period is the Mayan civilization.

> La economía maya **se basó** en la economía y el comercio.
> *The Mayan economy **was based** on agriculture and trade.*

ASPECT OF VERBS

Every action has a start, a duration, and an end.

START _____ END

(Preterit)   MIDDLE (DURATION)   (Preterit)
                              (Imperfect)

The difference in the use of preterit or imperfect has to do with the *aspect* that the speaker/writer wants to convey.

In the first sentence, below, the narrator is focusing on the middle of the action *habitar*, while in the second sentence she is focusing on the end of the action *habitar*.

> Los aztecas **habitaban** Tenochtitlan cuando los españoles invadieron América.
> *The Aztecs **inhabited** Tenochtitlan when the Spanish invaded America.*

> Los aztecas **habitaron** Tenochtitlan.
> *The Aztecs **inhabited** Tenochtitlan.*

USE OF THE PRETERIT

We use the preterit to present past *events* with no specific perspective: we focus on the *start* or *end* of the action.

> Las autoridades de EE.UU. **entregaron** al gobierno de Perú varias piezas precolombinas.
> *The US authorities **turned in** several pre-Columbian pieces to the Peruvian government.*

> Los mayas **desarrollaron** un sofisticado sistema de escritura.
> *The Mayans **developed** a sophisticated writing system.*

Often, but not necessarily, the preterit is accompanied by time markers that are used to indicate

a.   the *amount of time* that the action lasted, the *number of times* that it happened, or *when it started and when it ended*:

durante ___ días / años	*for ___ days / years ___*
entre ___ y ___	*between ___ and ___*
desde ___ hasta ___	*from ___ to ___*

b.   *when, specifically,* the action happened:

ayer	*yesterday*
anteayer	*the day before yesterday*
anoche	*last night*
el otro día	*the other day*
el lunes / martes	*on Monday / Tuesday*
el (día) 6 / 21	*on the 6th / the 21st*
en 1492	*in 1492*
la semana pasada	*last week*
el mes / año pasado	*last month / year*
___ días / meses / años después	*days / months / years later*

al cabo de (número) **a los/las**	**días / meses / años**	____ *days / years later*

Bolívar **regresó** en 1807. **Seis años después / al cabo de seis años / a los seis años** invadió Venezuela.
*Bolivar went back in 1807. **Six years later** he invaded Venezuela.*

Whenever we refer to a specific period of time, specified or not, we use *preterit*. In the examples below, the writer refers to the total duration of the life of the cities or people. This amount of time may be explicit or implicit, but the writer is focusing on the *end* of the action.

Esta urbe prehispánica **fue** la capital de un extenso estado andino.
*This pre-Hispanic metropolis **was** the capital of a large Andean state.*

Teotihuacan **fue** el centro urbano más densamente poblado de Mesoamérica.
*Teotihuacan **was** the most densely populated urban center in Mesoamérica.*

Moctezuma **fue** un emperador azteca.   Moctezuma **reinó** desde 1502 hasta 1530.
*Moctezuma **was** an Aztec emperor.*   *Moctezuma **ruled** from 1502 to 1530.*

USE OF THE IMPERFECT

The imperfect is used to focus on the *middle* of the action. The speaker/writer may want to create a perspective or *contextual framework* for the past events, or to evoke a *situation*. We use it to talk/write about

a.   the *background* to actions that are expressed in the preterit tense. With the imperfect, we indicate the background, or the *situational* or *contextual framework*, or the *circumstances* surrounding events. These verbs do not move the story forward, but rather expand upon important details.

   • we can give details about the *context* in which the story takes place: time, date, weather, place, presence of people or things surrounding the events that we are narrating:

Los aztecas **habitaban** Tenochtitlan cuando los españoles invadieron América.
*The Aztecs **inhabited** Tenochtitlan when the Spanish invaded America.*

- we can describe a *condition or situation* in the past:

En España, durante la época colonial, **se llamaba** "americanos" a las personas nacidas en América.
*In Spain, during the colonial period, the people born in America **were called** "Americans".*

En el siglo XVII España **poseía** un vasto imperio: **tenía** la mayor parte del territorio americano.
*In the 17th century, Spain **possessed** a vast empire: it **had** the biggest part of the American territory.*

Cuando Colón llegó a América, **había** varias poblaciones indígenas.
*When Columbus arrived to America, **there were** several indigenous populations.*

- we can *describe* someone or something:

Bolívar **era** un hombre inteligente.
*Bolivar **was** an intelligent man.*

Los mayas **eran** politeístas.
*The Mayans **were** polytheists.*

b.   *ongoing* actions at the time that other events occurred. These are actions that had not ended yet at a specific time in the past.

Túpac Amaru **dirigía** a sus guerreros cuando atacaron las tropas enemigas.
*Tupac Amaru **was leading** his warriors when the enemy troops attacked.*

Cuando **trabajaban** en una excavación, los arqueólogos encontraron una fosa común.
*When they **were working** in an excavation, the archaeologists found a mass grave.*

Like in English, in this case it is also possible to use ESTAR + gerund in order to refer to the ongoing action that serves as framework for the main action (preterit).

Túpac Amaru **estaba dirigiendo** a sus guerreros cuando atacaron las tropas enemigas.
*Tupac Amaru **was leading** his warriors when the enemy troops attacked.*

Cuando **estaban trabajando** en una excavación, los arqueólogos encontraron una fosa común.
*When they **were working** in an excavation, the archaeologists found a mass grave.*

c.   *habitual* or *repeated* actions in an established period in the past.

Los indígenas **practicaban** sus propias religiones y **construían** grandes monumentos.
*The indigenous people **practiced** their own religions and **built** big monuments.*

d.   *ideas* or *opinions* that we had *before* we knew new information.

Yo no **sabía** que Caral era la ciudad más antigua de América.
*I **did not know** that Caral was the oldest city in America.*

Yo **creía** que Simón Bolívar era peruano.
*I **thought** Simon Bolivar was Peruvian.*

MEANING OF VERBS

Verbs can express actions (dynamic) or states (static). For example, the verbs *saltar*, *salir*, or *avanzar* convey an action: there is someone who is acting in a dynamic manner; however, the verbs *gustar*, *ser*, *haber*, or *estar* convey a state (there is nothing dynamic in it). Actions, which are dynamic activities, generally have a *start* and an *end*, while states can continue indefinitely.

In the case of *action verbs*, like *llegar*, we use preterit only if the verb conveys the *end* of the action. Of these two sentences below, only b. conveys an action that has ended. The other one focuses on the middle of an action, but something has to happen for the story to advance.

a. Colón **llegaba** al palacio.

b. Colón **llegó** al palacio.

State verbs tend to be in the imperfect precisely because they are not action verbs, so they normally do not advance the narration.

Bolívar **era** un hombre inteligente.
*Bolívar **was** an intelligent man.*

Los mayas **eran** politeístas.
*The Mayans **were** polytheists.*

However, they can also be used in the preterit. For the speaker/writer, the states in these sentences have an end.

Bolívar **fue** un hombre inteligente.
*Bolívar **was** an intelligent man.*

Los mayas **fueron** politeístas.
*The Mayans **were** polytheists.*

USING THE PRESENT TO TALK ABOUT THE PAST

In academic and journalistic texts it is often possible to talk about past events using the present tense. This creates an effect: the narrator seems to be a "witness" of a situation that she or he is recreating. The present is also used to sum up past events (as in a list or synopsis).

Cristóbal Colón **llega** el 3 de noviembre de 1493 a una isla que **bautiza** con el nombre de Dominica.
*Christopher Columbus **arrives** the 3rd of November of 1493 on an island that he **baptizes** with the name of Dominica.*

En 1521 Hernán Cortés **derrota** al imperio azteca.
*In 1521 Hernan Cortes **defeats** the Aztec empire.*

Bolívar **regresa** en 1807 y seis años después **invade** Venezuela.
*Bolívar **goes back** in 1807 and six years later he **invades** Venezuela.*

1-2. USE OF THE PLUPERFECT

The pluperfect tense refers to past events that took place *before other past events or circumstances*. It is used to present an event or circumstance as a *premise* of another one. We can say that it is "the past of the past".

En 1492 Colón se reunió con los reyes. Colón **había llegado** a Castilla en 1485 procedente de Portugal donde **había presentado** su propuesta de llegar a Oriente a través del Atlántico.
*In 1492, Columbus met with the Monarchs. Columbus **had arrived** in 1485 in Castilla from Portugal, where he **had presented** his proposal to reach the East crossing the Atlantic.*

Las autoridades de EE.UU. entregaron al gobierno de Perú piezas precolombinas que habían entrado en EE.UU. de forma ilegal.
*The US authorities handed the Peruvian government pre-Columbian pieces that **had entered** the US illegally.*

In most contexts, we can use the *preterit* instead of the pluperfect: in these cases, the speaker/writer does not want to emphasize that the actions are the premise of, or are prior to, another past situation or event. They are simply past events.

En 1492 Colón se reunió con los Reyes Católicos. Colón **llegó** a Castilla en 1485 procedente de Portugal donde **presentó** su propuesta de llegar a Oriente a través del Atlántico.
*In 1492, Columbus met with the Monarchs. Columbus **arrived** in 1485 in Castilla from Portugal, where he **presented** his proposal to reach the East crossing the Atlantic.*

Las autoridades de EE.UU. entregaron al gobierno de Perú piezas precolombinas que **entraron** a EE.UU. de forma ilegal.
*The US authorities handed the Peruvian government pre-Columbian pieces that **entered** the US illegally.*

ATTENTION!

In time sentences with *cuando*, preterit and pluperfect are not interchangeable.

Cuando Colón **llegó** a palacio, **había hablado** con los reyes (= before he arrived)
*When Columbus **arrived** at the palace, he **had talked** with the Monarchs.*

Cuando Colón **llegó** a palacio, **habló** con los reyes (= after he arrived)
*When Columbus **arrived** at the palace, he **talked** with the Monarchs.*

The pluperfect tense is often accompanied by the adverb *ya* (= already), which marks that the action occurred and finished prior to another one. In a narration, the adverb *ya* is normally a mark of pluperfect.

La civilización inca fue una de las más importantes de la América precolombina, pero miles de años antes **ya había existido** una civilización en la zona de Caral-Supe, en Perú.
*The Incan civilization was one of the most important in the pre-Columbian Americas, but thousands of years before a civilization in the area of Caral-Supe, Peru, **had already existed**.*

Pizarro comenzó la conquista del imperio incaico en 1531. En 1532, los españoles **ya habían cruzado** la cordillera de los Andes.
*Pizarro initiated the conquest of the Incan empire in 1531. In 1532, the Spanish **had already crossed** the Andean range.*

1-3. DATES, YEARS, CENTURIES

YEARS

Years are said or written like any other number.

1492: mil cuatrocientos noventa y dos = *fourteen ninety two*

En 1492 Colón llegó a América.
In 1492 Columbus arrived in America.

En 1789 se ratifica la Constitución de EE.UU.
In 1789 the US Constitution was ratified.

DATES

In Spanish, we state the day first, then the month, then the year.

El (día) 12 **de** octubre **de** 1492 ...
En marzo **de** 1992 ...
En marzo **del** 92 ...

on October 12, 1492
in March of 1992
in March of 92

a.C. means 'before Christ' ('antes de Cristo') and d.C. means 'after Christ' ('después de Cristo').

CENTURIES

In Spanish, roman numbers are used.

En el siglo XII ...   *In the 12th century.*

La ciudad de Caral floreció entre los siglos XXX a.C. y XVIII a.C.
The city of Caral flourished between the 30th century BC and the 18th century BC.

APPROXIMATE PERIOD

A principios / comienzos de ...
At the beginning of

octubre / 1435 / semana / año
October / 1435 / the week / the year

A mediados de ...
In the middle of

el siglo XV / mes / semana / año
the 15th century / the month / the week / the year

A finales/fines de ...
At the end of

1578 / mes / semana / año
1578 / the month / the week / the year

Hacia ...
Around

1574

Hacia mediados / finales de ...
Around/toward the middle / end of the

el siglo XV
15th century

A lo largo de ...
Throughout

el siglo XV / la conquista
the 15th century / the conquest

Entre ...
Between

1492 y 1564

La población maya gradualmente decayó hasta que el sitio fue abandonado **a finales del siglo X**.
*The Mayan population gradually declined until the site was abandoned **at the end of the 10th century**.*

A principios del siglo XIX, España y Portugal dominaban la mayor parte del continente americano.
At the beginning of the 19th century, *Spain and Portugal controlled the majority of the American continent.*

1-4. TIME MARKERS

We use time markers in order to give coherence to a narrative, ensure progression, and make it easier to follow. Like with the election of imperfect or preterit, the selection of time markers depends on the narrator and how she or he wants to present the story.

A. SIMULTANEOUSLY TO THE MOMENT WE ARE REFERRING TO:

entonces* ...	*then*
en esa/aquella época ...	*in that time, back then*
en ese/aquel momento / instante ...	*in that moment / instant*
de repente / de pronto ...	*suddenly*
ese/aquel día / mes / año ...	*that day / month / year*
esa/aquella semana ...	*that week*
a esa/aquella hora ...	*at that time*
mientras ...	*while*
al + infinitive ...	*upon + gerund*

En 1813 Bolívar invadió Venezuela. **Ese año** proclamó la Segunda República venezolana.
*In 1813 Bolivar invaded Venezuela. **That year** he proclaimed the Second Venezuelan Republic.*

* The marker *entonces* can be used both to refer to an already mentioned past period (indicating the consequence of an action), or to introduce what happened next.

Los mayas construían sus impresionantes edificios y templos con piedra, lo cual es increíble si se considera que **entonces** no se conocía la rueda (=*back then*).
*The Mayans built their impressive buildings and temples with stones, which is incredible when considering that **back then** the wheel was not known.*

Colón no tuvo éxito en Portugal. **Entonces** decidió ir a España (=*so, then, thus*).
*Columbus was not successful in Portugal. **Thus**, he decided to go to Spain.*

B. SUBSEQUENTLY TO THE MOMENT WE ARE REFERRING TO:

a los _____ días/meses/años ...   ___ *days/months/years later*

al cabo de ___ días/meses/años/si glos ... ⎫
después de ___ días/meses/años/siglos ... ⎬   *after ___ days/months/years/centuries*
tras ___ días/meses/años/siglos ... ⎭

Cuando tenía dieciséis años Bolívar viajó a España. **A los cinco años / Cinco años después** regresó a Venezuela.
*When he was sixteen, Bolivar travelled to Spain. **Five years later** he returned to Venezuela.*

Después de tres siglos de dominio colonial, los pueblos americanos comenzaron a declarar su independencia.
***After three centuries** of colonial control, the peoples of the Americas started to declare their independence.*

desde entonces ...	*since then*
desde ese/aquel día / año / momento ...	*since, from that day / year / moment*
a partir de ...	*from, starting in*

En 1537 el Papa Pablo III declaró que los indígenas eran hombres en todas sus capacidades. **A partir de ese momento** la corona estableció el régimen de encomiendas.
*In 1537 the Pope Paul III declared that the indigenous peoples were men (and women) in all their capacities. **From that moment**, the Spanish crown established the regime of encomiendas.*

luego/más tarde ...	*later*
(inmediatamente) después ...	*immediately after*
poco / mucho después ...	*shortly after / much later*
al día/mes/año siguiente ...	*the next day/month/year*

Colón llegó a Castilla en 1485. **Poco después** se reunió con los Reyes Católicos.
*Colón arrived in Castilla in 1485. **Shortly after** he met with the Catholic Monarchs.*

___ horas/días/meses/años después de + infinitive ...	*___ hours/days/months/years after + gerund*
después de, tras + infinitive ...	*after + gerund*
nada más + infinitive ...	*immediately after + gerund*

Después de visitar Estados Unidos, Bolívar regresó a Venezuela.
***After visiting** the US, Bolívar returned to Venezuela.*

C. PRIOR TO THE MOMENT WE ARE REFERRING TO:

___ horas/días/meses/años antes ...	*___ hours/days/months/years before / earlier*
___ horas/días/meses/años antes de + infinitive ...	*___ hours/days/months/years before + gerund*
(inmediatamente) antes ...	*immediately before ...*
el día/año anterior; la noche/semana anterior ...	*the day/year/night/week before*
antes de + infinitive ...	*before + gerund*

Los historiadores afirma que, **cuarenta años antes**, un empresario alemán había saqueado los tesoros de Machu Picchu.
*Historians state that, **forty years earlier**, a German businessman had looted the treasures of Machu Picchu.*

BIOGRAPHIES

When narrating someone's life, we can use markers such as these:

a los cinco años ...	*when s/he was five*
cuando tenía cinco años ...	*when s/he was five*
de niño / joven / mayor ...	*as a child / young person / adult*
cuando terminó los estudios ...	*when s/he completed his/her studies*
al terminar los estudios ...	*upon completing his/her studies*

A los dieciséis años, Bolívar viajó a España.
***When he was** sixteen, Bolívar travelled to Spain.*

Cuando tenía dieciséis años, Bolívar viajó a España.
***When he was** sixteen, Bolívar travelled to Spain.*

Fragmento de
Guernica, de Pablo
Picasso (1937). Museo
Reina Sofía, Madrid.

TEMAS

Enfoque 1
- las dictaduras militares en el Cono Sur y la transición a la democracia
- las violaciones de derechos humanos; la Operación Cóndor
- el cine argentino sobre la dictadura; la novela del dictador y Mario Vargas Llosa

Enfoque 2
- la Revolución cubana y la dictadura de Fidel Castro
- los derechos humanos en Cuba; la migración cubana a Estados Unidos
- el escritor Reinaldo Arenas; la música de la Nueva Trova cubana

Enfoque 3
- Guerra Civil, dictadura y transición a la democracia en España
- la censura cultural; las relaciones entre España y Estados Unidos
- la pintura de Pablo Picasso y *Guernica*; los poetas Federico García Lorca y Rafael Alberti

LECTURA
- leer e interpretar un ensayo argumentativo
- la introducción y la conclusión
- los campos semánticos y familias léxicas
- los referentes discursivos

ESCRITURA
- escribir una entrada para un blog
- escribir la conclusión
- la acentuación

¡A DEBATE!
- argumentar en contra de las opiniones de otros

GRAMÁTICA
- el uso de las construcciones pasivas
- el uso del tiempo condicional en el pasado
- las perífrasis verbales
- las estructuras comparativas

UNIDAD 2: DICTADURAS Y DEMOCRACIAS

MÉXICO Y CENTROAMÉRICA	Forma de gobierno	Régimen político	Jefe/a del gobierno (desde...)	Tendencia
Costa Rica	República presidencial	Democracia	Laura Chinchilla (2010)	Centro-derecha
El Salvador	República presidencial	Democracia	Carlos M. Funes (2009)	Centro-izquierda
Guatemala	República democrática	Democracia	Otto Pérez Molina (2012)	Derecha
Honduras	República presidencial	Democracia	Porfirio Lobo (2010)	Centro-derecha
México	República presidencial	Democracia	Enrique Peña Nieto (2013)	Centro
Nicaragua	República presidencial	Democracia	José Daniel Ortega (2007)	Izquierda
Panamá	República presidencial	Democracia	Ricardo Martinelli (2009)	Derecha

SURAMÉRICA	Forma de gobierno	Régimen político	Jefe/a de gobierno (desde ...)	Tendencia
Argentina	República presidencial	Democracia	Cristina Fernández (2007)	Izquierda
Bolivia	República presidencial	Democracia	Evo Morales (2006)	Izquierda
Chile	República presidencial	Democracia	Sebastián Piñera (2010)	Centro-derecha
Colombia	República presidencial	Democracia	Juan Manuel Santos (2010)	Centro-derecha
Ecuador	República presidencial	Democracia	Rafael Correa (2007)	Izquierda
Paraguay	República presidencial	Democracia	Horacio Cartes (2013)	Centro-derecha
Perú	República democrática	Democracia	Ollanta Humala (2011)	Centro-izquierda
Uruguay	República presidencial	Democracia	José Mujica (2010)	Centro-izquierda
Venezuela	República presidencial	Democracia	Nicolás Maduro (2013)	Izquierda

CARIBE	Forma de gobierno	Régimen político	Jefe/a del gobierno (desde ...)	Tendencia
Cuba	República unipartidista	Dictadura	Raúl Castro (2008)	Izquierda
Rep. Dominicana	República presidencial	Democracia	Danilo Medina (2012)	Centro-derecha

EUROPA	Forma de gobierno	Régimen político	Jefe/a de gobierno (desde ...)	Tendencia
España	Monarquía parlamentaria	Democracia	Mariano Rajoy (2011)	Centro-derecha

Dictaduras en países hispanohablantes de América Latina

2-1 ¿QUÉ ES LA DEMOCRACIA?

El concepto de 'democracia' no es igual para todo el mundo. Escribe una definición. Después lee este texto sobre un informe anual que desde 2007 mide el estado de la democracia en el mundo.

El "Economist Intelligence Unit's Index of Democracy 2012" evalúa el nivel democrático de 167 países y establece un ranking de 1 a 167. De los países evaluados, solamente 25 son considerados *democracias plenas* (15% de países); del número 26 al número 81 aparecen los países considerados *democracias imperfectas* (54 países); los siguientes 37 países son considerados *regímenes híbridos* (22,2% de países) y los últimos 51 países representan *regímenes autoritarios* o *dictaduras* (30,5% de países). Esto significa que sólo en unos pocos países se dan todas las condiciones para una democracia plena. También significa que más de un tercio de la población mundial vive bajo un régimen autoritario.

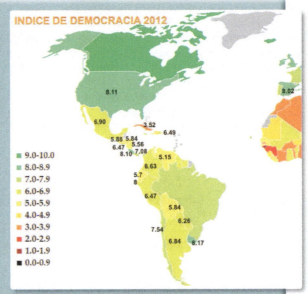

El índice de *The Economist* considera que la existencia de elecciones libres y de libertades civiles –las dos características que suelen ser usadas para describir la democracia–, son condiciones necesarias, aunque no suficientes, para una democracia sólida. Por ejemplo, si las decisiones tomadas democráticamente en un país no pueden ser implementadas porque el gobierno es ineficaz, la democracia no significa nada. Lo mismo ocurre en un país que tiene elecciones libres y justas, pero en el que muchos ciudadanos no participan. Por último, si en un país no hay cultura democrática (por ejemplo los "perdedores" en unas elecciones no respetan el voto popular), la democracia también sufre. Por ello, el índice considera cinco factores: (1) *proceso electoral y pluralismo* (ej.: ¿Tienen los electores total libertad para votar?), (2) *funcionamiento del gobierno* (ej.: ¿Hay un gobierno eficiente en el país?), (3) *nivel de participación política de los ciudadanos* (ej.: ¿Qué porcentaje de gente vota en el país?), (4) *cultura política* (ej.: ¿Se educa en el país a todos los ciudadanos sobre los valores de la democracia? y (5) *libertades civiles* (ej.: ¿Hay libertad de expresión y de protesta en el país?).

ÍNDICE DE DEMOCRACIA 2012	Puesto mundial	Índice global	I. Proceso electoral y pluralismo político	II. Funcionamiento del gobierno	III. Participación política	IV. Cultura política	V. Libertades civiles
Uruguay	18	8,17	10,00	8,93	4,44	7,50	10,00
EE.UU.	21	8,11	9,17	7,50	7,22	8,13	8,53
Costa Rica	22	8,10	9,58	8,21	6,11	6,88	9,71
España	25	8,02	9,58	7,50	6,11	7,50	9,41
Chile	36	7,54	9,58	8,57	3,89	6,25	9,41
Panamá	46	7,08	9,58	6,43	5,56	5,00	8,82
México	51	6,90	8,33	7,14	6,67	5,00	7,35
Argentina	52	6,84	8,75	5,71	5,56	6,25	7,94
Colombia	57	6,63	9,17	7,50	3,89	3,75	8,82
Rep. Dominicana	60	6,49	8,75	5,36	4,44	6,25	7,65
El Salvador	61	6,47	9,17	6,07	3,89	5,00	8,24
Perú	61	6,47	9,17	5,00	5,56	4,38	8,24
Paraguay	70	6,26	8,33	5,36	5,00	4,38	8,24
Guatemala	81	5,88	7,92	6,43	3,33	4,38	7,35
Bolivia	85	5,84	7,00	5,00	6,11	3,75	7,35
Honduras	85	5,84	8,75	5,71	3,89	4,38	6,47
Ecuador	87	5,78	7,83	4,64	5,00	4,38	7,06
Nicaragua	92	5,56	6,58	4,36	3,89	5,63	7,35
Venezuela	95	5,15	5,67	4,29	5,56	4,38	5,88
Cuba	127	3,52	1,75	4,64	3,89	4,38	2,94

COMPRENSIÓN

1. De los cinco indicadores que usa el índice de *The Economist*, ¿cuáles son comúnmente incluidos en las definiciones de 'democracia'? ¿Los incluiste en tu definición?
2. Escribe una pregunta más para cada uno de los cinco factores mencionados en el texto.
3. Usa el gráfico y la tabla de datos de la página anterior para responder.
   a. ¿Qué países hispanohablantes son democracias plenas?
   b. ¿Por qué crees que sólo 26 países tienen democracias plenas?
   c. Compara el caso de Uruguay con el de los otros países que tienen democracias plenas.
   d. Compara a España con Estados Unidos.
   e. Observa los países hispanohablantes considerados democracias imperfectas. ¿Por qué no son democracias plenas? ¿Qué factores inciden en esto? ¿Son los mismos factores para todos ellos? Explica.
   f. Mira los países considerados regímenes híbridos. ¿Qué los caracteriza? ¿Hay similitudes o diferencias?

INTERPRETACIÓN

1. Lean estas citas e interprétenlas. Después respondan, justificando su respuesta: ¿Es la democracia la mejor forma de gobierno?

"La democracia es la peor forma de gobierno, excepto todas las otras formas que se han probado de tiempo en tiempo".
Winston Churchill

"Si no hay comida cuando se tiene hambre, si no hay medicamentos cuando se está enfermo, si hay ignorancia y no se respetan los derechos elementales de las personas, la democracia es una cáscara vacía, aunque los ciudadanos voten y tengan parlamento".

Nelson Mandela

2. Lean este texto y luego respondan a las preguntas.

Además de la intervención continua de potencias extranjeras como Estados Unidos o Gran Bretaña, la historia independiente de los países latinoamericanos está llena de conflictos bélicos territoriales, luchas sociales, golpes de estado y gobiernos dictatoriales. Los dictadores llegaban al poder después de derrocar el régimen existente, a veces con el apoyo de las masas, a veces con el de las fuerzas militares.

   a. Miren la lista de países y sus períodos de dictadura militar en el siglo XX en el ejercicio 2-5. Extraigan cuatro conclusiones para compartir con la clase.
   b. ¿Qué es un dictador? Escriban una definición. Luego asocien cada uno de estos nombres con el país del que fueron dictadores. ¿Qué creen que estas personas tuvieron en común?

Manuel Noriega   Anastasio Somoza   Fulgencio Batista

Augusto Pinochet (1973-1990)	España
Francisco Franco (1939-1975)	Cuba
Anastasio Somoza (1937-1956)	Nicaragua
Efraín Ríos Montt (1982-1983)	Guatemala
Manuel Noriega (1983-1989)	Panamá
Alfredo Stroessner (1954-1989)	Rep. Dominicana
Rafael Trujillo (1930-1961)	Paraguay
Fulgencio Batista (1952-1959)	Chile

PERSPECTIVA LINGÜÍSTICA

VOCABULARIO META

amnistía (la)	amnesty	ejecutar	to execute
apoyar	to support	elecciones (las)	election
apoyo (el)	support	encarcelar	to imprison
asumir	to take up office	enfrentamiento (el)	confrontation
cadena perpetua (la)	life in prison	golpe de estado (el)	coup
cárcel (la)	prison, jail	impunidad (la)	impunity
celebrar	to be held, to take place	indultar	to pardon
condena (la)	sentence (Jur)	indulto (el)	pardon
condenar	to sentence (Jur)	izquierda (la)	left (political)
crimen de lesa		juicio (el)	trial
humanidad (el)	crime against humanity	juzgar	to try (Jur)
culpable (el, la)	culprit, offender	legalizar	to legalize
culpable	guilty	llevar a juicio	to bring a lawsuit against
delito (el)	crime	militar	military
demandar	to sue	pacífico/a	peaceful
democracia (la)	democracy	ponerse al frente	to take charge
democrático/a	emocratic	protesta (la)	protest, demonstration
derecha (la)	right (political)	rebelión (la)	rebellion, uprising
derrocar	to overthrow	régimen (el)	regime
desaparecer	to disappear	restaurar	to restore
desaparecido/a (el, la)	missing person	resultar en	to result in
detener	to arrest, to detain	secuestrar	to kidnap
dictadura (la)	dictatorship	transición (la)	transition (to democracy)
dirigente (el, la)	leader		

2-2 ARGENTINA DURANTE LA DICTADURA (1976-1983)

 Lee este texto sobre la última dictadura militar en Argentina y luego mira el video. Después responde a las preguntas.

En 1973 Juan Domingo Perón, que había sido presidente de Argentina entre 1946 y 1955, triunfó en las elecciones y **fue elegido** presidente, pero murió menos de un año después. Lo sucedió su esposa, Isabel Perón, cuyo gobierno se caracterizó por un acelerado deterioro de la situación económica y una radicalización de la población. El 24 de marzo de 1976 un golpe militar dio lugar a la dictadura que vivió el país entre 1976 y 1983. Durante el gobierno de la Junta militar **se detuvo**, **se interrogó** y **se torturó** clandestinamente a cientos de personas. Miles de *desaparecidos* **fueron ejecutados** y, según algunos organismos de derechos humanos, durante la llamada "Guerra sucia" desaparecieron más de 30.000 personas. La derrota de 1982 en la Guerra de las Malvinas contra el Reino Unido provocó la caída de la Junta militar y **se convocaron** unas elecciones en las que triunfó Raúl Alfonsín, primer presidente de la democracia.

Juan Domingo Perón

COMPRENSIÓN

1. ¿Qué fue la Junta militar?
2. ¿Qué diferenció a esta dictadura de otras anteriores?
3. ¿Qué son las marchas de las madres de Plaza de Mayo?
4. ¿Cómo nació el Movimiento por los Derechos Humanos?
5. Explica qué tipo de presiones internacionales tuvo la dictadura.
6. ¿Por qué los argentinos apoyaron la Guerra de las Malvinas?
7. ¿Por qué perdió Argentina la Guerra de las Malvinas y qué consecuencia tuvo para la dictadura?
8. Explica con tus propias palabras cómo fue la transición a la democracia en Argentina.

INTERPRETACIÓN

 Lean este párrafo y luego respondan: ¿cuál es el propósito de la censura durante un régimen militar? ¿Cuáles creen que son las consecuencias de la censura?

El gobierno militar controló y censuró todo tipo de producción científica, cultural, política o artística. Se prohibieron las obras de autores como Gabriel García Márquez y Pablo Neruda; se censuraron muchas formas de teatro, cine y música. Además se prohibió el uso en las escuelas y universidades de muchos textos; los programas de enseñanza fueron depurados de todo contenido considerado contrario a la cultura "occidental y cristiana".

RL GRAMÁTICA 2-1 (pp. 106-107)

1. Revisa la gramática de 2-1. Después observa las *construcciones pasivas* en negrita en el texto y clasifícalas en dos grupos:

A. 'se' + verbo
B. Verbo *ser* + participio

2. Resume la información del texto: escribe estas frases usando la voz pasiva con *ser*.

1. En marzo de 1973 (convocar) unas elecciones en las que triunfó el peronismo.

2. Tras la muerte de Perón en 1974, la presidencia (asumir) por su esposa.

3. Tras el golpe de 1976, los partidos políticos (suspender) y miles de personas (asesinar o secuestrar).

4. Miles de personas (torturar) durante este período de represión.

5. La democracia (restaurar) en 1983.

2-3 CHILE DURANTE LA DICTADURA (1973-1989)

 Lee el texto y mira el video sobre la dictadura en Chile. Después responde a las preguntas.

Augusto Pinochet

En 1970 Salvador Allende **fue elegido** presidente, pero en 1973 un golpe de estado acabó con su gobierno. El general Augusto Pinochet tomó el poder y **se inició** así un período de represión y de violaciones de derechos humanos que terminó con más de 3.000 asesinados, 35.000 torturados, más de 1.000 detenidos desaparecidos y alrededor de 200.000 exiliados. La crisis económica de 1982 provocó protestas contra el gobierno de Pinochet. En 1985 la economía se recuperó, pero aumentaron la pobreza y la desigualdad. En 1990, tras el referéndum del 5 de octubre de 1988 en el que ganó el "No" con casi un 55% de los votos, Pinochet dejó el poder. Poco tiempo más tarde **se celebraron** elecciones presidenciales, Patricio Aylwin **fue elegido** primer presidente de la Transición y **se restauró** el régimen democrático.

COMPRENSIÓN

1. ¿Qué causó la reacción contra el presidente Allende de parte de la población?
2. ¿Con qué acción específica comenzó la dictadura en Chile?
3. Según Patricio Nayva, ¿qué condiciones facilitaron la llegada al poder de los militares en Chile?

RL GRAMÁTICA 2-1 (pp. 106-107)

Cambia las frases pasivas (identificadas con el verbo en negrita) del texto: si son pasivas con *SER*, usa la forma con *SE*; si son pasivas con *SE*, usa la forma con *SER*.

Atención: escribe las frases completas. Algunas veces será necesario cambiar el orden de los elementos de la frase.

INTERPRETACIÓN

Con la información sobre Argentina del ejercicio 2-2 y la de este ejercicio, hagan una lista de cuatro elementos comunes a estas dos dictaduras y compártanla con la clase.

1. Causas	En ambos casos ...
2. Eventos	Tanto en Argentina como en Chile ...
3. Consecuencias	
4. Otro	

2-4 ¿IMPUNIDAD O CASTIGO?

Lee este texto sobre el período democrático posterior a la dictadura argentina. Luego responde a las preguntas.

Apenas asumir la presidencia, **Raúl Alfonsín firmó los decretos de creación de una Comisión** para investigar las violaciones a los derechos humanos ocurridas entre 1976 y 1983. Su investigación, plasmada en el libro *Nunca más*, fue entregada a Alfonsín el 20 de septiembre de 1984. **Un tribunal condenó a los integrantes de las Juntas Militares** y sentenció a la reclusión perpetua a los principales responsables. Éste fue un hecho único en el mundo y **la ONU declaró la desaparición forzada de personas 'delito de lesa humanidad'.** Sin embargo, más tarde, cediendo a las presiones de sectores militares, **el gobierno de Alfonsín promulgó las leyes de Obediencia Debida y Punto Final,** las cuales DARÍAN impunidad a los mandos intermedios participantes de la dictadura. A raíz de una gran crisis económica y social, el partido gobernante perdió las elecciones en 1989 y el peronista Carlos Menem se convirtió en el nuevo presidente. **Menem concedió un indulto en 1990 a los jefes militares** condenados a cadena perpetua en el Juicio a las Juntas. Tras Menem, en 1998 se derogaron las leyes de Punto Final y Obediencia Debida, llamadas leyes de impunidad, que posteriormente, en 2003, SERÍAN declaradas nulas. En 2005 la Corte Suprema de Justicia argentina declaró la inconstitucionalidad de las leyes de impunidad y la imprescriptibilidad de los crímenes de lesa humanidad. A partir de entonces se abrieron miles de causas judiciales tanto en Argentina como en otros países por delitos de genocidio y terrorismo y se reabrieron causas contra los indultados por esos crímenes. En 2006 se declaró el día 24 de marzo *Día Nacional de la Memoria por la Verdad y la Justicia*, en conmemoración del terrorismo de Estado y crímenes de lesa humanidad cometidos durante la dictadura.

Protesta contra la Ley de Punto Final, Argentina

COMPRENSIÓN

1. Explica si la política de Raúl Alfonsín fue de impunidad o de castigo. Usa ejemplos.
2. Explica si la política de Carlos Menem fue de impunidad o de castigo. Usa ejemplos.
3. Explica cuál es la posición actual del estado argentino respecto a los crímenes de la dictadura.

RL GRAMÁTICA 2-1 (pp. 106-107) Y 2-2 (p. 108)

1. Cambia las cinco frases en negrita de forma activa a *voz pasiva con SER*. Escribe frases completas.

2. Transforma las cuatro frases subrayadas: si son *pasivas con SER*, cámbialas a *pasiva con SE*; si son *pasivas con SE*, cámbialas a *pasivas con SER*.

3. Revisa la gramática de la sección 2-2. Mira los dos verbos en mayúscula en el texto. ¿Qué tiempo verbal es y por qué se usó en estos dos casos?

Mira ahora el video donde se habla de las comisiones creadas tanto en Argentina como en Chile para juzgar y condenar a los responsables de las violaciones de derechos humanos y crímenes contra la humanidad cometidos durante la dictadura.

COMPRENSIÓN

1. ¿Cómo se llamó la comisión creada en Argentina? ¿Y la de Chile?
2. Explica con tus propias palabras cómo fue el proceso que llevó al juicio en Chile de Augusto Pinochet.
3. ¿De qué crímenes se acusó a Pinochet?
4. ¿Qué representó la muerte de Pinochet para Chile?

RL GRAMÁTICA 2-1 (pp. 106-107)

Escucha el video otra vez e identifica los verbos que faltan en estas frases.

"Algunos de los líderes militares de la nación _____ culpables por crímenes contra la humanidad y _____ a prisión perpetua sin beneficio de excarcelación".

"Hacia (around) 2006 ya _____ 109 agentes de la dictadura de Pinochet, 35 exgenerales _____ o _____. Manuel Contreras, el director de la DINA, la policía secreta, _____ y _____ en Chile en 1993. [...] Pinochet murió el 10 de diciembre de 2006 sin _____ de ninguno de los crímenes cometidos durante su dictadura."

INTERPRETACIÓN

1. Estos gráficos muestran los efectos de la derogación de las leyes de impunidad en Argentina. Extraigan cuatro conclusiones para compartir con la clase.

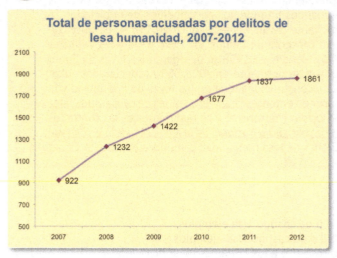

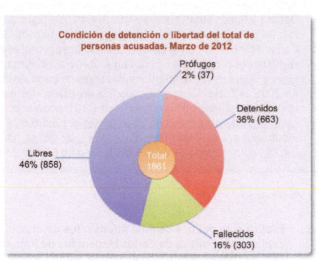

2. ¿Qué es la memoria histórica? En Argentina, el día 24 de marzo es el Día Nacional de la Memoria por la Verdad y la Justicia. En Chile se creó el Museo Nacional de la Memoria y los Derechos Humanos. ¿Cuál es el propósito de estos lugares y días conmemorativos? Digan tres razones por las que son importantes.

2-5 OTRAS DICTADURAS

Además de Chile y Argentina, todos estos países latinoamericanos tuvieron dictaduras durante el siglo XX, varios de ellos durante décadas.

* Bolivia (1930-1952; 1971-1982)
* Colombia (1953-1958)
* Costa Rica (1917-1919)
* República Dominicana (1889-1899; 1930-1961)
* El Salvador (1931-1979)
* Ecuador (1963-1965; 1972-1978)
* Guatemala (1931-1944; 1954-1986)
* Honduras (1963-1971; 1972-1982; 2009-2010)

* México (1853-1855)
* Nicaragua (1934-1979)
* Panamá (1968-1989)
* Paraguay (1940-1948; 1949-1989)
* Perú (1948-1956; 1968-1980)
* Uruguay (1933-1938; 1973-1985)
* Venezuela (1908-1935; 1952-1958)

Lee esta información sobre la última dictadura de Uruguay y la transición a la democracia. Después responde a las preguntas.

En 1973 ocurrió un golpe de estado dirigido por el entonces presidente de Uruguay, Juan María Bordaberry. Durante el tiempo que duró la dictadura **las fuerzas armadas detuvieron a ciudadanos y dirigentes de los partidos políticos** tradicionales. <u>Muchos integrantes de partidos "de izquierda" fueron recluidos y torturados</u>. En las cárceles uruguayas murieron cerca de un centenar de prisioneros políticos y hoy día continúan desaparecidas unas 140 personas. En 1980 comenzó un lento proceso de apertura política que terminaría en 1984, cuando <u>se convocaron elecciones</u> en las que triunfó el Partido Colorado y Julio María Sanguinetti asumió la presidencia. En un acuerdo por dejar atrás el pasado y regresar en paz al sistema democrático, **los partidos políticos mayoritarios aprobaron la Ley de Caducidad en 1986**, que eximía a todos los responsables de las violaciones de derechos humanos ocurridas entre 1973 y 1985. En 1989 se llevó a cabo un referéndum, en el que <u>la ley se ratificó</u>. Esto significó mantener la amnistía a los delitos cometidos durante el gobierno militar. <u>La ley sería declarada inconstitucional en 2009 por el Congreso uruguayo y la Corte Suprema de Justicia</u>, pero en un plebiscito popular de 2010 <u>la ley no pudo ser anulada</u> por no haber mayoría de votos.

Protesta contra la Ley de Caducidad (1986)

COMPRENSIÓN

1. ¿Cuánto tiempo duró la dictadura de Uruguay y qué características tuvo? Explícalo usando tus propias palabras.
2. ¿Qué es la Ley de Caducidad de Uruguay?
3. ¿Quién decidió en Uruguay dar amnistía a los responsables de la dictadura y por qué?
4. Explica la situación actual en Uruguay respecto a los responsables de la dictadura.

> ### RL GRAMÁTICA 2-1 (pp. 106-107)
>
> 1. Cambia las cinco frases subrayadas en el texto a una forma alternativa (con SE o con SER) de voz pasiva. No olvides cambiar el orden de los elementos si es necesario.
>
> 2. Transforma las dos frases en negrita de forma activa a *voz pasiva con SER*.

INTERPRETACIÓN

1. Comparen los datos sobre Uruguay con lo que saben sobre Argentina y Chile. Hagan una lista de tres similitudes y tres diferencias. ¿Hay más similitudes o diferencias?

SIMILITUDES	1. En los tres casos ... 2. 3.
DIFERENCIAS	1. En Uruguay ...; en cambio... 2. En Uruguay ... pero... 3. En Uruguay ...; sin embargo ...

2. ¿Creen que es mejor establecer leyes de impunidad cuando se pasa de una dictadura a una democracia? ¿Qué consecuencias puede tener mantenerlas o derogarlas? Dos estudiantes elaboran dos argumentos a favor de las leyes de impunidad, y dos estudiantes elaboran dos argumentos en contra. Luego hagan un pequeño debate.

	ARGUMENTOS
A favor de las leyes de impunidad	1. 2.
En contra de las leyes de impunidad	1. 2.

PERSPECTIVAS INTERCULTURALES

2-6 VIOLACIONES DE DERECHOS HUMANOS: LOS DESAPARECIDOS

Lee este texto y después responde a las preguntas.

	Desaparecidos	Período
ESPAÑA	114.266	Dictadura militar (1939-1975)
PARAGUAY	3.000-4.000	Dictadura militar (1954-1989)
CHILE	1.209	Dictadura militar (1973-1989)
ARGENTINA	13.000-30.000	Dictadura militar (1976-1983)
GUATEMALA	45.000	Dictaduras militares (1978-1986)

La más frecuente violación de los derechos humanos realizada por las dictaduras fue la *detención ilegal y arbitraria*. Durante la dictadura militar chilena fueron establecidos más de 1.100 centros de detención, y en Argentina funcionaron unos 500 centros. Las personas eran privadas de su libertad por orden superior, sin comunicárseles el motivo de la detención ni ser formalmente acusadas de cometer un delito. No se especificaba quién había emitido la orden, ni se comunicaba la duración de su detención. La persona no era informada sobre las garantías constitucionales que le asistían, dado que no tenía realmente ningún derecho. La detención ilegal y arbitraria se convirtió en la puerta de entrada de otras graves violaciones de derechos humanos: torturas y otros tratos crueles e inhumanos, exilio forzado o desapariciones forzadas.

Madres de la Plaza de Mayo

Desaparición forzada, o desaparición involuntaria de personas, es un delito que supone la violación de múltiples derechos humanos y que en determinadas circunstancias constituye también un crimen de lesa humanidad. Sus víctimas son conocidas como *desaparecidos*. Este delito fue reconocido en la jurisprudencia internacional a partir de los casos de desaparecidos en América Latina y gracias a la movilización de grupos como las Madres de Plaza de Mayo. En 2006, la Asamblea General de la ONU aprobó el texto de la *Convención Internacional sobre la Desaparición Forzada de Personas*. En 2007 la Comisión de Derechos Humanos de la ONU publicó la lista de los 59 países que ratificaron la Convención.

COMPRENSIÓN

1. Explica con tus propias palabras qué es la *detención ilegal y arbitraria*, qué es la *desaparición forzada de personas* y qué relación hay entre estos dos delitos.
2. ¿Desde cuándo la justicia internacional considera un delito la desaparición forzada?
3. ¿Es la desaparición forzada de personas un delito reconocido en todos los países del mundo?

Ahora mira el video sobre las Madres de Plaza de Mayo y contesta después a las preguntas.

COMPRENSIÓN

1. ¿A qué grupos sociales pertenecían las personas desaparecidas durante la dictadura argentina?
2. ¿Qué hicieron las madres frente a las desapariciones?
3. ¿Quién es Estela de Carlotto? ¿Cómo nació este grupo, según Estela?
4. ¿Por qué sólo había mujeres en este grupo?
5. ¿Qué pensaba el gobierno militar de estas mujeres?
6. Explica cuál es la misión de estos grupos de mujeres.

INTERPRETACIÓN

1. ¿Conocen otros lugares del mundo donde también han existido o existen casos de desapariciones forzadas?
2. Lean la canción del cantante panameño Rubén Blades titulada *Desapariciones*. Usen ejemplos de la letra (*lyrics*) para responder a estas preguntas.
   a. ¿Cuántas personas están buscando a sus familiares en esta canción? ¿A quién buscan?
   b. ¿Qué detalles específicos se usan para describir a estos desaparecidos?
   c. Explica cómo se sienten las personas que están buscando a sus familiares.
   d. ¿Qué efecto tiene el enfoque en personas específicas y en detalles pequeños sobre ellas?
   e. ¿Qué significa el estribillo de la canción? Interpreten las cuatro preguntas y respuestas.

Desapariciones, de Rubén Blades

Que alguien me diga si ha visto a mi esposo-, preguntaba la doña.
Se llama Ernesto X, tiene 40 años, trabaja de celador en un negocio de carros.
Llevaba camisa oscura y pantalón claro. Salió anteanoche y no ha regresado;
y no sé ya qué pensar, pues esto antes no me había pasado.

Llevo tres días buscando a mi hermana. Se llama Altagracia, igual que la abuela.
Salió del trabajo pa' la escuela. Llevaba unos jeans y una camisa clara.
No ha sido el novio. El tipo está en su casa. No saben de ella en la PSN, ni en el hospital.

Que alguien me diga si ha visto a mi hijo. Es estudiante de pre-medicina. Se llama Agustín y
es un buen muchacho. A veces es terco cuando opina. Lo han detenido. No sé qué fuerza.
Pantalón claro, camisa a rayas. Pasó anteayer.

¿Adónde van los desaparecidos? Busca en el agua y en los matorrales.
¿Y por qué es que se desaparecen? Porque no todos somos iguales.
¿Y cuándo vuelve el desaparecido? Cada vez que lo trae el pensamiento.
¿Cómo se le habla al desaparecido? Con la emoción apretando por dentro.

Clara Quiñones se llama mi madre. Ella es un alma de Dios, no se mete con nadie.
Y se la han llevado de testigo, por un asunto que es nada más conmigo.
Y fui a entregarme hoy por la tarde y ahora no saben quién se la llevó del cuartel.

Anoche escuché varias explosiones, tiro de escopeta y de revólver,
carros acelerados, frenos, gritos, eco de botas en la calle, toque de puertas,
pordioses, platos rotos. Estaban dando la telenovela. Por eso nadie miró pa' fuera.

3. Lean estos textos sobre dos episodios de la historia de EE.UU. Completen el cuadro y busquen puntos de comparación y contraste con los casos de las dictaduras que hemos estudiado.

Centro de Internamiento Manzanar (California)

Entre 1942 y 1948, en respuesta al ataque de Pearl Harbor durante la Segunda Guerra Mundial, unas 120.000 personas, en su mayor parte de etnia japonesa, fueron trasladadas forzosamente a campos de internamiento. Más de la mitad eran ciudadanos estadounidenses. Los japoneses, en su mayoría de la costa del Pacífico de EE.UU., fueron obligados a vender sus casas y negocios, o a abandonar sus posesiones, y llevados a los llamados "centros de reubicación". En la primavera de 1944 el Departamento de Guerra recomendó la disolución de los campos de detención al presidente Roosevelt. El gobierno estadounidense se disculpó en 1988, afirmando que la concentración de prisioneros fue causada por "los prejuicios raciales, la histeria bélica y la deficiencia del liderazgo político".

Estados Unidos aplica desde 2001 políticas de detención ilegal basadas en la seguridad nacional y la lucha contra el terrorismo. Estas consisten, por ejemplo, en trasladar en secreto a detenidos de un país a otro, recluirlos en lugares secretos de detención y someterlos a técnicas de interrogatorio y a condiciones de tortura o malos tratos. El caso más conocido es el centro de detención de Guantánamo. Según Amnistía Internacional (AI) "Guantánamo simboliza 10 años de falta de respeto a los derechos humanos de EE.UU. En 2011 Wikileaks reveló informes de entre 2002 y 2009 sobre las condiciones de la prisión, en los que se reconocía la tortura física y sicológica de los prisioneros para "extraer información". Ya en 2006 un informe de Naciones Unidas recomendó el cierre de Guantánamo. Ese mismo año, la Corte Suprema de EE.UU. reconoció que este centro violaba la ley internacional y las del país.

PAÍSES	MOTIVOS	CONSECUENCIAS
Dictaduras del Cono Sur		
EE.UU.: Campos de reubicación		
EE.UU.: Guantánamo		

2-7 LA OPERACIÓN CÓNDOR

 Lee este texto antes de ver el video. Después responde a las preguntas.

La Operación Cóndor fue un plan llevado a cabo en las décadas de 1970 y 1980 entre los regímenes dictatoriales de Chile, Argentina, Brasil, Paraguay, Uruguay y Bolivia con el apoyo de la CIA de EE.UU. Con este plan se instrumentó el asesinato y la desaparición de miles de opositores a las dictaduras, la mayoría pertenecientes a movimientos de izquierda. La Operación Cóndor salió a la luz gracias a documentación secreta hallada en Paraguay en 1992, conocida como los "Archivos del Terror". Documentos del Departamento de Estado y de la CIA desclasificados más tarde revelaron que EE.UU. conocía la existencia de esta operación y los detalles sobre su organización. EE.UU. facilitó las comunicaciones del Plan Cóndor con una instalación en la zona del Canal de Panamá.

Países participantes (rojo), miembros esporádicos (rosa) y relacionados (morado)

COMPRENSIÓN

1. ¿Cuáles fueron las dos fuentes para el descubrimiento de esta operación secreta?
2. ¿Qué objetivos tenía la Operación Cóndor?
3. ¿Cómo se sabe de la implicación de Estados Unidos en esta operación?
4. ¿Quién es Orlando Letelier y cuál fue su relación con el Plan Cóndor?
5. ¿Quién es Martín Almada y cuál es su relación con el Plan Cóndor?

INTERPRETACIÓN

1. ¿En qué contexto histórico mundial tiene lugar la Operación Cóndor? ¿Por qué es este contexto importante para analizar su existencia? Expliquen.
2. Piensen en dos argumentos: uno para justificar la implicación de EE.UU. en el Plan Cóndor y otro en contra.

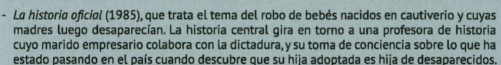

MANIFESTACIONES ARTÍSTICAS

2-8 CINE ARGENTINO SOBRE LA DICTADURA

Lee esta información y luego responde a las preguntas.

Desde el fin de las dictaduras, el cine argentino y el chileno han producido docenas de películas y documentales basados en estos períodos represivos. Los temas tratados son: la persecución, la censura, el exilio, la educación, los desaparecidos, los niños robados, las madres de los desaparecidos, los lugares de represión, la tortura, el miedo, el genocidio, la identidad, la complicidad, la impunidad, etc. En el cine argentino, tres de las mejores películas son:

Carteles de desaparecidos

- *La historia oficial* (1985), que trata el tema del robo de bebés nacidos en cautiverio y cuyas madres luego desaparecían. La historia central gira en torno a una profesora de historia cuyo marido empresario colabora con la dictadura, y su toma de conciencia sobre lo que ha estado pasando en el país cuando descubre que su hija adoptada es hija de desaparecidos.
- *La noche de los lápices* (1986), que recrea el secuestro y tortura de siete adolescentes en septiembre de 1976, de los cuales cuatro continúan desaparecidos. Basada en el libro de un sobreviviente, transmite de manera gráfica los métodos que utilizó la dictadura para eliminar disidentes políticos.
- *Cautiva* (2003), que cuenta la historia de Sofía Lombardi, una hija de desaparecidos registrada fraudulentamente como propia por parte de un policía y su esposa, que descubre la verdad sobre sus padres verdaderos y trata de reconstruir sus verdaderos orígenes y lazos biológicos. Se estima que 500 niñas y niños de madres detenidas en prisiones clandestinas durante el último gobierno militar argentino fueron robados por funcionarios de la dictadura. La mayoría de estos bebés nacidos en cautiverio se criaron con familias que no eran las suyas, sin conocer su verdadera procedencia. *Cautiva* muestra el proceso del robo de niños durante la dictadura y el proceso de búsqueda de las familias biológicas.

COMPRENSIÓN

1. Mira los fragmentos de la película *Cautiva*. ¿Cuáles de estos temas aparecen? Da un ejemplo.

   ☐ la censura   ☐ las madres o abuelas   ☐ el genocidio
   ☐ el exilio   ☐ los lugares de represión   ☐ la identidad
   ☐ la educación   ☐ la tortura   ☐ la complicidad
   ☐ los desaparecidos   ☐ el miedo   ☐ la impunidad

2. Según la Asociación Abuelas de Plaza de Mayo, todos los jóvenes que descubren su identidad verdadera pasan por fases similares: descubren la verdad y la niegan; después de aceptarla, descubren que su historia está ligada a la historia de su país; al final, el reencuentro con el origen reintegra al joven en su propia historia y le devuelve a la sociedad la justicia. ¿Cómo se reflejan estas tres etapas en los fragmentos que has visto?

INTERPRETACIÓN

¿Creen que las niñas y los niños robados deben conocer su historia? Piensen en dos argumentos a favor y dos en contra. Después elijan una postura justificando su elección.

	ARGUMENTOS
A FAVOR	1. Pensamos que es mejor ... porque ... 2. Para nosotros ...
EN CONTRA	1. En nuestra opinión ... porque ... 2. No estamos de acuerdo con ... porque ...

2-9 LA NOVELA DEL DICTADOR Y MARIO VARGAS LLOSA

Al igual que en el cine, las dictaduras latinoamericanas han sido representadas también en la literatura. Lee este texto para saber más sobre la *novela del dictador*.

La novela del dictador es un género narrativo característico de la literatura latinoamericana que se centra en las dictaduras militares de estos países. Estas novelas contienen generalmente fuertes temas políticos dentro de un contexto histórico y examinan de forma crítica el poder que ejerce en un país una figura autoritaria. Muchas de estas obras se enfocan en un dictador histórico concreto (en ocasiones con rasgos ficticios); sin embargo no analizan al dictador o la dictadura como lo haría una obra histórica. Ejemplos de estas novelas son *El Señor Presidente* (1946), del guatemalteco Miguel Ángel Asturias (Nobel de Literatura en 1967), sobre Manuel Estrada Cabrera de Guatemala; *Yo, el supremo* (1974), del paraguayo Augusto Roa Bastos, sobre el dictador paraguayo Gaspar Rodríguez de Francia; *El recurso del método* (1974) del cubano Alejo Carpentier, sobre un dictador ficticio que es una mezcla de varios dictadores verdaderos; *El otoño del patriarca* (1975), del colombiano Gabriel García Márquez, también sobre un dictador imaginario.

 Mira los primeros once minutos del video sobre Mario Vargas Llosa y contesta después a las preguntas.

Mario Vargas Llosa (Perú, 1936)

Novelista, cuentista, dramaturgo, periodista, crítico literario y político, saltó a la fama con novelas como *La ciudad y los perros* (1963) y *Conversación en la catedral* (1969). Ha escrito comedias, novelas policíacas, históricas y políticas. En 1981 publicó su primera novela histórica, *La guerra del fin del mundo*, que inició un cambio en su estilo hacia temas como el poder y la conducta irracional humana. Tras un período de intensa actividad política (fue candidato a la presidencia del Perú en 1990) volvió a dedicarse a la literatura. Su obra ha obtenido numerosos premios, como el Nobel de Literatura en 2010, "por su cartografía de las estructuras del poder y sus imágenes mordaces (*caustic*) de la resistencia del individuo, su rebelión y su derrota".

Mario Vargas Llosa

COMPRENSIÓN

1. ¿Qué dicen Fernando Iwasaki y Javier Garrigues sobre Vargas Llosa? Menciona dos ideas.
2. ¿Cómo y cuándo descubrió Vargas Llosa la literatura latinoamericana?
3. ¿Qué efecto tuvo la Revolución cubana en la literatura latinoamericana, según Vargas Llosa?

 Escucha a esta profesora de literatura que responde a preguntas sobre la novela de Mario Vargas Llosa *La Fiesta del Chivo* (2000), que se ubica en la República Dominicana. La novela narra el asesinato del dictador dominicano Rafael Leónidas Trujillo y es una reflexión sobre la dictadura en la década de 1950 y su impacto en el país y sus habitantes.

COMPRENSIÓN

1. ¿Cuál de las tres líneas narrativas de *La fiesta del chivo* se basa en un personaje real?
2. Di tres temas de la novela *La fiesta del chivo*.
3. ¿Es ésta una novela de ficción o histórica?
4. ¿Qué tipo de dictador presenta Vargas Llosa en su novela? ¿En qué se parece a los otros dictadores de las novelas de este género?

INTERPRETACIÓN

1. Lean este fragmento de *La fiesta del chivo*, donde el dictador Trujillo está recordando su pasado y alude a su relación con Estados Unidos.

"A la disciplina debo todo lo que soy", se le ocurrió. Y la disciplina, norte de su vida, se la debía a los marines. Cerró los ojos. Las pruebas, en San Pedro de Macorís, para ser admitido a la Policía Nacional Dominicana que los yanquis decidieron crear al tercer año de ocupación, fueron durísimas. Las pasó sin dificultad. En el entrenamiento, la mitad de los aspirantes quedaron eliminados. El gozó con cada ejercicio de agilidad, arrojo, audacia o resistencia, aun en aquellos, feroces, para probar la voluntad y la obediencia al superior, zambullirse en lodazales con el equipo de campaña o sobrevivir en el monte bebiendo la propia orina y masticando tallos, yerbas, saltamontes. El sargento Gittleman le puso la más alta calificación: "Irás lejos, Trujillo". Había ido, sí, gracias a esa disciplina despiadada, de héroes y místicos, que le enseñaron los marines. Pensó con gratitud en el sargento Simon Gittleman. Un gringo leal y desinteresado, en ese país de pijoteros, vampiros y pendejos. ¿Había tenido Estados Unidos un amigo más sincero que él, los últimos treinta y un años? ¿Qué gobierno lo había apoyado más en la ONU? ¿Cuál fue el primero en declarar la guerra a Alemania, y al Japón? ¿Quién untó (greased the palm) con más dólares a representantes, senadores, gobernadores, alcaldes, abogados y periodistas de Estados Unidos? El pago: las sanciones económicas de la OEA, para dar gusto al negrito de Rómulo Betancourt y seguir mamando (boozing) petróleo venezolano. [...] ¡Gringo magnífico, Simon Gittleman! Un verdadero marine. Abandonó sus negocios en Arizona, indignado por la ofensiva contra Trujillo de la Casa Blanca, Venezuela y la OEA, y bombardeó la prensa norteamericana con cartas, recordando que la República Dominicana fue durante toda la Era de Trujillo un baluarte (bastion) del anticomunismo, el mejor aliado de Estados Unidos en el hemisferio occidental.

Rafael Leonidas Trujillo

a. ¿Dónde recibió Trujillo su entrenamiento para el cuerpo (*squad*) de Policía Nacional de la República Dominicana? ¿Quién estableció este cuerpo de policía?
b. ¿Cómo fueron las pruebas para entrar en el cuerpo de policía?
c. ¿Quién fue Simon Gittleman y por qué Trujillo lo tenía en tanta estima?
d. ¿Cuál era la opinión de Trujillo sobre Estados Unidos? Usa ejemplos del texto para responder.
e. ¿Qué reprochaba Trujillo a Estados Unidos? Responde usando tus propias palabras.

2. Esta novela es un instrumento de denuncia de las dictaduras en el mundo. Lean lo que dicen estos escritores latinoamericanos sobre el papel de la literatura hoy. ¿Qué función tiene la literatura? ¿Con quiénes están de acuerdo y por qué?

"¿Por qué cuando un gobierno totalitario llega al poder, lo primero que hace es silenciar a los escritores? Porque no quiere una imaginación y un lenguaje distintos a los del poder. El escritor desautoriza, por su naturaleza misma, al poder. El poder democrático lo tolera, el dictatorial no. Y ahí está ya la función claramente del escritor: crear imaginación, crear lenguaje, para enriquecer la libertad de la sociedad".

Carlos Fuentes (1928-2012), escritor mexicano.

"La literatura no tiene ninguna función social. Eso es uno de estos inventos –a partir del siglo XIX– que transforman y deforman la noción de la literatura. La literatura es una visión muy personal, muy íntima del hombre, del mundo y de sus hermanos, de sus semejantes. Esto no tiene función social ninguna. La literatura tiene su propia vida, tiene su propia razón de existir y nada más. No está ni para rescatar al hombre ni para hacer mejor la vida del hombre ni para hacer mejor la vida de la sociedad".

Álvaro Mutis (1923-hoy), escritor colombiano.

	FUNCIÓN DE LA LITERATURA
Carlos Fuentes	1 Estamos de acuerdo con ... porque ... 2. La función ... es más/menos/igual de ... que ... porque ...
Álvaro Mutis	1. Alvaro Mutis tiene razón porque ... 2. La función ... es más/menos/igual de ... que ... porque ...

3. Finalmente miren este fragmento de una entrevista con Vargas Llosa. ¿Cuál de las dos posiciones defiende? Justifiquen su respuesta con datos específicos de la entrevista.

2-10 CAUSAS DE LA REVOLUCIÓN CUBANA

1. **Piensa en tres factores que pueden provocar una revolución en un país. Después define estas revoluciones y sus causas. ¿Qué tuvieron en común? ¿En qué se diferenciaron?**

   Rev. americana (1776)   Rev. mexicana (1910)   Rev. francesa (1789-1799)   Rev. rusa (1917)

2. **Lee este texto sobre el origen del movimiento revolucionario de izquierda que provocó la caída de la dictadura militar en Cuba en 1959.**

En marzo de 1952 un golpe de estado dirigido por Fulgencio Batista derrocó al presidente electo e instauró una dictadura militar. La corrupción que caracterizó a este período y el enriquecimiento de la oligarquía llevaron a la formación de una oposición generalizada contra el régimen militar. En 1953 un grupo de jóvenes liderado por el joven abogado Fidel Castro intentó derrocar a Batista tomando el Cuartel Moncada en Santiago de Cuba, pero fracasó en el intento. El gobierno militar detuvo y juzgó públicamente a Castro y otros participantes. Tras 22 meses de prisión fue liberado en 1955 y se exilió a Estados Unidos y finalmente a México. *La historia me absolverá* es el título del discurso de autodefensa de Fidel Castro en el juicio en su contra. En él, Castro habla de los problemas que aquejan a Cuba.

Fidel Castro

3. **Lee estos fragmentos y asócialos con uno o más de los problemas que Castro mencionó en su discurso.**

a.	Las deficiencias del sistema educativo	d.	La desigualdad del sistema judicial
b.	El intervencionismo extranjero	e.	La corrupción política
c.	La pobreza de los campesinos	f.	Las deficiencias del sistema de salud

1. *El ochenta y cinco por ciento de los pequeños agricultores está pagando renta y vive bajo la amenaza del desalojo. Más de la mitad de las mejores tierras de producción está en manos extranjeras. [...] Si Cuba es un país agrícola, si su población es en gran parte campesina, si la ciudad depende del campo, si el campo hizo la independencia, ¿cómo es posible que continúe este estado de cosas?*

2. *A las escuelitas públicas del campo asisten descalzos, semidesnudos y desnutridos menos de la mitad de los niños en edad escolar y muchas veces es el maestro quien tiene que adquirir con su propio sueldo el material necesario. ¿Es así como puede hacerse una patria grande?*

3. *El acceso a los hospitales del Estado, siempre repletos, sólo es posible mediante la recomendación de un magnate político que le exigirá al desdichado su voto y el de toda su familia para que Cuba siga siempre igual o peor.*

4. *Cuando vosotros juzgáis a un acusado por robo, señores magistrados, no le preguntáis cuánto tiempo lleva sin trabajo, cuántos hijos tiene, qué días de la semana comió y qué días no comió, no os preocupáis en absoluto por las condiciones sociales del medio donde vive [...] Enviáis a la cárcel al infeliz que roba por hambre, pero ninguno de los cientos de ladrones que han robado millones al Estado durmió nunca una noche tras las rejas.*

5. *[...] no hay razón, pues, para que exista miseria [...]. Lo inconcebible es que haya hombres que se acuesten con hambre; lo inconcebible es que haya niños que mueran sin asistencia médica, lo inconcebible es que el treinta por ciento de nuestros campesinos no sepan firmar, y el noventa y nueve por ciento no sepa la historia de Cuba; lo inconcebible es que la mayoría de las familias de nuestros campos estén viviendo en peores condiciones que los indios que encontró Colón [...]*

INTERPRETACIÓN

Hagan una lista de tres similitudes y tres diferencias entre esta revolución y las revoluciones mencionadas en la pregunta 1.

SIMILITUDES	1. La Revolución cubana se pareció a .... en que ... 2. La Revolución cubana fue similar a ... porque ... 3. La Revolución cubana fue parecida a ... porque ...
DIFERENCIAS	1. La Revolución cubana fue diferente de ... porque ... 2. La Revolución cubana fue distinta de ... porque ... 3. La Revolución cubana ...; en cambio, ...

PERSPECTIVA LINGÜÍSTICA

VOCABULARIO META

aislamiento (el)	isolation	libertad de expresión (la)	freedom of speech
aislar	to isolate	libertad de prensa (la)	freedom of the press
alfabetización (la)	literacy	logro (el)	achievement
alfabetizar	to teach literacy	medios de comunicación (los)	media
apertura (la)	opening	mejorar	to improve
asistencia sanitaria (la)	health care	nacionalizar	to nationalize
bloqueo (el)	block, freeze	obligatorio/a	required, mandatory
censura (la)	censorship	oponerse	to oppose
cobertura (la)	coverage	oposición (la)	opposition (political)
comerciar	to trade	opositor/a (el, la)	opponent
comercio (el)	trade	preso/a (el, la)	prisoner
decretar	to decree, order	propiedad (la)	property
derechos civiles (los)	civil rights	respaldo (el)	support
fracasar	to fail	salud pública (la)	public health
fracaso (el)	failure	sanidad (la)	health
gratuito/a	free	seguridad (la)	security, safety
injusticia (la)	injustice	socialismo (el)	socialism
inseguridad (la)	insecurity, lack of safety	socialista	socialist

2-11 CRONOLOGÍA DE LA REVOLUCIÓN CUBANA

 Lee este texto y mira el video sobre la Revolución cubana (min. 9:30-13:11). Luego responde a las preguntas.

Tras su exilio en México, Fidel Castro regresó a Cuba con otros 82 miembros del Movimiento 26 de Julio en diciembre de 1956 a bordo del yate Granma con la intención de invadir la isla. Sin embargo, la acción fracasó y los pocos sobrevivientes se retiraron a la Sierra Maestra, desde donde empezaron una guerra de guerrillas contra el gobierno de Batista que terminó el 1 de enero de 1959 con la huida de Batista y la proclamación del triunfo de la revolución.

COMPRENSIÓN

1. ¿Qué fue el Movimiento 26 de Julio?
2. Explica la causa y la consecuencia del fracaso de la invasión de Cuba por Castro en diciembre de 1956.
3. Explica la causa y la consecuencia del éxito de Castro en enero de 1959.

4. Ahora lee los datos de esta tabla. Marca con una 'S' los datos relacionados con el socialismo y con una 'E' los relacionados con EE.UU.

Enero de 1959	• El dictador Fulgencio Batista abandona La Habana.
Febrero de 1959	• Fidel Castro se convierte en primer ministro de Cuba.
Abril de 1959	• Visita de Castro a EE.UU. y entrevista con Richard Nixon.
Mayo de 1959	• El gobierno cubano *decreta* la ley de la reforma agraria (expropiación de tierras).
1960	• Cuba *nacionaliza* los bancos y las empresas estadounidenses y extranjeras. • Cuba *establece* relaciones comerciales con la Unión Soviética. • Cuba *inicia* la campaña de alfabetización.
1961	• Bahía de Cochinos: un grupo de opositores cubanos ayudados por EE.UU. *invade* la isla para derrocar a Fidel Castro. Los invasores abandonan la isla dos días después. • Fidel Castro *prohíbe* las elecciones y confirma el socialismo de la Revolución.
1962	• Crisis de los misiles. EE.UU. se compromete a no invadir Cuba. • EE.UU. *decreta* el bloqueo económico, comercial y financiero a Cuba.
1963	• Castro viaja a la Unión Soviética y *obtiene* ayuda de Moscú.
1976	• Fidel Castro se convierte en presidente de Cuba.
1980	• Los EE.UU. *reciben* a más de 100.000 cubanos procedentes del Puerto de Mariel.
Fines de los 80	• Colapso económico de la Unión Soviética.
1994	• EE.UU. *establece* la política de "pies mojados/pies secos": los cubanos hallados en alta mar son regresados a la isla y sólo consiguen asilo los que tocan tierra de EE.UU.

RL GRAMÁTICA 2-1 (pp. 106-107)

Usando la información de la tabla anterior y los verbos en cursiva, escribe frases relacionadas con estos datos donde utilices la construcción pasiva con *se*.

Ejemplo: Durante el período de la dictadura...

Ley de la reforma agraria: *se decretó la ley de la reforma agraria en Cuba.*

1. Los bancos y empresas estadounidenses
2. Relaciones comerciales con la Unión Soviética
3. Compañías extranjeras
4. La campaña de alfabetización
5. La invasión de Bahía de los Cochinos
6. Las elecciones
7. El comercio de EE.UU. con Cuba
8. Ayuda de Moscú
9. Los cubanos del Puerto de Mariel
10. La política de "pies mojados/pies secos"

INTERPRETACIÓN

Decidan cuáles de los diez eventos numerados en el cuadro de gramática se relacionan directamente con los problemas que Fidel Castro mencionó en su discurso (ejercicio 2-10).

2-12 TESTIMONIOS SOBRE LA DICTADURA

¿Qué piensan los cubanos de hoy sobre la revolución? Lee estos cinco testimonios y después responde a las preguntas.

- **Luis Adrián Betancourt, 70 años, militar retirado**
"Yo pensaba que la Revolución **erradicaría** las principales injusticias que había en el país, **terminaría** con el desempleo y también con el abismo que existía entre la vida de las ciudades y del campo. Yo creía que, si trabajaba duro, a los 60 **podría** jubilarme y vivir sin preocupaciones. Pero la Revolución no colmó todas mis expectativas y <u>dejé de creer en ella</u>".

- **Leonardo Padrón, 28 años, farmacéutico**
"Yo nací dentro del proceso y <u>llevo disfrutando</u> de las escuelas y la salud gratuita toda mi vida. Para mí eso es una cosa normal. Hace unos años creía que **habría** una apertura, que **se lograrían** más libertades individuales, civiles y políticas, pero no ha sido así. Por eso la juventud no ve un futuro en Cuba y sólo piensa en emigrar, en buscar fuera de Cuba la solución a la falta de motivaciones".

- **Eugenio Véliz, 17 años, estudiante, miembro de la Juventud Comunista**
"<u>Empecé a trabajar</u> para el partido hace tres años. Gracias a la Revolución puedo estudiar y ayudar a mi familia. Tengo un techo, la salud garantizada, una sociedad que me apoya. Tenemos mucho avance en la medicina y en la educación, pero estamos atrasados en otras áreas".

- **Jorge García, 47 años, ex preso político**
"La dictadura fue para mi país un fracaso, porque lo hundió en la miseria económica, moral y espiritual. Yo pensaba que todo **sería** mejor con el socialismo, pero <u>acabé dándome cuenta</u> de que todo era un error, una utopía. En el año 90 me declaré opositor y fui a la cárcel por 17 años".

- **Ana María Arioza, 76 años, maestra jubilada**
"Yo esperaba muchas cosas buenas, ya que antes del triunfo luchaba en la universidad por la Revolución. Pensaba que después del triunfo de la Revolución **tendríamos** una Cuba libre y soberana. <u>Sigo pensando</u> igual. El resultado está en la educación, la salud pública y los deportes. En estos 50 años, nos hemos encaminado bien, pero en lo económico hemos dado pasos lentos".

COMPRENSIÓN

1. ¿Cuáles de estas personas tienen una opinión positiva de la Revolución y cómo la justifican?
2. ¿Quiénes tienen una opinión negativa? ¿Qué razones dan?
3. Compara las opiniones de las dos personas más jóvenes: Eugenio y Leonardo.

INTERPRETACIÓN

En parejas, uno de ustedes tomará una posición a favor y otro en contra de la Revolución cubana. Preparen tres argumentos cada uno para defender su punto de vista y luego hagan un pequeño debate. Usen la información de este ejercicio para preparar sus argumentos.

	ARGUMENTOS
A FAVOR	1. 2. 3.
EN CONTRA	1. 2. 3.

RL GRAMÁTICA 2-2 (p. 108)

Lee otra vez los testimonios. ¿En qué tiempo verbal están los verbos en negrita y qué función tienen?

RL GRAMÁTICA 2-3 (pp. 108-109)

Mira ahora las cinco expresiones subrayadas en el texto. Elige la traducción correcta para cada una de ellas.

1. I stopped believing in it / I ended up believing in it

2. I've been enjoying / I continue to enjoy

3. I started to work / I have been working

4. I realized / I ended up realizing

5. I no longer / I continue to think the same

2-13 LO MEJOR Y LO PEOR

Escucha esta presentación de un analista político donde se resumen los fracasos (en derechos civiles y políticos) y los triunfos (en educación y salud) de la Revolución cubana. Después responde a las preguntas.

Ministerio del Interior, La Habana (Cuba)

COMPRENSIÓN

1. ¿Existen partidos políticos en Cuba?
2. ¿Hay asociaciones de ciudadanos? ¿Cómo son?
3. ¿Hay libertad de prensa en Cuba?
4. ¿Qué significa que los ciudadanos tienen una "libertad económica" limitada?
5. ¿Cómo se explica el alto nivel de esperanza de vida en Cuba?
6. ¿Cómo se compara el índice de mortalidad infantil en Cuba y en el resto del continente?

RL GRAMÁTICA 2-1 (pp. 106-107)

1. Escucha otra vez la primera parte de la presentación (derechos civiles y políticos). Identifica las *dos frases pasivas con SER* que usó el analista. Escríbelas otra vez usando la pasiva con *SE*.

2. Escucha otra vez la segunda parte de la presentación (educación y salud pública). Identifica las *tres frases pasivas con SE* que usó el analista y escríbelas usando la forma de pasiva con *SER*.

INTERPRETACIÓN

1. El índice de democracia de Cuba es, según *The Economist Index*, de 3,52 puntos (sobre 10), y está en el puesto 126 de 167 países. Usando lo que aprendieron en el ejercicio 2-1, expliquen este dato.
2. Según una investigación de 2010 de la Universidad de Stanford, los cubanos disfrutan de los mejores niveles de salud de toda América Latina, con una larga expectativa de vida, tasas bajas de mortalidad infantil y la más alta densidad de médicos per cápita. ¿Cómo se relacionan en el caso de Cuba las ideas de *democracia* y *bienestar social*?

2-14 ¿IGUAL O DIFERENTE?

Lee esta reseña de la novela autobiográfica del escritor chileno Roberto Ampuero, *Nuestros años verde olivo*, y contesta a las preguntas.

Escapando del Chile de Pinochet, Roberto Ampuero, entonces joven militante comunista, encontró refugio en La Habana de Castro para descubrir con dolor que un autoritarismo era igual que el otro, que ambos oprimían al pueblo, uniformizaban el pensamiento y no toleraban el espíritu crítico. Pero para llegar a esa conclusión debieron transcurrir años de vivir en carne propia (*own skin*) la transformación de una Revolución en un régimen tan burocrático, autoritario y represivo como el de Pinochet.

En 1973, cuando un golpe de Estado derrocó al gobierno de Salvador Allende en Chile, Roberto Ampuero huyó de la represión aceptando una beca para estudiar filosofía en la Karl Marx Universität de Leipzig, en la Alemania entonces comunista. Allí conoció a una muchacha cubana y con ella se abrió la perspectiva de viajar a la isla que ejercía tanto atractivo en él como en otros jóvenes idealistas de la época. En los años que pasó en Cuba, Ampuero conoció la vida de la élite privilegiada, los jefes, los burócratas que se apropiaron de las casas y las pertenencias de los ricos que habían huido de la isla, y que tenían acceso a bienes de consumo; pero, más tarde, fracasado su matrimonio y perdido el entusiasmo con la revolución, también conoció la triste existencia de los cubanos de a pie (*in the street*). La novela de Ampuero se prohibió por supuesto en Cuba. La represalia del régimen cubano contra Ampuero, que él califica de "cruel", por la osadía (*audacity*)

de haber escrito este libro, es prohibirle volver a pisar la isla donde sin embargo la novela es leída tanto como en otros países.

Roberto Ampuero llega a una conclusión al final de su travesía, que es geográfica e ideológica a la vez: "No hay nada que se parezca más a una dictadura de derecha que una dictadura de izquierda, no hay nada más parecido al fascismo que el comunismo, nada más parecido al hitlerismo que el estalinismo. Para el ciudadano corriente, las dictaduras son todas iguales. (...) Reitero que llegué a la isla de Fidel Castro huyendo de Augusto Pinochet. La isla era entonces mi utopía. Pinochet mi pesadilla (*nightmare*). La experiencia me enseñaría que las dos eran dictaduras y que una no era más justificable que la otra. Todas son igual de perversas y nocivas, enemigas del ser humano y su libertad".

"Me pregunto -escribe en el epílogo de su novela- qué lleva a tantos seres humanos a condenar a una dictadura de derecha, y a celebrar al mismo tiempo una dictadura de izquierda. ¿Qué lleva a una persona a condenar a un general que dirige durante diecisiete años un país andino con mano de hierro, y a alabar en cambio a un comandante que lleva más de cincuenta años dirigiendo de igual modo una isla?"

Roberto Ampuero

Ampuero también dice que esta novela le ha dado la satisfacción de expresar su compromiso con los derechos humanos y las libertades individuales, así como su rechazo a todo tipo de dictadura, de izquierda o derecha. "Es una lección para toda mi vida, pues cuando joven creía a pie juntillas (*to the letter*) que había dictaduras detestables y otras, sin embargo, justificables".

COMPRENSIÓN

1. Marca la información correcta. El autor de la novela...
   vivió en Cuba   tuvo una transformación ideológica   fue un preso político cubano
2. ¿Por qué se fue Ampuero a vivir a Cuba?
3. ¿Cómo "castigó" el gobierno de Cuba a Ampuero por escribir esta novela?
4. ¿Qué dos tipos de dictadura compara Ampuero y cómo las compara? Escribe cuatro frases que resuman esta comparación.
5. ¿A qué conclusión ha llegado Ampuero sobre las dictaduras? ¿Fue ésta siempre su opinión?

RL GRAMÁTICA 2-4 (pp. 110-111)

1. Estudia la gramática de la sección 2-4. Identifica en el texto ocho estructuras comparativas de *igualdad* y cuatro de *superioridad*.

2. Escribe las cuatro frases que contienen estructuras de igualdad pero usando *otra estructura de igualdad* con el mismo significado.

INTERPRETACIÓN

¿Están de acuerdo con Roberto Ampuero? Dos de ustedes van a preparar dos argumentos para defender la posición de Ampuero, y dos de ustedes van a preparar dos argumentos en contra. Luego hagan un pequeño debate.

A. A favor de la tesis de Ampuero	1. En nuestra opinión ... 2. Nos parece que ...
B. En contra de la tesis de Ampuero	1. En nuestra opinión ... 2. Nos parece que ...

PERSPECTIVAS INTERCULTURALES

2-15 DERECHOS HUMANOS

Durante el congreso de Derechos Humanos de la ONU de 2009 se reconoció el triunfo del gobierno cubano en el cumplimiento de los derechos económicos, sociales y culturales, en el área de la salud y la educación fundamentalmente. Sin embargo, grupos como Human Rights Watch o Amnistía Internacional han reconocido que si bien las condiciones de vida del pueblo cubano en materia de salud y educación son buenas, hay un alto grado de violación a de los derechos humanos. Debido a esto, en 2003 la Unión Europea impuso sanciones contra Cuba, que posteriormente, en 2007, fueron levantadas. Ese mismo año la ONU quitó a Cuba de su lista de estados que violan los derechos humanos.

 1. Mira el vídeo y responde a las preguntas de comprensión.

COMPRENSIÓN

1. ¿Qué fue el *caso del 13 de marzo*?
2. ¿Qué relató Iván Prieto sobre esta experiencia?
3. ¿Qué es el *archivo Cuba* y qué información contiene?
4. ¿Quiénes son las Damas de Blanco y cuál es su reivindicación?

2. Lee el texto y contesta a continuación a las preguntas.

Las Damas de Blanco

La libertad de expresión está restringida en Cuba y el Código Penal castiga severamente a las personas que ejerzan el periodismo recibiendo dinero de potencias extranjeras o que apoyen la Ley Helms-Burton. En marzo de 2003, 75 personas fueron juzgadas bajo esta ley y sentenciadas a penas que llegan hasta los 28 años de cárcel. Las Damas de Blanco, una agrupación de esposas y madres de los cubanos encarcelados en 2003 por "atentar contra el Estado" y "socavar los principios de la Revolución", comenzaron a caminar por las calles de La Habana reclamando la libertad de sus familiares. Desde entonces, han sufrido múltiples insultos, amenazas, detenciones y humillaciones a cargo de la policía política cubana. El grupo, sin embargo, no se considera un movimiento político ni una organización de oposición, sino "un grupo de mujeres con un gran dolor y mucho amor por sus familiares y la patria". Entre julio de 2010 y marzo de 2012 los 75 presos fueron puestos en libertad por mediación de la iglesia católica y el gobierno español. No obstante, todavía quedan en Cuba presos políticos, por lo que las Damas de Blanco continúan marchando cada domingo. "Nosotras vamos a continuar reclamando la liberación de otros que no son de los 75", afirma Berta Soler, presidenta de la organización.

COMPRENSIÓN

1. ¿Qué motivó a las Damas de Blanco para salir a la calle a protestar?
2. ¿Qué trato reciben estas mujeres por parte de sus compatriotas y de la policía?
3. ¿Cuándo terminarán de marchar en señal de protesta estas mujeres?

INTERPRETACIÓN

 1. Escriban dos similitudes y dos diferencias entre las Madres y Abuelas de la Plaza de Mayo en Argentina (ejercicio 2-6) y las Damas de Blanco en Cuba.

SIMILITUDES	1. Se parecen en que ... 2. Las Damas de Blanco son igual de ___ que las madres de Mayo porque ...
DIFERENCIAS	1. Se diferencian en que ... 2. Las Damas de Blanco ...

2. Lean ahora este caso reciente ocurrido en Estados Unidos. Después compárenlo con el caso de los periodistas detenidos en Cuba. Establezcan puntos de comparación y contraste entre ellos.

Bradley E. Manning es un analista de inteligencia del ejército de EE.UU. sospechoso de filtrar información en Wikileaks: un video, documentos clasificados sobre las guerras de Afganistán e Irak y cables diplomáticos de las embajadas estadounidenses. En mayo de 2010 fue detenido y recluido sin cargos durante un mes en una prisión militar de Kuwait. Más tarde fue trasladado a un centro de detención militar en Virginia (EE.UU.), donde estuvo detenido en condiciones de máxima vigilancia y sometido a aislamiento absoluto, y finalmente fue recluido en una prisión militar de Kansas. En marzo de 2011 fue acusado oficialmente de 22 cargos, entre ellos el de "ayudar al enemigo", lo que podría tener como consecuencia la pena de muerte. Las organizaciones Human Rights Watch y Amnistía Internacional han pedido que Estados Unidos explique las condiciones a las que Manning está sometido, y colaboran en la recaudación de fondos para su defensa. En un informe de 2011, el Consejo de Europa condenó el secretismo alrededor de los crímenes de guerra, pidió mayor protección para los informantes en todo el mundo e identificó a Manning como "un informante que debe ser tratado como tal" con el cual "todos estamos en deuda".

CASO	SIMILITUDES	DIFERENCIAS
Periodistas cubanos		
B. Manning		

2-16 LA INMIGRACIÓN CUBANA A LOS ESTADOS UNIDOS

Lee esta información sobre la migración cubana y luego contesta a las preguntas.

Primera ola (1959-1962)
En 1959 llegaron unos 3.000 miembros del régimen depuesto de Batista. En 1960 arribaron unos 7.000 cubanos de las capas más altas de la sociedad. Una tercera oleada de 56.000 refugiados se produjo entre los años 1960 y 1961, tras la declaración del carácter socialista de la revolución y el fracaso de la invasión de Bahía de Cochinos. Desde 1961 y hasta octubre de 1962 llegaron aproximadamente 135.000 cubanos en vuelos directos desde la isla o a través de terceros países.

Operación Pedro Pan (1960-1962)
Mediante esta operación, 14.000 niños de padres opositores a la revolución castrista salieron rumbo a los Estados Unidos donde fueron ubicados en albergues o con familias de acogida en 35 estados diferentes. La mayoría pudo reunirse con sus padres que llegaron meses o años más tarde, pero algunos no.

Éxodo Camarioca (1965)
En 1965 el puerto pesquero de Camarioca fue abierto para recibir a las embarcaciones de cubanos que, procedentes de Estados Unidos, viajaran a la isla para recoger a sus familiares. Centenares de embarcaciones llegaron a la isla en busca de sus parientes.

Niños cubanos de la Operación Pedro Pan

Los vuelos de la libertad (1965-1973)
La segunda gran ola migratoria se produjo con los llamados "vuelos de la libertad" que, mediante un acuerdo entre Estados Unidos y Cuba, se extendieron por ocho años y trajeron a Estados Unidos un total de 260.051 cubanos.

Cubanos del Mariel, o "marielitos"

El Mariel (1980)

Castro anunció que quien quisiera irse a Estados Unidos podía hacerlo desde el puerto del Mariel. Cerca de 120.000 cubanos llegaron a Florida y la mitad se estableció en Miami.

Los Balseros (1994)

Castro anunció que se retirarían los guardas fronterizos de las costas cubanas. Unos 37.000 cubanos se lanzaron al mar en precarias balsas, provocando la mayor crisis de balseros conocida en la historia del continente. Debido a ello la política de fronteras abiertas para los cubanos dio un giro radical. Estados Unidos estableció la política de inmigración de "pies mojados/pies secos", que implica que los cubanos hallados en alta mar son regresados a la isla y sólo consiguen asilo los que tocan tierra estadounidense.

Los dos primeros grupos de exiliados fundaron las bases para la creación de un enclave económico cubano en Miami, que absorbió a casi todos los inmigrantes cubanos posteriores. Estos inmigrantes aportaron un ingreso significativo a Estados Unidos, tanto por sus recursos financieros como por sus conocimientos profesionales. Esto explica la ventajosa posición que desde el inicio disfrutaron los cubanos dentro de la comunidad hispana. Cifras de la Oficina del Censo revelan que los cubanos tienen el nivel más alto de educación entre los hispanos de Estados Unidos. Un 39% de los cubano-americanos –nacidos en Estados Unidos– tiene un diploma universitario (frente al 30% de los blancos no hispanos). El poder adquisitivo medio de los cubanos que viven en Estados Unidos es de unos 36.000 dólares al año, cifra superior a la de otros grupos hispanos, pero esa cantidad cambia entre las personas de origen cubano nacidas en Estados Unidos, con 50.000 dólares al año (la de los blancos no hispanos es de 48.000 dólares). En el área empresarial los cubanos también han obtenido un gran éxito en Estados Unidos: la Oficina del Censo ha revelado que los cubanos son propietarios de aproximadamente 255.000 empresas.

COMPRENSIÓN

1. Describe la naturaleza de la política inmigratoria de Estados Unidos hacia Cuba antes y después de 1994.
2. ¿Cuáles fueron las dos olas migratorias que llevaron a más cubanos a Estados Unidos?
3. Di dos diferencias entre los cubanos y otros grupos de hispanos en los Estados Unidos.
4. ¿Qué diferencia hay en el nivel de ingreso de los cubanos y el de los cubano-americanos?

 Mira ahora el video sobre el aniversario de la crisis del Mariel y responde a las preguntas.

COMPRENSIÓN

1. ¿Cuánto tiempo duró el "éxodo del Mariel" que llevó a Estados Unidos a unas 120.000 personas?
2. ¿Qué publicó un periódico de Miami en el aniversario del Mariel?
3. ¿Fueron recibidos estos cubanos en Estados Unidos igual que los primeros exiliados? ¿Por qué?

INTERPRETACIÓN

1. ¿Cómo es la vida de los cubanos en Estados Unidos comparada con la de los cubanos en la isla? Piensen en tres diferencias significativas.
2. Escriban dos argumentos en contra y dos a favor de la ley de "pies mojados/pies secos".

A favor	1. En nuestra opinión ... 2. Nos parece que ...
En contra	1. En nuestra opinión ... 2. Nos parece que ...

MANIFESTACIONES ARTÍSTICAS

2-17 REINALDO ARENAS Y LA DICTADURA EN CUBA

 La dictadura persiguió a los escritores que se manifestaron en contra del régimen. Uno de ellos fue Reinaldo Arenas. Lee esta breve biografía y mira el video. Luego responde a las preguntas.

Nacido en una familia humilde, desde muy joven se manifestó contra la dictadura de Batista y en 1958 se unió a la insurrección castrista. Con el triunfo de la Revolución participó en el programa de educación del gobierno y entabló amistad con los escritores José Lezama Lima y Virgilio Piñera, lo que le permitió enriquecer su formación. En 1962, con apenas diecinueve años, publicó el libro *Celestino antes del alba*, su primera y única novela publicada en Cuba. En los años sesenta su relación con el régimen castrista cambió y se hizo disidente. Producto de las medidas que aplicó el gobierno cubano contra los homosexuales, Arenas fue encarcelado en la prisión de El Morro, donde también fue torturado. Este episodio marcó profundamente su personalidad. En 1980 se fue a Miami y luego a Nueva York donde se instaló de forma definitiva y continuó escribiendo. En el año 1987 fue diagnosticado con el virus del SIDA y, tras sufrir la enfermedad, decidió quitarse la vida en 1990. En su nota de despedida para la prensa y sus amigos culpa a Fidel Castro de sus sufrimientos. Dejó más de veinte libros, que incluyen poemas, novelas, obras de teatro y relatos breves. En el año 2000 fue reconocido internacionalmente gracias a la adaptación cinematográfica de su obra autobiográfica *Antes que anochezca* (1992).

COMPRENSIÓN

1. Explica la posición de Reinaldo Arenas hacia la Revolución cubana. ¿Fue siempre igual?
2. ¿Dónde escribió Arenas la mayor parte de sus obras y por qué?
3. ¿Por qué tuvo que irse de Cuba Reinaldo Arenas, según el video?
4. ¿Cómo debe ser el arte, según Reinaldo Arenas, en una dictadura?
5. ¿Cómo se describió a sí mismo Reinaldo Arenas desde su exilio en Estados Unidos?

Lee ahora estos fragmentos de su obra *El color del verano* (1991) una novela póstuma de carácter satírico situada en la época castrista, cuarenta años después del triunfo de la Revolución. La acción se desarrolla en 1999, nueve años después de la muerte del autor. En esta obra Arenas manifiesta su oposición al régimen castrista.

1. "Ésta es la historia de una isla atrapada en una tradición siniestra, víctima de todas las calamidades políticas, de todos los chantajes (*extortions*), de todos los sobornos (*briberies*), de todos los discursos grandilocuentes, de las falsas promesas y del hambre sin tregua (*non-stop*). [...] Ésta es la historia de un pueblo que vivió siempre para las grandes ilusiones y padeció siempre los más siniestros desengaños (*disillusions*). [...] Ésta es la historia de una isla que nunca tuvo paz, que fue descubierta por un grupo de delincuentes, de aventureros, de ex presidiarios, y de asesinos, que fue colonizada por un grupo de delincuentes y asesinos, que fue gobernada por un grupo de delincuentes y asesinos y que finalmente (a causa de tantos delincuentes y asesinos) pasó a manos de Fifo, el delincuente supremo, el súmmum (*embodiment*) de nuestra más grandiosa tradición asesina".

2. "Ya está aquí el color del verano con sus tonos repetitivos y terribles. [...] Un verano sin límites ni esperanzas. El color de un verano que nos difumina (*fades us away*) y enloquece en un país varado (*stranded*) en su propio deterioro, intemperie y locura, donde el infierno se ha concretizado en una eternidad letal y multicolor. Y más allá de esta horrible prisión marina, ¿qué nos aguarda (*wait for*)? ¿Y a quién le importa nuestro verano, ni nuestra prisión marina, ni este tiempo que a la vez que nos excluye nos fulmina (*strike us down*)? Fuera de este verano, ¿qué tenemos? [...] El color del verano se ha instalado en todos los rincones. [...] Seremos ese montón de huesos abandonados pudriéndose (*rottening*) al sol en un yerbazal. Un montón de huesos calcinados por el tedio y la certeza sin concesiones de que no hay escapatorias. Porque es imposible escapar al color del verano; porque ese color, esa tristeza, esa fuga (*escape*) petrificada, esa tragedia centelleante (*flashing*) —ese conocimiento — somos nosotros mismos. Oh, Señor, no permitas que me derrita (*melt*) lentamente en medio de veranos inacabables [...] No permitas que el nuevo año, el nuevo verano (el mismo verano de siempre) prosiga en mí su deterioro [...] Que el próximo verano yo no exista".

INTERPRETACIÓN

1. ¿Qué opinión tiene Arenas sobre la isla de ficción descrita en el fragmento 1?
2. ¿Quién es Fifo, en el fragmento 1?
3. En el fragmento 1 Arenas menciona la palabra *tradición*. Identifica los casos donde aparece. ¿Tiene esta palabra una connotación positiva?
4. ¿Que significa para el autor el verano, en el fragmento 2?
5. ¿Qué es la "horrible prisión marina" a la que se refiere el autor en el fragmento 2?
6. La idea de Cuba como algo estático, que no evoluciona, está presente en el fragmento 2. Busca las frases donde se refleja esta idea.
7. Recuerden lo que aprendieron en el ejercicio 2-13. ¿Cómo se relaciona la vida de Reinaldo Arenas con la de Roberto Ampuero?
8. Reinaldo Arenas fue perseguido por su homosexualidad. ¿Conocen más casos en la historia en los que artistas o escritores homosexuales hayan sido perseguidos?

2-18 LA NUEVA TROVA CUBANA

Ha habido también artistas cubanos claramente comprometidos con la defensa de la Revolución cubana. En el terreno de la música, los que tuvieron más impacto internacional fueron Pablo Milanés y Silvio Rodríguez.

Silvio Rodríguez

La Nueva Trova Cubana es un movimiento musical nacido en Cuba a finales de los años sesenta. Su música tiene gran influencia de los trovadores que recorrían las calles con sus guitarras contando historias, así como del folclore popular cubano y del llamado filin (*feeling*), una corriente musical que se centra en las emociones. Respecto a su temática, encontramos tanto temas personales, especialmente amorosos, como temas políticos, influidos por la revolución de 1959. Los dos cantautores más conocidos son Pablo Milanés (1943) y Silvio Rodríguez (1946). En sus comienzos dieron conciertos juntos y colaboraron en varios discos, como *Hasta la victoria*, un disco homenaje a Ernesto "Che" Guevara, o *La canción, un arma de la revolución*. Dice Silvio: "Al principio no todo el mundo entendía lo que queríamos hacer. Nosotros no sólo hacíamos canciones que cantaban los logros de la revolución, sino también sus imperfecciones y defectos, y eso no era muy bien entendido en aquella época". En los últimos años Pablo Milanés ha lanzado algunas críticas contra la falta de libertades políticas y civiles en Cuba, aunque sigue viviendo y dando conciertos en la isla.

INTERPRETACIÓN

1. Lean los fragmentos de las letras de tres canciones de Pablo Milanés y respondan a las preguntas.
   a. Identifiquen todas las referencias a la Revolución cubana en estas letras.
   b. ¿Cuál de estas canciones es autobiográfica? ¿De qué experiencias de su vida habla Milanés en ella?
   c. ¿Quiénes son los "hermanos que se miran con temor" en *Canción por la unidad...*?
   d. ¿A qué se refiere el verso "aislar bloqueando toda experiencia"?
   e. ¿Cómo se relacionan las personas mencionadas al final de *Canción por la unidad latinoamericana*?

Canción por la unidad latinoamericana (1976)	Si el poeta eres tú (1968)	Homenaje (1983)
Realizaron la labor de desunir nuestras manos y a pesar de ser hermanos nos miramos con temor. Cuando pasaron los años se acumularon rencores, se olvidaron los amores, parecíamos extraños. Explotando esta misión de verlo todo tan claro un día se vio liberado por esta revolución. Esto no fue un buen ejemplo para otros por liberar; la nueva labor fue aislar bloqueando toda experiencia. Bolívar lanzó una estrella que junto a Martí brilló, Fidel la dignificó para andar por estas tierras.	Sí el poeta eres tú –como dijo el poeta–, y el que ha tumbado estrellas en mil noches de lluvias coloridas eres tú, ¿qué tengo yo que hablarte, Comandante? Si el que asomó al futuro su perfil y lo estrenó con voces de fusil fuiste tú, guerrero para siempre, tiempo eterno, ¿qué puedo yo cantarte, Comandante?	"Los cinco picos" fueron mi bautizo de fuego. Debo confesar, caramba, que para mí eso era un juego. Pero después se terminó, se fue mi adolescencia, porque con mi "cuatro bocas" se reafirmó mi conciencia. En el centro de la isla enfrenté al enemigo; me sobraban razones para haberme curtido.

2. Lean la letra de otra canción reciente de Pablo Milanés y respondan a las preguntas.
   a. En esta canción se habla de dos familias. ¿Cuáles son sus historias?
   b. ¿A qué se refiere el cantante cuando pregunta "ha valido la pena"?

Dos preguntas de un día (2007), de Pablo Milanés

Roberto, mi amigo,
murió en la Florida.
Su querida hija
y creo que su hermana
lo velan y preguntan
cómo es que a Manolo
que estaba en Valencia
las autoridades no lo dejan entrar.

¿Ha valido la pena?
—pregunto— no sé...

¿Ha valido la pena?
—respondo— no sé...

Mi hermano Jacinto
que vive en La Habana
no sabe si su hija
que tuvo una nieta
que aún no ha conocido
sabrá que su madre
murió de repente:
las autoridades no lo dejan salir.

3. ¿Qué consecuencias, positivas o negativas, puede tener que un artista se asocie a un determinado movimiento político?
4. En Estados Unidos muchos artistas también han unido sus voces de protesta a diferentes movimientos sociales y políticos. Den tres ejemplos.

2-19 CAUSAS DE LA DICTADURA EN ESPAÑA

Lee el contexto histórico previo a la dictadura militar en España y responde a las preguntas.

- 1902-1923: el rey Alfonso XIII sube al trono, pero la inestabilidad política hace que España viva en un constante estado de anarquía, con cambios constantes en la presidencia del gobierno.
- 1923-1930: el militar Miguel Primo de Rivera, con el apoyo del rey, da un golpe de estado y se declara dictador de España con un lema: "País, Religión, Monarquía". La dictadura estabiliza la situación política por un tiempo, pero el sistema dictatorial entra en crisis y el rey obliga al dictador a dimitir.
- 1931-1936: En 1931 el rey Alfonso XIII abandona el país. El pueblo exige la instauración de una república. Se instaura la Segunda República española, que sustituye a la monarquía, y se aprueba la Constitución de 1931, la primera constitución republicana democrática de España.
- 1936-1939: En 1936 la izquierda gana las elecciones, pero un golpe de estado de una parte del ejército contra el gobierno inicia la Guerra Civil. España se divide en dos zonas: una bajo la autoridad del gobierno republicano y otra – llamada zona nacional – controlada por los sublevados, liderados por el general Francisco Franco. La guerra finaliza el 1 de abril de 1939 con la victoria del bando fascista. Comienza el régimen militar.

COMPRENSIÓN

1. ¿Existen antecedentes de dictadura militar en España? Explica.
2. ¿Qué dos sistemas políticos estuvieron en constante conflicto en España entre 1902 y 1936?
3. ¿Qué evento causó el comienzo de la Guerra Civil española?
4. ¿Por qué España no recuperó, tras la guerra, la forma republicana de gobierno que tenía antes de la guerra?

Leyenda

- Zona nacional inicial - julio 1936
- Avance nacional hasta septiembre de 19
- Avance nacional hasta octubre de 1937
- Avance nacional hasta novimebre de 19
- Avance nacional hasta febrero de 1939
- Última zona bajo control republicano
- Principales centros de los nacionales
- Principales centros republicanos
- Batallas terrestres
- Batallas navales
- Ciudades bombardeadas
- Campos de concentración
- Masacres
- Campos de refugiados

Ahora examina el mapa de la página anterior y responde a las preguntas.

1. ¿Qué zonas de España estuvieron controladas por el bando nacional desde el inicio de la guerra?
2. Después de un año de guerra civil, ¿qué bando ocupaba más territorio?
3. Hacia el final de la guerra, ¿qué zonas de España continuaban luchando en contra de los fascistas?
4. ¿Fueron Madrid y Barcelona ciudades del bando republicano o del nacional?
5. Mira los diferentes símbolos en el mapa. ¿Qué tipo de guerra fue la Guerra Civil española? Escribe una descripción.

2-20 EL MUNDO ANTE LA GUERRA CIVIL ESPAÑOLA

 Mira este video sobre cómo la Guerra Civil española dividió a las grandes potencias del mundo y fue un ejemplo de la profunda división en Europa entre el fascismo y el antifascismo. Después contesta a las preguntas.

COMPRENSIÓN

1. ¿Por qué fue la Guerra Civil una guerra ideológica, según Jorge Martínez?
2. ¿Por qué dice Anthony Beevor que la Guerra Civil no fue sólo una guerra interna de España?
3. ¿Qué países ayudaron a los sublevados de Franco? ¿Cómo ayudaron? ¿Cuáles permanecieron neutrales en el conflicto?
4. ¿Qué fueron las brigadas internacionales?
5. ¿Cuáles fueron las consecuencias principales de la guerra?
6. ¿Qué dice Jorge Martínez sobre la memoria histórica de la guerra?

Franco y Hitler, Hendaya (1940)

INTERPRETACIÓN

 1. Miren esta lista de las consecuencias de la Guerra Civil. ¿Cuál de ellas les parece de efecto más duradero? ¿Pueden pensar en otros efectos a largo plazo de una guerra civil?

- Víctimas mortales (con posguerra): 540.000
- Exiliados: 450.000
- Destrucción de la estructura económica
- Desaparecidos: 114.266

2. Lean estas citas. ¿Cuál describe mejor los efectos de una guerra civil? Justifiquen su respuesta.

- *"No hay nada peor que una guerra civil, pues los vencidos son destruidos por sus propios amigos".*
Lloyd George

- *"Una guerra contra el extranjero es un arañazo en el brazo; una guerra civil es una úlcera que devora las vísceras de una nación".*

Lucano

PERSPECTIVA LINGÜÍSTICA

VOCABULARIO META

ampliar	to extend	instaurar	to establish
aliados (los)	allies	legalizar	to legalize
censura (la)	censorship	libertad (la)	freedom
censurar	to censor	manifestación (la)	demonstration
comunismo (el)	communism	monarquía (la)	monarchy
comunista (el, la)	communist	olvidar	to forget
derechos humanos (los)	human rights	olvido (el)	leaving past behind
difundir	to spread	partido (el)	party (political)
Eje (el)	Axis	promulgar	to enact
escasez (la)	shortage	regresar	to return, come back
exilio (el)	exile	regreso (el)	return
exiliado/a (el, la)	exiled	republicano/a (el, la)	republican
fascismo (el)	fascism	socavar	to undermine
fascista (el, la)	fascista	sublevación	revolt, rising
firmar	to sign	sublevarse	to revolt, rise
fosas comunes (las)	mass graves	sufrimiento (el)	suffering
gobernar	to govern	tebeo (el)	comic (book)
gobierno (el)	government	urnas (las)	ballot boxes
herida (la)	wound	vencedor (el)	winner
huída (la)	escape, flight	vencido (el)	defeate
huir	to flee, espape		

2-21 LA DICTADURA MILITAR

 Mira el video titulado *La dictadura franquista*. Luego responde a las preguntas.

COMPRENSIÓN

1. ¿Qué tres características tuvo el período de posguerra?
2. ¿Qué tipo de gobierno se estableció inmediatamente después del fin de la guerra?
3. ¿Con qué gobiernos extranjeros tuvo relación España durante la Segunda Guerra Mundial y por qué?
4. ¿Qué consecuencias tuvo para España la victoria de los aliados en la Segunda Guerra Mundial?
5. ¿Por qué España inició un período de apertura a partir de 1945? Escribe tres aspectos mencionados en el video que muestren esta apertura.
6. Escribe una descripción de España en los años sesenta.
7. ¿Había partidos políticos en España durante la dictadura? ¿Cómo eran?

Franco y Eisenhower, Madrid (1959)

RL GRAMÁTICA 2-1 (pp. 106-107)

Basándote en lo que has visto en el video, escribe seis frases usando la voz pasiva con *SE*.

- Después de la guerra ...

1. (dictadura, *instaurar*) se ...
2. (relaciones con Alemania e Italia, *establecer*) se ...

- Durante los años 50 ...

3. (cambios, *hacer*) se ...
4. (economía, *liberalizar*) se ...

- Durante los años sesenta ...

5. (relaciones, *iniciar*) se ...
6. (*separar*, estado, gobierno) se ...

INTERPRETACIÓN

 Con el comienzo de la Guerra Fría, Estados Unidos concedió créditos a España a cambio de la instalación de bases militares en territorio español. ¿Por qué fue importante el apoyo de EE.UU. para la dictadura de Franco? Piensen en dos efectos positivos y dos negativos que creen que tuvo la intervención de EE.UU. en España.

POSITIVOS	1. 2.
NEGATIVOS	1. 2.

2-22 LA TRANSICIÓN A LA DEMOCRACIA

Lee esta cronología con los eventos más importantes del período conocido como *la Transición*.

noviembre de 1975	Murió Franco. Juan Carlos de Borbón fue coronado rey de España.
julio de 1976	Adolfo Suárez fue elegido primer presidente del gobierno democrático.
abril de 1977	Se legalizaron todos los partidos de izquierda, incluido el Partido Comunista.
junio de 1977	Se celebraron las primeras elecciones generales libres en 41 años. Ganó el partido Unión de Centro Democrático (UCD).
octubre de 1977	Se promulgó la Ley de Amnistía, que perdonó los delitos contra la humanidad cometidos durante y después del conflicto y liberó a los presos políticos.
diciembre de 1978	La actual Constitución española fue aprobada por el Congreso y el Senado y fue ratificada por referéndum popular el 6 de diciembre. Con esta Constitución, basada en los valores de libertad, justicia, igualdad, pluralismo político y soberanía popular, España se convirtió en una monarquía parlamentaria.
febrero de 1981	Se abortó un golpe de estado militar.
octubre de 1982	El Partido Socialista Obrero Español (PSOE) ganó las elecciones. Felipe González fue elegido nuevo presidente del gobierno (1982-1996).
enero de 1986	España entró en la Comunidad Económica Europea.

RL GRAMÁTICA 2-1 (pp. 106-107)

Reescribe las *ocho* frases en voz pasiva de la cronología anterior usando una forma alternativa de voz pasiva (con *SE* o con *SER*). No olvides cambiar el orden de los elementos si es necesario.

INTERPRETACIÓN

 1. Elijan los dos eventos más importantes para el paso de la dictadura a la democracia y expliquen por qué los seleccionaron.

2. ¿Qué es una constitución? ¿Cuándo y cómo se aprobó la Constitución de EE.UU.? ¿En qué circunstancias se escribió? ¿Qué influencias tuvo? Comparen estos datos con lo que saben sobre la Constitución de España.

 3. Miren ahora este video sobre el nombramiento de Juan Carlos I como rey de España en 1975. ¿Cuáles eran los tres retos (*challenges*) principales del rey en ese momento? Usen la cronología anterior y la información del video para ayudarles a responder.

2-23 LA MEMORIA HISTÓRICA (I)

Lee este artículo sobre la memoria histórica en España. Luego responde a las preguntas.

En el año 2005, en un informe titulado *España: poner fin al silencio y a la injusticia. La deuda pendiente con las víctimas de la Guerra Civil y del régimen franquista*, Amnistía Internacional acusó a España de no haber sido capaz de ofrecer verdad, justicia y reparación para las víctimas de su país durante la Guerra Civil y el régimen franquista, y de no seguir las directrices de Naciones Unidas sobre los derechos de las víctimas. Añadió que España era el único caso donde no se había avanzado prácticamente nada 70 años después de la Guerra Civil, a pesar de que, especialmente en los primeros años del conflicto, se produjeron más de 30.000 desaparecidos forzadamente, miles de ejecutados extrajudicialmente y decenas de miles de refugiados y exiliados. Además dijo que España debía aprender de Latinoamérica, ya que en países como Argentina o Chile se había hecho mucho más que en España para esclarecer la verdad, y que el modelo de olvido completo y de impunidad absoluta que había seguido España era único en el mundo.

Exhumación de una fosa común. Asociación para la Recuperación de la Memoria Histórica

Dos años después, el Parlamento español aprobó una histórica legislación que, por primera vez, condenaba formalmente el régimen del general Franco. Los miembros del Parlamento exhortaron a las autoridades locales a identificar las fosas comunes de la época de la Guerra Civil y ordenaron la retirada de símbolos en honor del franquismo. La oposición conservadora votó en contra y acusó al gobierno de reabrir viejas heridas y de dividir a la sociedad española. También afirmó que la ley era contraria al espíritu conciliador de la Transición. La legislación, conocida como *Ley de Memoria Histórica*, reconoce y amplía los derechos de quienes padecieron persecución o violencia por razones políticas, religiosas o ideológicas durante la Guerra Civil y el régimen militar.

El fundador de la Asociación para la Recuperación de la Memoria Histórica, Emilio Silva, dice que el país ha avanzado tanto como otros en las tres décadas de democracia; sin embargo, el recuerdo de la Guerra y las décadas de régimen militar persiste como una fuerza divisiva. El abuelo de Silva fue la primera víctima republicana identificada mediante una prueba de ADN, hace tres años. "Al inicio de la transición hubo exhumaciones, pero se acabaron el 23 de febrero de 1981, con el intento de golpe de Estado. Ha tenido que llegar nuestra generación de los nietos para retomarlo". Como ejemplo, Silva cita los libros de historia en la escuela, que dedican menos páginas a la Guerra Civil que a otros períodos históricos. "Eso es una construcción política del olvido", dice Silva. Aunque reconoce que una transición es una negociación y que había que pagar un precio para pasar de la dictadura a la democracia, lo considera excesivo. "Hay que reparar lo que entonces no se pudo hacer, ése será el final de la transición".

COMPRENSIÓN

1. ¿Por qué, según Amnistía Internacional, España tiene una deuda pendiente con las víctimas de la Guerra Civil y dictadura españolas? Responde usando tus propias palabras.
2. ¿Qué es la Ley de la Memoria Histórica? Responde usando tus propias palabras.
3. Explica por qué algunas personas no están de acuerdo con la Ley de la Memoria Histórica.
4. ¿Qué opina Emilio Silva sobre la Transición española?

RL GRAMÁTICA 2-4 (pp. 110-111)

1. Identifica las dos estructuras comparativas del párrafo 1 y las dos del párrafo 3. Clasifícalas en estas categorías:

IGUALDAD

SUPERIORIDAD

INFERIORIDAD

CANTIDADES

2. Compara estos conceptos con respecto al tema del artículo. Usa frases comparativas.

- El gobierno español / la oposición conservadora

- España / Argentina

- Desaparecidos en España / Desaparecidos en Argentina

INTERPRETACIÓN

1. Miren el video sobre la recuperación de la memoria histórica. Escriban una lista de palabras y expresiones del video que les ayuden a elaborar sus respuestas. Hablen primero en grupo para decidir sus respuestas.

a. ¿Qué son las fosas comunes y por qué quieren abrirlas?
b. ¿Cómo se recupera la memoria abriendo estas fosas, según los familiares de los desaparecidos?
c. ¿Son todos los restos de desaparecidos de las fosas comunes víctimas republicanas? Expliquen.
d. ¿Por qué es diferente el caso del abuelo de Olga Hernando?
e. ¿Qué opina Olga Hernando sobre los desaparecidos a causa de la Guerra Civil?
f. ¿Quién es Francisco Etxeberría? ¿Está a favor o en contra de la apertura de las fosas? ¿Por qué?

2. Con la información de 2-23 y la del video, escriban cuatro argumentos para un debate entre un español de familia republicana y uno de familia falangista. Preparen dos argumentos cada uno para defender su opinión sobre la Ley de Memoria Histórica. Después hagan un debate.

A favor de la recuperación de la memoria histórica	1. En mi opinión ... 2. A mí me parece que ...
En contra de la recuperación de la memoria histórica	1. En mi opinión ... 2. A mí me parece que ...

2-24 LA MEMORIA HISTÓRICA (II)

 Mira el vídeo en el que distintos personajes de la cultura, el arte y la ciencia hablan sobre su experiencia vital en relación con la Guerra Civil. Después responde a las preguntas.

COMPRENSIÓN

1. Durante la dictadura ¿hablaban las familias sobre la guerra y la posguerra? ¿Por qué?
2. ¿Cuál fue la experiencia de la familia de Ángeles Caso durante la guerra? ¿Y la del escritor Andrés Sorel durante la posguerra?
3. ¿Qué repercusiones de la guerra ve en la actualidad Fernando Hiraldo?
4. Escucha a José María Pérez, Antonio Rodríguez y Mercedes de Pablos. ¿Cuál es la opinión con la que los tres están de acuerdo?

INTERPRETACIÓN

1. Piensen en la Guerra Civil de Estados Unidos. ¿Qué memoriales, actos conmemorativos y espacios simbólicos existen para honrar la memoria de los combatientes?
2. ¿Son suficientes los memoriales, los actos conmemorativos y los espacios simbólicos? Justifiquen su respuesta.

PERSPECTIVAS INTERCULTURALES

2-25 LA CENSURA CULTURAL

Lee este texto sobre la censura en la dictadura española. Luego responde a las preguntas.

La censura es la prohibición de noticias, libros, arte, películas o documentos que atenten contra la estabilidad de un estado. El objetivo es limitar y controlar la libertad de expresión y por eso es un recurso usado por las naciones con una forma de gobierno represiva. En España durante la dictadura militar hubo una fuerte censura sobre todas las manifestaciones culturales y artísticas: la literatura, las películas y los medios de comunicación no podían ir en contra de la moral sexual, del dogma católico, o de los principios políticos del régimen o sus instituciones.

Carpanta, del dibujante español José Escobar

En 1937 se creó la Junta Superior de Censura Cinematográfica para "proteger" el cine nacional y difundir los valores de la patria. Por ello se eliminaba cualquier señal de violencia, erotismo, rebeldía o referencia antifascista. Por ejemplo, de la película *Casablanca* (Michael Curtiz, 1942) se suprimió la militancia republicana en la Guerra Civil española del protagonista. La emblemática escena de la mujer a punto de ser apuñalada en la ducha en *Psicosis* (Alfred Hitchcock, 1960) fue cortada para eliminar el desnudo de Janet Leigh. La famosa película *Mogambo* (John Ford, 1953) en la que se mostraba la relación extramatrimonial entre una mujer casada (Grace Kelly) y un cazador (Clark Gable) fue modificada porque la censura consideró que no se podía mostrar una relación adúltera; por eso se convirtió a la pareja en hermanos.

Entre 1938 y 1966 el Gobierno dictó el contenido de los medios de comunicación: todos decían la misma información de la misma manera. Los tebeos y las editoriales estuvieron siempre bajo la vigilancia de los censores. Por ejemplo, el famoso personaje *Carpanta* de los tebeos infantiles—un mendigo sin trabajo que vive bajo un puente-- no podía ser tan pobre como se había diseñado porque en la España de Franco no se pasaba hambre. Por ello Carpanta no podía decir "tengo hambre" sino "tengo apetito". Este control terminó en 1977 con la *Ley de Libertad de Expresión*.

COMPRENSIÓN

1. ¿Qué valores defendía la dictadura de Franco? Para contestar da ejemplos concretos de cómo la censura franquista modificó conocidas películas estadounidenses.
2. ¿Qué papel tenían los medios de comunicación durante la dictadura franquista?

INTERPRETACIÓN

1. ¿Se puede justificar la censura en algún caso? Escriban un argumento a favor y uno en contra.
2. Señalen dos similitudes y dos diferencias entre este episodio de la historia de Estados Unidos y la censura franquista.

Entre los años 1950 y 1956 el senador Joseph McCarthy llevó a cabo en EE.UU. una campaña anti-comunista, conocida como "Caza de brujas", mediante la cual se acusó a múltiples artistas. También se persiguió a famosos escritores y se lograron censurar más de 30.000 libros, los cuales fueron retirados de bibliotecas y librerías. Entre estos libros se encontraba el famoso *Robin Hood* ya que, en opinión de McCarthy, el libro mostraba la ideología comunista de quitarles a los ricos para darles a los pobres. Los libros de George Orwell *Animal Farm* y *1984* fueron también censurados por "promover el comunismo".

CASO	SIMILITUDES	DIFERENCIAS
Censura franquista		
"Caza de brujas"		

2-26 ESTADOS UNIDOS Y ESPAÑA: GUERRA, DICTADURA Y TRANSICIÓN

Lee la información sobre la relación entre Estados Unidos y España en tres momentos claves de su historia. Después responde a las preguntas.

Los Estados Unidos y la Guerra Civil española

Desde el inicio de la guerra el Presidente Roosevelt adoptó una política de neutralidad, ya que pensaba que podía ser el inicio de un conflicto internacional y quería evitar una polarización en Europa. A muchos estadounidenses no les interesaba lo que ocurría en España, pero hubo excepciones. El escritor Ernest Hemingway, por ejemplo, participó en la Guerra Civil española como corresponsal y después publicó la novela *Por quién doblan las campanas (For Whom the Bell Tolls)* en 1940, fruto de esta experiencia.

La Brigada Abraham Lincoln fue una organización de voluntarios de Estados Unidos que luchó en muchas batallas de la guerra española. En febrero de 1937 tenía 450 miembros y hacia el final de la guerra aproximadamente 3.000. Tras la guerra fueron acusados de ser simpatizantes de la Unión Soviética y sufrieron especialmente entre 1950 y 1956, durante la persecución anti-comunista liderada por el senador republicano Joseph McCarthy, conocida como la "Caza de brujas".

Veteranos de la Brigada Abraham Lincoln

Los Estados Unidos y la dictadura de Franco

En el contexto de la Guerra Fría, EE.UU. quería incluir a España entre sus aliados y comenzó una campaña diplomática a su favor. También firmó un tratado bilateral en 1953 que incluía la instalación de bases militares en España que podrían utilizarse en caso de ataque de la URSS sin necesidad de permiso del gobierno español. De este modo España y EE.UU. establecieron una política de defensa y ayuda económica. La ayuda económica resultó muy importante debido al mal estado de la economía española. Franco utilizó estos acuerdos con Estados Unidos como prueba de reconocimiento internacional de su régimen dictatorial.

Los Estados Unidos y la transición a la democracia

Estados Unidos era partidario del ingreso de España en la OTAN y en la Comunidad Europea, y por eso estaba dispuesto a apoyar un cambio de régimen sin poner en peligro el acceso a sus bases militares en territorio español. Al funeral de Franco acudió el vicepresidente Ford, en gran contraste con la ausencia total de políticos europeos de rango comparable. Después de la muerte de Franco, la administración Ford comenzó a negociar un nuevo acuerdo sobre las bases militares. En enero de 1976 se firmó el nuevo Tratado de Amistad y Cooperación y, poco después, los reyes de España visitaron Washington D.C. En un discurso ante el Congreso de los Estados Unidos, el rey prometió un cambio al estado democrático, "según los deseos del pueblo libremente expresados".

Los Reyes de España con el presidente Henry Ford y su esposa. Washington DC (1976)

COMPRENSIÓN

1. ¿Por qué Estados Unidos no intervino en la Guerra Civil de España?
2. Explica qué fue la Brigada Abraham Lincoln y por qué no fue popular en Estados Unidos.
3. Compara cómo fue la relación de Estados Unidos con España antes y después de 1953.
4. ¿Cómo ayudó la relación con Estados Unidos a la dictadura de Franco?
5. ¿Qué dos eventos marcaron el inicio de nuevas relaciones entre Estados Unidos y la nueva democracia española?

INTERPRETACIÓN

1. ¿Qué conclusiones pueden extraer de los textos que han leído sobre las relaciones históricas entre los dos países? Escriban las tres más importantes
2. ¿Cómo influyó la Guerra Fría en la historia de las relaciones entre España y Estados Unidos desde 1953 hasta 1975? Escriban tres frases para responder.

MANIFESTACIONES ARTÍSTICAS

2-27 PABLO PICASSO

La Guerra Civil y la dictadura tuvieron un efecto sobre las formas de expresión cultural, como la literatura o el arte. En la pintura, un ejemplo es Pablo Picasso.

Pablo Ruiz Picasso (1881-1973), creador del cubismo, es el gran genio de la pintura contemporánea. Pintó más de dos mil obras actualmente presentes en museos y colecciones de todo el mundo. Además, abordó otros géneros como la escultura, el grabado, la ilustración de libros, la cerámica y el diseño de escenografía y vestuario para teatro. Su obra muestra una constante evolución. Picasso vivió en Francia durante gran parte de su vida, incluida la Guerra Civil y la dictadura.

Pablo Picasso

COMPRENSIÓN

1. Usando los datos de este cuadro, clasifica cada uno de los cuadros según el período en el que fue creado. Justifica tu clasificación.

Arlequín tocando la guitarra   Familia de saltimbanquis

Las señoritas de Avignon

PERIODOS	CARACTERÍSTICAS
Periodo azul (1901-1904)	- el color azul predomina en sus cuadros - intensidad emotiva - alargamiento de las figuras - pesimismo y melancolía (pobres, mendigos, ciegos)
Periodo rosa (1904- 1906)	- colores pastel y tonos cálidos - alegría, afecto, tema del circo
Protocubismo (1906-1908)	- las líneas son un elemento predominante
Cubismo (1908-1916)	- tridimensionalidad - abstracción - reducción del uso del color - uso del collage

El guitarrista viejo

2. En enero de 1937, en plena Guerra Civil, el gobierno de la República española encargó a Picasso un cuadro para decorar el pabellón español durante la Exposición Internacional de 1937 en París. Aunque al principio Picasso dudó, tras el bombardeo de la ciudad de Guernica en abril de ese año decidió realizar un cuadro cubista en el que plasmó el bombardeo. Esta obra, considerada la obra más famosa del siglo XX, simboliza el horror y la sinrazón de la guerra.

 Mira el video *Guernica en 3D*. ¿Qué crees que simbolizan las siguientes figuras? Considera el contexto en el que este cuadro fue pintado.

- el toro:
- la madre con hijo muerto:
- el caballo agonizante:

- la mujer de rodillas:
- la paloma:
- el guerrero muerto:

- la bombilla:
- la mujer con la lámpara:
- el hombre implorando:

INTERPRETACIÓN

1. Expliquen la importancia del lugar donde se exhibió este cuadro por vez primera.
2. ¿Por qué creen que Picasso utilizó sólo los colores blanco y negro?
3. ¿Conocen otras obras de arte que tengan un contenido político? ¿Cuáles?

2-28 POETAS UNIVERSALES: FEDERICO GARCÍA LORCA Y RAFAEL ALBERTI

La guerra y la dictadura tuvieron consecuencias devastadoras en el mundo de la literatura, entre ellas la muerte del escritor Federico García Lorca y el exilio de muchos artistas e intelectuales como el poeta Rafael Alberti.

FEDERICO GARCÍA LORCA nació en 1898 en el pueblo de Fuente Vaqueros (Granada). Hoy día la casa donde nació es un pequeño museo donde se conservan carteles, recortes de periódicos, cartas y otros objetos personales que sirven para conocer al poeta y dramaturgo más influyente del siglo XX. De su obra poética destacan *Romancero gitano* (1928) y *Poema del cante jondo* (1931), donde muestra seres marginados y perseguidos, gitanos y bandoleros, y trata temas como la religión, el amor, el destino y la muerte; y *Llanto por Ignacio Sánchez Mejías* (1934), compuesto a la muerte de un torero amigo suyo. Lorca crea en esta poesía metáforas e imágenes de una gran originalidad y fuerza expresiva. Lorca también escribió obras de teatro como *Bodas de sangre* (1933), *Yerma* (1934) y *La casa de Bernarda Alba* (1936). Cuando murió, con sólo 38 años, su obra y su personalidad ya le habían consagrado. Adelantado a su tiempo, Federico vivió en una España que caminaba hacia atrás. Lorca fue "católico, comunista, anarquista, libertario, tradicionalista y monárquico" como él mismo se definió una vez. Nunca tuvo una afiliación política definida, y por eso muchos creen que su ejecución se debió más a motivos personales que políticos. "La envidia es un factor muy importante en la muerte de Lorca", cuenta Ian Gibson, biógrafo de Lorca y gran experto de la historia contemporánea en España. "Lorca era envidiado por sus dones, tenía dinero, tenía éxito. Un homosexual, liberal y con éxito no se podía tolerar en la España de Franco". Lorca fue asesinado el 19 de agosto de 1936 a pocos kilómetros de Fuente Vaqueros.

Federico García Lorca

COMPRENSIÓN

1. ¿Qué elementos de la casa de Lorca sirven para aprender sobre su figura?
2. ¿Por qué fue asesinado Lorca, según Ian Gibson?
3. ¿Cómo se definió Lorca a sí mismo? Interpreta esta definición.

Mira ahora este video sobre la vida y obra de Lorca y contesta a las preguntas.

COMPRENSIÓN

1. ¿Cuáles son los dos conceptos en torno a los que gira toda su obra?
2. ¿Por qué fue importante su estancia en Nueva York? ¿Cuál fue el resultado de esta estancia?
3. ¿En qué se basó su obra teatral *Bodas de sangre*? ¿Por qué dice Ramos que es una obra universal?
4. ¿De dónde proviene el tema del fatalismo, que está presente en la obra de Lorca?

INTERPRETACIÓN

 1. Analicen estas palabras de Lorca pronunciadas poco tiempo antes de su muerte. ¿Cómo las interpretan? ¿Qué repercusión creen que pudieron tener en el contexto en que fueron dichas?

"Odio al que es español por ser español nada más, yo soy hermano de todos y execro (*detest*) al hombre que se sacrifica por una idea nacionalista, abstracta, por el sólo hecho de que ama a su patria con una venda en los ojos. Canto a España y la siento hasta la médula, pero antes que esto soy hombre del mundo y hermano de todos. Desde luego no creo en la frontera política".

2. Escuchen en el video y lean este fragmento de un poema de *Poeta en Nueva York* (1935). ¿Qué dice el poeta sobre esta ciudad? ¿Cómo caracterizan la opinión de Lorca de Nueva York?

La aurora de Nueva York tiene
cuatro columnas de cieno
y un huracán de negras palomas
que chapotean las aguas podridas.
La aurora de Nueva York gime
por las inmensas escaleras
buscando entre las aristas
nardos de angustia dibujada.
La aurora llega y nadie la recibe en su boca
porque allí no hay mañana ni esperanza posible.

aurora: dawn
cieno: mud
chapotear: to splash
podrido: rotten
gemir: to cry
arista: corner
nardo: tuberose

3. Lean este poema de *Canciones* (1927) titulado "Canción del jinete" y respondan las preguntas.

En la luna negra
de los bandoleros,
cantan las espuelas.

Caballito negro.
¿Dónde llevas tu jinete muerto?

...Las duras espuelas
del bandido inmóvil
que perdió las riendas.

Caballito frío.
¡Qué perfume de flor de cuchillo!

En la luna negra,
sangraba el costado de Sierra Morena.

Caballito negro.
¿Dónde llevas tu jinete muerto?

La noche espolea
sus negros ijares
clavándose estrellas.

Caballito frío.
¡Qué perfume de flor de cuchillo!

En la luna negra,
¡un grito!, y el cuerno
largo de la hoguera.

Caballito negro.

bandoleros: bandits
espuelas: spurs
riendas: reins
costado: side
espolea: to spur
ijares: flanks
cuerno: horn
hoguera: bonfire

a. Concéntrense en el contenido y el tema del poema. ¿De qué trata? Escriban de forma descriptiva el tema, historia o información del poema.
b. ¿Cómo consigue el escritor ir de una historia sencilla a un bello lenguaje poético? ¿Qué recursos usó?

RAFAEL ALBERTI (1902-1999) nació en Puerto de Santa María (Cádiz). Dejó los estudios muy pronto y se dedicó a la pintura. Se afilió al partido comunista y tuvo una activa participación política en la guerra, pero después de finalizar ésta se exilió en Argentina y luego en Roma (Italia), donde vivió hasta que fue restablecida la democracia. Tras su regreso a España fue miembro del Partido Comunista y diputado en el Congreso. Le fue concedido el Premio Cervantes en 1983. Su primer libro, *Marinero en tierra* (1924), se inscribe en la línea del neopopularismo. Son canciones que evocan un paraíso perdido, que el poeta identifica con el Cádiz de su infancia, y el mar. En 1929 publica su obra maestra, *Sobre los ángeles*, inducida por una profunda crisis de pérdida de fe, en la que usó técnicas surrealistas. Ya en el exilio publicó obras como *Baladas y canciones del Paraná* (1953-1954).

Rafael Alberti

 Mira ahora este video sobre Rafael Alberti para saber más y después contesta a las preguntas.

COMPRENSIÓN

1. ¿Cómo vivió Alberti sus años de exiliado, según su hija?
2. ¿Cuál fue la ideología política de Alberti durante toda su vida?
3. Escribe tres características que las personas que hablan en el video atribuyen a Alberti.

INTERPRETACIÓN

 Lean este poema del libro de Rafael Alberti titulado *Baladas y canciones del Paraná*. Después respondan a las preguntas.

Balada del andaluz perdido

Perdido está el andaluz
del otro lado del río.
-Río, tú que lo conoces:
¿quién es y por qué se vino?
Vería los olivares
cerca tal vez de otro río.
-Río, tú que lo conoces:
¿qué hace siempre junto al río?
Vería el odio, la guerra,
cerca tal vez de otro río.
-Río, tú que lo conoces:
¿qué hace solo junto al río?
Veo su rancho de adobe
del otro lado del río.
No veo los olivares
del otro lado del río.
Sólo caballos, caballos,
caballos solos, perdidos.
¡Soledad de un andaluz
del otro lado del río!
¿Qué hará solo ese andaluz
del otro lado del río?

a. ¿Cuál es el tema de este poema de Alberti? Fíjate en el título y en la fecha. Consideren lo que saben sobre Alberti para responder.
b. ¿Quién es el 'andaluz perdido'?
c. ¿Cómo consigue el escritor ir de una historia sencilla a un bello lenguaje poético? ¿Qué recursos usó?

EL ENSAYO ARGUMENTATIVO II

ORGANIZACIÓN DEL TEXTO: LA INTRODUCCIÓN Y LA CONCLUSIÓN

Generalmente el autor plantea el tema o problema en el primer párrafo –la introducción– que abre la comunicación con el lector. Después de desarrollar su punto de vista, presenta la conclusión en el último párrafo, cerrando la comunicación. De esta manera sitúa la información más importante al principio, para provocar el interés del lector, y la vuelve a retomar al final para que su objetivo quede claro y el lector lo recuerde.

VOCABULARIO: CAMPOS SEMÁNTICOS Y FAMILIAS LÉXICAS

Un *campo semántico* es un grupo de palabras que están relacionadas porque se refieren a un mismo tema. Por ejemplo, en el campo de la economía están *dinero, banco, ingreso, pobreza, riqueza, trabajo, inversión,* etc.

Una *familia léxica* es un grupo de palabras que tienen una raíz común. De una palabra derivamos nuevos significados añadiendo prefijos o sufijos. Por ejemplo, la familia léxica de *historia* está compuesta por *historiador, histórico, prehistoria, prehistórico,* etc .

LOS REFERENTES DISCURSIVOS

Los referentes son pronombres sujeto (ella, él, ellos …), complemento directo (lo, la, los, las …) o indirecto (me, le, les …), demostrativos (éste, esto, eso…), posesivos (su, sus) o relativos (quienes, lo que, la cual …) que se refieren a personas, objetos o ideas mencionados previamente en el texto. Estos referentes se usan para eliminar las repeticiones excesivas y dar cohesión al texto. Para comprender un texto tenemos que saber a qué o quién se refieren estos pronombres.

> Lorca nunca tuvo una afiliación política definida y por eso muchos creen que **su** ejecución se debió a motivos personales. Cuando murió, su obra y su personalidad ya **le** habían consagrado. (**su** = Lorca; **le** = Lorca)

> En 1929 Alberti publica **su** obra maestra, *Sobre los ángeles,* inducida por una profunda crisis de pérdida de fe, en **la** que usa técnicas surrealistas. (**su** = Alberti; **la** = obra)

Sobre la autora

Almudena Grandes (Madrid, 1960) es una escritora española de gran proyección internacional. Entre sus novelas, traducidas a más de veinte lenguas, destacan *Las edades de Lulú* (1989), *Malena es un nombre de tango* (1994), *Los aires difíciles* (2002), *El corazón helado* (2007) o *Inés y la alegría* (2010). Con ésta última novela inició la serie *Episodios de una Guerra Interminable,* en torno a la Guerra Civil española. Varias de sus obras han sido llevadas al cine. Es columnista habitual en el periódico español *El País.*

Almudena Grandes

LECTURA

España es diferente

En el colegio nos contaban que Napoleón había pronunciado esa frase tras la batalla de Bailén, que el 19 de julio de 1808 supuso su primera derrota en campo abierto. A principios de los años 60, Manuel Fraga Iribarne, ministro de Información y Turismo, **la** tradujo al inglés. *Spain is different!* se convirtió en un eslogan destinado a atraer turistas a un país donde parecía no existir nada más que sol y naranjas, tablaos flamencos y playas paradisíacas. Ahora, cuando han pasado dos siglos desde la campaña bélica y medio desde la publicitaria, España sigue siendo diferente, un país aparte, que a lo largo del siglo XX ha circulado siempre en dirección contraria, a un ritmo distinto al resto de los países del Occidente europeo con la única y relativa excepción de Portugal.

Otro 19 de julio, el de 1936, el fracaso de un **golpe** de estado militar desató una larga, cruel y devastadora guerra civil que se prolongó hasta abril de 1939, en los albores de la Segunda Guerra Mundial. Los golpistas sólo lograron derrotar a la República, una democracia legalmente constituida, gracias a la ayuda del Eje y a la aún más decisiva no intervención de las potencias democráticas, que cometieron el error de pensar que sacrificando a España disuadirían a Hitler de extender sus garras sobre Europa. Los resultados que cosechó aquella política son tan conocidos que no merecen comentarios.

Así se consumó la gran anomalía histórica de la España del siglo XX, el único país donde el fascismo ganó una guerra para permanecer casi cuatro décadas en el poder. El formidable impulso modernizador que supuso la proclamación de la II República en 1931 no sólo se paralizó **de golpe**. Franco devolvió a España a mediados del siglo XIX. **Como ejemplo**, el Código Penal republicano, uno de los más avanzados del mundo, fue derogado para reinstaurar el de 1851. Las mujeres que habían votado en 1933 -sólo después de australianas, neozelandesas y británicas- se convirtieron en menores de edad perpetuas, sin derecho a heredar, a administrar sus bienes o a firmar documentos legales. La guerra que sumió al país en una miseria sin precedentes, de **la** que no empezaría a recuperarse hasta 25 años más tarde -gracias, entre otras cosas, al turismo-, pasó a recibir el nombre oficial de Cruzada, proclamando que había sido la lucha de Dios contra el Anticristo. Pero la identificación de la Iglesia Católica con el Estado no atenuó una represión cuyas atroces dimensiones todavía no conocemos y tal vez nunca lleguemos a conocer. Algunos historiadores estiman que causó la muerte de, al menos, 150.000 personas en época de paz.

Gracias a la Guerra Fría, que hizo más deseable para Occidente una dictadura sanguinaria que una democracia con una izquierda poderosa, España volvió a ser un país humillado, mísero y lento, de mujeres vestidas de luto y hombres muertos de miedo. El terror, el hambre y el silencio se prolongaron durante más de dos décadas, inspirando conductas aún muy perceptibles para los niños de mi generación, en los años 60 y 70. Nuestros padres **nos** obligaban a comer todo lo que había en el plato como un reflejo del hambre que había marcado su infancia, nos arrancaban de las manos algunas viejas fotografías para volver a esconder**las** a toda prisa en un cajón, y nos enseñaban lo que aprendieron de nuestros abuelos: que en el pasado dormían historias viejas, tristes, desagradables, de las que era bueno no hablar y mejor no saber nada.

Los hijos de los combatientes de la Guerra Civil fueron educados en el silencio. Cuando la muerte de Franco puso el destino de España en **sus** manos, sólo pudieron hacer lo que habían aprendido: no hablar, no preguntar, no desempolvar las fotos que dormían en los cajones. Ese fue el punto débil de la Transición, la fragilidad congénita de un proceso que desde una perspectiva institucional representará siempre, **sin embargo**, un éxito colosal, capaz de consolidar una democracia tan segura, tan sólida y tan estable como jamás había existido antes en España.

Por eso ha llegado el momento de recobrar la memoria. Treinta y seis años después de la muerte de Franco -los mismos que **él** estuvo en el poder-, los españoles no conservamos ningún rasgo que nos vincule, ni remotamente, al delirio imperial que el Generalísimo impuso a sangre y fuego. Nuestro presente simboliza su fracaso y, al mismo tiempo, la victoria póstuma, pero no inútil, de los republicanos que lucharon hasta la extenuación para legarnos ni más ni menos que el país donde vivimos. Es hora de reconocer**lo** para que España, por fin, deje de ser diferente.

2-29 COMPRENSIÓN

1. ¿De qué quiere convencer a los lectores la autora de este texto? Marca todas las posibles respuestas.
   ☐ Es bueno que España sea diferente.
   ☐ La Transición española fue un fracaso porque no se recuperó la memoria.
   ☐ España todavía necesita revisar su pasado.
   ☐ Los valores de la Segunda República española se han perdido.
   ☐ La memoria histórica es importante para un país.

2. ¿Por qué España sigue siendo diferente hoy día, según la autora? (p. 1)
3. ¿Por qué los países democráticos no ayudaron a España durante la Guerra Civil? (p. 2)
4. Explica cómo cambió la situación de los derechos de la mujer en España antes y después de 1936. (p. 3)
5. Explica qué efectos tuvo la Guerra Civil en la generación de la autora del texto. (p. 4)
6. Según la autora, ¿cuál fue el punto débil de la Transición? (p. 5)
7. ¿Por qué España debe recuperar la memoria? Di las dos razones que da la autora. (p. 6)
8. Identifica las dos frases comparativas en los párrafos 4 y 5. ¿Qué compara la autora en cada una de estas frases?

2-30 VOCABULARIO

1. ¿Qué palabras hay en el párrafo 1 del campo semántico de la guerra?
2. ¿Qué significa la palabra 'golpe' en estos dos contextos? Usa el diccionario bilingüe antes de responder.
   - *El fracaso de un **golpe** de estado militar desató una larga, cruel y devastadora guerra civil …*
   - *El impulso modernizador de la II República en 1931 no sólo se paralizó de **golpe**…*
3. ¿Qué palabra del párrafo 2 es de la misma familia léxica que 'golpe' y qué crees que significa?
4. En el párrafo 4 hay una palabra de la misma familia léxica que 'sangre'. ¿Cuál es? ¿Qué categoría gramatical es: nombre, verbo o adjetivo? ¿Qué significa?

2-31 LOS REFERENTES

¿A qué o quién se refieren los siguientes referentes señalados en el texto?

la (p. 1):   la (p. 3):   nos (p. 4):   las (p. 4):   sus (p. 5):   él (p. 6):   lo (p. 6):

2-32 ANÁLISIS DISCURSIVO

1. Examina la introducción y la conclusión en el texto. ¿Dónde introduce la autora el tema y su punto de vista sobre el tema? ¿Qué efecto crees que tiene esto?
2. ¿Qué significan los conectores *como ejemplo* (p. 3), *sin embargo* (p. 5) y *por eso* (p. 6)?

2-33 INTERPRETACIÓN

 1. El título del texto es un eslogan usado de tres formas diferentes. Digan quién lo usa, cuándo y con qué significado.

	¿Quién lo usó o usa?	Contexto histórico	Significado
Uso 1			
Uso 2			
Uso 3			

2. ¿Cómo describe la autora la situación de las mujeres durante la dictadura? ¿Es igual a la situación de las mujeres estadounidenses en los años 40 y 50, o distinta? Expliquen.
3. La autora dice que los republicanos ganaron la guerra en una "victoria póstuma". Interpreten el significado de esta frase. ¿Están de acuerdo con esta afirmación? Justifiquen su respuesta.

ESCRITURA

LA ENTRADA DEL BLOG: ESTRATEGIAS PARA ESCRIBIR LA CONCLUSIÓN

La conclusión de tu blog es fundamental, pues resume y destaca la información más importante que quieras transmitir a los lectores. Aquí tienes algunas ideas para escribir la conclusión:

1. Puedes **retomar** (*pick up*) la idea principal que usaste para comenzar tu argumentación.
2. Puedes resumir la tesis y los argumentos más importantes que apoyan la idea principal. No se trata de repetir la información, sino de **resumir** y destacar lo fundamental.
3. Puedes terminar con un comentario a los argumentos que ya has dado, ampliando tu punto de vista. Es importante no repetir sino **ampliar** *(to expand)*.

LA ACENTUACIÓN

Todas las palabras tienen acento *(stress)*, pero no todas llevan *acento gráfico* (tilde). Generalmente usamos la palabra *acento* para referirnos al acento gráfico.

1. En español **necesitan acento gráfico** las siguientes palabras:

   a. Palabras en que el acento en la pronunciación está en la última sílaba, si terminan en N, S o VOCAL. Por ejemplo: situa**ción**, ade**más**, pa**ís**, de**jó**.

   #### PRÁCTICA
   Di si estas palabras necesitan acento gráfico o no. La sílaba subrayada indica dónde va el acento en la pronunciación.

transi<u>cion</u>	fi<u>nal</u>	termina<u>ran</u>
co<u>mun</u>	descu<u>bri</u>	Pe<u>ru</u>
especifi<u>car</u>	sa<u>lud</u>	mu<u>jer</u>
humani<u>dad</u>	fa<u>vor</u>	a<u>si</u>
se<u>gun</u>	bienes<u>tar</u>	ci<u>vil</u>

   b. Palabras en que el acento en la pronunciación está en la penúltima *(second to last)* sílaba, si NO terminan en N, S o VOCAL. Por ejemplo: **ár**bol, re**vól**ver.

   #### PRÁCTICA
   Di si estas palabras necesitan acento gráfico o no.

ele<u>ccio</u>nes	o<u>ri</u>gen	ca<u>rac</u>ter
<u>car</u>cel	re<u>vol</u>ver	Ro<u>dri</u>guez
his<u>to</u>ria	par<u>ti</u>do	circuns<u>tan</u>cia
mu<u>je</u>res	<u>do</u>lar	<u>ar</u>bol

   c. Palabras en que el acento en la pronunciación está en la antepenúltima *(third to last)* sílaba. Por ejemplo: pa**cí**fico, **ré**gimen, in**dí**gena, demo**crá**tico.

   #### PRÁCTICA
   Di si estas palabras necesitan acento gráfico o no.

<u>so</u>lida	<u>a</u>rea	<u>vic</u>timas
<u>ul</u>timo	ar<u>ti</u>culos	<u>e</u>poca
espe<u>ci</u>fica	<u>me</u>todos	<u>ti</u>tulo

2. Las palabras de una sílaba no se acentúan, pero usamos el acento para diferenciar palabras que se escriben igual. Por ejemplo:

aun (adverbio) = *even*	aún (adverbio) = *still, yet*
mas = *but (literario)*	más = *more*
de (preposición) = *of*	dé (verbo imperativo) = *give*
el (artículo definido) = *the*	él (pronombre personal) = *he*
mi (adjetivo posesivo) = *my*	mí (pronombre personal) = *me*
se (pronombre, impersonal, voz pasiva)	sé (verbo) = *I know*
si (condicional) = *if*	sí (afirmativo) = *yes* a, de, para, por + sí mismo/a = *to, of, for, by himself/herself*
te (pronombre personal) = *you*	té (sustantivo) = *tea*
tu (adjetivo posesivo) = *your*	tú (pronombre personal) = *you*

PRÁCTICA
Di si estas palabras necesitan acento gráfico o no.

fe	ni	don
dos	ven	mas

3. Si dos vocales (a, e, i, o, u) están en una misma sílaba, se pone acento o no según las reglas generales de acentuación. El acento se coloca en la *a, e, o*, no en la *i, u*. Por ejemplo: cam-**bió**, sa-**lió**, ven-**gáis**, tam-**bién**, des-**pués**.

PRÁCTICA
Di si estas palabras necesitan acento gráfico o no.

transicion	condiciones	materia
democracia	posterior	deuda
elecciones	mision	periodico
nacio	bien	gracias

4. Si dos vocales están juntas pero se pronuncian en sílabas diferentes, el acento se coloca según las reglas generales. Por ejemplo: le-**ón,** pre-**ám**-bu-lo, ca-**ó**-ti-co, **á**-re-a. Si el acento en la pronunciación cae en *i* o *u*, siempre se acentúan. Por ejemplo: o-**ír**, hu-**í**-da, es-ta-**rí**-a, ra-**íz**, ca-**í**-da, ac-**tú**-a.

PRÁCTICA
Di si estas palabras necesitan acento gráfico o no.

evalua	heroe	fria
paises	pertenecian	bahia
todavia	continuan	rio
creados	neon	monarquia

5. Los adverbios que acaban en –*mente* se acentúan como el adjetivo del que han sido formados. Por ejemplo: **prác**tico = **prác**ticamente; igual = **igual**mente; **rá**pido = rápidamente.

PRÁCTICA
Di si estas palabras necesitan acento gráfico o no. Primero averigua de qué adjetivo provienen.

metodicamente	estupendamente	lentamente
honestamente	estupidamente	extraordinariamente

6. Las palabras interrogativas y exclamativas se acentúan para distinguirlas de pronombres con la misma forma. Por ejemplo: ¿qué, cuál, quién, cómo, cuándo, dónde, por qué?

*¿**Cuándo** ocurrió la Guerra Civil en España?* vs. ***Cuando** terminó la guerra, comenzó una dictadura.*

*Los familiares preguntaron **dónde** estaban los restos de los desaparecidos en la guerra* vs. *Madrid fue una ciudad **donde** cayeron muchas bombas durante la guerra.*

PRÁCTICA
Escribe los acentos gráficos en este texto cuando sea necesario.

Segun el estudio de la corporacion *Latinobarometro* de 2011, basado en encuestas de opinion en dieciocho paises, el apoyo de los latinoamericanos a la democracia bajo en la region de un 61% a un 58% despues de cuatro años de sostenido aumento. El estudio pregunto entre otras cosas cuando y en que circunstancias los ciudadanos apoyarian una dictadura y evaluo su confianza de la democracia. En Guatemala unicamente un 36% de los ciudadanos confia en el sistema democratico, en Honduras un 43% y en Mexico un 44%. El mayor o menor apoyo a la democracia tiene que ver con las circunstancias politicas pero, sobre todo, economicas y sociales. Los paises donde se observa mas apoyo a la democracia son Venezuela, Uruguay y Argentina. Un dato curioso es que aunque la democracia venezolana es cuestionada por los democratas en el mundo entero, sus ciudadanos la apoyan fuertemente (77%). Sin embargo, en Chile, pais considerado el mas exitoso de la region por el resto del mundo, el apoyo a la democracia (61%) no alcanza los niveles de Venezuela.

En America Latina la democracia va ganando terreno, pero lentamente: el 66% de los ciudadanos dice que bajo ninguna circunstancia apoyaria a un gobierno militar. No obstante, en el pais más fragil de la region— Guatemala— el 60% de la poblacion consideraria un regimen autoritario como manera de solucionar los problemas economicos y de violencia social. El 48% de los ciudadanos de Paraguay, el 47% de los de México y el 46% de los de Peru opina igual. En Costa Rica y Uruguay el rechazo a un hipotetico gobierno militar es mayor.

El 70% de la poblacion cree que la democracia no garantiza la proteccion contra el crimen y no promueve la justa distribucion de la riqueza ni el empleo. Esto lleva a muchos latinoamericanos a cuestionarse si la democracia es eficiente en terminos economicos y sociales.

LA ENTRADA PARA EL BLOG

Escribe una entrada para tu blog siguiendo los estándares delineados en la Unidad 1 (páginas 45 y 46 del libro). Presta atención especial a:

1. la conclusión
2. la acentuación

RECURSOS PARA DEBATIR

ARGUMENTAR EN CONTRA

PERO, SIN EMBARGO, NO OBSTANTE

A: La gran mayoría de los países latinoamericanos tiene democracia.
B: Sí; **sin embargo / no obstante** algunos tienen democracias imperfectas.

PERO VS. SINO

Usamos *pero* para introducir una idea u opinión que limita o clarifica la idea anterior (afirmativa o negativa).

A: En Cuba hay democracia.
B: Sí, <u>hay</u> democracia, **pero** es una democracia diferente del resto de los países latinoamericanos.
C: No, <u>no hay</u> democracia, **pero** es posible que en el futuro esta situación cambie.

Usamos *sino* o *sino que* para negar una idea u opinión y corregirla (sustituirla por otra).

A: En Cuba hay democracia.
B: No, no hay democracia, **sino** una dictadura comunista.
B: No, no hay una democracia, **sino que** todavía *hay* una dictadura.

PRÁCTICA

Corrijan o clarifiquen esta información, usando *pero* o *sino*.

1. El presidente de Guatemala es Manuel Zelaya.
2. Alán García es presidente de Perú desde 2004.
3. La dictadura en Chile duró 4 años.
4. Batista fue un dictador argentino.
5. El cuadro de Picasso *Guernica* está en París.
6. Ernesto Kirchner es el presidente de Argentina

AUNQUE / A PESAR DE (QUE)

Con **aunque** (*although*) y **a pesar de que** (*despite, in spite of*) repetimos el argumento de nuestro interlocutor, seguido de una refutación o contraargumentación. **A pesar de** puede ir seguido de un infinitivo o un nombre.

Aunque / A pesar de que tiene democracia, ese país tiene gran inestabilidad política.
A pesar de tener democracia, ese país tiene gran inestabilidad política.
A pesar de su democracia, ese país tiene gran inestabilidad política.

PRÁCTICA

Respondan cada uno de modo individual a estas preguntas explicando su opinión sobre ellas. Después, compartan sus opiniones con su compañero/a. Éste/a debe ofrecer argumentos en contra.

Estudiante A	Estudiante B
1. ¿Son las dictaduras necesarias en ocasiones?	4. En Cuba hay educación y sanidad para todos. ¿Justifica esto el tipo de gobierno?
2. Las invasiones militares de otro país, ¿se pueden justificar a veces?	5. ¿Estaba Cuba mejor antes de la Revolución?
3. Si en un país mucha gente no tiene cubiertas sus necesidades básicas ¿hay democracia?	6. Si en un país mucha gente no vota, ¿podemos decir que hay democracia?

EJEMPLO:

• **Estudiante A:** A mí me parece que las dictaduras no se pueden justificar bajo ninguna circunstancia.
• **Estudiante B:** Estoy de acuerdo, **aunque** sí pienso que no todas son iguales.

TEMA DE DEBATE

¿SE PUEDE JUSTIFICAR UN RÉGIMEN AUTORITARIO SI PUEDE SOLUCIONAR LOS PROBLEMAS ECONÓMICOS Y SOCIALES?

Lee este texto sobre la opinión que los latinoamericanos tienen de la democracia y examina el gráfico. Luego responde a las preguntas.

Según el estudio de la corporación *Latinobarómetro* de 2011, basado en encuestas de opinión en dieciocho países, el apoyo de los latinoamericanos a la democracia bajó en la región de un 61% a un 58% después de cuatro años de sostenido aumento. En catorce de los dieciocho países se registró una disminución del apoyo a la democracia: en Guatemala sólo un 36% de los ciudadanos confía en el sistema democrático, en Honduras un 43% y en México un 44%. El mayor o menor apoyo a la democracia tiene que ver con las circunstancias políticas pero, sobre todo, económicas y sociales de cada país. Los países donde se observa mayor apoyo a la democracia son Venezuela, Uruguay y Argentina. Un dato curioso es que mientras la democracia venezolana es cuestionada por los demócratas en el mundo entero, sus ciudadanos la apoyan fuertemente (77%). Sin

La democracia garantiza...

Total América Latina 2011
¿Hasta qué punto las siguientes libertades, derechos, oportunidades y seguridades están garantizadas en su país? Completamente garantizadas, Algo garantizadas, Poco garantizadas o Para nada garantizadas.

*Aquí sólo 'Completamente garantizadas' más 'Algo garantizadas'.

Libertad de profesar cualquier religión	**76%**	Garantías Civiles y Políticas
Libertad para elegir mi oficio/profesión	70	
Libertad para participar en política	66	
Libertad de expresión siempre y en todas partes	59	
Igualdad entre hombres y mujeres	58	
Igualdad de oportunidades sin importar el origen de cada cual	50	Garantías Sociales y Económicas
Protección de la propiedad privada	49	
Protección del medio ambiente	48	
Solidaridad con los pobres y los necesitados	40	
Oportunidades de conseguir trabajo	36	
Seguridad social	36	
Justa distribución de la riqueza	31	
Protección contra el crimen	30	

Fuente: Latinobarómetro 2011

embargo, en Chile, país considerado el más exitoso de la región por el resto del mundo, el apoyo a la democracia (61%) no alcanza los niveles de Venezuela. Dos países donde lo que dicen sus ciudadanos no concuerda con lo que piensa el mundo de ellos.

En América Latina hay un rechazo *(rejection)* hacia los gobiernos militares en 13 de los 18 países. La democracia va ganando terreno, pero lentamente: el 66% de los ciudadanos dice que bajo ninguna circunstancia apoyaría a un gobierno militar. No obstante, en el país más frágil de la región—Guatemala— el 60% de la población consideraría un régimen autoritario si éste pudiera *(could)* solucionar los problemas económicos y de violencia social. El 48% de los ciudadanos de Paraguay, el 47% de los de México y el 46% de los de Perú opina igual. Costa Rica y Uruguay son los países donde el rechazo a un hipotético gobierno militar es mayor.

Aunque muchos ciudadanos piensan que las garantías civiles y políticas están presentes en su país, el panorama es distinto cuando se trata de las garantías sociales y económicas. El 70% de la población cree que la democracia no garantiza la protección contra el crimen y no promueve la justa distribución de la riqueza ni el empleo. Esto lleva a muchos latinoamericanos a cuestionarse si la democracia es eficiente en términos económicos y sociales.

COMPRENSIÓN

1. Explica con tus propias palabras qué significan los datos diferenciales de Chile y Venezuela sobre el apoyo de sus ciudadanos a la democracia.
2. En general, ¿cómo se distribuyen los latinoamericanos en su nivel de apoyo a la democracia?
3. Según el texto, ¿cómo se compara el apoyo a la democracia en 2011 respecto a 2010?
4. Explica la diferencia entre *garantías civiles y políticas* y *garantías sociales y económicas*.
5. ¿Qué dos factores causan que muchos ciudadanos no crean en el valor de la democracia?

PREPARACIÓN PARA EL DEBATE

Consulta la página 49 para preparar el debate.

2-1. THE PASSIVE VOICE

The passive voice is used frequently in journalistic articles and historical narrations. By using the passive voice, the writer or speaker wants to focus attention on the person or object affected by the action expressed by the verb, and not on the *agent* who carries out the action.

ACTIVE VOICE → **El pueblo argentino** eligió a Juan Domingo Perón en 1946.
The Argentinian people elected Juan Domingo Perón in 1946.

PASSIVE VOICE → **Juan Domingo Perón** fue elegido (por el pueblo argentino) en 1946.
Juan Domingo Perón was elected (by the Argentinian people) in 1946.

Notice that, in the first sentence (active voice), the important information is the subject:

who elected Perón? = **el pueblo argentino**

However, in the second sentence (passive voice), the important information is **Perón**, the person who experiences the action of the verb 'elegir'.

In the first sentence, the grammatical subject is **el pueblo argentino**. In the second sentence (passive voice) the subject is **Juan Domingo Perón**.

A. PASSIVE VOICE WITH THE VERB SER

SUBJECT
↙

El 24 de marzo de 1980 <u>el Arzobispo de San Salvador, Monseñor Oscar Arnulfo Romero,</u> **fue asesinado** <u>por un miembro de los escuadrones de la muerte</u> durante la celebración de una misa.

↗
AGENT

*On March 24, 1980 the Archbishop of San Salvador, Monseñor Oscar Arnulfo Romero, **was assassinated** by a member of the 'dead squads' during the celebration of a mass.*

The *agente* (=agent) is stated in a passive sentence when it is relevant to know who carried out the action. However, the center of attention, the most important piece of information, is the person or object affected by the action. If we do not need to convey who carried out the action, we do not need an agent.

En 1980 **fue aprobada** <u>una nueva Constitución</u> en Chile.

↖
SUBJECT

*In 1980 a new Constitution **was approved** in Chile.*

Passive verbs are formed with the verb SER and the past participle of the verb. The past participle always agrees in gender (masculine or feminine) and number (singular or plural) with the subject of the verb SER.

Las elecciones en España **son celebradas** cada cuatro años.
*In Spain, elections **are held** every four years.*

La dictadura **fue sustituida** por una democracia en 1975.
*The dictatorship **was replaced** by a democracy in 1975.*

El dictador **será juzgado** por un tribunal de guerra.
*The dictador **will be tried** by a war tribunal.*

Unlike in English, this passive form is frequently used in written texts (news, history) and formal oral registers (presentations, debates, etc.).

B. PASSIVE VOICE WITH THE PRONOUN 'SE'

This form of passive is used when *there is no agent* who carries out the action, or the speaker (or writer) is not interested in stating the agent, or does not consider it important to mention it. Thus, these constructions *never* have an explicit agent.

These passive verbs are formed with the pronoun 'se' (which, in this case, is a *mark of passive voice*) and the third person of the verb, singular or plural, depending on the complement.

La Segunda República española **se proclamó** el 14 de abril de 1931.
*The Spanish Second Republic **was proclaimed** on April 14, 1931.*

En 1961 **se formó** el Frente Sandinista de Liberación Nacional.
*In 1961, the Sandinista National Liberation Front **was formed**.*

Actualmente todavía **se inician** procesos penales contra miembros de la dictadura militar en Argentina.
*Presently, legal suits against members of the military dictatorship **are** still **initiated** in Argentina.*

Se nombró a Raúl Castro presidente de Cuba en 2006.
*Raúl Castro **was appointed** President of Cuba in 2006.*

Note that all these ideas can also be expressed using the passive with SER.

La Segunda República española **fue proclamada** el 14 de abril de 1931.
*The Spanish Second Republic **was proclaimed** on April 14, 1931.*

En 1961 **fue formado** el Frente Sandinista de Liberación Nacional.
*In 1961, the Sandinista National Liberation Front **was formed**.*

Actualmente todavía ***son iniciados*** procesos penales contra miembros de la dictadura militar en Argentina.
*Presently, legal suits against members of the military dictatorship **are** still **initiated** in Argentina.*

Raúl Castro **fue nombrado** presidente de Cuba en 2006.
*Raúl Castro **was appointed** President of Cuba in 2006.*

ATTENTION!

When the complement of a 'se' passive verb is personal (= refers to people) we need to use the personal 'a'. In these cases, the verb is *always singular*.

Se nombró a Raúl Castro presidente de Cuba en 2006.
*Raúl Castro **was appointed** President of Cuba in 2006.*

Se torturó y se asesinó a muchas personas durante la dictadura de Argentina.
*Many people **were tortured** and **(were) killed** during the dictatorship in Argentina.*

Remember that 'se' passive verbs never take an explicit agent. Thus, we can say

El movimiento de resistencia fue organizado **por el pueblo**.
*The resistance movement was organized **by the people**.*

but we cannot say

El movimiento de resistencia se organizó **por el pueblo**.

2-2. USE OF THE CONDICIONAL TENSE IN THE PAST

When we are conveying information about past events, and we need to refer to an action or event that was subsequent to another, we use the *condicional* tense. The condicional is the "future of the past".

En las elecciones de 1982 venció el Partido Socialista Obrero Español. Este partido **se mantendría** en el poder durante las tres siguientes legislaturas.

Reference to the future = the following years

*In the election of 1982 the Partido Socialista Obrero Español won. This party **would remain** in power during the three following terms.*

El ambiente de violencia política que se había vivido la década anterior contribuyó enormemente a la Guerra Civil, que **duraría** doce años.
*The atmosphere of political violence that had been experienced during the prior decade contributed greatly to the Civil War, which **would last** twelve years.*

La crisis económica de 1972 dio origen a una serie de protestas contra el gobierno que **se extenderían** hasta el final del mandato de Allende.
*The economic crisis of 1972 caused a series of protests against the government that **would last** until the end of Allende's term.*

In spoken or less formal Spanish it is also possible to use **ir a + infinitive**; in this case, the verb **ir** must be *imperfect*.

El presidente dijo que **intentaría** solucionar la crisis inmediatamente.
*The President said he **would try** to solve the crisis immediately.*

El presidente dijo que **iba a intentar** solucionar la crisis inmediatamente.
*The President said he **was going to try** to solve the crisis immediately.*

2-3. VERBAL PERIPHRASES

☐ Interruption of an action: **dejar de** + infinitive
to stop + -ing

El partido socialista **dejó de gobernar** en España en 1996.
*The socialist party **stopped governing** in Spain in 1996.*

☐ Beginning of an action: **empezar a / comenzar a** + infinitive
to start, to begin + infinitive

La gente **empezó a / comenzó a organizar** manifestaciones exigiendo la instauración de una república.
*People **started to organize** demonstrations demanding the establishment of a Republic.*

☐ Repetition of an action: **volver a** + infinitive
verb + again, over

El PSOE **volvió a ganar** las elecciones en el 86 y en el 92.
*The PSOE **won** the election **again** in 86 and 92.*

☐ Continuation of an action: **seguir / continuar** + gerund
to continue + infinitive
to keep + -ing

Felipe González **siguió siendo / continuó siendo** presidente del gobierno hasta 1996.
*Felipe González **continued to be / kept being** president until 1996.*

☐ Recently finished action: **acabar de** + infinitive
to have just done something

España no participó en la Segunda Guerra Mundial porque **acababa de salir** de una Guerra Civil.
*Spain did not participate in the Second World War because it **had just come out** of a Civil War.*

☐ End of a process with a negative result: **acabar / terminar** + gerund
to end up + -ing

España **acabó / terminó dividiéndose** en dos zonas.
*Spain **ended up dividing** into two zones.*

☐ Action that almost happened: **estar a punto de** + infinitive
to be about + infinitive, at the brink of + -ing

En el año 1981 la democracia en España **estuvo a punto de desaparecer**.
*In 1981 democracy in Spain **was at the brink of disappearing**.*

☐ Action that continues into the present: **llevar** + gerund
to have been doing something since / for X time

España **lleva disfrutando** de la democracia desde 1975.
*Spain **has been enjoying** democracy since 1975.*

Don Juan Carlos **lleva** 38 años **siendo** rey de España.
*Don Juan Carlos **has been** King of Spain **for** 38 years.*

☐ Action that continues into the present: **llevar sin** + infinitive
to have not done something since / for X time

España **lleva** 30 años **sin tener** un golpe de estado.
*Spain **has not had** a coup in 30 years.*

2-4. COMPARISONS

When comparing things, people, events, etc. we can establish comparisons of *equality* (two things are the same, or they are similar) *inferiority* (one is inferior to the other one), or *superiority* (one is superior to the other one). The structures used to compare vary depending on what we are comparing: something or someone (noun), a quality (adjective), or an action (verb).

The following structures can be used:

EQUALITY

tan + adjetivo + **como** *as + adjective + as*	La dictadura de Argentina fue **tan cruel como** la dictadura de Chile. *The Argentinian dictatorship was **as cruel as** the Chilean.*
tanto **tanta** **tantos** (+ nombre) + **como** **tantas** *as many/as much (+ noun) + as*	Durante la dictadura de Argentina hubo **tanta represión como** durante la dictadura de Chile. *During the Argentinian dictatorship there was **as much repression as** during the Chilean.*
verbo + **tanto como** *verb + as much/as many as*	En Argentina la gente sufrió **tanto como** en Chile. *In Argentina people suffered **as much as** in Chile.*
el mismo **la misma** **los mismos** (+ nombre) + **que** **las mismas** *the same (+ noun) + as*	Los dictadores de Argentina usaron **los mismos métodos** de represión **que** los de Chile. *The Argentinian dictators used **the same methods** of repression **as** the Chileans.* Los problemas de estos países eran **los mismos**. *The problems of these countries were **the same**.*
ser igual / iguales que **ser similar / similares a** *to be similar to, to be like*	La Constitución española no es **igual que** la Constitución de EE.UU. *The Spanish Constitution is not **similar to / like** the US Constitution.* La Constitución española es **similar a** la Constitución argentina. *The Spanish Constitution is **similar to / like** the Argentinian Constitution.*
ser diferente a / de **ser distinto/a/os/as a / de** *to be different from*	La Constitución española **es diferente a/de** la Constitución de EE.UU. *The Spanish Constitution is **different from** the US Constitution.* La Constitución española **es distinta a/de** la Constitución de EE.UU. *The Spanish Constitution is **different from** the US Constitution.*
ser igual de + adjetivo + **que** *to be as + adjective + as*	Una dictadura fascista es **igual de brutal que** una comunista. *A fascist dictatorship is **as brutal as** a communist one.*
ser lo mismo que *to be the same (thing) as*	Una dictadura es **lo mismo que** una represión política. *A dictatorship is **the same thing as** political repression.*
ser como *to be like*	Una dictadura es **como** una represión política. *A dictatorship is **like** political repression.*
parecerse a **ser parecido/a/os/as a** *to resemble, to be alike*	La Constitución española **se parece a / es parecida a** la argentina. *The Spanish Constitution **resembles** the Argentinian one.* La Constitución española y la Constitución argentina **se parecen / son parecidas.** *The Spanish Constitution and the Argentinian Constitution **are alike**.*

INFERIORITY

menos + adjetivo + **que**
less + adjective + than

La dictadura de Argentina fue **menos larga que** la de Chile.
*The Argentinian dictatorship was **shorter than** the Chilean.*

menos + nombre + **que**
less + noun + than

En Chile hubo **menos** desaparecidos **que** en Argentina.
*In Chile there were **less** disappeared **than** in Argentina.*

verbo + **menos que**
verb + less than

La dictadura de Argentina duró **menos que** la de Chile.
*The Argentinian dictatorship lasted **less than** the Chilean one.*

SUPERIORITY

más + adjetivo + **que**
more + adjective + than

La dictadura de Chile fue **más larga que** la de Argentina.
*The Chilean dictatorship was **longer than** the Argentinian.*

más + nombre + **que**
more + noun + than

En Argentina hubo **más** desaparecidos **que** en Chile.
*In Argentina there were **more** disappeared **than** in Chile.*

verbo + **más que**
verb + more than

La dictadura de Chile duró **más que** la de Argentina.
*The Chilean dictatorship lasted **more than** the Argentinian.*

QUANTITY

verbo + **más / menos** + **de**
+ quantity: to establish a
maximum or minimum
quantity

Durante la Guerra Civil de El Salvador murieron **más de** 70.000 personas.
*During the Civil War in El Salvador **more than** 70,000 people died.*

Allende gobernó en Chile **menos de** 3 años.
*Allende ruled in Chile **less than** 3 years.*

SUPERLATIVE

A. Absolute superlative
(the absolute highest degree within a
common scale)

La transición a la democracia fue una época **importantísima** para España.
*The transition to democracy was an **extremely important** period for Spain.*

Adjetivo + **ísimo, -ísima, -ísimos, -ísimas**

B. Relative superlative
(the top quality within a group)

La dictadura española fue **la más larga.**
*The Spanish dictatorship was **the longest.***

el
la   (+ nombre) **más/menos** + adjetivo (+ **de**)
los
las

Fidel Castro fue el revolucionario **más importante de** América Latina.
*Fidel Castro was **the most important** revolutionary in Latin America.*

the most/least + adjective + noun (+in)
the adjective + -est

Ciudad amurallada de Avila,
España. Patrimonio de la Humanidad
(UNESCO)

TEMAS

Enfoque 1
- La organización política de España y la sociedad española
- La inmigración; el Movimiento 15-M y "Ocuppy Wall Street"
- El cine de Pedro Almodóvar; música sobre la inmigración y la integración

Enfoque 2
- Comunidades Autónomas, nacionalismo e independentismo
- Las lenguas oficiales; movimientos independentistas en Estados Unidos
- El arte vasco y la escultura de Eduardo Chillida; el flamenco de Andalucía

Enfoque 3
- España en el mundo
- Patriotismo, identidad y deporte; españoles en Estados Unidos
- La arquitectura de Santiago Calatrava; escritores internacionales: A. Pérez Reverte

LECTURA
- leer e interpretar un texto argumentativo
- la tesis y las ideas de apoyo
- los elementos que dan unidad a un texto

ESCRITURA
- escribir una entrada para un blog
- escribir una tesis y usar ideas de apoyo
- la puntuación y la ortografía

¡A DEBATE!
- expresar posibilidad, duda o escepticismo

GRAMÁTICA
- uso del presente del subjuntivo en frases nominales
- uso del presente del subjuntivo en frases de tiempo y de finalidad
- uso de los verbos *ser* y *estar*

3-1 ¿QUÉ SABES YA DE ESPAÑA?

Escribe un párrafo breve usando seis palabras de esta lista que asocias con España. Después lee el texto para encontrar la información sobre las palabras que no usaste.

Constitución	*Madrid*	*Atlántico*	*Europa*
economía	*Ceuta*	*Mediterráneo*	*península*
castellano	*Baleares*	*euro*	*monarquía*

España, oficialmente Reino de España, es una democracia parlamentaria cuya forma de gobierno es la monarquía constitucional. El rey, Don Juan Carlos I, es el Jefe del Estado. Su territorio, con capital en Madrid, ocupa la mayor parte de la Península Ibérica, al que se añaden los archipiélagos de las Islas Baleares, en el mar Mediterráneo, y el de las Islas Canarias, en el océano Atlántico. También son parte de España las ciudades autónomas de Ceuta y Melilla, en el norte de África. Es el cuarto país más extenso del continente europeo y el segundo más montañoso después de Suiza. El país está dividido en 17 Comunidades Autónomas. De acuerdo con la Constitución de 1978, el castellano o español es la lengua oficial del Estado y es la lengua común de todos los españoles. Otras lenguas son reconocidas como cooficiales en sus respectivas comunidades autónomas. Su moneda oficial es el euro desde el año 2002, cuando reemplazó a la peseta. Según el Banco Mundial, la economía española está en el puesto número 12 del planeta y es la quinta de Europa.

Territorios de España

Ahora lee estas informaciones. ¿Crees que son ciertas o no? Responde usando los siguientes recursos.

- (Yo) creo que sí.
- (Yo) creo que no.
- Creo que no... + verbo
- No creo que... + verbo

1. La industria del turismo en España es la quinta más importante del mundo.
2. La religión oficial de España es la católica.
3. España tiene la cifra de desempleo más alta de la Unión Europea.
4. La mayor parte de la inmigración en España proviene del norte de África.
5. En España los matrimonios homosexuales son legales.
6. El rey de España es el jefe del gobierno.
7. España produce el 5% de la energía eólica (viento) mundial.
8. España tiene un gobierno de izquierda.
9. La segunda religión más importante en España es la musulmana.
10. España es el primer país del mundo con más monumentos Patrimonio de la Humanidad.
11. En España la educación es gratis y obligatoria hasta los 14 años.
12. El presidente español se llama José Luis Rodríguez Zapatero.
13. España es parte de la Unión Europea desde el inicio de esta organización.

Catedral de Burgos

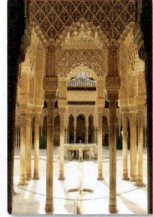

Alhambra de Granada

PERSPECTIVA LINGÜÍSTICA

VOCABULARIO META

asuntos internacionales (los)	*foreign affairs*	jubilado/a (el, la)	*retired*
aumentar	*to increase*	jubilarse	*to retire*
aumento (el)	*increase*	lema (el)	*slogan, motto*
bienestar (el)	*well-being*	llegada (la)	*arrival*
bipartidismo (el)	*two- party system*	llegar	*to arrive*
Congreso (el)	*Congress*	medidas (las)	*measures*
consejo de ministros (el)	*cabinet*	paro (el)	*unemployment*
contratar	*to hire*	poder ejecutivo (el)	*executive power*
contrato (el)	*contract*	poder legislativo (el)	*legislative power*
desempleo (el)	*unemployment*	política (la)	*politics*
diputado/a (el, la)	*representative*	político/a (el, la)	*politician*
disminución (la)	*reduction*	puesto de trabajo (el)	*job*
disminuir	*to reduce*	real	*royal*
empleo (el)	*employment*	recorte (el)	*cut*
envejecer	*to age*	reivindicación (la)	*demand, claim*
envejecimiento (el)	*aging*	reivindicar	*to demand, to claim*
escaño (el)	*a seat in Congress/Senate*	residir	*to live, reside*
euro (el)	*euro (currency)*	rey (el)	*king*
Europa	*Europe*	Senado (el)	*Senate*
europeo/a	*european*	senador/a (el, la)	*senator*
extranjero/a (el, la)	*foreigner*	ser candidato a	*to run for*
fuerzas armadas (las)	*armed forces*	tasa (la)	*rate*
ideología (la)	*ideology*	Unión Europea (la)	*European Union*
igualdad (la)	*equality*	valer	*to be worth*
jefatura (la)	*leadership*	votar	*to vote*
jubilación (la)	*retirement*	voto (el)	*vote*

3-2 ¿QUÉ ES UNA MONARQUÍA?

 ¿Cómo crees que es un país con una monarquía hoy día? Escribe una lista con seis características. Luego lee este texto y mira el video con Don Juan Carlos I. Después resume las dos ideas fundamentales que mencionó el rey.

España es una monarquía parlamentaria y constitucional. La monarquía tiene su origen en los Reyes Católicos (Siglo XV) y sólo ha sido interrumpida en los períodos de la Primera República (1873–1874), la Segunda República (1931–1939) y la dictadura (1939–1975). Este sistema requiere la sucesión hereditaria de los miembros de la familia real. El rey es el Jefe del estado, tiene el mando supremo de las Fuerzas Armadas, propone y nombra el candidato a la presidencia del gobierno, convoca y disuelve el Congreso y convoca elecciones, pero no dirige ni el poder legislativo (Congreso) ni el poder ejecutivo (gobierno).

Lee este texto sobre el rey y la monarquía en España. Después responde a las preguntas.

¿Cuántos monarcas reinantes podrían **mandar al presidente de Venezuela que se calle**, como hizo Juan Carlos públicamente durante la Cumbre Iberoamericana celebrada en 2007 en Chile? Este gesto, que a muchos españoles les pareció divertido, contribuyó a disminuir la gran influencia que tenía el Rey Juan Carlos en América Latina, donde ahora existe una clase dirigente cada vez más alejada de la madre patria.

"En España hay un sentimiento de gratitud hacia el rey por su papel en la transición de la dictadura a la democracia", afirma Charles Powell, biógrafo real. "Las encuestas muestran que **los ciudadanos creen que contribuyó más que nadie a la democratización de España** y ese sentimiento de gratitud se da en todas las clases sociales e ideologías". Pero en los últimos tiempos ha habido en España un intenso debate sobre el valor y la relevancia de la monarquía en la España del siglo XXI. Los jóvenes especialmente se están cuestionando el papel de la monarquía y piensan que el rey es el símbolo de un estado español artificial. A pesar de esto, **no es cierto que en España haya un sentimiento republicano** extendido. Según una reciente encuesta, **el 69% de los españoles opina que la monarquía parlamentaria es el sistema político "ideal" para España**, mientras que el 22% preferiría la república. Sin embargo, los analistas **consideran que el rey aporta un enorme capital político para España**, especialmente por sus contactos, establecidos en 40 años de relaciones internacionales, y por sus vínculos con monarquías que gobiernan y controlan los negocios de países clave, como las árabes. La verdad es que muchos opinan que Juan Carlos siempre será popular por su papel activo en la transición a la democracia, pero **dudan de que pueda transmitir algo de ese capital al príncipe Felipe**. Los comentaristas reales creen que **es muy poco probable que el rey abdique**, lo que deja a su hijo Felipe en una posición delicada, similar a la del príncipe Carlos de Inglaterra. El comentarista real Jaime Peñafiel cree que habrá turbulencias en el futuro. En España "tenemos una monarquía, pero no somos monárquicos", afirma. "Los españoles son juancarlistas, apoyan a la persona, no a la institución: queda por ver si aceptarán a su hijo Felipe".

Don Juan Carlos I, rey de España

Somos tod@s iguales?

COMPRENSIÓN

1. Explica cómo ha cambiado la influencia del rey de España en Latinoamérica.
2. Según Charles Powell, ¿qué sienten los españoles por el rey? ¿Por qué?
3. ¿Son los españoles antimonárquicos? Explica.
4. ¿Por qué es el rey Juan Carlos importante en la política internacional española?
5. Explica cuál es el futuro de la monarquía en España, según los comentaristas reales.

RL GRAMÁTICA 3-1 (pp. 161-166)

1. Revisa la Gramática de 3-1. Después fíjate en las siete frases en negrita en el texto. Identifica, para cada una, la frase principal y la frase subordinada. Subraya el verbo principal y el verbo subordinado.

Ejemplo: 1.　　FRASE PRINCIPAL　　　　　　　　FRASE SUBORDINADA

　　　　　　mandar al presidente de Venezuela　　que se calle.

2. Usa como referencia la clasificación de la Gramática de 3-1, pp. 162-165. ¿Cuáles de los verbos o expresiones verbales de la frase principal expresan ...

　　　A. *thoughts, perceptions, statement*　　　　C. *degree of possibility*

　　　B. *degree of certainty or veracity*　　　　E. *will, wishes or influence*

3. Examina los verbos de las siete frases subordinadas. Para cada uno, explica por qué están en subjuntivo o indicativo.

INTERPRETACIÓN

1. Miren la imagen del texto sobre el rey de España e interprétenla. Escriban dos frases con esta interpretación. Después compartan su trabajo con la clase.
2. Comparen la monarquía parlamentaria con el sistema republicano. Dos de ustedes preparan dos argumentos a favor del primer sistema, y dos de ustedes hacen lo mismo a favor del segundo. Consideren estos datos:

Monarquía parlamentaria	República
- El Parlamento regula el funcionamiento del estado y también las funciones del rey. - Hay separación de poderes. - El Congreso y el Senado toman las decisiones (soberanía popular). - El rey y su familia son los máximos representantes del país. - La manutención de la familia real se hace con dinero del estado. - El cargo de monarca es hereditario y vitalicio. - El rey no pertenece a ningún partido político. - Ejemplos: Bélgica, Dinamarca, Gran Bretaña, Japón, Suecia, Noruega, Países Bajos.	- En algunas repúblicas (EE.UU. o México) el jefe del estado es también el jefe del gobierno. - En otras repúblicas (Italia o Francia, por ejemplo) hay elecciones diferentes para elegir al jefe del estado y al presidente. - En ambos casos son elegidos por un tiempo limitado. - Hay separación de poderes. - El Congreso y el Senado toman las decisiones. - Todos los ciudadanos son considerados iguales. - Ejemplos: Alemania, Argentina, Brasil, Ecuador, Finlandia, Grecia, Guatemala, Irlanda, Nicaragua, Venezuela, Suiza.

	ARGUMENTOS
A favor de la monarquía parlamentaria	1. Creemos que ... porque ... 2. Nos parece bien que ... porque ...
En contra de la monarquía parlamentaria	1. No creemos que ... 2. A nosotros nos parece mal que ... porque ...

3-3 EL GOBIERNO ESPAÑOL

Lee estos textos sobre los dos últimos presidentes de España y los partidos políticos a los que representan.

José Luis Rodríguez Zapatero

José Luis Rodríguez Zapatero (2004-2011)
El Partido Socialista Obrero Español (PSOE) ganó las elecciones en 2004 y su candidato a la presidencia, José Luis Rodríguez Zapatero, se convirtió en presidente del gobierno a los 44 años. Fue la primera vez en la historia de España que el Consejo de Ministros estuvo formado por una mayoría de mujeres (9 ministras frente a 8 ministros). Bajo su gobierno se retiraron las tropas españolas de Irak, se legalizó el matrimonio homosexual, y se aprobaron la ley del aborto y la ley de igualdad efectiva entre mujeres y hombres. Durante su mandato también se firmó la Constitución Europea, aprobada en referéndum por los españoles. La gran derrota electoral de su partido en 2011 se interpretó como un castigo a la gestión (*management*) de la crisis económica de su gobierno y al aumento incesante del desempleo.

Mariano
Rajoy

Mariano Rajoy (2011-2015)
Mariano Rajoy, de 57 años, pertenece al Partido Popular (PP) –de centroderecha– que ganó las elecciones generales y logró 186 diputados, por encima de los 176 necesarios para la mayoría absoluta. La victoria de Mariano Rajoy llegó en un momento en que España atravesaba la peor crisis económica en décadas, con una tasa de desempleo del 25%, la más alta de la Unión Europea. Los millones de votantes que le apoyaron están convencidos de que Rajoy **traerá** un cambio para mejor; sin embargo sus críticos dicen que no **es** un buen comunicador, afirman que no **tiene** carisma y no creen que su política conservadora **sea** la mejor solución para los problemas. Además tienen miedo de que Rajoy **elimine** la legislación social que consiguió el gobierno anterior (por ejemplo la ley de matrimonio homosexual o la ley del aborto). Para Rajoy, entre 2012 y 2015 es fundamental que **se reduzca** el déficit y es absolutamente necesario que **se cree** empleo. Por eso ha decidido recortar 11.500 millones de dólares de gasto público y subir los impuestos.

COMPRENSIÓN

1. Señala dos diferencias entre estos dos presidentes.
2. Explica por qué el PSOE perdió las elecciones en 2011, según el texto.
3. ¿Qué críticas negativas ha tenido el presidente actual de España?
4. ¿Qué diferencia hay entre las medidas que tomó el presidente Zapatero después de ganar las elecciones en 2004 y las medidas que tomó el presidente Rajoy en 2011? Explica.

RL GRAMÁTICA 3-1 (pp. 161-166)

Lee otra vez el texto sobre Mariano Rajoy y examina los siete verbos marcados en negrita. Usando la clasificación de la Gramática de 3-1, explica, para cada uno de ellos, por qué están en indicativo o en subjuntivo (mira los verbos subrayados para responder).

INTERPRETACIÓN

1. Examinen otra vez las medidas que tomó el gobierno de Zapatero durante su presidencia. Seleccionen las tres que les parezcan más importantes y justifiquen su opinión.

   - Es increíble/interesante/malo que ...
   - Nos sorprende/parece extraño/parece interesante que ...

2. Analicen el mapa electoral español entre 1977 y 2008 en la página web del periódico *El País*. Luego examinen este mapa de las elecciones de 2011. Extraigan cuatro conclusiones para compartir con la clase.

ELECCIONES GENERALES DE 2011

España

Elecciones al Congreso de los Diputados del 20 de noviembre de 2011
Participación: 71.69%
Censo electoral: 34.296.458
Partido más votado: PP(44.62% de los votos válidos)

Partidos más votados por provincias:
- Partido Popular (PP)
- P. Socialista Obrero Español (PSOE)
- Convergència i Unió (CiU)
- Partido Nacionalista Vasco (PNV)
- Amaiur

CONCLUSIONES	1. Es evidente que ...
	2. Es interesante que ...
	3. Nos parece normal que ...
	4. No hay duda de que ...

3-4 EL SISTEMA ELECTORAL

Lee este texto sobre el sistema electoral de España y mira el gráfico y la tabla con los partidos políticos. Después responde a las preguntas.

El Congreso de España en 2011

España tiene un *sistema de partidos:* hay partidos estatales y partidos autonómicos (de una comunidad autónoma específica). Hay elecciones generales (para elegir a los miembros del Congreso y del Senado), autonómicas (para elegir los parlamentos autonómicos) municipales y para el Parlamento Europeo. En las *elecciones generales* se elige a todos los miembros del Congreso (350) y del Senado (208). El sistema de elección es directo y no hay colegio electoral. Los ciudadanos votan por el presidente, que es el candidato del partido político por el que votan. La Constitución permite que los ciudadanos **voten** cuando tienen 18 años; también exige que todos **sean** incluidos automáticamente en las listas electorales. Los extranjeros de países de la Unión Europea residentes en España son incluidos en las listas electorales y pueden votar en las elecciones municipales. No existe la tarjeta de elector, ya que la comprobación de la identidad se hace con el documento de identidad o el pasaporte.

Se vota una lista cerrada con los candidatos del partido al Congreso; es decir, el sistema no permite que los electores **cambien** el orden de la lista. Además exige que los partidos con menos del 3% de los votos válidos en cada provincia **sean** excluidos. El método de elección es el de *representación proporcional por provincia.* A cada provincia le corresponden un mínimo de dos representantes en el Congreso más uno adicional por cada 144.500 habitantes. Cada provincia tiene cuatro senadores independientemente de su población.

COMPRENSIÓN

1. Identifica en el texto dos características que el sistema electoral español comparte con el sistema electoral de Estados Unidos.
2. Identifica en el texto dos características específicas que el sistema electoral español no comparte con el sistema de Estados Unidos.
3. ¿Qué partidos – estatales o autonómicos – tienen más representantes en el Congreso?
4. ¿Qué partido autonómico tiene más representantes en el Congreso?

RL GRAMÁTICA 3-1 (pp. 161-166)

Mira los cuatro verbos en negrita en el texto y explica, para cada uno, por qué están en subjuntivo.

PARTIDOS ESTATALES	Escaños	Ideologías
Partido Popular (PP)	186	centroderecha, liberalismo, conservadurismo
Partido Socialista Obrero Español (PSOE)	96	centroizquierda, socialdemocracia, tercera vía
Izquierda Unida (IU)	11	comunismo, socialismo, republicanismo
Unión Progreso y Democracia (UPyD)	5	liberalismo, laicismo, postnacionalismo
PARTIDOS AUTONÓMICOS	Escaños	Ideologías
Convergència i Unió CiU)	16	centroderecha, nacionalismo
Partit dels Socialistes de Catalunya	14	centroizquierda, socialdemocracia, tercera vía
AMAIUR	7	izquierda, nacionalismo, separatismo
Partido Nacionalista Vasco (PNV)	5	centroderecha, nacionalismo
Esquerra Republicana de Catalunya (ERC)	3	izquierda, republicanismo, separatismo
Bloque Nacionalista Galego (BNG)	2	izquierda, independentismo, republicanismo
Coalición Canaria (CC)	1	centroderecha, nacionalismo
Geroa Bai (GBAI)	1	centroderecha, nacionalismo
Coalició Compromís	1	izquierda, nacionalismo, socialismo
Foro Asturias (FAC)	1	centroderecha, nacionalismo

INTERPRETACIÓN

Examinen el gráfico y la lista de partidos políticos españoles en 2011. Analicen:

1. ¿Cómo se distribuyen la derecha y la izquierda?
2. ¿Cómo es la representación total de los partidos autonómicos?
3. ¿Qué partidos autonómicos tiene más representación: los separatistas o los nacionalistas (no separatistas)? ¿Por qué creen que este es el caso?
4. Mirando el gráfico del Congreso español, piensen en una similitud y una diferencia con la distribución del Congreso de Estados Unidos.

3-5 "ENTREVISTA" A LA SOCIEDAD ESPAÑOLA

Escucha esta "entrevista" que resume las opiniones de la sociedad española, según las encuestas de población de varias organizaciones como el Centro de Investigaciones Sociológicas (CIS).

COMPRENSIÓN

Para cada categoría, escribe una frase completa que resuma los datos que has escuchado.

1. Características definitorias de España:
2. Ideología política de los españoles:
3. Actitud de los españoles hacia la inmigración:
4. Preocupaciones principales:
5. Preocupaciones sobre el mundo actual:
6. Relación de España con Latinoamérica:
7. Opinión sobre Europa y la Unión Europea:
8. Opinión sobre la globalización:

> **RL GRAMÁTICA 3-1 (pp. 161-166)**
>
> 1. Mira la transcripción de la entrevista y los diez verbos y expresiones marcados en negrita en el texto. Clasifícalos en estos grupos. Verbos que expresan ...
>
> A. pensamiento, perception, declaración
>
> B. grado de certeza o veracidad
>
> C. grado de posibilidad
>
> D. evaluación, valoración personal, sentimientos
>
> 2. Subraya los verbos que aparecen tras los verbos en negrita en las cláusulas *que + verbo*. Justifica por qué se usó el indicativo o el subjuntivo en cada caso.

INTERPRETACIÓN

1. Revisen las respuestas a las ocho categorías anteriores. ¿Creen que serían las mismas si la encuesta se hiciera (*it was done*) entre la sociedad estadounidense? Justifiquen su respuesta en cada categoría.
2. Comparen estos datos del Centro Pew. ¿Creen que hay más diferencias o similitudes? ¿En qué se parecen y en qué se diferencian fundamentalmente la sociedad estadounidense y la española?

Diferencias culturales entre Estados Unidos y España	EE.UU.	ESPAÑA
1. ¿Qué es más importante para mí?		
- Que el gobierno garantice las necesidades básicas	35%	67%
- Que el individuo tenga libertad para realizar sus objetivos	58%	30%
2. El éxito en la vida está determinado por causas ajenas a mi control	36%	50%
3. La religión es muy importante en mi vida	50%	22%
4. Para tener valores morales es necesario creer en Dios	53%	19%
5. No somos perfectos, pero nuestra cultura es superior a otras	49%	44%
6. La homosexualidad debería estar aceptada socialmente	60%	91%

PERSPECTIVAS INTERCULTURALES

3-6 LA INMIGRACIÓN

Lee este texto sobre la inmigración en España hoy y en el futuro. A continuación contesta a las preguntas.

Entre los últimos años del siglo XX y los primeros del siglo XXI un gran número de inmigrantes llegó a España atraído por la favorable situación económica. En pocos años la población extranjera alcanzó un 14%, lo que supuso un crecimiento de casi un 500%. Hoy día más de 4 millones de los 43 millones de habitantes de España son extranjeros y un 36,2% procede de Latinoamérica. La migración significó una de las transformaciones más profundas de España: el país cambió de edad, de rostro y de acento con la llegada de inmigrantes, los cuales generaron la mitad del 'boom' económico y casi todo el crecimiento de población de un país que se enfrentaba al fantasma del envejecimiento.

La crisis económica que vive España desde 2009 ha afectado a la población inmigrante de numerosas formas: una de ellas es la percepción que los españoles tienen de la inmigración. Según un informe del Ministerio de Trabajo e Inmigración, cada vez son más los españoles que piensan que el número de inmigrantes es excesivo. En 1996 sólo el 28% de los españoles pensaba de este modo, pero 12 años después la cifra se había disparado hasta el 77%. La encuesta también mostraba que el 42% de los españoles cree que las leyes de inmigración son demasiado tolerantes y que los españoles deberían tener preferencia a la hora de acceder a la atención sanitaria, o elegir el colegio para sus hijos. El 60% ve muy o bastante aceptable que los españoles tengan preferencia en el mercado laboral.

Encuesta de opinión sobre la inmigración (2011)

Sin embargo, según el Instituto Nacional de Estadística (INE), cuando comience a jubilarse la generación nacida entre 1957 y 1977 el sistema de pensiones quebrará porque habrá más jubilados que trabajadores activos, y serán necesarios trabajadores extranjeros para que esto no ocurra. El INE también advierte que España será un país completamente envejecido en 2049; esto pone en peligro no sólo el sistema de pensiones, sino la propia sociedad. Por lo tanto, los expertos opinan que, tan pronto como la economía mejore, España necesitará más de 400.000 inmigrantes por año. Por otro lado, el voto de los inmigrantes y de sus hijos será clave para contener el ascenso de los políticos antiinmigración, una tendencia en Europa.

COMPRENSIÓN

1. Explica qué consecuencias tuvo la llegada masiva de inmigrantes a España.
2. ¿Qué consecuencia tuvo la crisis económica, según el texto?
3. ¿Por qué, según el texto, quebrará el sistema de pensiones hacia el año 2049? ¿Qué solución se propone para que esto no ocurra?
4. ¿Qué impacto tendrá en la sociedad española el voto de los ciudadanos latinos en el futuro?
5. Explica el significado de la expresión "el país cambió de edad, de rostro y de acento".

REGIÓN DEL MUNDO	Número	Porcentaje
1. **Latinoamérica** Ecuador (11,13%) Colombia (6,40%)	1.500.785	36,21%
2. **Europa Occidental** Reino Unido (6,63%) Alemania (3,63%)	872.694	21,06%
3. **Europa del Este** Rumania (9,82%) Bulgaria (2,45%)	735.506	17,75%
4. **África del Norte** Marruecos (13,59%) Argelia (1,14%)	614.436	14,83%
5. **África subsahariana** Senegal (0,85%) Nigeria (0,76%)	170.843	4,12%
6. **Extremo Oriente** China (2,53%)	132.474	2,72%

INTERPRETACIÓN

1. Observen la tabla de datos en la página anterior. Asocien cada región del mundo con una causa principal de la migración a España.

   A. *búsqueda de una vida mejor*
   B. *trabajos especializados*
   C. *jubilación*

2. La inmigración es un fenómeno intrínseco en Estados Unidos, un país fundado por inmigrantes. Comparen en el gráfico 1 la situación de Estados Unidos y España.

3. Usando los datos de los gráficos 2, 3 y 4, referidos a Estados Unidos, (a) hagan un resumen de la situación en Estados Unidos y (b) compárenla con la situación en España. Usen la tabla de la página siguiente.

1

Países con más inmigrantes, 2010 (en millones)

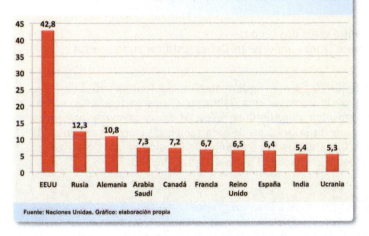

Fuente: Naciones Unidas. Gráfico: elaboración propia

2

Inmigración en Estados Unidos Entradas/salidas y motivos		
Categoría	2008	2010
Inmigrantes documentados	1,107,126	1,130,818
Parientes cercanos de ciudadanos estadounidenses	488,483	535,554
Otros inmigrantes respaldados por su familia	227,761	211,859
Basado en el empleo	166,511	144,034
Refugiados y asilados políticos	166,392	177,368
Inmigrantes temporales documentados	39,381,925	36,231,554
Placer/negocios	35,045,836	32,190,915
Estudiantes extranjeros (F-1)	859,169	895,392
Trabajadores extranjeros temporales	1,101,938	936,272
Inmigración ilegal: Detenciones	791,568	—
Deportaciones	358,886	—

3

Número de inmigrantes legales en EE.UU. por década y región de origen (1960-2009)

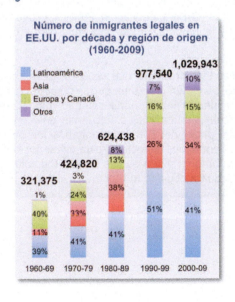

4

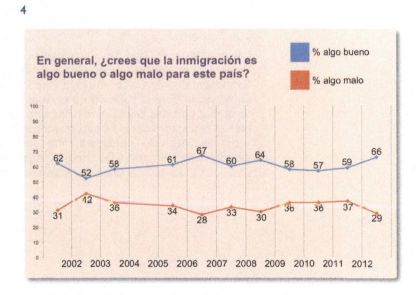

En general, ¿crees que la inmigración es algo bueno o algo malo para este país?

	Procedencia de los inmigrantes	Razones para la inmigración	Opiniones y actitudes hacia los inmigrantes
EE.UU.			
ESPAÑA			

3-7 EL MOVIMIENTO 15-M Y "OCCUPY WALL STREET"

Lee esta información sobre el Movimiento 15-M, o Movimiento de los indignados, en España y "Occupy Wall Street" en Estados Unidos. Después contesta a las preguntas.

COMPRENSIÓN

1. Haz una lista de tres similitudes y tres diferencias entre estos dos grupos.
2. Decide con qué propuesta estás de acuerdo y te parece la más importante. Debes justificar su respuesta.

Manifestación del 15-M

EL MOVIMIENTO 15-M es un fenómeno social formado el 15 de mayo de 2011 para promover una democracia más participativa, menos bipartidista y con menos influencia de las corporaciones y los bancos. Sostiene que las prioridades de toda sociedad avanzada deben ser la igualdad, la solidaridad, la sostenibilidad ecológica y el desarrollo, el libre acceso a la cultura, el bienestar y la felicidad.

¿Quiénes son?

El movimiento reúne a diversos grupos como desempleados, obreros o estudiantes y comenzó a organizarse con el asentamiento de centenares de acampadas en las plazas de muchas ciudades. Se define como apartidista, pacífico, horizontal y transparente, y se organiza a través de asambleas populares abiertas. Está estructurado en grupos de trabajo (Cultura, Educación, Política, Economía, Medio Ambiente, Ciencia y Tecnología, Migración y Movilidad, etc.).

¿Qué quieren?

Los manifestantes han propuesto que se cambie la Ley Electoral para que las listas sean abiertas y el número de escaños sea proporcional al número de votos; también proponen que se respeten los derechos fundamentales de la Constitución como el derecho a una vivienda digna, sanidad pública, gratuita y universal, la libre circulación de personas y la educación pública y laica. Reclaman una reforma fiscal favorable para las clases más bajas, una reducción del poder del FMI, la nacionalización de todos los bancos rescatados por el Estado, mayor control sobre las entidades financieras para evitar posibles abusos, y una desvinculación verdadera entre Iglesia y Estado. También piden que se cierren todas las centrales nucleares, se promuevan las energías renovables y se reduzca el gasto militar.

"OCCUPY WALL STREET" (OWS) es un movimiento social de protesta que comenzó el 17 de septiembre de 2011 en el Parque Zuccotti, ubicado junto a Wall Street, el distrito financiero de Nueva York. Las principales denuncias del grupo son la desigualdad social y económica, la codicia, la corrupción y la influencia indebida de las corporaciones—en particular del sector financiero—en el gobierno. Su lema "Somos el 99%", se refiere a la creciente desigualdad de ingresos y la distribución de la riqueza en los EE.UU. entre los más ricos—el 1%—y el resto de la población.

Manifestación de "Occupy Wall Street"

¿Quiénes son?

El movimiento de "Occupy Wall Street" es un grupo de diversas edades, religiones, situaciones laborales (la mitad están empleados a tiempo completo, también hay muchos estudiantes), así como diferentes afiliaciones políticas, unidos por una causa común. No tienen un líder y las decisiones se toman en una asamblea general. Es una comunidad en donde la gente se reparte las tareas y se coordina para que todo funcione. Por ejemplo, algunos se encargan de repartir comida, otros de recibir las donaciones de alimentos que les llegan de todas partes del país, y otro grupo se dedica a repartir información sobre el movimiento.

¿Qué quieren?

Los objetivos de OWS incluyen una distribución más equilibrada de los ingresos, más y mejores empleos, la reforma bancaria (incluida la reducción o eliminación de los beneficios obtenidos por los bancos), una reducción de la influencia de las empresas en la política, el perdón de la deuda de préstamos estudiantiles u otro tipo de alivio para los estudiantes endeudados, y la mejora del sistema hipotecario.

 Mira el video sobre la juventud española y su respuesta a la crisis y contesta después a las preguntas.

COMPRENSIÓN

1. Describe qué es la "generación perdida" en España y qué características tiene.
2. ¿Qué es el Movimiento Juventud sin Futuro? Explica en qué contexto nació este movimiento y cuáles son sus reivindicaciones.
3. ¿Por qué hay emigración de jóvenes españoles hoy?
4. ¿Qué diferencia a la emigración de jóvenes españoles hoy y la de los años 60 del siglo XX?
5. ¿Qué quieren los jóvenes del 15-M? Escribe tres puntos.
6. ¿Qué piensa José Luis Sampedro sobre el cambio social y el futuro?

INTERPRETACIÓN

 1. Lean este fragmento de un manifiesto firmado por varias organizaciones e intelectuales mundiales en apoyo al 15-M. Elijan la idea que más les guste y expliquen por qué.

Manifiesto Unidos por una democracia global

"El 15 de Octubre, unidos en la diversidad, unidos por un cambio global, exigimos democracia global: gobierno global por el pueblo, para el pueblo. [...] hoy pedimos reemplazar el G-8 por el G-7 mil millones. Todos nacemos iguales, ricos o pobres, mujeres u hombres. Todo africano o asiático es igual a todo europeo. [...]Los ciudadanos del mundo deben de tomar el control sobre las decisiones que les afectan a todos los niveles. Esto es la democracia global. Como en las plazas tomadas en España, decimos "¡Democracia Real Ya!".

2. Tanto en las manifestaciones del 15-M como en las de "Ocuppy Wall Street" los lemas han tenido un gran impacto. Miren estos lemas y decidan a qué grupo pertenecen y qué mensaje transmiten. ¿Qué reivindicaciones destacan en España? ¿Y en Estados Unidos?

1

2

3

4

5

6

7

8

MANIFESTACIONES ARTÍSTICAS

3-8 MÚSICA SOBRE LA INMIGRACIÓN E INTEGRACIÓN

Muchos músicos españoles han usado su música como instrumento para promover actitudes de respeto y solidaridad hacia otras culturas. Lee las letras (*lyrics*) de estas tres canciones y después responde a las preguntas.

Contamíname de Ana Belén y Víctor Manuel (1994)	*Papeles mojados* de Chambao (2007)	*El extranjero* de Enrique Bunbury (2000)
Cuéntame el cuento del **árbol dátil** de los desiertos, de las **mezquitas** de tus abuelos. Dame los ritmos de las **darbukas** y los secretos que hay en los libros que yo no leo... Contamíname, pero no con el humo que asfixia el aire. Ven, pero sí con tus ojos y con tus bailes. Ven, pero no con la rabia y los malos sueños. Ven, pero sí con los labios que anuncian besos. Contamíname, mézclate conmigo, que bajo mi rama tendrás abrigo. Cuéntame el cuento de las **cadenas** que te trajeron, de los **tratados** y los viajeros. Dame los ritmos de los **tambores** y los **voceros** del barrio antiguo y del barrio nuevo... Cuéntame el cuento de los que nunca se descubrieron, del río verde y de los boleros. Dame los ritmos de los **buzukis**, los ojos negros, la danza inquieta del **hechicero**.	Miles de sombras cada noche trae la marea, navegan carga(d)os de **ilusiones** **que en la orilla se quedan**. Historias del día a día, historias de buena gente. Se juegan la vida cansa(d)os, con hambre y un frío que pela. Ahogan sus penas con una candela, ¡ponte tú en su lugar! el miedo que en sus ojos reflejan, **la mar se echó a llorar**. Muchos no llegan, **se hunden sus sueños**, papeles moja(d)os, papeles sin dueño. **Frágiles recuerdo(s) a la deriva** desgarran el alma, calad(o)s hasta los huesos el agua lo(s) arrastra sin esperanza. La impotencia en su garganta con sabor a sal, una bocanada de aire les da otra oportunidad. Tanta noticia me desespera, ponte tú en su lugar, el miedo que en sus ojos reflejan, la mar se echó a llorar.	Una barca en el puerto me espera, no sé dónde me ha de llevar. No ando buscando grandeza, sólo esta tristeza deseo curar. Me marcho y no pienso en la vuelta, tampoco me apena lo que dejo atrás. Sólo sé que lo que me queda en un solo bolsillo lo puedo llevar. **Me siento en casa en América,** en Antigua quisiera morir. Parecido me ocurre con África, Asilah, Esasaourira y el Rif. Pero allá donde voy, me llaman 'el extranjero'. Donde quiera que estoy, 'el extranjero' me siento. **También extraño en mi tierra** aunque la quiera de verdad, pero mi corazón me aconseja, **los nacionalismos ¡qué miedo me dan!** **Ni patria ni banderas, ni raza ni condición, ni límites ni fronteras,** ¡extranjero soy! Porque allá donde voy ...

COMPRENSIÓN/INTERPRETACIÓN

1. ¿A cuál de las tres letras se refieren estas afirmaciones?
   a. La persona que habla es un emigrante
   b. La persona que habla está hablando a un emigrante
   c. La persona que habla está hablando a alguien que no es emigrante.
2. ¿A qué se refieren las palabras en negrita de la canción *Contamíname*? ¿A qué inmigrantes en particular crees que está dirigida esta canción?
3. ¿Qué trata de promover el título *Contamíname*?

4. ¿De dónde provienen los inmigrantes de los que habla la canción de Chambao *Papeles mojados*? ¿A qué fenómeno migratorio específico alude esta canción?
5. Interpreta las partes en negrita—metáforas—de la canción *Papeles mojados*.
6. ¿Qué mensaje envía la canción de Bunbury *El extranjero*?
7. Interpreta el significado de las partes en negrita de *El extranjero*.

3-9 EL CINE DE PEDRO ALMODÓVAR

El cine español tiene uno de sus máximos representantes en Pedro Almodóvar. A través de sus películas podemos ver la evolución de la sociedad española desde los primeros años de la vida en democracia en los años ochenta hasta hoy.

Almodóvar, a la izquierda, en el Festival de cine de Cannes

Autor desde sus inicios de un cine transgresor, muchas veces adelantado a su época y protagonizado casi siempre por mujeres, Almodóvar ha logrado dibujar la evolución de la sociedad española desde su despertar en los ochenta, con films como *Pepi, Luci y Bom...* (1980), *Laberinto de Pasiones* (1982) o *Entre tinieblas* (1983), hasta la actualidad, siendo sus últimas películas estrenadas hasta el momento *Volver* (2006), *Los abrazos rotos* (2009), *La piel que habito* (2011) y *Los amantes pasajeros* (2013). Sus primeras películas, rodadas durante la transición a la democracia, aportaron frescura, provocación y libertad creativa al panorama cinematográfico español. En las veinte películas que ha rodado desde entonces la realidad urbana aparece como escenario natural y el protagonismo fundamental de la mujer y la sensibilidad femenina son esenciales en su obra. Asimismo, tiene unas claves estilísticas muy personales: desde el gusto por los decorados coloristas y la imaginería 'kitsch' a la defensa apasionada del derecho a la diferencia. Suele representar una realidad marginal a través de sus diferentes personajes: homosexuales, travestis, drogadictos, ignorantes, maltratadores y maltratados, violadores, sicópatas, prostitutas, etc. Usa muchos elementos escandalosos y provocadores sin renunciar a un humor irreverente y a escenas heterodoxas donde mezcla lo tradicional y lo transgresor. Con dos Oscars y la Palma de Oro al Mejor Director en el Festival de Cine de Cannes, es el director español de mayor proyección internacional.

 Mira esta entrevista con Pedro Almodóvar donde el director español habla de su estética, de su opinión sobre la sociedad española y de sus próximos proyectos.

COMPRENSIÓN

1. ¿Qué tres adjetivos usa Almodóvar para definir la estética de sus películas y sus personajes?
2. ¿Cuáles son las dos influencias que ha tenido Almodóvar para el uso de esta estética?
3. ¿Qué sector político de la sociedad española expresa un rechazo hacia Almodóvar?
4. ¿A qué movimientos y causas sociales ha apoyado o apoya Almodóvar en España?
5. Explica qué le parece a Almodóvar que los artistas como él tomen una posición política abierta.
6. Almodóvar quiere hacer una película sobre la sociedad española. ¿Qué asunto le interesa en particular y por qué?
7. ¿Qué dos características tienen en común los tres proyectos que tiene Almodóvar en mente?

1. Miren esta escena de *Mujeres al borde de un ataque de nervios* (1988), la película que dio a Pedro Almodóvar fama internacional y por la que ganó un Oscar.

MUJERES AL BORDE DE UN ATAQUE DE NERVIOS

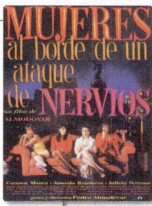

CONTEXTO
Pepa, actriz de doblaje, está desesperada porque su novio Iván la ha abandonado... Y ella está embarazada. Mientras espera explicaciones de su ex, en su casa aparece la esposa de Iván.

CARTEL
Este cartel representa la estética 'kitsch' de Almodóvar, con la elección de los colores fuertes y la disposición y tipo de letra del título. El uso del colorido, en contraste con el fondo oscuro, representa el aspecto tragicómico de varias de las películas del director. Las "mujeres de Almodóvar" aparecen sentadas en el sofá, incluyendo a Pepa y, a su lado, la esposa de Iván. Con esto Almodóvar quiere mostrar al público cuatro tipos muy diferentes de mujer.

    a.   ¿Qué características de las que leímos en el texto sobre Almodóvar están presentes en esta escena?
    b.   ¿Qué elementos de la estética de Almodóvar están presentes?
    c.   ¿Qué géneros se mezclan en esta película?

2. Miren ahora los tráilers de *Volver* (2006) y *La piel que habito* (2011).
    a.   ¿Qué elementos aparecen otra vez en estas películas?
    b.   ¿Qué diferencias pueden observar entre cada una de ellas?
    c.   Expliquen la evolución que observan entre las tres películas, basándose en los tráilers.

VOLVER

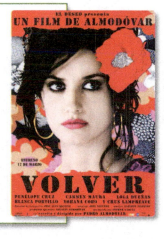

CONTEXTO
Las protagonistas de la película son dos hermanas, Raimunda y Sole, que visitan a una tía que vive en el pueblo que dejaron atrás. Poco después la tía fallece y de pronto aparece de forma misteriosa el fantasma de Irene, la madre de las hermanas, que vuelve del pasado para ajustar una cuenta pendiente.

CARTEL
El icónico cartel de *Volver* ofrece un primer plano de la protagonista, de nuevo una mujer. Otra vez aparece la distinción entre el negro y el color brillante. En esta ocasión, el rojo –color que tradicionalmente representa a España– enmarca la imagen también tradicional y folclórica de la protagonista. Esta imagen alegre se contradice, sin embargo, con el color negro del pelo y los ojos. Esto nos da una pista de que lo trágico y lo cómico van unidos en esta historia.

LA PIEL QUE HABITO

CONTEXTO
Desde que su esposa sufrió quemaduras en todo el cuerpo por un accidente de coche, el doctor Ledgard, eminente cirujano plástico, ha dedicado años de estudio a la elaboración de una nueva piel. Para poner en práctica este hallazgo necesita una cobaya humana y un cómplice.

CARTEL
El cartel muestra la evolución de Almodóvar hacia una estética y temática mas 'oscura'. Aunque continúa usando el primer plano y el contraste claro/oscuro, los dos rostros de mirada intensa sientan un tono diferente. Ya no hay nada alegre; la imagen es más críptica, indicando que la película se enfoca en temas más serios que las anteriores.

3-10 LA DIVISIÓN TERRITORIAL

¿Sabes cuáles de estos países son federaciones de estados? ¿Cuáles son las ventajas y las desventajas de una federación?

Francia	Bolivia	Suiza	India
Alemania	México	Japón	Brasil
Portugal	Finlandia	Rusia	Argentina

¿Qué es España? Lee este texto para saber qué distribución territorial tiene. A continuación contesta a las preguntas.

COMUNIDADES AUTÓNOMAS DE ESPAÑA

La unidad de España se construyó sobre diferentes identidades y por eso el artículo 2 de la Constitución española de 1978 reconoce el derecho a la autonomía de las regiones y nacionalidades que componen el país, su diversidad lingüística y cultural. España es un *estado de autonomías*, un país formalmente unitario pero que funciona como una federación descentralizada de comunidades autónomas, cada una de ellas con diferentes niveles de autogobierno. Cada comunidad autónoma tiene un gobierno autonómico y un presidente, además de un parlamento. Hay diecisiete comunidades autónomas y dos ciudades autónomas en el norte de África: Ceuta y Melilla. Esta división territorial fue resultado de una negociación, tras el fin de la dictadura, entre los partidos que querían el centralismo y los que querían un estado federal.

Cada comunidad autónoma está formada por una o varias provincias, con un total de 50 provincias. Se considera que España es uno de los países europeos más descentralizados, ya que sus diferentes autonomías administran de forma local sus sistemas sanitarios y educativos y algunos aspectos del presupuesto público; algunas de ellas, como el País Vasco y Navarra, administran además su financiación pública. El nivel de autonomía otorgado a cada región no es uniforme. Por ejemplo Cataluña, el País Vasco, Galicia y Andalucía tienen un estatus especial que les da más derechos, por ejemplo su propio idioma (País Vasco, Galicia y Cataluña) o su propio sistema educativo. Aunque algunos expertos consideran que España se parece mucho a un estado federal, la mayoría no considera que España sea una federación.

COMPRENSIÓN

1. Explica qué es una comunidad autónoma.
2. ¿Por qué se considera a España un país muy descentralizado?
3. ¿Qué comunidades autónomas tienen mayor independencia y cómo se manifiesta?

INTERPRETACIÓN

 ¿Por qué creen que unas comunidades tienen más independencia que otras? ¿Qué les parece esto? ¿Es igual en su país?

PERSPECTIVA LINGÜÍSTICA

VOCABULARIO META

acosar	*to harass*	independentismo (el)	*independence*
acoso (el)	*harassment*	independentista (el, la)	*pro-independence*
amenaza (la)	*threat*	independizarse	*to become independent*
amenazar	*to threaten*	miedo (el)	*fear*
atentado (el)	*(terrorist) attack*	nacionalismo (el)	*nationalism*
autodeterminación (la)	*self-determination*	nacionalista (el, la)	*nationalist*
autonomía (la)	*autonomy*	postura (la)	*position*
bandera (la)	*flag*	presupuesto (el)	*budget*
comando terrorista (el)	*terrorist unit*	reivindicación (la)	*claim*
comunidad autónoma (la)	*autonomous region*	reivindicar	*to claim*
condenar	*to convict, sentence*	separarse	*to secede*
delito (el)	*crime*	separatista (el, la)	*secesionist*
devolución (la)	*return*	tener miedo de	*to be afraid of*
devolver	*to return*	territorio (el)	*territory*
detención (la)	*arrest*	terrorismo (el)	*terrorism*
detener	*to arrest, detain*	terrorista (el, la)	*terrorist*
diversidad (la)	*diversity*	tregua (la)	*truce*
euskera (el)	*vasque language*	vincular	*to link*
independencia (la)	*independence*		

3-11 CONFLICTOS TERRITORIALES

Lean estos dos textos que tratan de los territorios de España sobre los cuales existen disputas de soberanía territorial.

Hay dos ciudades autónomas en el norte de África que son parte del territorio español. *Melilla* tiene una población de 75.000 habitantes y *Ceuta* de 80.570 habitantes. En estas ciudades convive población originaria de España que habla español con población musulmana que habla un dialecto berebere (Melilla) y un dialecto árabe (Ceuta). Ambas ciudades se constituyeron en ciudades autónomas en 1995. Desde 1982 Marruecos ha usado la vía diplomática **para que España le devuelva** estas ciudades, basándose en que su identidad es musulmana; no obstante gran parte de la población musulmana local se ve a sí misma como española. El gobierno de España considera que estas ciudades son parte del territorio nacional español: Melilla desde 1668 y Ceuta desde 1680, antes de la existencia del reino marroquí. La identidad de Melilla y de Ceuta tiene mucho más que ver con la historia de España que con la de Marruecos, ya que toda su historia ha estado íntimamente ligada a la del resto de España desde tiempos de los fenicios.

Peñón de
Gibraltar

Gibraltar es un territorio dependiente del Reino Unido desde 1713 que antes perteneció a la corona española. Desde entonces ha sido objeto de controversia en las relaciones hispano-británicas, ya que España reclama a Gran Bretaña el territorio. Gibraltar está situado en una península en el estrecho de Gibraltar que comunica el mar Mediterráneo y el océano Atlántico y tiene una base aeronaval de las Fuerzas Armadas Británicas. Tiene una población de unos 29.000 habitantes en una superficie de menos de 7 km². Dos tercios de los habitantes son gibraltareños de ascendencia británica y andaluza, entre otras, y el resto son extranjeros residentes y personal militar británico. El 78% de los habitantes es católico. La lengua oficial es el inglés, pero la gran mayoría de los gibraltareños también habla español. La lengua vernácula de Gibraltar es una mezcla del andaluz con el inglés, conocida como 'llanito'. A principios de la década de 1960, el gobierno español planteó la situación de Gibraltar ante el comité de descolonización de las Naciones Unidas. En respuesta, las autoridades de Gibraltar apelaron al derecho a la autodeterminación y el Reino Unido organizó un referéndum en 1967 **para determinar los deseos de la población**, la cual manifestó mayoritariamente su deseo de permanecer como territorio británico. Desde entonces, España ha seguido reclamando la devolución de Gibraltar.

COMPRENSIÓN

Para cada uno de estos territorios, di dónde está, qué estatus tiene y quién disputa este estatus.

RL GRAMÁTICA 3-2 (pp. 166-167)

1. Revisa la Gramática de 3-2 y fíjate en las frases en negrita en los textos. Justifica el uso del subjuntivo en la primera y el uso del infinitivo en la segunda.

2. Escribe otra vez estas dos frases sustituyendo la conjunción *para* por otro conector que también exprese finalidad.

INTERPRETACIÓN

 Decidan, para cada territorio, qué parte tiene razón. Luego presenten al resto de la clase sus decisiones. Para ello, escriban argumentos que representen los dos lados de la disputa. Justifiquen sus decisiones haciendo énfasis en las diferencias entre estos territorios. Consideren estos aspectos.

	A favor de la independencia de Ceuta y Melilla	En contra de la independencia de Ceuta y Melilla
identidad	Está claro que ...; por eso ...	No está claro que ... y por eso ...
historia	Es posible que ...; sin embargo ...	Es dudoso que ...
lengua	Aunque ... es evidente que ...	A pesar de que .... lo cierto es que ...
religión	Pensamos que ... y por eso queremos que	Es verdad que ..., pero ... y por eso recomendamos ...
otro		

	A favor de la independencia de Gibraltar	En contra de la independencia de Gibraltar
identidad		
historia		
lengua		
religión		
otro		

3-12 EL NACIONALISMO Y LA IDENTIDAD

Escribe una definición de *nacionalismo.* **Después compara tu definición con ésta:**

> *El nacionalismo es un concepto de identidad experimentado colectivamente por miembros de un gobierno, una nación, una sociedad o un territorio en particular. Sus reivindicaciones se sustancian generalmente mediante el ejercicio de la actividad política, a través de distintos partidos políticos nacionalistas que reclaman una mayor autonomía, la independencia o el ejercicio del derecho de autodeterminación de sus territorios. En algunas ocasiones, sin embargo, se recurre a métodos violentos.*

Ahora lee este texto y mira el mapa. Contesta después a las preguntas.

En España existen diferentes movimientos nacionalistas desde el siglo XIX, basados en que España es un estado formado por diversas naciones. Los más conocidos son el catalán y el vasco, pero hay otros como el gallego, el andaluz o el canario. Durante la dictadura de Franco los nacionalismos fueron duramente perseguidos; sin embargo con la llegada de la democracia se reconocieron los Estatutos de Autonomía de muchas regiones españolas. Cataluña, Euskadi (País Vasco), Galicia y la Comunidad Valenciana tienen una identidad colectiva, lingüística o cultural diferenciada del resto del estado y por eso son *nacionalidades históricas.* Actualmente también tienen condición de nacionalidad Andalucía, Aragón y las Islas Canarias. Es precisamente en estas nacionalidades históricas donde existen movimientos políticos de tipo nacionalista: algunos **quieren que** sus territorios tengan más independencia del gobierno central, otros **quieren que** se dé el derecho de autodeterminación a sus territorios. Estos últimos se asocian a partidos políticos explícitamente independentistas.

COMPRENSIÓN

1. ¿Son todos los movimientos nacionalistas en España de tipo independentista? Explica.
2. ¿En qué comunidades hay un sentimiento de identidad más fuerte y por qué?
3. ¿Qué define una "nacionalidad histórica"?

RL GRAMÁTICA 3-1 (pp. 161-166)

Revisa la Gramática de 3-1, punto E (p. 165). Después observa los verbos en negrita en el texto, que introducen frases con subjuntivo. Escribe otra vez las dos frases subrayadas de modo que contengan la estructura *querer + infinitivo.* Haz los cambios necesarios.

 Mira ahora el fragmento del documental titulado *La pelota vasca.* **Este documental del año 2003 intentaba presentar los diferentes lados del "problema vasco".**

COMPRENSIÓN

1. Escribe dos datos interesantes sobre la lengua vasca—el euskera—que se hayan mencionado en la primera parte.
2. Escribe una opinión positiva y otra negativa que has escuchado en el video sobre
   a. la lengua vasca
   b. la Constitución española
3. Según José Antonio Ardanza, ex presidente del gobierno vasco, hay dos tipos de vascos. ¿Cómo define a cada grupo?
4. Escribe las opiniones de dos personas no nacionalistas que has escuchado en el video.
5. ¿Cómo describe Bernardo Atxaga el concepto de "ciudad vasca" refiriéndose al País Vasco o Euskadi?
6. ¿Tiene Bernardo Atxaga una actitud nacionalista o integradora? Justifica tu respuesta.
7. ¿Cuál es la opinión de Antoni Batista?

RL GRAMÁTICA 3-1 (pp. 161-166)

Completa las frases con las opiniones de estas personas que aparecen en el video. Presta atención a los verbos que necesitas. ¿Deben estar en indicativo o en subjuntivo?

1. Gregorio Peces Barba, uno de los "padres" de la Constitución:

*"La Constitución dice que existen naciones culturales en España, pero eso **no significa** que..."*

2. Ardanza, ex presidente de Euskadi:

*"Un 50% de los vascos **piensa** que..."*

3. Javier Elzo, catedrático amenazado por ETA, ***opina** que la sociedad vasca...*

4. Txetxo Bengoetxea, músico, ***quiere** que...*

5. Antoni Batista, periodista:

*"**Ojalá** que el País Vasco..."*

INTERPRETACIÓN

Dos de ustedes van a tomar una posición independentista y dos de ustedes una posición nacionalista pero no separatista. Elaboren tres argumentos para defender su posición y hagan un pequeño debate.

	ARGUMENTOS
A favor de la independencia	1. Es importante que ... para que ... 2. Nos parece necesario que ... con el fin de ... 3. Es fundamental que ... para que ...
En contra de la independencia	1. Es mejor que ... para ... 2. Es una buena idea que ... porque ... 3. Necesitamos que ... con el fin de que ...

3-13 EL TERRORISMO EN EUSKADI

Lee este texto y responde a las preguntas de comprensión.

Euskadi

En diciembre de 1958 un grupo de nacionalistas vascos fundó la organización armada separatista ETA (Euskadi Ta Askatasuna o "patria vasca y libertad") como respuesta a la represión de la dictadura. Su ideología se basaba en cuatro pilares básicos: la defensa del euskera, el etnicismo, el antiespañolismo y la independencia de los territorios que pertenecen a Euskadi.

ETA es la última organización armada ilegal en Europa occidental y se estima que este grupo es responsable de la muerte de 829 personas desde que llevó a cabo su primer atentado en 1968. En marzo de 2006 ETA declaró un alto el fuego y anunció que estaba dispuesta a conversar con el gobierno central, algo que dividió la opinión en España. Los intentos por negociar una paz duradera colapsaron **cuando ETA cometió un atentado en el aeropuerto internacional de Madrid**, en diciembre de 2006. Después del fracaso de la tregua, el presidente dijo: "Habrá negociación **cuando ETA abandone el uso de la violencia**". El 10 de enero de 2011 ETA declaró un alto el fuego "permanente, general y verificable", pero el gobierno rechazó el anuncio de ETA, que consideró insuficiente. El presidente reiteró: "No habrá ningún diálogo **hasta que la banda terrorista renuncie** para siempre a la violencia". En octubre de 2011 la organización anunció el cese definitivo de su actividad armada.

COMPRENSIÓN

1. Explica en qué conceptos o ideas se basa la lucha armada de ETA.
2. ¿Qué fue el "alto el fuego" de 2006 y cómo terminó?
3. ¿Cuál es la situación de ETA en la actualidad?

RL GRAMÁTICA 3-3 (p. 167)

Revisa la Gramática de 3-3 y fíjate en las tres frases de tiempo en el último párrafo del texto. Explica por qué dos de ellas tienen el verbo en subjuntivo y una tiene el verbo en indicativo.

INTERPRETACIÓN

1. ¿Conocen otros países donde haya movimientos independentistas? ¿Qué métodos usan para defender sus reivindicaciones?
2. ¿Es el terrorismo un problema que afecta a su país? ¿Qué tipo de terrorismo es y en qué se diferencia del terrorismo que sufren España y Euskadi?

3-14 LA PAZ EN EUSKADI

Lee este artículo sobre un programa de reconciliación que se está implementando en Euskadi. Después responde a las preguntas.

El 25 de mayo de 2011, tras medio siglo de violencia terrorista, de varias generaciones que han crecido en Euskadi entre el miedo y la falta de libertad, dos desconocidos se sentaron cara a cara. Uno era una víctima del terrorismo cuyo padre fue asesinado en 1980 y que aún no conoce quiénes fueron los culpables. El otro, un preso condenado por pertenecer a ETA, con delitos de sangre, que ha llegado a la conclusión de que la violencia no tiene sentido y se ha apartado de la banda. El primero quería saber el porqué de muchas cosas. Por qué la persona que tenía enfrente había sido un terrorista, por qué había matado, cómo podía vivir con ello, qué le condujo a la organización que destrozó la vida de su madre y de sus seis hermanos... El segundo quería, sobre todo, pedir perdón. Como ellos, otras seis personas se reunieron por parejas esos días de mayo.

Los encuentros son confidenciales y no hay ningún tipo de beneficio penitenciario para los presos, con el fin de **garantizar** que su interés es sincero, que no buscan ninguna ventaja más allá del plano estrictamente personal. Las víctimas no están obligadas a perdonar. La idea es que hablen, que escuchen si lo desean. Que puedan expresar todo lo que quieran a quien tienen delante. Pueden abandonar el programa cuando lo **deseen**, si así lo deciden. Las motivaciones de cada uno para participar han sido distintas. En el caso de las víctimas—todos son hijos o viudas de asesinados por ETA—ha pesado más el futuro que el pasado. No están seguros de que la experiencia les **ayude** personalmente pero creen que es necesaria para que Euskadi **avance** hacia la reconciliación y hacia la creación de un futuro en paz, para que sus hijos **puedan** vivir sin odio. Los presos que han participado pertenecen al grupo que ha expresado públicamente su rechazo del terrorismo, y que están convencidos de que sus acciones sólo han generado sufrimiento. Quieren liberar su dolor por el daño causado pidiendo perdón; servir de ejemplo a otros; colaborar a la construcción de un País Vasco en paz ... Y es que en Euskadi, a pesar de la esperanzadora perspectiva de estar asistiendo al final de ETA, al cierre de un ciclo de terror, aún queda mucho por hacer. Lo más complicado. Construir la convivencia sin olvidar el pasado y alcanzar una normalidad aún hoy inexistente.

COMPRENSIÓN

1. ¿Con qué finalidad se reunieron las dos personas el 25 de mayo del 2011? Explica cuál era el objetivo de cada una de ellas.
2. Explica qué tipo de presos terroristas no pueden participar en este programa.
3. En general, ¿qué buscan las víctimas que participan en este proceso?
4. En general, ¿qué quieren los presos que participan en este proceso?

RL GRAMÁTICA 3-2 (pp. 166-167) Y 3-3 (p. 167)

1. Observa los cinco verbos en negrita en el texto y clasifícalos en dos grupos.

Grupo 1: los verbos son parte de una frase que expresa la finalidad (*purpose, goal*).

Grupo 2: los verbos son parte de una frase temporal (*time clause*).

2. En cada uno de los dos grupos, explica por qué el verbo es subjuntivo o infinitivo.

INTERPRETACIÓN

¿Son ustedes partidarios de este tipo de programas? ¿Pueden servir para algo? Piensen en tres finalidades.

PERSPECTIVAS INTERCULTURALES

3-15 LAS LENGUAS OFICIALES EN ESPAÑA

Lee el texto y después contesta a las preguntas.

El español o castellano es el idioma oficial del país y la lengua materna predominante en casi todas las comunidades autónomas. Se estima que el español es la lengua materna del 89% de la población de España, el catalán/valenciano del 9%, el gallego del 5% y el euskera del 1%. Excepto el euskera, todas las lenguas habladas actualmente en España son lenguas romances. Seis de las diecisiete comunidades autónomas tienen otras lenguas como cooficiales. El bilingüismo entre el castellano y otra lengua es más o menos común dependiendo de la comunidad.

C. Autónoma	Lengua cooficial	% español = lengua materna	% lengua cooficial = lengua materna
Galicia	gallego	30,1	52
País Vasco	euskera	76,1	18,8
Navarra	euskera	89	7
Cataluña	catalán	55	31,7
C. Valenciana	valenciano	60,8	28,8
Baleares	catalán	47,7	42,6

El catalán

Es fruto de la evolución del latín vulgar en el noreste de la península. En la primera mitad del siglo XII se hablaba en Cataluña, pero más tarde llegó al reino de Valencia y a las Islas Baleares. Es lengua cooficial, en Cataluña y las Islas Baleares. En la Comunidad Valenciana se considera que el *valenciano* (derivado del catalán), y no el catalán, es la lengua cooficial. La literatura en catalán tuvo un gran auge en la Edad Media y en el siglo XIX tuvo lugar la *Renaixença*, un movimiento literario que ayudó a establecer una norma idiomática y ortográfica común. Hoy en día su número de hablantes es de unos ocho millones y buena parte de la población recibe educación bilingüe en la escuela.

El gallego

Es el resultado de la evolución del latín vulgar en el noroeste de la península. Su separación del portugués, consumada definitivamente en el siglo XV, no es absoluta, dado que conservan rasgos comunes. Su uso se extiende actualmente por toda la región gallega y la parte occidental de Asturias. Alcanzó pronto gran prestigio literario, pero en el siglo XV se incrementó el influjo del castellano y la producción literaria en gallego se detuvo. Hoy día hay una importante producción literaria. Actualmente es una lengua hablada por unos tres millones de personas.

El vasco o euskera

Es la lengua cooficial en el País Vasco y el tercio norte de Navarra. Es la única lengua preindoeuropea de Europa y hay numerosas hipótesis sobre su origen, pero ninguna demostrada. En la actualidad se está incrementando su número de hablantes, pues se enseña en las escuelas, extendiendo por tanto su empleo más allá del ámbito familiar. Se estima que hoy unas 850.000 personas hablan euskera y unas 500.000 lo comprenden, aunque lo hablen con dificultad. Su gran variedad dialectal y la prohibición de su uso desde final del siglo XVIII dificultaron la creación de una lengua literaria hasta el siglo XX. Tras la dictadura franquista se desarrolló una industria editorial y hoy día hay unos 300 escritores que escriben narrativa y poesía en euskera.

COMPRENSIÓN

1. Usa el mapa mudo para marcar dónde se hablan las lenguas cooficiales de España.
2. ¿En qué se parecen y en qué se diferencian estas lenguas? Señala al menos dos similitudes y dos diferencias que se mencionen en el texto.

INTERPRETACIÓN

1. Miren los ejemplos e identifiquen rasgos en común con el castellano en el catalán y en el gallego. ¿Cuál es más fácil de comprender?
2. Identifiquen rasgos en común con el castellano en el euskera o vasco. Si los hay, ¿por qué creen que es el caso?

Ejemplo de Catalán - Català
Declaració Universal de Drets Humans
Article 1: Tots els éssers humans neixen lliures i iguals en dignitat i en drets. Són dotats de raó i de consciència, i han de comportar-se fraternalment els uns amb els altres.

Ejemplo de Gallego - Galego
Declaración Universal dos Dereitos das Persoas
Artigo 1ª: Tódolos seres humanos nacen libres e iguais en dignidade e dereitos e, dotados como están de razón e conciencia, díbense comportar fraternalmente uns cos outros.

Ejemplo de Vasco - Euskera
Giza Eskubideen Aldarrikapen Unibertsala
1. atala: Gizon-emakume guztiak aske jaiotzen dira, duintasun eta eskubide berberak dituztela; eta ezaguera eta kontzientzia dutenez gero, elkarren artean senide legez jokatu beharra dute.

3. Durante la dictadura franquista el catalán, el gallego y el vasco fueron lenguas prohibidas. ¿Por qué creen que se impuso esta política lingüística? Piensen en dos razones.
4. Lean este texto. Luego comparen la situación de Estados Unidos con la de España. ¿Cuáles son las diferencias más importantes? ¿Por qué no hay una lengua oficial en Estados Unidos? ¿Debería haberla?

> Como saben, Estados Unidos no tiene una lengua oficial; sin embargo, el idioma predominante es el inglés. En Estados Unidos se hablan cientos de idiomas y dialectos, siendo el español el más común, seguido del chino, francés, alemán, tagalo, vietnamita, italiano, coreano, ruso, polaco, árabe, portugués y japonés. En las reservas donde vive gran parte de los nativoamericanos se hablan hoy aún más de cien lenguas diferentes. Las más habladas son el *navajo* (unos 150.000 hablantes), el *cheroqui* (unos 22.000 hablantes) y el *choctaw* (unos 9.000 hablantes).

3-16 MOVIMIENTOS INDEPENDENTISTAS EN ESTADOS UNIDOS

En Estados Unidos también hay conflictos territoriales que han promovido movimientos nacionalistas e independentistas, aunque no tan importantes como los de España. Lee las siguientes descripciones y asócialas con el nombre correspondiente del partido político o movimiento.

A. Partido Independentista de Alaska
B. Partido Independentista Puertorriqueño (PIP)
C. Movimiento Cascadia
D. Movimiento Lakota

Bandera del PIP   Territorio Lakota

1. Este partido fue fundado en 1946 por Gilberto Concepción de Gracia. Su reivindicación fundamental es que la isla se convierta en una nación soberana en vez de un estado libre asociado. Para conseguir este objetivo, cree en la lucha cívica y electoral. Además, propone un sistema económico que sea socialdemócrata.

2. Este movimiento propone la creación de un estado soberano que comprendería los estados de Washington y Oregón y la provincia canadiense de Columbia Británica, formando así una bioregión. La idea original surgió de Thomas Jefferson, quien soñó la creación de una "República del Pacífico". El movimiento está basado en el respeto al medioambiente, la democracia y la justicia social.

3. Fundado por Joe Vogler en los años setenta y reconocido oficialmente en 1984, tiene como objetivo que el estado se convierta en una nación independiente, con un sistema de gobierno mínimo. El partido apoya la Declaración de Independencia, la Carta de Derechos y la Constitución de EE.UU. y de su estado.

4. Este movimiento reclama la creación de una nación que incluiría parte de los estados de Dakota del Norte y del Sur, Nebraska, Wyoming y Montana. El grupo, que forma parte de la tribu de nativos-americanos Sioux, tiene su propia cultura y lengua. El movimiento rechaza los medios violentos y basa sus reivindicaciones en la Declaración sobre los Derechos de los Pueblos Indígenas de la ONU.

INTERPRETACIÓN

1. ¿Creen que las reivindicaciones de estos partidos y movimientos tienen legitimidad histórica? Decidan para cada uno de ellos justificando su respuesta.
2. ¿Les parecen viables los objetivos de estos grupos? Preparen dos razones a favor y dos razones en contra y después escojan una posición.
3. ¿Cuál de estos movimientos tiene más semejanzas con los movimientos independentistas españoles? Justifiquen su respuesta.

Mira ahora el vídeo *Puerto Rico-USA. Matrimonio de conveniencia* y contesta después a las preguntas.

COMPRENSIÓN

1. ¿Qué sienten los puertorriqueños de Nueva York hacia los Estados Unidos? ¿Por qué?
2. ¿Cómo fue la política de EE.UU. en Puerto Rico en sus inicios? ¿Tuvo éxito? ¿Por qué?
3. ¿Qué resultados han tenido los referéndums sobre la independencia en Puerto Rico?
4. ¿Cuáles son los principales partidos de Puerto Rico y qué defiende cada uno de ellos? En especial, ¿cuáles son las reivindicaciones del Partido Independentista Puertorriqueño?

INTERPRETACIÓN

¿Qué beneficios y qué inconvenientes tendría la independencia para Puerto Rico? ¿Y para Estados Unidos?

	Beneficios	Inconvenientes
Para Puerto Rico	1. 2.	1. 2.
Para EE.UU.	1. 2.	1. 2.

MANIFESTACIONES ARTÍSTICAS

3-17 EL ARTE VASCO Y EDUARDO CHILLIDA

Como hemos visto, la unidad de España se construyó sobre diferentes identidades nacionales y culturales. Estas identidades se reflejan en el mundo de las artes. En el País Vasco, el arte del escultor Eduardo Chillida representa la conexión del artista con sus raíces. Lee el texto y mira el video. Después responde a las preguntas.

Peine del Viento, San Sebastián

Eduardo Chillida (San Sebastián, 1924-2002) comenzó estudiando arquitectura pero decidió luego dedicarse a la escultura. Tras vivir en París por un tiempo, se instaló en Hernani en 1951; es en el País Vasco donde se reencontró con sus raíces y descubrió el hierro, material con el que realizó su primera escultura abstracta. En 1958, recibió el Gran Premio Internacional de Escultura de la 29 Bienal de Venecia y a partir de entonces se sucedieron innumerables premios nacionales e internacionales. Su obra está presente en museos y plazas de todo el mundo.

Chillida experimentó con diversas técnicas y materiales y trabajó en grandes obras monumentales y piezas más pequeñas y delicadas. Trabajó con el yeso, la madera, el alabastro, el hormigón o la tierra, pero su material preferido fue el hierro, un elemento natural del País Vasco, a través del cual formuló un lenguaje propio. Chillida produjo espacios públicos en muchas ciudades del País Vasco, como el *Peine del Viento* (1977) en San Sebastián, donde explora la relación entre el tiempo y el espacio. Para él los espacios públicos debían estar abiertos al horizonte y hechos a escala humana. Sus obras dedicadas a la tolerancia, como el *Monumento a la Tolerancia* (Sevilla) representan su deseo de paz y su compromiso con el pueblo vasco y la violencia que sufre. "Este drama ha influido en mi obra, porque yo he estado metido en todo esto, quizá para darme cuenta que quiero mucho a mi país, pero también para saber que todos los hombres de cualquier color, de cualquier lugar, somos hermanos".

El sueño de Chillida era encontrar un espacio para sus esculturas y "para que la gente caminara entre ellas como por un bosque". En 1983 compró el caserío Zabalaga, que significó un nuevo reencuentro con sus orígenes y un retorno a Hernani. Este lugar se convirtió en el año 2000 en el Museo Chillida-Leku, donde se halla gran parte de su legado artístico de más de cinco mil obras.

Monumento a la Tolerancia, Sevilla

COMPRENSIÓN

1. ¿Por qué usó Chillida el hierro en gran parte de su obra escultórica?
2. ¿Qué simbolizó *El peine del viento* para Eduardo Chillida?
3. Describe el Museo Chillida-Leku y di cómo representa la identidad y raíces de Chillida.
4. ¿Qué tipo de arte le gustaba a Chillida?
5. Describe la actitud de Chillida ante la violencia en el País Vasco causada por el terrorismo.

INTERPRETACIÓN

1. ¿Cómo definirían el estilo de Chillida? ¿Por qué?
2. ¿Por qué creen que Chillida construía sus espacios públicos "abiertos al horizonte"?
3. Expliquen el significado de estas palabras de Eduardo Chillida.
   - *"Hay que buscar caminos que no hayan sido transitados antes"*
   - *"El artista sabe lo que hace, pero para que merezca la pena debe saltar esa barrera y hacer lo que no sabe."*

3-18 EL FLAMENCO DE ANDALUCÍA

Lee esta breve historia del flamenco: música, baile y cante de Andalucía con proyección internacional. Responde después a las preguntas.

Aunque en su creación y desarrollo tuvieron un papel fundamental los andaluces de etnia gitana, parece fuera de toda duda la remota influencia bizantina en la formación del cante flamenco. Tampoco puede descartarse la posible influencia judía, ya que se cree que muchos juglares y cantaores flamencos eran de raza hebrea. Asimismo, los estudiosos del flamenco han reconocido la influencia árabe-morisca en el nacimiento de este arte, en parte debido a que tanto el canto árabe como el flamenco son melismáticos y en parte por las circunstancias vitales de los moriscos, muy parecidas en su dura realidad a la vida de las tribus gitanas. Por ello, al arte flamenco, rama importantísima del folclore andaluz, no se le puede asignar una fecha de nacimiento determinada, sino que se va formando a través de siglos y su evolución se va produciendo bajo la influencia de las diversas culturas que convivieron en Andalucía.

Aunque anteriormente había sido un fenómeno de campesinos y gitanos, rechazado por los intelectuales, a partir de los años treinta del siglo XX—gracias a la influencia de escritores y artistas andaluces como Federico García Lorca— se convirtió en un arte respetado. Después de la dictadura franquista el mundo intelectual convirtió al flamenco en materia de estudio científico, se comenzaron a investigar sus orígenes y se crearon cátedras de flamencología en algunas universidades.

COMPRENSIÓN

1. ¿Qué influencias culturales conforman el origen y evolución del flamenco?
2. ¿Cuándo y cómo pasó el flamenco a ser un arte reconocido?

PARTE 1: EL BAILE FLAMENCO

Antonio Gades, *Carmen*

Es un género fundamentalmente escénico que depende completamente de la guitarra, que le da el compás y el ritmo imprescindibles para su realización. En los años 60 el gran bailarín de flamenco Antonio Gades renovó la danza flamenca creando coreografías denominadas *ballets flamencos* que conviven hoy día con el baile tradicional. A partir de Gades, otras figuras como Cristina Hoyos, Joaquín Cortés o Sara Baras revolucionaron el baile flamenco artística y técnicamente, difundiéndolo por todo el mundo.

Antonio Gades (1936-2004) fundó su primera compañía de baile a los 26 años. En 1969 realizó la coreografía de *El amor brujo* (del músico español Manuel de Falla) con la Ópera de Chicago y representó la obra por todo el mundo con su propia compañía, el Ballet de Antonio Gades. Una gran inspiración de sus coreografías fue Federico García Lorca y en 1974 estrenó en Roma un ballet flamenco titulado *Bodas de sangre*, basado en la famosa obra de teatro de Lorca. Después del éxito internacional, anunció su retirada y disolvió la compañía. En 1978 fue nombrado Director del Ballet Nacional Español y dos años más tarde, con los bailarines del Ballet Nacional que renunciaron a su puesto, formó una nueva compañía. Antes rodó la película *Bodas de sangre* (1981) con el director de cine español Carlos Saura, con quien haría tres películas más: *Carmen* (1983), *El amor brujo* (1986) y *Flamenco* (1995). Estas películas contribuyeron a la difusión y el reconocimiento de la danza flamenca en el mundo. En 2005 sus cenizas fueron enterradas en el Mausoleo de los Héroes de la Revolución cubana.

Cristina Hoyos, una de las bailaoras de más reconocido prestigio, fue musa y colaboradora de Antonio Gades durante veinte años. Juntos formaron una de las parejas más importantes del baile flamenco y participaron en tres películas del director Carlos Saura. En 1988 formó su propia compañía. Actualmente dirige el Ballet Flamenco de Andalucía y es fundadora del Museo del Baile Flamenco en Sevilla.

Ahora mira una entrevista con Cristina Hoyos y contesta a las preguntas.

COMPRENSIÓN

1. Explica cómo se inició Cristina Hoyos en el mundo del baile.
2. ¿Qué significó Antonio Gades en la carrera artística de esta bailaora?
3. ¿Por qué dejó Cristina Hoyos la compañía de Gades y cuál fue su siguiente proyecto?
4. ¿Cuál es uno de los mejores recuerdos que tiene Cristina de su etapa con su propia compañía?
5. Explica qué relación hay, según Cristina Hoyos, entre el baile flamenco y la interpretación.

INTERPRETACIÓN

1. En este fragmento de la película *Bodas de Sangre* aparecen Antonio Gades y Cristina Hoyos. En esta escena, dos personas bailan antes de una boda y dos cantaores cantan el poema de Lorca "Despierte la novia".
   a. ¿Cuál es la relación entre estas dos personas? ¿Cómo lo expresan los bailarines?
   b. ¿Son dos personas felices? ¿Cómo lo expresan los bailarines?

PARTE 2: EL CANTE FLAMENCO

Camarón de la Isla y Paco de Lucía

La colaboración artística en los años setenta entre el guitarrista flamenco Paco de Lucía y el cantante Camarón de la Isla fue uno de los momentos de mayor creatividad de la música flamenca. Otros tres artistas destacados en este proceso de renovación fueron Juan Peña 'El Lebrijano', que introdujo la fusión del flamenco con el folclore norteafricano de origen andalusí, Enrique Morente, que a lo largo de su carrera fue desde el purismo de sus primeras grabaciones hasta la fusión con el rock, y Tomatito, uno de los guitarristas más célebres de este género, y para muchos renovador del flamenco.

Durante los años 80 y 90 surge una nueva generación de artistas que hacen avanzar la fusión un paso más. Estos nuevos músicos recibieron la influencia de la generación anterior y de la música pop y rock. Son intérpretes como Pata Negra (que fusionan flamenco con blues y rock), Ketama, los "padres de la fusión" o Manolo García. Más recientemente y bajo la etiqueta "Nuevo Flamenco" encontramos artistas de flamenco de todo tipo: desde clásicos como Estrella Morente o Niña Pastori hasta aquellos que lo fusionan con ritmos diversos como Antonio Carmona, Chambao y Ojos de Brujo.

INTERPRETACIÓN

1. Escuchen estos ejemplos del género flamenco. Identifiquen las características que predominan. Digan si hay una fusión musical y con qué estilo o estilos. ¿Cuáles representan el estilo flamenco más puro y cuáles el más diverso?

CANCIÓN Y ARTISTA	Características	Fusión (sí /no)
1. *Río ancho* Paco de Lucía		
2. *Soy gitano* Camarón de la Isla		
3. *Sobre la arena* Niña Pastori		
4. *Pájaros de barro* Manolo García		
5. *Dame la libertad* El Lebrijano		
6. *Alegrías* Tomatito		
7. *Todo tiende* Ojos de Brujo		
8. *Killing me softly* Pitingo		

2. Los *puristas* del flamenco critican su derivación excesiva hacia otros géneros. Piensen en tres argumentos para defender el purismo de este arte y tres para defender la fusión.

	ARGUMENTOS
A favor del purismo	1. Es importante que ... para que ... 2. Es mejor que ... porque ... 3. Nos parece positivo que ... para ...
A favor de la fusión	1. A los puristas les preocupa que ... porque ... 2. Es mejor que ... para que ... 3. No es bueno que ... porque ...

3-19 ORGANISMOS INTERNACIONALES

España tiene un papel político y económico muy activo en el escenario internacional. Lee la lista de ocho organizaciones internacionales a las que pertenece España. Asocia cada definición con una organización.

EUROPA	Unión Europea – UE (1986) Consejo de Europa – CE Organización para la Seguridad y Cooperación en Europa - OSCE
LATINOAMÉRICA	Comunidad Iberoamericana de Naciones Organización de Estados Americanos - OEA (observador)
MUNDO	Organización de las Naciones Unidas - ONU (1955) Organización del Tratado del Atlántico Norte - OTAN (1982) Organización de Cooperación y Desarrollo Económico - OCDE (1961)

1. Es una organización panamericanista creada en mayo de 1948 para ser un foro político para el diálogo multilateral, integración y la toma de decisiones de ámbito americano.
2. Es la organización de seguridad regional más grande del mundo. Trabaja para garantizar paz, democracia y estabilidad. Tiene 56 estados participantes: todos los países de Europa, Asia Central y América del Norte.
3. Es una organización internacional constituida en 1948 y con sede en Estrasburgo que promueve, mediante la cooperación de 47 estados, la configuración de un espacio político y jurídico común.
4. Es una organización internacional fundada en 1945 tras la Segunda Guerra Mundial por 51 países con el objetivo de mantener la paz y la seguridad internacionales, fomentar entre las naciones relaciones de amistad y promover el progreso social y los derechos humanos.
5. Es una organización internacional fundada en 1960 y compuesta por 34 estados, cuyo objetivo es maximizar su crecimiento económico y colaborar en su desarrollo y en el de los países no miembros. También es conocida como el "club de los países ricos".
6. Es una organización internacional integrada por los países de lengua castellana, portuguesa y catalana de América y Europa que constituyen un espacio económico, político, social y cultural.
7. Es una organización internacional militar creada originalmente para organizar Europa ante la amenaza de la Unión Soviética tras la Segunda Guerra Mundial. Cohesiona los países aliados en materia política, económica y militar.
8. Es una asociación económica y política de 27 países. Se fundó después de la Segunda Guerra Mundial para impulsar la cooperación económica entre los países. Más adelante se convirtió también en una organización política.

3-20 DESARROLLO HUMANO

¿En qué parámetro, de los tres que considera este índice de 2011, crees que España tiene puntuaciones más altas y en cuál más bajas? Justifica tus respuestas.

El índice de desarrollo humano (IDH) del Programa de las Naciones Unidas para el Desarrolo (PNUD) es una alternativa a las mediciones convencionales de desarrollo de un país, como el nivel de ingresos y la tasa de crecimiento económico. El IDH define el bienestar como la combinación de tres dimensiones del desarrollo humano: salud (vida larga y saludable), educación (tasa de alfabetización de adultos y tasa de educación primaria, secundaria y superior) y nivel de vida digno (ingresos, medido por el PIB per cápita). De los 186 países que comprenden el índice, los primeros 47 son los que tienen un desarrollo humano caracterizado como MUY ALTO. Entre ellos hay tres países hispanohablantes.

Posición	País	IDH
1	Noruega	0,956
2	Australia	0,938
3	Estados Unidos	0,937
4	Países Bajos	0,921
23	España	0,885
40	Chile	0,819

PERSPECTIVA LINGÜÍSTICA

VOCABULARIO META

abarcar	*to cover, span*	gasto (el)	*expenditure*
ámbito (el)	*scope, field*	gastar	*to spend*
asentado/a	*rooted, settled*	herencia (la)	*heritage*
asumir	*to take on*	inversor (el)	*investor*
ausencia (la)	*absence*	invertir	*to invest*
bandera (la)	*flag*	legado (el)	*legacy*
cohesionar	*to unite*	mandatario (el)	*head of state*
colectivo (el)	*group*	materia (la)	*matter, subject*
consejo de Europa (el)	*European Council*	marco (el)	*framework*
consulado (el)	*consulate*	organismo (el)	*organization*
contar con	*to have, rely on*	orgullo (el)	*pride*
cumbre (la)	*summit*	papel (el)	*role*
desfavorecidos (los)	*underprivileged*	política exterior (la)	*foreign policy*
embajada (la)	*embassy*	promocionar	*to promote*
encuesta (la)	*poll*	protagonismo (el)	*prominence*
entorno (el)	*environment*	rechazo (el)	*rejection*
en vías de desarrollo	*developing*	sede (la)	*headquarters*
extranjero (el)	*abroad*	servir	*to be suitable*
fomentar	*to promote*	vía (la)	*channel*
foro (el)	*forum*	vínculos (los)	*links, ties*

3-21 ESPAÑA, AMÉRICA LATINA E IBEROAMÉRICA

Lee este texto sobre las relaciones de España con Latinoamérica y la comunidad iberoamericana. Después responde a las preguntas.

España comparte con América Latina no sólo la lengua, sino también vínculos comunes. Además **es** el segundo inversor internacional en América Latina. Durante los primeros 15 años de la dictadura de Franco, etapa en la que el país estuvo aislado del resto del mundo y excluido de la ONU y la comunidad europea, los países latinoamericanos **fueron** un "salvavidas" para España, que estableció relaciones con Latinoamérica a través del gobierno y de ONGs. En 1991 se creó la Comunidad Iberoamericana de Naciones: los países que tenían como lengua oficial el español o el portugués. Actualmente son miembros países donde el español o el portugués **sean** la lengua mayoritaria, aunque no **sean** oficiales. Todos ellos participan en una cumbre anual y cada cumbre tiene un tema. Estas **son** las últimas cumbres:

XVIII: San Salvador (El Salvador) 2008: Juventud y Desarrollo
XIX: Estoril (Portugal) 2009: Innovación y Tecnología
XX: Mar del Plata (Argentina) 2010: Educación para la Inclusión Social
XXI: Asunción (Paraguay) 2011: Transformación del Estado y Desarrollo
XXII: La cumbre del 2012 **fue** el 16 de noviembre en Cádiz, España, con motivo del 200 aniversario de la Constitución de Cádiz (1812), la primera constitución liberal de España.

Iberoamérica

La XXI Cumbre Iberoamericana de 2011 de Paraguay y la XXII de España, donde se celebró el 200 aniversario de la Constitución de Cádiz, se caracterizaron por ausencias notables de líderes. Esto se ha interpretado como un rechazo al concepto de Iberoamérica y al papel de España en América Latina. Efectivamente, en los últimos años España ha sufrido una gran pérdida de influencia política en la región. En 2012, el Príncipe Felipe de Borbón dio un discurso en la universidad de Harvard donde reivindicó la identidad americana de España. En su conferencia "España: una nación americana", habló de los fuertes vínculos históricos, culturales, lingüísticos y económicos que tiene España con América. También dijo que **es** necesario que los españoles reconozcan esta herencia común para conocer su verdadera identidad. Sin embargo, la Latinoamérica de hoy no es la región pobre y dependiente de años atrás. Hoy hay países importantes que no necesitan la tutela externa de España y hay integraciones regionales que están reforzando las relaciones intralatinoamericanas. Latinoamérica ha cambiado mucho y el concepto de España como centro y Latinoamérica como periferia ya no sirve. La historia y la lengua común no son suficiente: hay que pensar en otras vías de relación.

COMPRENSIÓN

1. ¿Qué importancia tuvo Latinoamérica para España durante la dictadura de Franco?
2. ¿Qué evento histórico se celebró en la Cumbre XXII en España?
3. ¿En qué se ha basado, históricamente, el concepto 'Iberoamérica'?
4. Explica por qué hay un rechazo en algunos países al término 'Iberoamérica'.
5. ¿Por qué está España perdiendo relevancia en Latinoamérica?

RL GRAMÁTICA 3-4 (pp. 168-169)

Revisa la Gramática 3-4. Luego lee el texto y observa los casos en que aparece el verbo *ser*, marcados en negrita. ¿Cuál de los usos del verbo *ser* representa cada ejemplo?

 Mira el video titulado *Cumbre Iberoamericana de 2012* y responde a las preguntas.

COMPRENSIÓN

1. ¿Quiénes participaron en la redacción de la Constitución de Cádiz de 1812?
2. ¿Qué característica fundamental tuvo esta constitución, según el Secretario General Iberoamericano?
3. ¿Por qué fue importante esta constitución para América Latina, según el Secretario?
4. ¿Qué decía esta constitución sobre los habitantes de las colonias españolas en América?
5. ¿Cuál fue el tema general de la Cumbre Iberoamericana de 2012?
6. ¿Qué relación inversa se establece en este video entre el pasado y el futuro de Iberoamérica?

INTERPRETACIÓN

 Lean estas opiniones de dos ciudadanos. ¿Qué posición representan en el debate sobre el concepto *Iberoamérica*? Debatan con un compañero o compañera si están de acuerdo o en desacuerdo con ellas y por qué. Luego compartan su opinión con la clase.

- *"A pesar de sus necesidades políticas y económicas, Madrid sigue profesando el anticuado concepto de 'Iberoamérica', como si la independencia de sus ex colonias no hubiera tenido lugar".*

- *"El concepto de Iberoamérica describe algo que ya no existe desde el siglo XIX. ¿O no hubo una sucesión de revoluciones desde México hasta la Tierra del Fuego para dejar claro que esta América no era parte de algo ibérico?"*

3-22 ESPAÑA Y ESTADOS UNIDOS

Los vínculos de España con América incluyen a Estados Unidos. Lee este texto y responde a las preguntas.

San Agustín o Saint Augustine, Florida

La relación bilateral entre España y Washington abarca varias décadas y la presencia de España en EE.UU. **es** muy importante: la comunidad española residente en el país **es** numerosa (unas 600.000 personas) y muchos de estos españoles **están** asumiendo un lugar destacado en la comunidad empresarial, educativa, cultural, deportiva y científica estadounidense. La embajada **está** en Washington D.C. y hay nueve Consulados, con sede en Boston, Chicago, Houston, Los Ángeles, Miami, Nueva York, San Francisco, Washington D.C. y Puerto Rico. El clima para la inversión **es** muy favorable para las empresas españolas, que encuentran un mercado de 350 millones de personas. Además, los vínculos de España con EE.UU. tienen unas profundas raíces históricas, que llegan al origen mismo del país. El español **es** la segunda lengua del país y la red de Institutos Cervantes, con centros en Albuquerque, Boston, Chicago, Nueva York y Seattle (además del Centro Cultural Español de Cooperación Iberoamericana de Miami), **está** fomentando la enseñanza del idioma y promoviendo la cultura en el país. Las celebraciones del V Centenario del descubrimiento de la Florida y 450° aniversario de la fundación de San Agustín (en 2013 y 2015, respectivamente) **serán** una oportunidad más para reivindicar el legado español y la imagen de España en EE.UU. En mayo de 2012 el gobernador de Florida, Rick Scott, **estuvo** en España y se reunió con el rey para promocionar la inversión en Florida y para desarrollar las relaciones comerciales, ya que siete de cada diez empresas españolas en EE.UU. **están** en Florida. Hablaron además de la celebración del V Centenario del descubrimiento de Florida por Juan Ponce de León, que **fue** en abril de 2013.

COMPRENSIÓN

1. ¿Qué eventos se mencionan en el texto para poner énfasis en las relaciones históricas entre España y Estados Unidos?
2. ¿Qué elemento cultural de España se menciona en el video para destacar la conexión cultural entre los dos países?
3. Además de la historia, ¿qué tipo de vínculo une a España y Florida?

INTERPRETACIÓN

1. Miren el video de la Fundación España-Florida 500 años. ¿Qué tipo de actividades organiza esta fundación? ¿Les parece importante este tipo de iniciativas? ¿Por qué?
2. ¿En qué se parecen y en que se diferencian España y Estados Unidos? Usen este cuadro para establecer comparaciones.
3. Elijan en su grupo la similitud (una) y la diferencia (una) que les parezcan más interesantes para comentar con la clase. Justifiquen sus opiniones.

RL GRAMÁTICA 3-4 (pp. 168-169)

Revisa la gramática de 3-4. Explica los usos de *ser* o *estar* en los ejemplos marcados en negrita en el texto.

Datos de UNICEF, 2010	ESPAÑA	EE.UU.
Número de habitantes (millones)	47	308
PIB per capita ($)	31.650	47.140
Tasa de mortalidad (<5 años) por mil	4	8
Esperanza de vida al nacer	81	78
Tasa de mortalidad neonatal	3	4
Escolarización primaria (%)	100	92
Teléfonos móviles por cada 100 habitantes	112	90
Internet por cada 100 habitantes	67	79
Tasa de crecimiento anual de población	0,4	1
Tasa media de inflación	2,37	2,96
Tasa de desempleo	24%	8,2%
% de gasto del gobierno (defensa)	3	19
% de gasto del gobierno (salud)	15	24
% de gasto del gobierno (educación)	3	3

3-23 ESPAÑA Y EUROPA

Lee este texto sobre el papel de España en la Unión Europea y responde a las preguntas.

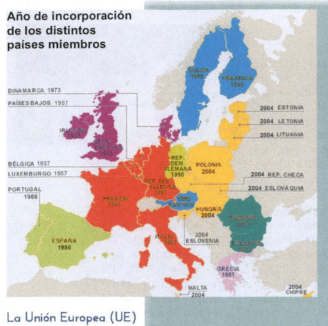

Año de incorporación de los distintos países miembros

La Unión Europea (UE)

España **es** un país miembro de la Unión Europea desde 1986 y tiene 54 diputados en el Parlamento Europeo o Eurocámara, donde los ciudadanos de la Unión **son** representados directamente. Este Parlamento **es** elegido cada cinco años mediante sufragio universal, directo y secreto por los ciudadanos en las elecciones europeas. Su sede oficial **está** en Estrasburgo (Francia).

Los ciudadanos españoles votaron en el año 2005 a favor de ratificar la nueva Constitución de la Unión Europea (UE). El 76,73% **estuvo** a favor de la Constitución, mientras que el 17,24% **estuvo** en contra. Sin embargo, el índice de abstención **fue** bastante alto (57,68%). Los votantes debieron responder a la pregunta: "¿Aprueba usted el tratado por el que se establece una Constitución para Europa?". En aquella época, España **era** considerada la nación más entusiasta de la UE hacia esta Constitución.

Hoy día los españoles todavía piensan que su integración en Europa **es** beneficiosa y les aleja de los fantasmas aislacionistas del pasado. La amplia mayoría (70%) sigue pensando que la pertenencia a la unión **es** positiva para España. Los españoles **son** más europeístas en las ciudades grandes y menos en las pequeñas.

COMPRENSIÓN

1. ¿Qué es el Parlamento Europeo? Escribe una definición.
2. ¿Cómo fue la participación de los españoles en el referéndum sobre la Constitución Europea de 2005?
3. ¿Ha cambiado la actitud de los españoles hacia la UE desde su entrada en 1986 hasta hoy?

RL GRAMÁTICA 3-4 (pp. 168-169)

Explica el uso de *ser* o *estar* en cada uno de los ejemplos marcados en negrita en el texto.

INTERPRETACIÓN

1. Examinen estos datos extraídos del informe Eurobarómetro de 2011, de la oficina de estadística de la Comisión Europea. Después completen las frases para reflejar la opinión de los españoles y la de los ciudadanos de la UE en general.

   - Los españoles no creen que la sociedad española ...
   - Según esta encuesta, solamente el 20% de los españoles opina que ...
   - A los europeos en general les parece que ...
   - A los españoles les parece que no ...

2. Formulen dos razones que podrían justificar estos datos.

   - Es posible que ...
   - Probablemente ...

B.5. La información existente a nivel nacional

"En general, ¿hasta qué punto cree que en (NUESTRO PAÍS) la gente está bien informado o no de los asuntos europeos?"

	Total 'informado'	Total 'no Informado'
UE 27	24%	73%
ES	14%	82%

B.6. La información existente a nivel particular

"Y en general, ¿hasta qué punto cree que usted está bien informado/a o no sobre los asuntos europeos?"

	Total 'informado'	Total 'no informado'
UE 27	33%	66%
ES	20%	79%

Fuente: Eurobarómetro 2011

3-24 LA COLABORACIÓN INTERNACIONAL DE ESPAÑA

Lee este texto sobre algunas maneras en que España coopera en el mundo. Después responde a las preguntas.

Ayuda al desarrollo

A través del Ministerio de Asuntos Exteriores, España aporta fondos de cooperación a varios organismos internacionales como el Fondo Mundial contra el Sida, la Tuberculosis y la Malaria de Naciones Unidas, o la Iniciativa Global de Vacunas. La cooperación española se centra en tres regiones: Iberoamérica, África y la parte occidental del África subsahariana. La ayuda va a sectores específicos como la salud, el agua, la gobernabilidad y la lucha contra el hambre.

Misiones de paz del ejército

Desde 1989 más de 10.000 soldados españoles han participado en operaciones internacionales **para promover o proteger** la paz, con un coste humano de 148 muertos. Esta participación ha contribuido a modificar la imagen negativa que la sociedad española tenía de una institución con un pasado felizmente superado. Excepto en el caso de Irak (2003-2004), todas las misiones en las que ha participado España han tenido el respaldo de la ley internacional. Actualmente hay unos 2.600 soldados desplegados en misiones de paz: Afganistán (misión de la OTAN), Bosnia y Herzegovina (Misión de la UE), Líbano (misión de la ONU). En los últimos años participaron en Chad (2008), Darfur, Sudán (2006), Haití (2004), Mozambique (2000) y Albania (1999).

Voluntariado

La Agencia Española de Cooperación Internacional para el Desarrollo financia muchas actividades para ayudar a los más desfavorecidos. Los voluntarios realizan tareas relacionadas con la salud, la educación, el medio ambiente y las tecnologías de información. Durante las estancias en países en vías de desarrollo, trabajan **para que las personas mejoren sus condiciones de vida** en estos lugares. En las universidades, a través de las oficinas de voluntariado, de las asociaciones de estudiantes o de las ONGs se llevan a cabo actividades solidarias **para ayudar** a los colectivos más desfavorecidos en el entorno internacional. Un ejemplo es el Programa de Acción Voluntaria Universitaria en los Campamentos de Refugiados Saharauis, en el que jóvenes universitarios trabajan en el Sahara Occidental.

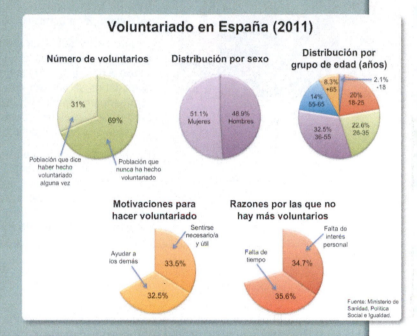

Voluntariado en España (2011)

Número de voluntarios · Distribución por sexo · Distribución por grupo de edad (años)

Motivaciones para hacer voluntariado · Razones por las que no hay más voluntarios

Fuente: Ministerio de Sanidad, Política Social e Igualdad.

COMPRENSIÓN

1. La ayuda financiera para el desarrollo mencionada en el texto, ¿proviene de fondos públicos o privados?
2. ¿Cuál es la opinión que la sociedad española tiene del ejército y por qué?
3. ¿Qué tipo de instituciones organizan en España actividades de voluntariado? Da unos ejemplos.

> **RL GRAMÁTICA 3-2 (pp. 166-167)**
>
> Observa las frases en negrita en el texto. Explica por qué unas tienen el verbo en infinitivo y otras en subjuntivo.

 Mira el video sobre la experiencia de voluntariado de tres jóvenes españoles en Bolivia a través de la ONG de desarrollo _Intered_ y la Agencia Española de Cooperación Internacional. Luego responde a las preguntas.

COMPRENSIÓN

1. ¿Qué tipo de trabajo hace cada una de estas tres personas?
2. ¿Qué beneficios obtiene cada una de estas personas haciendo este servicio voluntario?
3. ¿Qué beneficios reciben las personas con las que trabajan estos voluntarios?

INTERPRETACIÓN

1. Miren el gráfico del texto con las estadísticas de voluntariado y extraigan los tres datos que les parezcan más relevantes. ¿Creen que estos datos son similares a los de su país, o diferentes?
2. Si han trabajado como voluntarios, compartan su experiencia con la clase. ¿Qué dificultades puede encontrar una persona que quiere ser voluntaria?

PERSPECTIVAS INTERCULTURALES

3-25 PATRIOTISMO, IDENTIDAD Y DEPORTE

Lee este texto sobre el impacto del fútbol en España. Luego responde a las preguntas.

Celebración de la Copa
Mundial de fútbol en
2010 (Madrid)

Cuando la selección española de fútbol ganó la Copa Mundial en 2010, el periódico *El País* dijo que desde la Guerra Civil española no se habían visto tantas banderas en la calle. El mismo fenómeno ocurrió cuando la selección ganó la Copa de Europa en 2012. Este nacionalismo sería esperable después de un triunfo de este tipo en muchos países, pero en España mostrar orgullo nacional siempre ha sido controvertido. La bandera ha sido vista por muchos como un símbolo de la dictadura militar.

Según datos del ISSP (International Social Survey Programme) la mayoría de los españoles declara no estar orgulloso de su país (55%). Esto contrasta con el orgullo patrio en países anglosajones como Estados Unidos, donde más del 70% de sus ciudadanos se declara muy orgulloso de su país. ¿Por qué el patriotismo está menos arraigado en España? Hay dos razones fundamentales: los sentimientos nacionalistas en algunas regiones y la identificación de los símbolos nacionales con el franquismo por parte de muchos ciudadanos.

Hay quienes opinan que estas victorias en el fútbol y otros deportes podrían representar una nueva etapa de identidad nacional, que los deportistas están prestando un enorme servicio político al país—los jugadores de la selección de fútbol son vascos, catalanes, madrileños—y que todo esto ayuda a la normalización del uso de la bandera, la batalla cultural más importante que se ha vivido en España desde 1978, según el historiador Fernando García de Cortázar. Otros creen que el problema de identidad nacional no se va a solucionar con el deporte y que el efecto transformador del fútbol se está exagerando.

COMPRENSIÓN

1. El uso de la bandera española se reserva en España para los eventos deportivos internacionales. ¿Por qué?
2. Según el texto, ¿cómo contribuye el deporte al patriotismo nacional?
3. Explica por qué los españoles tienen poco sentimiento patriótico, según el texto.

INTERPRETACIÓN

1. Piensen en la bandera de Estados Unidos: su origen y su significado. ¿Tiene o ha tenido en el pasado alguna connotación negativa?
2. ¿Hay otros símbolos de patriotismo en Estados Unidos además de la bandera?
3. ¿Por qué creen que el patriotismo es mayor en EE.UU. que en España? Digan dos razones.
4. Miren estos dos videos, que representan dos visiones extremas del patriotismo en España. Expresen su reacción ante ellos. ¿Es el patriotismo importante en una sociedad? Formulen dos argumentos a favor y dos en contra.

	ARGUMENTOS
El patriotismo es importante	1. Creemos que ... porque ... 2. Nos parece importante que ... porque ...
El patriotismo no es importante	1. No pensamos que ... 2. A nosotros no nos parece necesario que ... porque ...

3-26 ESPAÑOLES EN ESTADOS UNIDOS

¿Cómo crees que es el perfil de la mayoría de los españoles que viven en Estados Unidos? Completa el siguiente cuestionario.

Edad:	☐ 20-40	☐ 40-60	☐ 60 o más
Estudios:	☐ Primarios	☐ Secundarios	☐ Universitarios
Ingresos:	☐ Bajos	☐ Medios	☐ Altos

Lee ahora el texto y verifica si tus predicciones fueron correctas.

Según el Censo 2010, en Estados Unidos viven 635.000 personas de origen o ascendencia española. En los consulados españoles de Estados Unidos hay 85.513 españoles registrados.

Un 50% de la población española en Estados Unidos tiene más de 44 años y las personas con 60 años o más representan el 26%. En el aspecto educativo y económico la comunidad española alcanza niveles comparativamente altos. Así, el 33% tiene estudios universitarios, ocupando empleos que proporcionan altos ingresos (23%), tales como gerentes, administradores, ingenieros, científicos, etc. En cuanto a los ingresos, la media es superior a la del total de emigrantes de Estados Unidos, superando los 100.000 dólares el 22%; más de la mitad (63%) son propietarios de su vivienda. Todo ello pone de manifiesto que se trata de un colectivo integrado y asentado.

INTERPRETACIÓN

1. En parejas, exploren este enlace al programa *Españoles en el mundo*. Elijan a un español que viva en Estados Unidos y describan cómo es su vida en este país. Después compartan lo que han aprendido sobre esta persona. http://www.rtve.es/television/espanoles-en-el-mundo/america/
2. Algunos de los españoles que viven en Estados Unidos son figuras públicas que contribuyen a dar a conocer la cultura española en los Estados Unidos. ¿Saben quiénes son estos españoles?

Plácido Domingo

A. Es un famoso jugador de baloncesto que ahora forma parte del equipo de Los Angeles Lakers. Antes jugó con los Memphis Grizzlies. Ha ganado numerosos trofeos a lo largo de su carrera.

B. Ha trabajado a las órdenes de los directores Cameron Crowe, Rob Marshall y Woody Allen, entre otros. En 2009 ganó el premio Oscar y, además, tiene una estrella en el Paseo de la Fama de Hollywood.

C. Es considerado el mejor tenor del mundo. Es también director de orquesta, productor y compositor. Fue director de la Opera nacional de Washington DC y ahora dirige la Ópera de Los Ángeles. En Estados Unidos se le ha concedido el Premio del Kennedy Center.

D. Es un gran cocinero y propietario de varios restaurantes en Washington DC, Las Vegas y Los Angeles. Tiene un programa en la televisión estadounidense llamado *Made in Spain,* además de varios libros de cocina y numerosos premios.

José Andrés

3. Miren esta entrevista con Plácido Domingo. Para cada uno de estos temas, resuman qué dice.

1. la fama mundial:	3. la solidaridad:	5. las críticas negativas:
2. la fe:	4. el estudio:	6. el acceso popular a la música clásica:

4. En su opinión ¿quiénes son los tres mejores embajadores de la cultura estadounidense en el extranjero? ¿A qué se dedican? Justifiquen su respuesta.

MANIFESTACIONES ARTÍSTICAS

3-27 ESCRITORES ESPAÑOLES CON PROYECCIÓN INTERNACIONAL

Lee este artículo sobre un género de novela española contemporánea que triunfa en el mundo. Luego responde a las preguntas.

Carlos Ruiz Zafón

El Quijote tuvo aplausos en toda Europa, ventas increíbles y fue tres veces pirateado al año de su publicación, señal inequívoca de su éxito. Vicente Blasco Ibáñez entró en la lista de *The New York Times* en 1919 con *Los cuatro jinetes del Apocalipsis*, el libro más vendido en Estados Unidos ese año según *Publishers Weekly*. Desde entonces ha habido otros casos, pero nada comparable con la aparición triunfal de Carlos Ruiz Zafón y su novela *La sombra del viento* (2001).

A partir de diez millones de una misma obra, un libro pasa a considerarse como un "megaseller". Ruiz Zafón puede colgarse la medalla de ser el único español contemporáneo en haber alcanzado un 'megaseller' al haber vendido 14 millones de ejemplares de *La sombra del viento*. Su éxito creó curiosidad entre los agentes literarios, que preguntaban si en España había más autores como él. Nadie ha podido hacerle sombra. Aunque sí hay un puñado de escritores con cifras millonarias que certifican la aparición de un nuevo novelista español cuyos libros se han hecho un hueco en un buen número de mercados, que van desde Estados Unidos a China. Entre ellos Javier Sierra, que al igual que Blasco Ibáñez trepó hasta llegar a la parte noble de la lista del *New York Times* -la de los diez más vendidos- con *La cena secreta* (2004). De esta novela se han adquirido dos millones de ejemplares en el mundo, los mismos que ha logrado Julia Navarro con *La hermandad de la Sábana Santa* (2004). Les supera Ildefonso Falcones con *La catedral del mar* (2006), que ha sobrepasado los cuatro millones. Si se cuenta el conjunto de sus veinte libros, Arturo Pérez-Reverte, con 14 millones de ejemplares, lidera este grupo.

Prácticamente todos los citados cultivan la novela histórica combinada con el misterio. "Muchos de nosotros no hablamos de la Guerra Civil ni hacemos novelas tristes e intimistas", apunta Javier Sierra, que acaba de publicar *El ángel perdido* (2011), para explicar la buena acogida internacional de la última literatura española con vocación de best seller. Este escritor confiesa que una de las partes más importantes de su proceso creativo consiste en encontrar "historias que interesen en todos los países".

COMPRENSIÓN

1. Explica cuál es la importancia de la novela *La sombra del viento* en el mundo literario español.
2. ¿Cómo se compara la obra de Ruiz Zafón con la de Pérez-Reverte en cuanto a obras vendidas?
3. Según Javier Sierra, ¿por qué tienen estas novelas más éxito fuera de España que otras?

INTERPRETACIÓN

1. Averigüen cuál es el argumento de la novela de Ruiz Zafón *La sombra del viento*. ¿A qué género pertenece? ¿Por qué creen que es un "megaseller"?
2. Busquen información sobre el resto de las novelas mencionadas. ¿Qué tienen en común?
3. ¿Ser un superventas implica carencia de calidad? ¿Pierde calidad la literatura al servicio de las masas respecto a la minoritaria? Piensen en dos argumentos a favor y dos en contra y hagan un pequeño debate.

	ARGUMENTOS
La literatura superventas no es de calidad	1. Aunque ... lo cierto es que ... y por eso ... 2. Es bastante raro que ...
La literatura superventas puede ser de calidad	1. Es cierto que ... pero no es verdad que ...; por ejemplo ... 2. Pensamos que ...; sin embargo puede ser que ...

Vamos a conocer ahora a Arturo Pérez-Reverte.

Arturo Pérez-Reverte (1951) comenzó su carrera como reportero de guerras y conflictos armados, pero en 1994 decidió dedicarse por completo a la literatura. Con las novelas *La Tabla de Flandes* (1990) y *El Club Dumas* (1993) se dio a conocer internacionalmente. En 1996 publicó *El Capitán Alatriste*, novela que dio comienzo a una saga que le ha convertido en superventas. Ha publicado hasta el momento 20 novelas y varias colecciones de artículos, y tres de sus novelas han sido adaptadas al cine. Es miembro de la Real Academia de la Lengua Española desde 2003. Pérez-Reverte dice que Alatriste "nació de la mezcla de mi amor por España y por la literatura española y del deseo de dar a conocer a las generaciones más jóvenes la época en la que se transcurre la novela. Conociendo esa época es posible entender mejor la España actual".

Arturo Pérez-Reverte

 Mira esta entrevista donde Pérez-Reverte habla de su novela del año 2010 titulada *El asedio*. Después responde a las preguntas.

COMPRENSIÓN

1. Explica cuál es el contexto histórico de la novela.
2. ¿Son los personajes de la novela auténticos o ficticios?
3. ¿A qué géneros pertenece esta novela? ¿Es una novela histórica?
4. ¿Hay una trama o varias tramas en esta novela?
5. Explica qué crítica social de España hace Pérez-Reverte por boca de un personaje de la novela.

Ahora vas a leer un fragmento de esta novela. Responde después a las preguntas.

Fragmento de *El asedio*, Capítulo I

El cuerpo de la muchacha sigue allí, en la orilla atlántica del arrecife, al otro lado de una duna en cuya cresta el viento de levante deshace flecos de arena. [...] Dos en tres meses. O cuatro, contando una tabernera apuñalada por su marido y el asesinato, por celos, de la dueña de una pensión a manos de un estudiante. Pero ésas resultaron ser otra clase de historias: claras desde el principio, crímenes pasionales de toda la vida. Rutina. Lo de las muchachas es otra cosa. Una historia singular. Más siniestra.

—Nada —dice la tía Perejil cuando la sombra de Tizón la advierte de su presencia—. Sigue tan entera como su madre la parió.

El comisario se queda mirando el rostro amordazado de la joven muerta, entre el cabello desordenado y sucio de arena. Catorce o quince años, flaquita, poca cosa. El sol de la mañana le ennegrece la piel e hincha un poco las facciones, pero eso no es nada comparado con el espectáculo que ofrece su espalda: destrozada a latigazos hasta descubrir los huesos, que blanquean entre carne desgarrada y coágulos de sangre.

—Igual que la otra —añade la comadre.

Ha bajado la falda sobre las piernas de la muchacha y se incorpora, sacudiéndose la arena. Después coge la toquilla de la muerta, que estaba tirada cerca, y le cubre la espalda, ahuyentando el enjambre de moscas posado en ella. Es una prenda de bayeta parda, tan modesta como el resto de la ropa. La chica ha sido identificada como sirvienta de un ventorrillo situado junto al camino del arrecife, a medio trecho entre la Puerta de Tierra y la Cortadura. Salió ayer por la tarde, a pie y todavía con luz, camino de la ciudad para visitar a su madre enferma.

[...]

Al marcharse la mujer, el comisario mira alrededor por enésima vez en lo que va de día. El levante borró las huellas de la noche. De cualquier manera, las idas y venidas desde que un arriero encontró el cadáver y dio aviso en la venta cercana, han terminado por embarullar lo que pudiera haber quedado. Durante un rato permanece inmóvil, atento a cualquier indicio que se le haya podido escapar, y al cabo desiste, desalentado. Sólo una huella prolongada, un ancho surco en uno de los lados de la duna, donde crecen unos pequeños arbustos, llama un poco su atención; así que camina hasta allí y se pone en cuclillas para estudiarlo mejor. Por un instante, en esa postura, tiene la sensación de que ya ocurrió otra vez. De haberse visto a sí mismo, antes, viviendo aquella situación. Comprobando huellas en la arena. Su cabeza, sin embargo, se niega a establecer con claridad el recuerdo. Quizá sólo sea uno de esos sueños raros que luego se parecen a la vida real, o aquella otra certeza inexplicable, fugacísima, de que lo que a uno le sucede ya le ha sucedido antes. El caso es que acaba por incorporarse sin llegar a conclusión alguna, ni sobre la sensación experimentada ni sobre la huella misma: un surco que puede haber sido hecho por un animal, por un cuerpo arrastrado, por el viento.

Cuando pasa junto al cadáver, de regreso, el levante que revoca al pie de la duna ha removido la falda de la muchacha muerta, descubriendo una pierna desnuda hasta la corva. Tizón no es hombre de ternuras. Consecuente con su áspero oficio, y también con ciertos ángulos esquinados de su carácter, considera desde hace tiempo que un cadáver es sólo un trozo de carne que se pudre, lo mismo al sol que a la sombra. Material de trabajo, complicaciones, papeleo, pesquisas, explicaciones a la superioridad. Nada que a Rogelio Tizón Peñasco, comisario de Barrios, Vagos y Transeúntes, con cincuenta y tres años cumplidos —treinta y dos de servicio como perro viejo y callejero—, lo desasosiegue más allá de lo cotidiano. Pero esta vez el encallecido policía no puede esquivar un vago sentimiento de pudor. Así que, con la contera del bastón, devuelve el vuelo de la falda a su sitio y amontona un poco de arena sobre él para impedir que se alce de nuevo. Al hacerlo, descubre semienterrado un fragmento de metal retorcido y reluciente, en forma de tirabuzón. Se agacha, lo coge y lo sopesa en la mano, reconociéndolo en el acto. Es uno de los trozos de metralla que se desprenden de las bombas francesas al estallar. Los hay por toda Cádiz. Éste vino volando, sin duda, desde el patio de la venta del Cojo, donde una de esas bombas cayó hace poco.

Tira al suelo el fragmento y camina hasta la tapia encalada de la venta, donde aguarda un grupo de curiosos mantenido a distancia por dos soldados y un cabo que el oficial de la garita de San José mandó a media mañana a petición de Tizón, seguro de que un par de uniformes a la vista imponen más respeto. Son criados y mozas de los ventorros cercanos, muleros, conductores de calesas y tartanas con sus pasajeros, algún pescador, mujeres y chiquillos del lugar. Delante de todos ellos, algo adelantado en uso del doble privilegio que le confiere ser propietario de la venta y haber dado aviso a la autoridad tras el hallazgo del cadáver, está Paco el Cojo. [...]

—La bomba cayó ayer por la mañana, sobre las ocho —explica el ventero, indicando la bahía hacia el este—. Salió de allí enfrente, de la Cabezuela. Mi mujer estaba tendiendo ropa y vio el fogonazo. Luego vino el estampido, y al momento reventó ahí detrás.

—¿Hizo daño?

—Muy poco: ese trozo de tapia, el palomar y algunas gallinas... Más grande fue el susto, claro. A mi mujer le dio un soponcio. Treinta pasos más cerca y no lo contamos.

Tizón se hurga entre los dientes con una uña —tiene un colmillo de oro en el lado izquierdo de la boca—mientras mira hacia la lengua de mar de una milla de anchura que en ese lugar separa el arrecife —éste forma península con la ciudad de Cádiz, con playas abiertas al Atlántico a un lado, y a la bahía, el puerto, las salinas y la isla de León por el otro— de la tierra firme ocupada por los franceses. El viento de levante mantiene limpio el aire, permitiendo distinguir a simple vista las fortificaciones imperiales situadas junto al caño del Trocadero: Fuerte Luis a la derecha, a la izquierda los muros medio arruinados de Matagorda, y algo más arriba, y atrás, la batería fortificada de la Cabezuela.

—¿Han caído más bombas por esta parte?

El Cojo niega con la cabeza. Luego señala hacia el mismo arrecife, a uno y otro lado de la venta.

—Algo cae por la parte de la Aguada, y mucho en Puntales: allí les llueve a diario y viven como topos... Aquí es la primera vez.

Asiente Tizón, distraído. Sigue mirando hacia las líneas francesas con los párpados entornados a causa del sol que reverbera en la tapia blanca, en el agua y las dunas. Calculando una trayectoria y comparándola con otras. Es algo en lo que nunca había pensado. Sabe poco de asuntos militares y bombas, y tampoco está seguro de que se trate de eso. Sólo una corazonada, o sensación vaga. Un desasosiego particular, incómodo, que se mezcla con la certeza de haber vivido aquello antes, de un modo u otro. Como una jugada sobre un tablero —la ciudad— que ya se hubiera ejecutado sin que Tizón reparase en ella. Dos peones, en suma, con el de hoy. Dos piezas comidas. Dos muchachas. Puede haber relación, concluye. Él mismo, sentado ante una mesa del café del Correo, ha presenciado combinaciones más complejas. Incluso las ejecutó en persona, tras idearlas, o les hizo frente al desarrollarlas un adversario. Intuiciones como relámpagos. Visión súbita, inesperada. Una plácida disposición de piezas, un juego apacible; y de pronto, agazapada tras un caballo, un alfil o un peón cualquiera, la Amenaza y su Evidencia: el cadáver al pie de la duna, espolvoreado por la arena que arrastra el viento. Y planeando sobre todo ello como una sombra negra, ese vago recuerdo de algo visto o vivido, él mismo arrodillado ante las huellas, reflexionando. Si solo pudiera recordar, se dice, sería suficiente. De pronto siente la urgencia de regresar tras los muros de la ciudad para hacer las indagaciones oportunas. Pero antes, sin decir palabra, regresa junto al cadáver, busca en la arena el tirabuzón metálico y se lo mete en el bolsillo.

COMPRENSIÓN

1. ¿Qué sabemos de la mujer que ha aparecido muerta? ¿Y de la forma en que murió?
2. ¿Es este el primer asesinato que ha ocurrido? ¿Cómo lo sabes? Usa datos del texto.
3. Escribe una descripción del comisario Tizón, usando tus propias palabras, basándote en los datos del fragmento.
4. El comisario experimenta paramnesia o *déjà vu*. Explica las ocasiones en que esto ocurre y en qué circunstancias.
5. ¿En qué momento sabe el lector que el contexto de este asesinato es el asedio francés de las tropas de Napoleón?
6. ¿Dónde están el comisario y el cadáver específicamente? ¿En Cádiz o fuera de Cádiz? ¿Y dónde están las tropas francesas en relación con la localización del inspector?
7. En este fragmento averiguamos que Tizón juega al ajedrez. ¿Dónde?
8. ¿Qué comparación hace Tizón entre el juego del ajedrez y los casos que está investigando?
9. ¿Qué dos pistas encuentra Tizón en la escena del crimen?
10. ¿Cómo sabemos que la ciudad está bajo asedio? Usa datos del texto.

INTERPRETACIÓN

1. Desde la publicación de *El código Da Vinci* (Dan Brown, 2003), el llamado 'thriller histórico-misterioso-cultural' se ha convertido en un género popular en todo el mundo. Piensen en dos razones por las que los lectores quieren leer este tipo de novelas.
2. ¿Cuál puede ser el valor de novelas como *El asedio* para los lectores, más allá del entretenimiento?

3-28 LA ARQUITECTURA DE SANTIAGO CALATRAVA EN EL MUNDO

Lee este texto sobre el arquitecto español Santiago Calatrava.

Santiago Calatrava (1951) es un arquitecto e ingeniero español. Gracias a su intensa actividad arquitectónica se ha convertido en uno de los arquitectos más conocidos del mundo, y su labor ha sido merecedora de numerosos premios nacionales e internacionales. Su obra supone una auténtica revolución caracterizada por la reunión de la arquitectura y la ingeniería, que estaban separadas desde el siglo XVIII. Esto ha sido objeto de críticas, la mayor de las cuales apareció en *The New York Times* en 2009. En sus páginas, se afirmó que los edificios de Calatrava presentan "una preocupante incongruencia entre la extravagancia de su arquitectura y el limitado propósito al que sirve", en referencia a la estación que Calatrava ha diseñado para la Zona Cero de Nueva York. Esta no es la primera obra de Calatrava que ha sido criticada por extravagante o poco práctica.

Actualmente construye el rascacielos más alto de Estados Unidos: el "Chicago Spire", una torre de 610 metros de altura en la ciudad de Chicago. En 2003 se le concedió la construcción de la estación de transportes del World Trade Center, en Nueva York, en la denominada Zona Cero. El intercambiador combinará los transportes de tres medios diferentes: los trenes, el metro neoyorquino y el enlace ferroviario con el aeropuerto Kennedy. Calatrava ha diseñado una estructura de vidrio y acero que tendrá el aspecto de "un ave liberada por las manos de un niño". Cada 11 de septiembre, en homenaje a las víctimas, la cubierta se abrirá dejando a la vista el cielo.

Ahora asocia estas construcciones de Santiago Calatrava con su nombre.

A

B

1. *Museo de Arte de Milwaukee*, Wisconsin (EE.UU.)
2. *Ciudad de las Artes y las Ciencias*, Valencia (España)
3. *Torso giratorio*, Malmo (Suecia)
4. *Puente de la Paz*, Calgary, Alberta (Canadá)
5. *Estación de Oriente*, Lisboa (Portugal)

C

D

E

COMPRENSIÓN/INTERPRETACIÓN

1. ¿Qué elementos tienen en común estas construcciones? Hagan una lista.
2. ¿Están de acuerdo con las críticas negativas sobre las construcciones de Calatrava?

 Mira el video de una entrevista con Santiago Calatrava y contesta a las preguntas.

COMPRENSIÓN

1. ¿En qué se diferencia el desarrollo urbano del pasado y el de hoy, según Calatrava?
2. ¿Cómo justifica Calatrava el costo de las grandes obras arquitectónicas?
3. ¿Qué diferencia, en opinión de Calatrava, la arquitectura de Europa y la de Estados Unidos?
4. ¿Cómo describe Calatrava su trabajo en la Zona Cero?

INTERPRETACIÓN

1. Calatrava habla de la arquitectura como "portadora de la memoria". ¿Creen que ésta es la función principal de la arquitectura? ¿Por qué?
2. Miren la estación de Santiago Calatrava en la Zona Cero. ¿Cómo creen que puede representar esta obra arquitectónica un homenaje a la memoria de las víctimas de los ataques de Nueva York?

EL ENSAYO ARGUMENTATIVO III

LA TESIS Y LAS IDEAS DE APOYO

La tesis es el punto de vista del autor sobre un tema y el hilo conductor que une las diferentes partes del texto. La tesis parte como respuesta a una situación que admite diversas perspectivas; debe hacer pensar al lector y, por lo tanto, debe plantear un análisis, no una simple afirmación. También es necesario que esté basada en hechos concretos y en una investigación previa, que sirva para justificar la opinión del autor. Estas ideas de apoyo deben estar estrechamente ligadas a la tesis.

LA UNIDAD DEL TEXTO

En un texto bien organizado, los párrafos deben estar relacionados entre sí, dando de esta forma unidad al escrito. Para conectar los párrafos el autor puede usar estas técnicas:

1. Repetir palabras claves o ideas de la tesis principal.
2. Referirse a palabras o ideas mencionadas en un párrafo anterior.
3. Usar conectores (*sin embargo, además, por otro lado*, etc.) o frases de transición.
4. Usar referentes (ver Unidad 2).

Felipe
González

Sobre el autor

Felipe González es un político español, secretario general del Partido Socialista Obrero Español (PSOE) desde 1974 hasta 1997. Fue presidente del gobierno español desde 1982 hasta 1996, uno de los mandatos más largos de la historia moderna y de toda la democracia en España. En 2007 los jefes de estado y de gobierno de la Unión Europea designaron a González como presidente del Grupo de Reflexión sobre el Futuro de Europa, formado por nueve personalidades de reconocido prestigio político y académico, con el encargo de presentar un informe en 2010 sobre el rumbo y objetivos de la Unión Europea. Entre sus libros destacan *El Socialismo* (1997), *Memorias del futuro* (2003) y *Mi idea de Europa* (2011).

LECTURA

La política internacional de España

España ha debido reconfigurar su proyección internacional en las últimas tres décadas, tras la dictadura de Franco. El aislamiento internacional derivado de su alineamiento con las Potencias del Eje y solo roto por la dinámica de la Guerra Fría, condicionó durante décadas la política internacional de España. La transición y consolidación de la democracia significó un esfuerzo exitoso en todos los frentes: liquidación del régimen autoritario, descentralización del poder, modernización de la economía y de la sociedad españolas, más una política exterior orientada a la inserción de España en la posición internacional que le corresponde.

Desde los primeros años de la transición democrática, los gobiernos españoles iniciaron un largo proceso de integración en las instituciones europeas: Consejo de Europa y Comunidades Europeas. El Tratado de Adhesión se firmó en junio de 1985 y la entrada efectiva se produjo en enero de 1986. En enero de ese año se establecieron relaciones diplomáticas con Israel y en marzo se celebró el referéndum para la permanencia de España en la OTAN. En esos años se renegociaron los Acuerdos Bilaterales con EE.UU. y se reorientó la relación política con América Latina y el Mediterráneo.

Con estos nuevos parámetros, España afronta los acontecimientos derivados de la caída del Muro de Berlín, la desaparición de la Unión Soviética y la emergencia de los países del centro y el este de Europa que salían de las dictaduras comunistas y aspiraban a incorporarse a la Unión Europea, sin descuidar la relación de vecindad con el norte de África y el conjunto del Mediterráneo. La Conferencia de Paz árabe-israelí, celebrada en Madrid a finales de 1991 con el consenso de EE.UU., la URSS y todos los países implicados en ella, supuso una especie de consagración de la nueva posición de España en el escenario internacional.

Desde la firma del Tratado de Adhesión, España ha sido un actor comprometido en la construcción europea, con una visión europeísta, convencida de que lo mejor para su destino como país estaba unido a la profundización de la integración -mercado interior, euro, políticas económicas y fiscales coordinadas, política exterior y de seguridad europeas, etc.- y a la ampliación de sus fronteras hacia aquellos países que quisieran (would want) y estuvieran (would be) en condiciones de cumplir con las reglas de juego de la Unión.

Desde nuestra entrada como país, hemos pasado de 12 a 27 miembros y quedan pendientes candidatos tan relevantes como Turquía y otros. Esto no ha sido obstáculo para que entrara en vigor la unión monetaria con la implantación del euro coincidiendo con el nuevo siglo, ni para los avances en el mercado interior. Sin embargo, la implosión del sistema financiero internacional y sus graves consecuencias para Europa han puesto de manifiesto la inconsistencia de una política monetaria única y unas políticas económicas y fiscales divergentes entre sí.

La realidad mundial ha cambiado profunda y vertiginosamente. La desaparición de la política de bloques y la revolución tecnológica nos han situado como españoles y como europeos ante una situación nueva, con potencias emergentes que desplazan el poder económico y político de occidente a oriente. Europa está retrasada en las reformas que necesita y España debe coprotagonizar el impulso imprescindible para que esos cambios ocurran: reformas estructurales que mejoren su competitividad, añadiendo más valor a su economía; reformas que le permitan una gobernanza económica y fiscal; reformas en su acción exterior que tengan en cuenta los cambios que se están produciendo en el mundo árabe y en otros escenarios.

El mundo cambió y Europa se sumergió en sus propios desafíos internos, descuidando estos cambios globales. Esta situación la está conduciendo a una pérdida de relevancia mundial que nos afecta a todos los miembros. Vivimos la paradoja de un renacer de actitudes nacionalistas cuando más necesitamos fortalecer el espacio público europeo que compartimos.

Para España es fundamental contar con Europa. Su propia proyección exterior hacia América Latina, hacia el norte de África, hacia Oriente, mejora con las sinergias que seamos capaces de generar como europeos. Como los demás países de la Unión, España tiene su propia historia, su cultura, sus vínculos prioritarios con el mundo, pero integrados en una Europa que pierda relevancia como conjunto, también nos lleva a perderla como país.

3-29 COMPRENSIÓN

1. ¿Cuál es la tesis de este artículo de opinión?
   ☐ La Unión Europea es un organismo con muchos problemas.
   ☐ La Unión Europea es muy importante para España.
   ☐ La imagen exterior de España es negativa porque es un país miembro de la Unión Europea.

2. ¿En qué año ocurrieron estos eventos?
   ☐ Entrada de España en la Comunidad Europea:
   ☐ Referéndum sobre la situación de España en la OTAN:
   ☐ Acuerdos bilaterales España – Estados Unidos:
   ☐ Conferencia de Paz árabe-israelí:

3. ¿Por qué menciona Felipe González todos estos eventos? ¿Qué propósito tiene?
4. ¿Qué opina el autor sobre la unión monetaria y el uso de la moneda única –el euro- en Europa?
5. Según el autor, ¿cómo reaccionó la Unión Europea ante los cambios que ha habido en el mundo?
6. ¿Cuál es la mayor amenaza para la continuidad de la Unión Europea, según el autor?
7. Según el autor, ¿qué le pasará a España si la Unión Europea pierde relevancia?

3-30 FORMACIÓN DE PALABRAS

Mira las siguientes palabras -subrayadas en el texto-: ¿qué significan? ¿Cómo se han formado? Identifica la raíz principal de la palabra y los prefijos (al inicio) o sufijos (al final) que se han añadido para construir un nuevo significado. Luego escribe la palabra en inglés.

	PREFIJO	RAÍZ	SUFIJO	En inglés ...
alineamiento (p.1)	a-	línea	-miento	
descentralización (p. 1)				
vecindad (p. 3)				
europeísta (p. 4)				
inconsistencia (p. 5)				
monetaria (p. 5)				
coprotagonizar (p. 6)				
competitividad (p. 6)				

3-31 ANÁLISIS DISCURSIVO

1. Mira las frases subrayadas y las palabras en negrita en el texto. Sirven para dar coherencia entre los párrafos y dar unidad al texto. Todas representan la misma técnica. ¿Cuál?
2. ¿A qué o quién se refieren los siguientes referentes señalados en el texto?

> le (p. 1):
>
> ella (p. 3):
>
> esto (p. 5):
>
> la (p.7):
>
> la (p. 8):

3. ¿Qué significan los siguientes conectores señalados en el texto?

sin embargo (p. 5):

también (p. 8):

3-32 INTERPRETACIÓN

1. ¿Qué tipo de argumentos usa el autor para defender su tesis? Marca todas las respuestas.

   a. históricos (fácticos)   b. morales   c. emocionales

2. ¿Creen que en Estados Unidos la imagen de España está asociada a la Unión Europea? ¿Por qué?
3. ¿Creen, igual que el autor, que si la Unión Europea pierde relevancia, España la perderá también? Justifiquen su respuesta.

ESCRITURA

LA TESIS Y LAS IDEAS DE APOYO

Ten en cuenta las siguientes preguntas a la hora de escribir tu entrada del blog. ¿Defiende tu tesis una postura clara? ¿Se centra en un tema concreto y está claramente delimitada? ¿Sirve de guía al lector y es fácilmente identificable? ¿Se apoya en fuentes concretas? ¿Las fuentes en las que apoyas tu tesis son fiables y respetadas? ¿Usas citas? ¿Hay un hilo conductor claro entre las ideas? ¿Son tus ideas convincentes? ¿Hay conflictos en tus ideas? ¿Qué cuestiones planteas al lector? ¿Has usado técnicas para llamar la atención del lector, como preguntas retóricas?

PUNTUACIÓN Y ORTOGRAFÍA

1. En las interrogaciones y exclamaciones se usa el signo invertido al comienzo de la frase.
2. Para separar grupos de tres cifras en los números, en español usamos el punto, no la coma.
3. Para separar los decimales en los números, en español usamos la coma, no el punto.
4. En español el punto se coloca siempre detrás de los paréntesis y comillas de cierre, no antes.
5. Los días de la semana, los meses, las nacionalidades y los idiomas no se escriben con mayúscula.
6. Hay muy pocas consonantes dobles en español. Las cuatro únicas consonantes que se pueden escribir dobles son C, R, L y N (aparecen todas en el nombre 'Carolina').

coma	*comma*	exclamación	*exclamation points*
punto y coma	*semicolon*	comillas	*quotation marks*
punto, punto final	*period*	puntos suspensivos	*ellipsis*
dos puntos	*colon*	paréntesis	*parentheses*
interrogación	*question mark*	guión	*hyphen*

PRÁCTICA

 Haz los cambios necesarios para corregir estos ejemplos:

1. La mayoría de los inmigrantes que llegan a España, son de origen Latinoamericano. En total hay 1,500,785 inmigrantes de esta región.
2. En España hay cuatro lenguas oficiales, Castellano, Catalán, Vasco y Gallego.
3. Mucha gente no presta atención a las noticias internacionales, verdad?
4. El 45.8% de la juventud Española se encuentra sin trabajo. Qué triste!
5. Charles Powell, biógrafo real, dice que los Españoles "están muy agradecidos por el papel importante de la monarquía durante la transición a la democracia."
6. El movimiento iniciado el 15 de Marzo de 2011 (15-M) ha servido para connectar a la gente y llamar la attención de los políticos.

LA ENTRADA PARA EL BLOG

Escribe una entrada para tu blog siguiendo los estándares delineados en la Unidad 1 (páginas 45 y 46). Presta atención especial a:

1. la tesis y las ideas de apoyo
2. la conclusión
3. la acentuación
4. la ortografía y la puntuación

¿Hay una tesis claramente delimitada e identificable y que se apoya en fuentes concretas y fiables? ¿Usaste citas? ¿Usaste técnicas para llamar la atención del lector, como preguntas retóricas?

RECURSOS PARA DEBATIR

EXPRESAR POSIBILIDAD, DUDA O ESCEPTICISMO

En las dos lecciones anteriores hemos visto cómo se puede expresar *acuerdo o desacuerdo* con los argumentos de nuestros interlocutores y cómo se pueden introducir argumentos *en contra*.

Con frecuencia nos interesa mostrar duda o escepticismo: es decir, contemplamos la posibilidad de que los argumentos del interlocutor sean válidos, en mayor o menor grado.

LA POSIBILIDAD
No olvides que varias de estas expresiones requieren subjuntivo, como hemos visto en esta lección.

- Es probable que ... (pero / sin embargo) ...
- Es posible que ... (pero / sin embargo) ...
- Es verdad que ... (pero / sin embargo) ...
- No es probable que...
- Probablemente / tal vez ... (pero) ...
- Puede ser que ... (pero) ...
-
- A lo mejor es así, pero ...   (*it may be so, but*) ...
- Quizá tengas razón, pero ...   (*you may be right, but*) ...

LA DUDA Y EL ESCEPTICISMO
No olvides que varias de estas expresiones requieren subjuntivo.

- (Yo) dudo (mucho) que ...
- (A mí) me parece difícil/dudoso que ...
- No estoy seguro de que ...
- Lo dudo (mucho).
- Comprendo lo que dices, (pero / sin embargo) ...   (*I understand your point of view, but ...*)
- Ya, pero, sin embargo ...

PRÁCTICA

Respondan cada uno de modo individual a estas preguntas, explicando su opinión sobre ellas. Después comparten sus opiniones con su compañero/a. Éste/a debe mostrar duda o escepticismo y dar sus propios argumentos.

Estudiante 1	Estudiante 2
1. ¿Debe repatriarse a todos los inmigrantes indocumentados?	4. ¿Es ético cerrar las fronteras a los inmigrantes?
2. ¿Deben existir monarquías hoy en día? ¿O es un anacronismo?	5. ¿Debe ser el voluntariado obligatorio en la universidad?
3. ¿Debe respetarse el derecho de autodeterminación en una región que aspira a la independencia?	6. ¿Debe ser obligatorio votar en las elecciones generales?

EJEMPLO:

- **Estudiante A**: Yo no creo que la monarquía sirva para nada hoy día y no debería existir.
- **Estudiante B**: **Puede ser, pero** en España es bastante importante.

TEMA DE DEBATE

¿ES EL SISTEMA ELECTORAL ESPAÑOL MÁS JUSTO QUE EL SISTEMA DE EE.UU.?

 Lean este texto y miren los dos videos.

En EE.UU. hay un colegio electoral con 538 electores (elegidos popularmente en cada estado) que formalmente seleccionan al presidente y al vicepresidente de los Estados Unidos. Esto es un sistema de *elección indirecta,* ya que en lugar de votar directamente por el presidente y el vicepresidente, los ciudadanos votan por los electores.

Cada estado tiene un número de electores igual al número de sus senadores (dos senadores por estado) y representantes en el congreso de los Estados Unidos (un mínimo de un congresista por estado). El territorio estadounidense de Puerto Rico no está representado en el colegio electoral. Cada elector tiene derecho a un voto para presidente y un voto para vicepresidente.

En EE.UU., 48 estados y el Distrito de Columbia han adoptado un sistema por el que el ganador se lleva todos los votos, es decir, el candidato que gana la mayoría de los votos en el estado gana el apoyo de todos los electores del estado. Los candidatos pueden dejar de obtener el mayor número de votos en la votación popular a nivel nacional en una elección presidencial y, sin embargo, ganar esa elección. Los críticos argumentan que el colegio electoral es intrínsecamente antidemocrático y le da a algunos estados indecisos una influencia desproporcionada a la hora de la elección del presidente y del vicepresidente. Los proponentes sostienen que el colegio electoral es una característica importante del sistema federal y protege los derechos de los estados más pequeños.

El voto popular

Ocho estados más Washington, DC han aprobado leyes que apoyan una propuesta para tratar de cambiar el método de elección del Colegio Electoral al Voto Nacional Popular.

■ Estados y distritos con leyes aprobadas (con sus votos electorales)

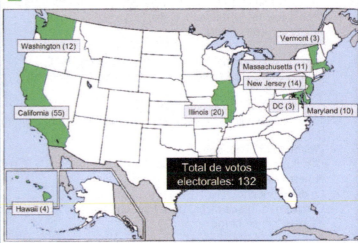

Fuente: Conferencia Nacional de Asambleas Legislativas Estatales

Con esta información y la que tienen en el Enfoque 1 (ejercicio 3-4), elaboren una lista de comparaciones entre los dos países. Usen estos puntos, entre otros, para guiar su trabajo.

☐ tipo de sistema electoral
☐ requisitos para votar
☐ participación en el voto
☐ razones de la población para votar
☐ circunstancias sociales del país

PREPARACIÓN PARA EL DEBATE

Revisa en la página 49 (Unidad 1) el formato y las recomendaciones para preparar el debate.

3-1. USE OF SUBJUNCTIVE IN NOUN CLAUSES

WHAT IS VERBAL MODE?

There are three verbal modes in Spanish: indicative, imperative (commands), and subjunctive. Modes convey the ways in which speakers perceive reality and live experiences, or the way in which they want their interlocutors/readers to perceive reality and experiences.

The *indicative* mode is used to declare or give an account of reality, the facts that the speaker knows, or the facts that he believes are true.

> Todos los ciudadanos **apoyan** los valores democráticos.
> *All citizens **support** the democratic values.*

> La democracia de ese país **es** muy estable.
> *Democracy in that country **is** very stable.*

The *imperative* is used to convey orders, appeals, requests, or dissuasion.

> El presidente exclamó: "**Vengan** todos a apoyar la democracia".
> *The President exclaimed, "**Come** all of you to support democracy"*

The *subjunctive* mode denotes that the way in which someone perceives an action or event does not belong to her reality or experience. For example, the subjunctive is used when someone wants to impose his wishes upon another person, or when he doubts that something is true.

> El presidente quiere que todos los ciudadanos **apoyen** los valores democráticos.
> *The President wants all citizens **to support** the democratic values.*

> No creo que la democracia de ese país **sea** muy estable.
> *I do not think that democracy in that country **is** very stable.*

The subjunctive mode almost always appears in the context of a complex sentence; that is, a sentence that has a main clause, and a subordinate clause. The subjunctive appears in the dependent or subordinate clause.

MAIN CLAUSE	SUBORDINATE CLAUSE
Pienso que	la democracia de este país **es** muy estable hoy día.
I think that	*this country's democracy **is** very stable today.*
No pienso que	la democracia de ese país **sea** muy estable hoy día.
I do not think that	*this country's democracy **is** very stable today.*

WHAT IS A NOUN CLAUSE?

A noun clause is a subordinate clause introduced by **que**, and it is equivalent to a noun.

	NOUN (SUBORDINATE) CLAUSE
Pienso que	la democracia en España es muy estable hoy en día.
I think that	*democracy in Spain is very stable today.*
	NOUN
Pienso	**esto**.
I think	***this**.*

The use of subjunctive in the noun clause depends on the verb of the main clause. Let's see the different verbs that can be used in the main clause, and how they influence the use of subjunctive in the noun clause.

A. VERBS THAT INTRODUCE THOUGHTS, PERCEPTIONS, STATEMENTS

If the verb of the main clause expresses thought, perception, or statement, and it is *affirmative*, it requires that the noun clause have a verb in the *indicative*.

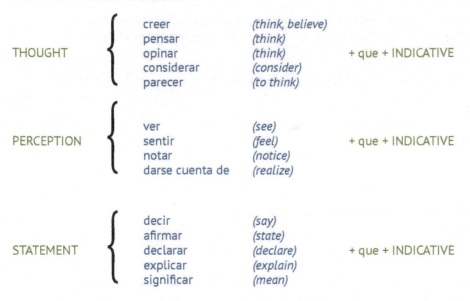

THOUGHT	creer	*(think, believe)*	
	pensar	*(think)*	
	opinar	*(think)*	+ que + INDICATIVE
	considerar	*(consider)*	
	parecer	*(to think)*	

PERCEPTION	ver	*(see)*	
	sentir	*(feel)*	+ que + INDICATIVE
	notar	*(notice)*	
	darse cuenta de	*(realize)*	

STATEMENT	decir	*(say)*	
	afirmar	*(state)*	
	declarar	*(declare)*	+ que + INDICATIVE
	explicar	*(explain)*	
	significar	*(mean)*	

See the examples below (the noun clauses are in brackets).

La mayor parte de los españoles **opina** [que la monarquía **es** buena para el país].
*The majority of Spaniards **think** that monarchy **is** good for the country.*

Esto **significa** [que en España **hay** un apoyo a la monarquía].
*This **means** that in Spain **there is** support for the monarchy.*

However, if the verb of the main clause is *negative*, then the verb of the noun clause will be in the *subjunctive* mode.

Una pequeña parte de los españoles **no cree** [que la monarquía **sea** buena para el país].
*A small portion of Spaniards **do not think** that monarchy **is** good for the country.*

Esto **no significa** [que los españoles **quieran** una dictadura].
*This **does not mean** that Spaniards **want** a dictatorship.*

ATTENTION!

If the negative verb expresses a warning or advice in the *command form*, then the verb of the noun clause *will be indicative*, not subjunctive. Observe this contrast:

No creo [que la situación **sea** buena]: hay muchos problemas.
*I **do not think** that the situation **is** good: there are many problems.*

No pienso [que esto **suceda** solamente en España]: ocurre en otros países.
*I **do not believe** this **happens** only in Spain: it happens in other countries.*

vs.

No creas [que la situación **es** buena]: hay muchos problemas.
***Don't think** that the situation **is** good: there are many problems.*

No piensen [que esto **sucede** solamente en España]: ocurre en otros países.
***Don't think** this **happens** only in Spain: it happens in other countries.*

B. VERBS THAT EXPRESS DEGREE OF CERTAINTY OR VERACITY

Indicative is used when we wish to state the veracity or truthfulness of a fact. We introduce these sentences with expressions that *do not convey any doubt*.

Es cierto	*(it is true)*	
Es verdad	*(it is true)*	
Es evidente	*(it is obvious)*	
Es indudable	*(it is unquestionable)*	+ que + INDICATIVE
No hay duda de	*(there is no doubt)*	
Es incuestionable	*(it is unquestionable)*	
Está demostrado	*(it is proven)*	
Está claro	*(it is clear)*	

Es indudable [que España **tiene** una industria turística de primer orden].
*It is **unquestionable** that Spain **has** a very important tourist industry.*

No hay duda de [que España **es** ahora un país más conocido en EE.UU.]
*There is **no doubt** that nowadays Spain is a better-known country in the US.*

Es poco probable [que el rey Juan Carlos I **abdique**].
*Is it **not very likely** that King Juan Carlos I **will abdicate**.*

Subjunctive is used when we wish to question or deny the veracity of something. In these cases the verb in the main clause *expresses doubt*.

No es cierto		
No es verdad		
Es dudoso	*(it is doubtful)*	
Es cuestionable	*(it is questionable)*	
Dudo que	*(I doubt)*	+ que + SUBJUNCTIVE
Es falso	*(it is false)*	
No está demostrado	*(it is not proven)*	
No está claro	*(it is not clear)*	

No es cierto [que España **tenga** un índice de desempleo del 12%].
*It is **not true** that Spain **has** an unemployment rate of 12%.*

Es dudoso [que el país **salga** de la crisis en un futuro cercano].
*It is **doubtful** that the country **will come out** of the crisis in the near future.*

C. VERBS THAT EXPRESS DEGREE OF POSSIBILITY

In general terms, possibility is followed by *subjunctive*.

Es posible	*(it is possible)*	
Es probable	*(it is likely)*	+ que + SUBJUNCTIVE
Puede	*(it may be)*	

Es posible [que en el futuro las comunidades autónomas **tengan** más autonomía].
*It is **possible** that in the future self-governing regions **will have** more autonomy.*

Puede [que España **salga** de la crisis antes que otros países].
*Maybe Spain **will come out** of the crisis before other countries.*

Some expressions of possibility can be followed by *either indicative or subjunctive*, depending on the degree of certainty of the speaker.

Posiblemente	*(possibly, likely)*	
Probablemente	*(may be, possibly, likely)*	+ INDICATIVE or SUBJUNCTIVE
Tal vez	*(may be)*	
Quizá	*(may be)*	

Posiblemente los españoles **tendrán** que enfrentar una gran crisis económica.
*Spaniards **will likely have** to face a great economic crisis.*

Posiblemente los españoles **tengan** que enfrentar una gran crisis económica.
*Spaniards **will possibly have** to face a great economic crisis.*

D. VERBS THAT INTRODUCE JUDGMENTS, EVALUATIONS, FEELINGS

When the speaker/writer expresses a *judgment*, *assessment*, or *feelings* toward something or somebody, the subjunctive is used in the noun clause.

Es increíble / fantástico / ridículo / interesante...		
Es importante / necesario / fundamental...		
Me parece positivo / terrible / extraño / increíble...		
Me gusta / preocupa / molesta / sorprende...		
Me da pena / risa / miedo...		
Me pone nervioso / triste / contento...		
Me alegro de...	*(I am glad...)*	+ que + SUBJUNCTIVE
Me interesa ...		
Siento	*(I am sorry...)*	
Prefiero		
Odio		
No soporto	*(I can't stand...)*	

Me pone triste [que **ocurran** casos de racismo hoy en día].
***It makes me sad** that examples of racism **occur** today.*

Es ridículo [que el presidente **diga** esas cosas].
***It is ridiculous** that the President **says** these things.*

A los grandes partidos **no les interesa** [que se reforme el sistema electoral].
*Big parties **are not interested** in **amending** the electoral system.*

ATTENTION!

Use *infinitive*, *not* subjunctive, when making a general judgment, without referring to anybody in particular.

Es ridículo [**decir** esas cosas].
*It is ridiculous **to say** these things.*

Es bueno [**decir** la verdad y **ser** honesto].
*It is good **to say** the truth and **to be** honest.*

ATTENTION!

Use infinitive, not subjunctive, when the subject of the verb in the main clause, and the subject of the verb in the noun clause, are one and the same.

SUBJECT = el presidente

El presidente **odia** [**hablar** de la economía].
*The President **hates** talking about economy.*

SUBJECT = el presidente   SUBJECT = el líder de la oposición

El presidente **odia** [que el líder de la oposición **hable** de economía].
*The President **hates** that the leader of the opposition **talks** about the economy.*

E. VERBS THAT EXPRESS WILL, WISHES, OR INFLUENCE

When expressing *will or wishes*, or trying to *influence* other people or situation, subjunctive is used in the noun clause.

aconsejar	*(to advise, to recommend)*
decir	*(to ask, to request)*
desear	*(to wish)*
esperar	*(to hope)*
estar a favor/en contra de	*(to be in favor of / against)*
exigir	*(to demand)*
hacer	*(to cause)*
ordenar	*(to order)*
pedir	*(to request, to demand)*
permitir	*(to allow)*
prohibir	*(to ban, to prohibit)*
proponer	*(to propose)*
querer	*(to want)*
sugerir	*(to suggest)*

+ que + SUBJUNCTIVE

La Constitución española **prohíbe** [que **se discrimine** a los ciudadanos].
*The Spanish Constitution **forbids** that citizens **be discriminated** against.*

La crisis económica **ha hecho** [que las leyes de inmigración **se endurezcan**].
*The economic crisis **has caused** immigration laws **to get tougher**.*

El gobierno español **ha pedido** a ETA [que **cese** el uso de la violencia].
*The Spanish government **has asked** ETA **to cease** the use of violence.*

ATTENTION!

The verb *decir* changes its meaning depending upon its use: if it is used to convey *commands* or *requests*, it requires the use of *subjunctive* in the noun clause.

Los jóvenes han dicho al gobierno español [que **promueva** la creación de empleo].
*The youth has requested that the government **promote** employment.*

El presidente Rajoy dice [que **tengamos** paciencia durante el período de crisis].
*President Rajoy asks us **to be** patience during the period of crisis.*

In contrast, if it is used to *say*, *declare*, or *communicate* something, it requires the use of *indicative* in the noun clause.

La Constitución española dice [que todos **somos** iguales].
*The Spanish Constitution says that we **are** all equal.*

ATTENTION!

The expression **ojalá que** *(I hope)* conveys the speaker's wish for the future, and it always requires the use of subjunctive.

> ¡Ojalá (que) el presidente **gane** las elecciones otra vez!
> *I hope the President **wins** the election again!*

> ¡Ojalá (que) las Olimpiadas **sean** en España!
> *I hope the Olympic Games **are** in Spain!*

ATTENTION!

Use *infinitive*, **not** subjunctive, when the subject of the verb in the main clause, and the subject of the verb in the noun clause, are one and the same. Use subjunctive when *both subjects are different*.

> SUBJECT = el presidente
> ↙ ↘
> El presidente quiere [**ganar** las elecciones otra vez].
> *The President wants **to win** the election again.*

> SUBJECT = el presidente   SUBJECT = el partido opositor
> ↘   ↙
> El presidente quiere [que el partido opositor **pierda** las elecciones].
> *The President wants the opposite party **to lose** the election.*

> Los españoles desean [que su gobierno **garantice** las necesidades básicas].
> *Spanish people want their government **to ensure** basic needs.*

3-2. USE OF SUBJUNCTIVE TO EXPRESS PURPOSE

There is another type of subordinate clauses that is used to express the *purpose, aim, or goal of an action*. They are introduced with *para* or *para que*.

PARA + INFINITIVE

When the subject of the clause is the same as the subject of the main clause, we use **para + infinitive.**

> La Unión Europea <u>creó</u> el Pacto de Inmigración [**para** <u>regularizar</u> los procesos migratorios].
> ↖   ↗
> SUBJECT: la Unión Europea

*The European Union created the Immigration Agreement **in order to regularize** migratory processes.*

PARA QUE + SUBJUNCTIVE

When the subject of the clause is different, or it is not clear from the context, we use **para que + subjunctive.**

> La Unión Europea <u>creó</u> el Pacto de Inmigración [**para que** los inmigrantes **tengan** los mismos derechos en los 27 países miembros]. ↗   ↖
> SUBJECT: la Unión Europea   SUBJECT: los inmigrantes

*The European Union created the Immigration Agreement **so that** immigrants **have** the same rights in all 27 countries.*

Other more formal expressions to introduce purpose, aim, or goal are:

a fin de que	*(so that, in order that)*	
con el fin de que	*(so that, in order that)*	**+ SUBJUNCTIVE**
con el propósito de que	*(so that, in order that)*	
a fin de	*(in order to)*	
con el fin de	*(in order to, with the goal of)*	**+ INFINITIVE**
con el propósito de	*(in order to, with the goal of)*	

La Unión Europea creó el Pacto de Inmigración...

a fin de que los inmigrantes tengan los mismos derechos en los 27 países miembros.
con el fin de que los inmigrantes tengan los mismos derechos en los 27 países miembros.

La Unión Europea creó el Pacto de Inmigración...

a fin de regularizar los procesos migratorios.
in order to regularize migratory processes.

con el fin de / con el propósito de regularizar los procesos migratorios.
with the goal of regularizing migratory processes.

3-3. USE OF SUBJUNCTIVE IN TIME CLAUSES

Time clauses are subordinate clauses that convey a *time* relationship, and can be introduced with expressions such as the ones below. Like in English, they can go *before or after* the main clause.

cuando	*(when)*	**hasta que**	*(until)*
en cuanto	*(as soon as)*	**después de que**	*(after)*
tan pronto como	*(as soon as)*	**siempre que**	*(everytime, whenever)*
apenas	*(as soon as)*	**una vez que**	*(once)*
mientras	*(while)*	**una vez + participle**	*(once)*

[Tan pronto como **fue elegido**], el ex presidente Zapatero retiró las tropas de Irak.
*As soon as he **was elected**, former President Zapatero withdrew the troops from Iraq.*

El ex presidente Zapatero retiró las tropas de Irak [una vez que **fue elegido** presidente].
*Former President Zapatero withdrew the troops from Iraq once he **was elected**.*

When the time clause refers to a *past or present event*, its verb will be in the *indicative*.

[**Siempre que hay** elecciones], el rey nombra al presidente del gobierno.
***Everytime there is** an election, the King names the President of the government.*

El rey mencionó algunos problemas económicos [**cuando dio** su discurso].
*The King mentioned some economic problems **when he gave** his speech.*

When the time clause refers to a *future event*, its verb will be in the *subjunctive*.

[**Cuando muera** el rey Juan Carlos I] le sucederá su hijo Felipe.
***When** King Juan Carlos I **dies**, his son Felipe will succeed him.*

No habrá elecciones en España [**hasta que** el presidente Rajoy **termine** su mandato].
*There will not be an election in Spain **until** President Rajoy **ends** his term.*

3-4. *SER* AND *ESTAR*

Both *ser* and *estar* correspond to the English verb *to be*. However, in Spanish *ser* and *estar* represent a semantic difference. There are contexts in which only *ser*, or only *estar* can be used.

SER

1. *Identification or definition.* In this case, it is followed by one or more nouns.

> La Unión Europea **es** una asociación política y económica de 27 países.
> El multilingüismo **es** una de las claves de la diversidad cultural de la UE.
> España y Portugal **son** miembros de la UE desde 1986.
> Uno de los mejores tenistas del mundo **es** Rafael Nadal.

2. *Origin or nationality.*

> El escritor Carlos Ruiz Zafón **es** de Barcelona.
> La novela *El asedio* **es** de Arturo Pérez-Reverte.

3. *Profession or activity.* Unlike in English, the article is NOT used in this case.

> Santiago Calatrava y Rafael Moneo **son** arquitectos.
> Plácido Domingo **es** cantante de ópera.

> ### ATTENTION!
> In the examples below, the article *un, una, unos, unas* is used because the sentences are *definitions*. In this case, the noun (profession) is modified by an adjective.
>
> > Santiago Calatrava y Rafael Moneo **son** unos arquitectos de fama internacional.
> > Vicente Blasco Ibáñez **fue** un escritor muy popular en Estados Unidos.

4. *Material.*

> Las construcciones del arquitecto español Santiago Calatrava **son** de hierro y acero.

5. *Recipient of an action, or goal.*

> Los libros de la serie El Capitán Alatriste **son** para un público muy diverso.

6. *Time and space of an event.*

> La próxima Cumbre Iberoamericana **será** en España.
> La última Copa de Europa de Fútbol **fue** en junio de 2012.

7. *Impersonal expressions* **that convey opinion about something** (*ser* + adjective), such as *es bueno que, es necesario que, es difícil que, es obvio que, es extraño que, es importante que,* etc.

> **Es** importante que España continúe la cooperación en los países más necesitados.
> **Es** necesario que el voluntariado social se promocione más en España.

8. *Passive voice.*

> En España el presidente del gobierno **es elegido** de manera directa.
> Las lenguas autonómicas **son consideradas** oficiales junto con el castellano.

ESTAR

1. To locate people and things (not events) in space.

El Instituto Cervantes **está** en Nueva York.
Hoy día las tropas españolas **están** en Afganistán, Bosnia y Líbano.

2. To convey the end result of an action (estar + participle).

España **está preparada** para enfrentar los retos del futuro.
Todo **está listo** para la Cumbre Iberoamericana de Cádiz en 2012.

3. To convey actions that are in progress (estar + gerund).

El servicio voluntario **está** aumentando en España.
Las relaciones de España con América Latina **están** cambiando.

SER OR ESTAR FOLLOWED BY ADJECTIVES

1. When we are describing *the norm*, or when talking about *inherent characteristics* of someone or something, **ser** is used.

    Las relaciones entre España y Estados Unidos **son** bastante buenas.
    El gobierno actual de España **es** conservador.

    Estar is used to convey a *change of state*, or characteristics that are considered *deviations from the norm*—from the speakers's perspective.

    Los ciudadanos **están** cansados de oír las mismas promesas de los políticos.
    Algunas personas **están** muy decepcionadas con el sistema electoral español.

2. When describing with the purpose of presenting information in an objective manner, **ser** is used.

    El protagonista de la novela *El asedio* **es** bastante inteligente.
    Muchos de los puentes que construye santiago Calatrava **son** espectaculares.
    Es muy difícil encontrar trabajo en España en este momento.

    When the description is not objective, and a subjective appreciation is intended, **estar** is used, followed by adjectives.

    La situación en el País Vasco **está** mejor que en años pasados.
    Está muy difícil encontrar trabajo en España.

Ternura (1989) de
Oswaldo Guayasamín

TEMAS

Enfoque 1

- indígenas y movimientos indígenas en América Latina
- lenguas originarias en peligro; los indígenas en Estados Unidos
- la novela indigenista de Juan Rulfo; la pintura de Oswaldo Guayasamín

Enfoque 2

- el mapa político de América Latina
- mujeres en la política; las relaciones de Estados Unidos con América Latina
- la poesía de Mario Benedetti; la música de Calle 13

Enfoque 3

- la violencia en América Latina
- la narcocultura; las armas de fuego en Estados Unidos y en Latinoamérica
- la representación de la violencia en la pintura (Fernando Botero) y en el cine (México y Colombia)

LECTURA

- leer e interpretar un texto argumentativo: causa y consecuencia
- los conectores discursivos de causa y consecuencia
- la contraargumentación

ESCRITURA

- escribir una entrada para un blog
- el uso de conectores de causa y consecuencia

¡A DEBATE!

- apoyar el punto de vista con ejemplos y con argumentos de autoridad

GRAMÁTICA

- los verbos reflexivos
- el contraste entre verbos reflexivos y construcciones pasivas con *se*
- los adverbios terminados en –*mente*
- los verbos pronominales

UNIDAD 4: LA AMÉRICA HISPANOHABLANTE HOY (I)

Hispanoamérica o América Hispana: 18 estados.
Habitantes: 365 millones

La América hispanohablante

México
Ciudad de México
109.955.400

Guatemala
Ciudad de Guatemala
12.728.111

El Salvador
San Salvador
6.948.073

Costa Rica
San José
4.113.884

Panamá
Ciudad de Panamá
3.242.173

Colombia
Bogotá
44.379.558

Ecuador
Quito
13.755.680

Honduras
Tegucigalpa
7.483.763

Cuba
La Habana
11.177.743

Rep. Dominicana
Santo Domingo
9.365.818

Venezuela
Caracas
26.023.528

Nicaragua
Managua
5.675.356

Paraguay
Asunción
6.669.086

Uruguay
Montevideo
3.460.607

Perú
Lima
28.674.757

Bolivia
La Paz
9.119.152

Chile
Santiago
16.284.741

Argentina
Buenos Aires
40.301.927

País
Capital
Población

Grupos étnicos en países hispanohablantes

País	Población	Blancos	Mestizos	Mulatos	Amerindios	Negros
Argentina	40,301,927	85.0%	11.1%		1.0%	
Bolivia	9,119,152	15.0%	28.0%	2.0%	**55.0%**	
Chile	16,284,741	52.7%	38.4%		4.6%	
Colombia	44,379,558	20.0%	58.0%	14.0%	1.0%	4.0%
Costa Rica	4,113,884	82.0%	15.0%		0.8%	
Cuba	11,177,743	37.0%		51.0%		11.0%
Ecuador	13,755,680	9.9%	41.0%	5.0%	**39.0%**	5.0%
El Salvador	6,948,073	1.0%	91.0%		8.0%	
Guatemala	12,728,111	4.0%	42.0%		**53.0%**	
Honduras	7,483,763	1.0%	85.6%	1.7%	7.7%	
México	109,955,400	15.0%	70.0%	0.5%	**14.0%**	
Nicaragua	5,675,356	14.0%	78.3%		6.9%	
Panamá	3,242,173	10.0%	32.0%	27.0%	8.0%	5.0%
Paraguay	6,669,086	20.0%	74.5%	3.5%	1.5%	
Perú	28,674,757	12.0%	32.0%	9.7%	**45.5%**	
Puerto Rico	3,944,259	74.8%	10.0%	15.0%		
R. Dominicana	9,365,818	14.6%		75.0%		7.7%
Uruguay	3,460,607	88.0%	8.0%	4.0%		
Venezuela	26,023,528	16.9%	37.7%	37.7%	2.7%	2.8%

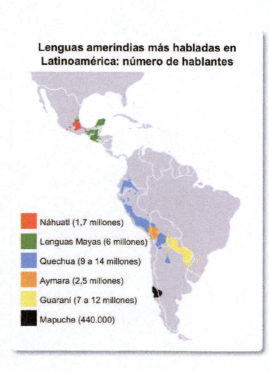

Lenguas amerindias más habladas en Latinoamérica: número de hablantes

- Náhuatl (1,7 millones)
- Lenguas Mayas (6 millones)
- Quechua (9 a 14 millones)
- Aymara (2,5 millones)
- Guaraní (7 a 12 millones)
- Mapuche (440.000)

4-1 ¿QUÉ SON LOS PUEBLOS INDÍGENAS?

Escribe una definición de 'pueblos indígenas' usando estas ideas.

Un pueblo indígena es...
Los pueblos indígenas quieren que...
Los pueblos indígenas se enfrentan a ...
Los pueblos indígenas necesitan ...

Ahora lee la definición de la Organización de Naciones Unidas (ONU). Compara la definición de la ONU con la tuya. ¿Qué elementos o conceptos coinciden? ¿Cuáles no incluiste?

"Son comunidades, pueblos y naciones indígenas los que, teniendo una continuidad histórica con las sociedades anteriores a la invasión y precoloniales que se desarrollaron en sus territorios, se consideran distintos a otros sectores de las sociedades que ahora prevalecen en esos territorios. Constituyen sectores no dominantes de la sociedad y tienen la determinación de preservar, desarrollar y transmitir a futuras generaciones sus territorios ancestrales y su identidad étnica como base de su existencia continuada como pueblo, de acuerdo con sus propios patrones culturales, sus instituciones sociales y sus sistemas legales."

4-2 ¿QUÉ DERECHOS TIENEN LOS PUEBLOS INDÍGENAS?

Escribe una definición de estos derechos.

- Derecho a la no discriminación étnica
- Derecho a la propiedad
- Derecho a la identidad lingüística y cultural
- Derecho de autodeterminación

¿Deben los pueblos originarios tener estos derechos? ¿Los tienen en tu país?

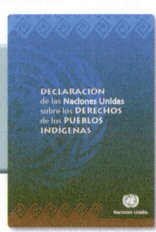

La Asamblea General de la ONU sancionó en 2007 la *Declaración de las Naciones Unidas sobre los Derechos de los Pueblos Indígenas*, que protege a los más de 370 millones de personas que integran estos grupos. El texto se aprobó después de dos décadas de negociaciones y fue ratificado con 143 votos a favor. Hubo 11 abstenciones y cuatro votos en contra: los de Estados Unidos, Canadá, Nueva Zelanda y Australia. El documento tiene 46 artículos y establece los parámetros que permiten que las poblaciones indígenas conserven su cultura y su identidad.

 Ahora mira la entrevista con el antropólogo mexicano Rodolfo Stavenhagen, uno de los redactores de la Declaración de Derechos de los Pueblos Indígenas de la ONU. Contesta después a las preguntas.

COMPRENSIÓN

1. ¿Cómo define Stavenhagen la adopción de esta declaración?
2. ¿Qué cuatro temas preocuparon a algunos países miembros de la ONU?
3. ¿Qué dice la declaración respecto al tema de la tierra y los recursos naturales?
4. Esta declaración obliga / no obliga legalmente a los países a cumplir lo que dice.

INTERPRETACIÓN

1. En la Declaración de la ONU se afirma el derecho de los indígenas a "poseer, desarrollar, controlar y aprovechar las tierras y los recursos que poseen por tradición". ¿Creen que esto pudo ser un factor para que algunos países no firmaran?
2. En esta entrevista el Dr. Stavenhagen dice que uno de los puntos más polémicos de la declaración es el derecho a la autodeterminación. Piensen en dos razones para ello.

PERSPECTIVA LINGÜÍSTICA

VOCABULARIO META

actualmente	*at present; nowadays*	interesarse por	*to take an interest in*
autodeterminación (la)	*self-determination*	Latinoamérica	*Latin America*
basarse en	*to be based on*	latinoamericano/a	*Latin American*
campesino/a (el, la)	*peasant*	mejora (la)	*improvement*
centrarse en	*to be centered on*	mejorar	*to improve*
comprometerse a	*to commit to*	negarse a	*to refuse to*
considerarse	*to consider oneself*	oponerse a	*to oppose*
darse cuenta de	*to realize*	pendiente	*unresolved*
defenderse de	*to defend oneself from*	preocuparse de/por	*to worry about*
denuncia (la)	*accusation*	protegerse de	*to protect oneself from*
denunciar	*to accuse, report*	pueblo (el)	*people, nation*
derechos (los)	*rights*	quejarse de	*to complain about*
desarrollarse	*to develop*	reconocimiento (el)	*recognition*
destacar	*to emphasize*	recursos (los)	*resources*
distinto/a	*different*	reivindicación (la)	*claim*
empeorar	*to get worse*	reivindicar	*to claim*
enfrentarse a	*to face, confront*	terreno (el)	*field*
hispanohablante	*Spanish speaker*	tierra (la)	*land*
identidad (la)	*identity*	tribu (la)	*tribe*
identificarse con	*to identify oneself with*		

4-3 PROBLEMAS DE LOS PUEBLOS INDÍGENAS EN LATINOAMÉRICA

 Escucha esta noticia sobre la situación actual de las poblaciones indígenas de Latinoamérica. Contesta después a las preguntas.

COMPRENSIÓN

1. ¿Cuál es la situación de los indígenas en América Latina según el estudio de la ONU?
2. ¿Qué efecto ha tenido la mejora de las tasas de pobreza en Latinoamérica desde 1990 en la situación de los pueblos indígenas?
3. ¿Hay más desigualdad en educación -entre indígenas y no indígenas- en Bolivia o en Perú?
4. ¿Dónde es mayor la diferencia en esperanza de vida entre indígenas y no indígenas: en México o en Panamá?
5. ¿Qué efecto ha tenido la mejora de las tasas de mortalidad infantil en Latinoamérica en la situación de los pueblos indígenas?

RL GRAMÁTICA 4-1 (pp. 216-218)

Estudia la sección de Gramática 4-1. Después escucha otra vez e identifica los seis *verbos reflexivos* que usó el locutor y su sujeto gramatical. Escribe el significado de cada verbo.

verbo reflexivo	sujeto	significado
1.		
2.		
3.		
4.		
5.		
6.		

Mira ahora el video *Pueblos indígenas de Latinoamérica* y responde a las preguntas.

COMPRENSIÓN

1. Según Julian Burger, ¿cuáles son los problemas de los indígenas?
2. Rodolfo Stavenhagen señala un tema fundamental. ¿Cuál es?
3. Respecto a la explotación de recursos y tierras, ¿qué quieren los indígenas, según Stavenhagen?
4. ¿Qué cambios fundamentales ha habido, según Burger? ¿Y según Stavenhagen?
5. Respecto a las leyes, ¿qué reclaman los indígenas?
6. ¿En qué niveles están participando los indígenas en Naciones Unidas?

INTERPRETACIÓN

 En grupos de cuatro, dos de ustedes representan los intereses de los pueblos indígenas, y dos de ustedes representan a los gobiernos. Basándose en la información del video, escriban cuatro frases que describan los problemas desde cada punto de vista. Usen estos verbos. Hagan después un pequeño debate.

Los pueblos indígenas	Los gobiernos
enfrentarse a	darse cuenta de
protegerse de	preocuparse por
oponerse a	centrarse en
hallarse	interesarse por

4-4 EL MOVIMIENTO INDÍGENA EN BOLIVIA

Lee este texto y después responde a las preguntas.

Indígenas bolivianos

La nueva Constitución de Bolivia se ratificó el 25 de enero de 2008 en un referéndum popular. Esta Constitución se parece muy poco a la precedente, ya que en ella se otorgan más poderes al pueblo indígena. Con esta Constitución, los indígenas de los 36 pueblos originarios de Bolivia pasaron de un simple reconocimiento en la Constitución anterior a participar de forma efectiva en todos los niveles del poder del estado y en la economía. Específicamente, en el documento se establece:

1. Un capítulo para los derechos de las naciones indígenas originarias.

2. Una cuota de parlamentarios indígenas.

3. La justicia indígena originaria campesina al mismo nivel que la justicia ordinaria.

4. Un tribunal constitucional plurinacional con miembros del sistema ordinario y del sistema indígena.

5. Un modelo económico social comunitario basado en la visión indígena.

6. Derecho a la tierra comunitaria e indígena, al uso del agua y a los recursos forestales de su comunidad.

7. Una ley de autonomía o libre determinación.

8. Reconocimiento de 37 lenguas oficiales junto con el español.

COMPRENSIÓN

1. ¿Qué diferencia hay, respecto a las poblaciones indígenas, entre la Constitución anterior y la que se aprobó en 2008?
    a. La nueva da más poder a los indígenas
    b. En la anterior no se mencionaba a los indígenas
    c. La nueva tiene varios capítulos dedicados a las poblaciones indígenas
2. Explica con tus propias palabras el significado de los puntos 2, 5 y 7.

> **RL GRAMÁTICA 4-2 (p. 219)**
>
> Estudia la Gramática de 4-2. Identifica los cuatro verbos subrayados en el texto sobre Bolivia. ¿Son reflexivos o pasivos? ¡Atención!: para ayudarte a responder, identifica *quién hace la acción del verbo.*

 Mira ahora el video sobre el nombramiento de Evo Morales, primer presidente indígena de la historia de Bolivia y segundo en la historia de América. Después responde a las preguntas.

COMPRENSIÓN

1. ¿Qué fue Tiawanaku o Taipikala?
2. ¿Para qué fue allá Evo Morales, presidente de Bolivia, en 2006?
3. ¿Qué dijo Evo Morales en su toma de posesión? Haz un resumen.

INTERPRETACIÓN

1. Decidan los dos puntos de la Constitución de Bolivia que les parecen más importantes y expliquen por qué.
2. ¿Tiene la constitución de su país secciones dedicadas a los derechos de los indígenas? Si no, ¿debería tenerlos? Justifiquen su opinión ante la clase.
3. Comparen la elección del Presidente Evo Morales con la del Presidente Barack Obama en Estados Unidos. Piensen en dos similitudes y en dos diferencias.

SIMILITUDES	1. En ambos casos … 2. Los dos …
DIFERENCIAS	1. Evo Morales …; en cambio … 2. Barack Obama … pero …

4-5 PUEBLOS INDÍGENAS EN MÉXICO

Mira los gráficos y lee el texto. Después responde a las preguntas.

De acuerdo a su Constitución, desde 1992 México se define como *nación pluricultural* en reconocimiento de los pueblos indígenas. Oficialmente el gobierno reconoce 65 lenguas indígenas, que de acuerdo con la Ley de los Derechos Lingüísticos del 2001, son lenguas nacionales en igualdad de condiciones con respecto al español. Así, por ejemplo, en el año 2005 se oficializó la traducción del himno nacional a las lenguas indígenas. Para preservar y desarrollar la cultura indígena de México, el gobierno publicó en 2010 el primer Catálogo de Lenguas Indígenas Nacionales.

México: porcentaje de hablantes de lengua indígena por distrito

Porcentaje de hablantes de lengua indígena en cada entidad

- Más de 30%
- 15 – 30%
- 5 – 15%
- 2 – 5%
- Hasta 2%

En México al menos 30 variantes lingüísticas están en riesgo de desaparecer, incluyendo el náhuatl, la lengua más hablada en el país después del español. Concretamente, en el catálogo se indica que existen 364 variantes lingüísticas, con lo que México se coloca mundialmente entre los diez países con mayor diversidad lingüística. Se estima que 7 millones de mexicanos (el 6,7 % de la población) hablan una lengua indígena; la mayoría de ellos son bilingües (con español) pero se calcula que el 10% utiliza solo la lengua indígena en su comunicación cotidiana. Las lenguas más habladas son el náhuatl, con casi 1.700.000 hablantes, y el maya, con cerca de 900.000. Según los expertos lingüistas, la creación de este documento representa indudablemente el reconocimiento oficial de la cultura indígena de México que es de aproximadamente 12,7 millones de personas, lo que representa el 13% de la población nacional. Sin embargo, los expertos consideran que, lamentablemente, el camino que hay que recorrer para dar una mejor calidad de vida a los indígenas aún es largo.

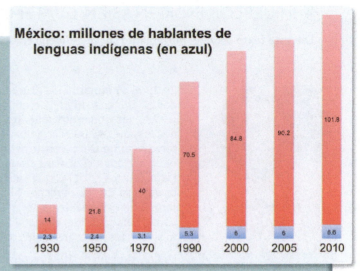

México: millones de hablantes de lenguas indígenas (en azul)

COMPRENSIÓN

1. Según el mapa, ¿en qué áreas de México hay más hablantes de lenguas indígenas? (Usa un mapa político de México si es necesario).
2. ¿Qué dice la Ley de los Derechos Lingüísticos?
3. Según el Catálogo de Lenguas Indígenas Nacionales, ¿cuántos indígenas son monolingües en lengua indígena?

RL GRAMÁTICA 4-2 (p. 219)

Identifica en el texto sobre México los verbos *reflexivos* y los verbos *pasivos* (con *se*). ¡Atención!: para ayudarte a responder, identifica *quién hace la acción del verbo.*

RL GRAMÁTICA 4-3 (pp. 220-221)

Identifica los cinco adverbios terminados en –*mente* que aparecen en el texto sobre México. ¿Qué significan? ¿De qué adjetivo provienen? ¿Significan lo mismo en inglés?

INTERPRETACIÓN

 ¿Están las lenguas indígenas en peligro en México? Usen datos del texto y de los gráficos para apoyar una de estas dos posturas.

	ARGUMENTOS
Están en peligro	Creemos que ... porque según el texto ... Además, nos parece que ... porque de acuerdo con el gráfico ... Por eso es urgente que ...
No están en peligro	No creemos que ... porque según el gráfico ... Además, a nosotros nos parece que ... porque de acuerdo con el texto ... Sin embargo, es importante que ...

4-6 PUEBLOS INDÍGENAS EN GUATEMALA

Lee este texto sobre el movimiento social indígena en Guatemala. Después responde a las preguntas.

Rigoberta Menchú

En 1996 se firmaron los Acuerdos de Paz en Guatemala, después de 36 años de Guerra Civil. Las comunidades indígenas fueron severamente afectadas durante este conflicto armado y se estima que, entre 1978 y 1986, los gobiernos militares provocaron un genocidio maya con más de 250.000 víctimas mortales, de las cuales 45.000 continúan desaparecidas. Además casi medio millón de indígenas fueron desplazados forzosamente. Durante este período el pueblo maya se movilizó y hoy es uno de los actores más importantes de la sociedad civil. Para el movimiento indígena maya, el racismo fue uno de los factores centrales en los conflictos sociales que causaron la guerra. Las organizaciones indígenas han sido fundamentales en la defensa de los derechos humanos y la desmilitarización del país, además de participar en diversos foros internacionales como la ONU. La labor de **Rigoberta Menchú**, maya kiché que desde 1982 viene denunciando ante el mundo la situación de su pueblo, refleja fielmente la realidad del país. Su compromiso con los derechos de los pueblos indígenas fue reconocido en 1992 con el Nobel de la Paz.

La Constitución de 1985 reconoce explícitamente la realidad multiétnica del país, diciendo que "Guatemala está formada por diversos grupos étnicos [...]. El Estado reconoce, respeta y promueve sus formas de vida, costumbres, tradiciones, formas de organización social [...] el derecho a su identidad cultural de acuerdo a sus valores, lengua y costumbres". En 1990 se creó la Academia de las Lenguas Mayas de Guatemala. En 1996, el Acuerdo sobre Identidad y Derechos de los Pueblos Indígenas representó un avance significativo, ya que reconoció sus derechos civiles y políticos y oficializó los idiomas indígenas. Desafortunadamente, a pesar del reconocimiento histórico, ha habido pocos avances: la pobreza, la educación, el acceso a la justicia, la plena participación política o la tenencia de tierras son algunos de los temas pendientes.

COMPRENSIÓN

1. ¿Qué aspecto diferencia a los pueblos indígenas guatemaltecos hoy y antes de la Guerra Civil?
2. Con respecto a los derechos de los indígenas de Guatemala ¿qué diferencia hay entre la Constitución de 1985 y el Acuerdo sobre Identidad y Derechos de los Pueblos Indígenas de 1996?
3. ¿Qué contraste hay entre los avances de estos pueblos para ser reconocidos y su situación real?

RL GRAMÁTICA 4-2 (p. 219)

Identifica en el texto los verbos reflexivos y los pasivos. ¡Atención!: para ayudarte a responder, identifica *quién hace la acción del verbo*.

RL GRAMÁTICA 4-3 (pp. 220-221)

¿Qué significan los adverbios en –*mente* que aparecen en el texto sobre Guatemala? ¿De qué adjetivo provienen?

 Mira el video *Indígenas de Guatemala* y escribe una frase que resuma lo que se dijo sobre cada uno de estos temas.

1. La guerra civil
2. Los acuerdos de paz
3. La impunidad
4. La pobreza
5. El analfabetismo
6. El sistema judicial

INTERPRETACIÓN

 Miren el gráfico y extraigan los tres aspectos en que la diferencia entre indígenas y no indígenas en Guatemala es más extrema. Después formulen tres soluciones.

PROBLEMAS	SOLUCIONES
1. Según estos datos, ...	1. Es importante que ...
2. Es obvio que ...	2. Es posible que ...
3. Está claro que ...	3. Es ...

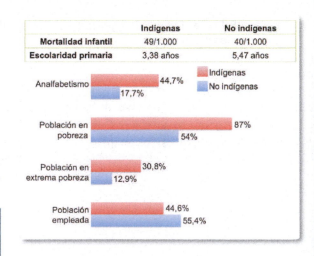

	Indígenas	No indígenas
Mortalidad infantil	49/1.000	40/1.000
Escolaridad primaria	3,38 años	5,47 años

Analfabetismo — Indígenas 44,7% / No indígenas 17,7%

Población en pobreza — Indígenas 87% / No indígenas 54%

Población en extrema pobreza — Indígenas 30,8% / No indígenas 12,9%

Población empleada — Indígenas 44,6% / No indígenas 55,4%

PERSPECTIVAS INTERCULTURALES

4-7 LENGUAS ORIGINARIAS EN PELIGRO

¿Qué son las lenguas originarias? Escribe una breve definición. Después mira los datos, lee el texto y responde a las preguntas.

Lengua maya chuj, Guatemala

De acuerdo con la Oficina del Alto Comisionado para los Derechos Humanos de la Organización de las Naciones Unidas, más de 248 idiomas originarios en América Latina corren el riesgo de desaparecer. Según este órgano "los estados deben impulsar la educación bilingüe así como la producción de material educativo digital en idiomas nativos" y "la oportunidad de transmitir creencias y tradiciones a través de la lengua materna representa no sólo un derecho cultural, sino una herramienta esencial para garantizar el conocimiento sobre los derechos humanos".

Número de idiomas en severo riesgo de extinción en Latinoamérica

Argentina: 14	Guatemala: 23
Belice: 4	Honduras: 7
Bolivia: 35	México: 143
Brasil: 178	Nicaragua: 8
Costa Rica: 8	Panamá: 8
Chile: 6	Paraguay: 12
Colombia: 64	Perú: 57
Ecuador: 12	Uruguay: 1
El Salvador: 1	Venezuela: 34

Algunas causas para su desaparición son su ausencia dentro del sistema escolar formal y la salida de jóvenes indígenas hacia áreas urbanas. Tito Puanchir, vocero de la Confederación de Nacionalidades Indígenas de Ecuador, opina además que las políticas gubernamentales no han apoyado el uso de los idiomas indígenas. "Si no hablas el español no eres civilizado", dice.

Ati Quigua, líder indígena arhuaca de la Sierra Nevada de Santa Marta de Colombia, afirma que el conflicto armado que vive su país ha amenazado a los idiomas nativos. "Para los indígenas que han sido desplazados, que se encuentran fuera de sus ambientes naturales, es muy difícil preservar su lengua materna, pues ésta se convierte en una barrera". Para ella es importante que en Colombia exista una Academia de Lenguas Indígenas para que se difunda su conocimiento y práctica. Incluso le parece discriminatorio que en su país no se consideren como idiomas oficiales las lenguas de los pueblos indígenas.

COMPRENSIÓN

1. Explica con tus propias palabras los dos factores que causan la desaparición de las lenguas originarias en Latinoamérica.
2. Di qué propone la ONU para solucionar este problema.
3. Di dos razones por las que la situación de las lenguas indígenas en Colombia no es buena.
4. Mira el mapa interactivo en esta página de internet de la UNESCO. ¿Cuántas lenguas hay en situación crítica de extinción en Estados Unidos y en qué zonas se encuentran principalmente? ¿Cómo es la situación en Latinoamérica?
   Mapa interactivo: http://www.unesco.org/culture/languages-atlas/index.php?hl=en&page=atlasmap

INTERPRETACIÓN

1. Tito Puanchir dice que la percepción es que "si no hablas el español no eres civilizado". ¿Creen que los indígenas deben aprender español? Escriban dos razones a favor y dos en contra.

	ARGUMENTOS
Deben aprender español	1. Creemos que ... porque según el texto ... 2. Además, nos parece que ... porque de acuerdo con el gráfico ... 3. Por eso es urgente que ...
No deben aprender español	1. No creemos que ... porque según el gráfico ... 2. Además, nos parece que ... porque de acuerdo con el texto ... 3. Sin embargo, es importante que ...

2. En EE.UU. las lenguas originarias son consideradas oficiales solamente en las reservas. ¿Creen que las lenguas originarias deberían ser consideradas lenguas oficiales en todo el continente americano, como ya lo son en algunos países latinoamericanos? Escriban dos argumentos a favor y dos en contra.

	ARGUMENTOS
En contra de la oficialización	*oponerse a, negarse a, basarse en* 1. Nosotros ... porque ... 2. Además, nosotros ... porque ...
A favor de la oficialización	*encontrarse, darse cuenta de, responsabilizarse de* 1. Las lenguas originarias ... y por eso ... 2. Mucha gente ... pero es muy importante que ...

3. Visiten esta página web y hagan un resumen de tres de las noticias que aparecen. ¿Qué les parece este tipo de iniciativas? Expresen tres opiniones. http://falmouthinstitute.com/language/

4-8 LOS INDÍGENAS EN ESTADOS UNIDOS

¿Qué sabes sobre los nativo-americanos en EE.UU.? Completa el siguiente cuestionario. Después lee el texto y comprueba cuántas preguntas acertaste.

1. ¿Cuántas naciones indígenas existen en los Estados Unidos?
   ☐ 50-250　　　　☐ 250-500　　　☐ 500-750　　　☐ 750-1000

2. ¿En qué estado se concentra el mayor número de nativos-americanos?
   ☐ Oklahoma　　　☐ Alaska　　　☐ Nuevo México　　　☐ Arizona

3. ¿Cuál es el grupo tribal más numeroso del país?
   ☐ Navajo　　　☐ Choctaw　　　☐ Sioux　　　☐ Cherokee　　　☐ Indios latinoamericanos

4. ¿Cuántos estudiantes hay en los colegios tribales nativo-americanos?
   ☐ 5.000-8.000　　☐ 15.000-20.000　　☐ 40.000-50.000　　☐ 80.000-100.000

5. ¿Cuál es el estatus de los nativo-americanos en Estados Unidos?
   ☐ independencia　　☐ soberanía

6. ¿Tienen los indígenas en Estados Unidos un sistema diferente de justicia?
   ☐ sí　　　☐ no

Tres generaciones de navajos

El gobierno de Estados Unidos reconoce actualmente 562 naciones indígenas, consideradas "naciones dependientes dentro del país". Como tales, conservan poderes soberanos sobre sus miembros y territorios excepto cuando las leyes estadounidenses han modificado dichos poderes. Más que miembros de una minoría racial, los indígenas de Estados Unidos son pueblos indígenas del continente americano con condición jurídica semejante a la doble nacionalidad. Los grupos tribales más numerosos (con más de 100.000 personas) son: Cherokee, Navajo, Choctaw, Sioux, Indios latinoamericanos y Chippewa, siendo el Cherokee el más numeroso, con una población de 729.533 personas.

La Oficina de Asuntos Indígenas gestiona 22,5 millones de hectáreas para los indígenas y también es responsable de la administración de los colegios tribales, que enseñan a cerca de 48.000 estudiantes indígenas de primaria, secundaria y universidad.

En Estados Unidos, según decisión de la Corte Suprema, las tribus indígenas son:

"distinct, independent political communities, retaining their original natural rights in matters of local self-government. Although no longer possessed of the full attributes of sovereignty, tribes remain a separate people, with the power of regulating their internal and social relations. In short, Indians possess the right... to make their own laws and be ruled by them."

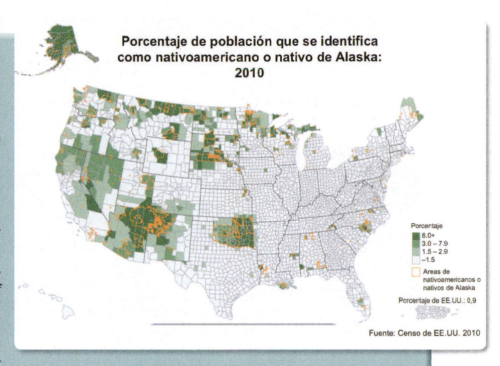

Porcentaje de población que se identifica como nativoamericano o nativo de Alaska: 2010

Porcentaje
- 8.0+
- 3.0 – 7.9
- 1.5 – 2.9
- –1.5

Areas de nativoamericanos o nativos de Alaska

Porcentaje de EE.UU.: 0,9

Fuente: Censo de EE.UU. 2010

Al igual que el gobierno de un estado, los gobiernos tribales tienen una rama *(branch)* judicial. La oficina del jefe tribal (similar al gobernador del estado) y el consejo tribal (similar a la legislatura del estado) operan la tribu bajo una constitución y código penal tribal. Las 150 cortes tribales que existen hoy se modelaron basándose en las angloamericanas, pero los jueces tribales, por ejemplo, no necesitan ser abogados. Además operan con los códigos penales escritos y no escritos de la tribu, como por ejemplo prácticas tradicionales basadas en la historia oral de los ancianos de la tribu.

INTERPRETACIÓN

1. Si Estados Unidos es "una nación...indivisible", ¿es justo que los nativoamericanos tengan su propia justicia? Piensen en un argumento a favor y otro en contra y compártanlo con la clase.

A favor	Estamos a favor de que ... porque ...
En contra	No estamos de acuerdo con que ... porque ...

2. Comparen la situación de los indígenas de Bolivia con la de los nativoamericanos de EE.UU. respecto a estos dos aspectos.

Sistema de justicia	1. En ambos casos ... 2. Los dos grupos...
Representación parlamentaria	1. En Bolivia ...; en cambio ... 2. En Estados Unidos ... pero ...

MANIFESTACIONES ARTÍSTICAS

4-9 LA NOVELA INDIGENISTA DE JUAN RULFO

El mexicano Juan Rulfo (1918-1986) es, a pesar de la brevedad de su obra, uno de los autores más importantes de Latinoamérica. Sus obras reflejan los problemas de los campesinos indígenas.

Juan Rulfo

Juan Rulfo desarrolló una intensa actividad en favor de los más desprotegidos a través de su trabajo de varias décadas en el Instituto Nacional Indigenista (INI) de México, donde se encargó de la edición de una importante colección de antropología contemporánea y antigua. En su obra *El llano en llamas* (1953), una colección de quince cuentos, los indios y campesinos desheredados deambulan por el México más profundo en busca de una tierra prometida, pero sólo encuentran la miseria, la soledad y la muerte. En todos estos cuentos están presentes las voces campesinas.

En su obra más conocida, *Pedro Páramo* (1955), dio una forma más perfeccionada a este mecanismo de interiorización de la realidad de su país, en un universo donde cohabitan lo misterioso y lo real. Esta novela es considerada una de las mejores obras de la literatura contemporánea en español.

Lee este fragmento del cuento "Nos han dado la tierra", que tiene como marco histórico la repartición de tierras que hizo el gobierno mexicano después de la Revolución mexicana. Responde a continuación a las preguntas.

Nos han dado la tierra (*El llano en llamas*, 1953)

Después de tantas horas de caminar sin encontrar ni una sombra de árbol, ni una semilla de árbol, ni una raíz de nada, se oye el ladrar de los perros.

Uno ha creído a veces, en medio de este camino sin orillas, que nada habría después; que no se podría encontrar nada al otro lado, al final de esta llanura rajada de grietas y de arroyos secos. Pero sí, hay algo. Hay un pueblo. Se oye que ladran los perros y se siente en el aire el olor del humo, y se saborea ese olor de la gente como si fuera una esperanza.

Pero el pueblo está todavía muy allá. Es el viento el que lo acerca.

Hemos venido caminando desde el amanecer. Ahorita son algo así como las cuatro de la tarde. Alguien se asoma al cielo, estira los ojos hacia donde está colgado el sol y dice:

—Son como las cuatro de la tarde.

Ese alguien es Melitón. Junto con él, vamos Faustino, Esteban y yo. Somos cuatro. Yo los cuento: dos adelante, otros dos atrás. Miro más atrás y no veo a nadie. Entonces me digo: "Somos cuatro." Hace rato, como a eso de las once, éramos veintitantos; pero puñito a puñito se han ido desperdigando hasta quedar nada más este nudo que somos nosotros.

Faustino dice:

—Puede que llueva.

Todos levantamos la cara y miramos una nube negra y pesada que pasa por encima de nuestras cabezas. Y pensamos: "Puede que sí."

No decimos lo que pensamos. Hace ya tiempo que se nos acabaron las ganas de hablar. Se nos acabaron con el calor. Uno platicaría muy a gusto en otra parte, pero aquí cuesta trabajo. Uno platica aquí y las palabras se calientan en la boca con el calor de afuera, y se le resecan a uno en la lengua hasta que acaban con el resuello. Aquí así son las cosas. Por eso a nadie le da por platicar.

Cae una gota de agua, grande, gorda, haciendo un agujero en la tierra y dejando una plasta como la de un salivazo. Cae sola. Nosotros esperamos a que sigan cayendo más. No llueve. Ahora si se mira el cielo se ve a la nube aguacera corriéndose muy lejos, a toda prisa. El viento que viene del pueblo se le arrima empujándola contra las sombras azules de los cerros. Y a la gota caída por equivocación se la come la tierra y la desaparece en su sed.

—¿Quién diablos haría este llano tan grande? ¿Para qué sirve, eh?

Hemos vuelto a caminar. Nos habíamos detenido para ver llover. No llovió. Ahora volvemos a caminar. Y a mí se me ocurre que hemos caminado más de lo que llevamos andado. Se me ocurre eso. De haber llovido quizá se me ocurrieran otras cosas. Con todo, yo sé que desde que yo era muchacho, no vi llover nunca sobre el Llano, lo que se llama llover.

No, el Llano no es cosa que sirva. No hay ni conejos ni pájaros. No hay nada. A no ser unos cuantos huizaches trespeleques y una que otra manchita de zacate con las hojas enroscadas; a no ser eso, no hay nada.

Y por aquí vamos nosotros. Los cuatro a pie. Antes andábamos a caballo y traíamos terciada una carabina. Ahora no traemos ni siquiera la carabina.

Yo siempre he pensado que en eso de quitarnos la carabina hicieron bien. Por acá resulta peligroso andar armado. Lo matan a uno sin avisarle, viéndolo a toda hora con "la 30" amarrada a las correas. Pero los caballos son otro asunto. De venir a caballo ya hubiéramos probado el agua verde del río, y paseado nuestros estómagos por las calles del pueblo para que se les bajara la comida. Ya lo hubiéramos hecho de tener todos aquellos caballos que teníamos. Pero también nos quitaron los caballos junto con la carabina.

Vuelvo hacia todos lados y miro el Llano. Tanta y tamaña tierra para nada. Se le resbalan a uno los ojos al no encontrar cosa que los detenga. Sólo unas cuantas lagartijas salen a asomar la cabeza por encima de sus agujeros, y luego que sienten la tatema del sol corren a esconderse en la sombrita de una piedra. Pero nosotros, cuando tengamos que trabajar aquí, ¿qué haremos para enfriarnos del sol, eh? Porque a nosotros nos dieron esta costra de tepetate para que la sembráramos.

Nos dijeron:

—Del pueblo para acá es de ustedes.

Nosotros preguntamos:

—¿El Llano?

—Sí, el Llano. Todo el Llano Grande.

Nosotros paramos la jeta para decir que el Llano no lo queríamos. Que queríamos lo que estaba junto al río. Del río para allá, por las vegas, donde están esos árboles llamados casuarinas y las paraneras y la tierra buena. No este duro pellejo de vaca que se llama el Llano.

Pero no nos dejaron decir nuestras cosas. El delegado no venía a conversar con nosotros. Nos puso los papeles en la mano y nos dijo:

Nos han dado la tierra, de Arturo Elizondo

—No se vayan a asustar por tener tanto terreno para ustedes solos.

—Es que el Llano, señor delegado…

—Son miles y miles de yuntas.

—Pero no hay agua. Ni siquiera para hacer un buche hay agua.

—¿Y el temporal? Nadie les dijo que se les iba a dotar con tierras de riego. En cuanto allí llueva, se levantará el maíz como si lo estiraran.

—Pero, señor delegado, la tierra está deslavada, dura. No creemos que el arado se entierre en esa como cantera que es la tierra del Llano. Habría que hacer agujeros con el azadón para sembrar la semilla y ni aun así es positivo que nazca nada; ni maíz ni nada nacerá.

—Eso manifiéstenlo por escrito. Y ahora váyanse. Es al latifundio al que tienen que atacar, no al Gobierno que les da la tierra.

—Espérenos usted, señor delegado. Nosotros no hemos dicho nada contra el Centro. Todo es contra el Llano… No se puede contra lo que no se puede. Eso es lo que hemos dicho… Espérenos usted para explicarle. Mire, vamos a comenzar por donde íbamos…

Pero él no nos quiso oír.

Así nos han dado esta tierra. Y en este comal acalorado quieren que sembremos semillas de algo, para ver si algo retoña y se levanta. Pero nada se levantará de aquí. [...]

COMPRENSIÓN

1. ¿Quién es el narrador en este cuento? ¿Cómo lo sabes?
2. ¿Quién está caminando y por qué? ¿Cuánto tiempo llevan caminando?
3. ¿Qué querían estos campesinos y qué les dieron en su lugar?
4. Explica con tus propias palabras el contraste entre el llano y el pueblo. Usa ejemplos del texto para responder.
5. ¿Cuál es el mayor problema que tiene el llano y por qué?
6. El texto dice que les quitaron los caballos y la carabina. ¿Quién se los quitó y por qué crees que lo hizo?
7. El campesino concluye: "pero nada se levantará de aquí". ¿Qué significa esto para su supervivencia? ¿Cómo se relaciona esta conclusión con el título del cuento?

INTERPRETACIÓN

1. ¿Con cuáles de estos adjetivos asocian el paisaje del llano descrito en este cuento?

☐ caluroso   ☐ húmedo   ☐ fértil   ☐ solitario
☐ desierto   ☐ inmenso   ☐ seco   ☐ silencioso

2. ¿Y con cuáles de estos sentimientos asocian las sensaciones que el cuento produce en el lector?

☐ angustia   ☐ alegría   ☐ optimismo   ☐ pesimismo
☐ tristeza   ☐ desolación   ☐ dureza   ☐ esperanza

3. ¿Cuál creen que fue la intención del autor al escribir este cuento? Justifiquen su respuesta.
4. Lean ahora este artículo de la Declaración de los Derechos de los Indígenas de Naciones Unidas. ¿Qué derechos mencionados aquí no se respetan en el cuento? Usen ejemplos del texto para responder.

Artículo 28: Los pueblos indígenas tienen derecho a la reparación, por medios que pueden incluir la restitución o, cuando ello no sea posible, una indemnización justa, imparcial y equitativa, por las tierras, los territorios y los recursos que tradicionalmente hayan poseído u ocupado o utilizado de otra forma y que hayan sido confiscados, tomados, ocupados, utilizados o dañados sin su consentimiento libre, previo e informado. Salvo que los pueblos interesados hayan convenido libremente en otra cosa, la indemnización consistirá en tierras, territorios y recursos de igual calidad, extensión y condición jurídica o en una indemnización monetaria u otra reparación adecuada.

4-10 LA PINTURA DE OSWALDO GUAYASAMÍN

Numerosos artistas latinoamericanos han reflejado temas indigenistas en su obra. Uno de los más consagrados es el pintor ecuatoriano Oswaldo Guayasamín.

Nació en la ciudad ecuatoriana de Quito en el año 1919. Su padre era indígena y su madre mestiza. Oswaldo Guayasamín estudió arquitectura y pintura en la Escuela Nacional de Bellas Artes de esta ciudad. El arte indígena americano y el muralismo mexicano fueron grandes influencias en su obra, no sólo en cuanto al lenguaje plástico sino también en sus temas americanistas como el indigenismo. Recorrió el continente americano de norte a sur, empezando por Estados Unidos para seguir con Perú, Chile, Argentina y Bolivia. De esta experiencia surgió la serie de pinturas *Huacayñan* (El camino del llanto), un relato visual de más de cien cuadros que narraba la miserable explotación de los indios y negros latinoamericanos. En la serie titulada *Los culpables* representa, con humor negro e ironía, a los dictadores latinoamericanos. En otra serie de cuadros llamada *La edad de la ira* pinta a las víctimas de conflictos como la guerra en Vietnam, o a los desaparecidos argentinos y de otras dictaduras latinoamericanas. En los años ochenta crea la serie *La edad de la ternura*, donde los sentimientos humanos, el amor, la compasión y la solidaridad sustituyen al miedo, el dolor y la tortura de *La edad de la ira*.

Maestro del retrato, pintó a personalidades de todo el mundo, entre ellas la líder indigenista guatemalteca Rigoberta Menchú. En 1977 creó la Fundación Guayasamín y donó a Ecuador tres museos que hoy día son el centro del arte contemporáneo del país. El complejo arquitectónico y pictórico *La capilla del hombre* es un proyecto inconcluso de Guayasamín inspirado en el Templo del Sol, construido hace 3.000 años en la línea equinoccial: un museo en el corazón de Quito que recoge la historia de las culturas latinoamericanas y donde pintó, antes de su muerte, unos 2.500 metros cuadrados de gigantescos murales. La Unesco considera *La capilla del hombre* un proyecto cultural prioritario.

INTERPRETACIÓN

1. Miren los cuadros de Guayasamín. ¿A qué etapa de su pintura creen que corresponden?
2. ¿Qué características comparten todos estos cuadros?
3. ¿En qué se diferencian estos cuadros? Hagan algunas comparaciones en cuanto al estilo y el mensaje que Guayasamín quiso transmitir.

   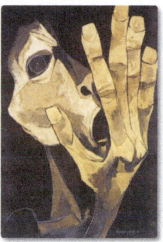

Los trabajadores (1942) *Ternura* (1989) *El Presidente* (1967) *El grito* (1983)

 Mira el video donde Oswaldo Guayasamín describe el propósito de su obra. Responde después a las preguntas.

COMPRENSIÓN

1. Un crítico estadounidense comparó el efecto de las obras de Guayasamín con "tirar un piano de un alto piso de un edificio". ¿Cómo interpreta esto el artista?
2. ¿Por qué los temas de sus cuadros no son muy diversos?
3. ¿Qué efecto tenía la actividad de pintar en Guayasamín?
4. ¿Qué propósito persigue Guayasamín con sus obras?
5. Se considera a Guayasamín un pintor polémico. ¿Está de acuerdo él con esta caracterización?

INTERPRETACIÓN

1. Visiten La capilla del hombre: http://www.capilladelhombre.com ¿Qué es el árbol de la vida?
2. Seleccionen una obra de la planta alta y otra de la planta baja. Preséntenlas a la clase y expliquen por qué las seleccionaron.
3. Busquen una cita de Guayasamín en la planta baja del museo virtual y expliquen su significado.

4-11 IZQUIERDA Y DERECHA

Asocia cada uno de estos conceptos con la izquierda o la derecha. Después decide qué definición corresponde a cada uno de los cuatro conceptos en negrita.

igualdad social	tradición	sindicato	**capitalismo**	comunismo
bien común	sociedad laica	conservadurismo	**socialismo**	social-democracia
libre mercado	derechos colectivos	intereses privados	religión	

1. Se basa en un sistema económico mixto (propiedad privada y pública), programas de educación, salud universal y servicios sociales para todos los ciudadanos. El sistema social sirve para contrarrestar los efectos de la pobreza y asegurar a los ciudadanos un bienestar. No está en contra del capitalismo.
2. Se opone al capitalismo y se basa en la comunidad de los medios de producción y de los bienes producidos. En este modelo de sociedad todos producen y comparten, no hay clases sociales ni propiedad privada.
3. Es un sistema político, social y económico en el que predomina la propiedad privada, la libertad de empresa, la competencia y el sistema de precios o de mercado. El estado tiene un papel reducido.
4. Su objetivo es reducir las diferencias entre clases a través de una redistribución de la riqueza, pero admite las diferencias entre personas de acuerdo a su productividad. El estado regula las actividades económicas y sociales y la distribución de los bienes. Admite un capitalismo controlado.

INTERPRETACIÓN

1. ¿Qué diferencia hay entre comunismo y socialismo? ¿Y entre socialismo y social-democracia?
2. Piensen en una ventaja y una desventaja de cada sistema.

4-12 MAPA POLÍTICO DE AMÉRICA LATINA

Mira el mapa y lee el texto para poder responder a estas preguntas.

1. ¿Cuál es la tendencia política predominante en América Latina hoy?
2. ¿Qué tipos de izquierda política menciona el texto? ¿Qué países las representan?

El mapa político de América Latina

El mapa político de Latinoamérica no es homogéneo. Sin embargo, algunos analistas observan tendencias comunes, como el avance de la izquierda. "Estamos en una etapa excepcional en América Latina: hay gobiernos de más larga duración, con presidentes que terminan su periodo con alta popularidad", opina el politólogo argentino Julio Burdman. También señala que "en términos históricos, las izquierdas latinoamericanas —pues no hay una solamente, sino que van desde el chavismo hasta la social-democracia—, están atravesando un buen momento y tienen perspectivas de continuidad".

La izquierda bolivariana está logrando conservarse en el poder. El año 2013 comenzó con la reelección de Rafael Correa en Ecuador con el 57% de los votos a su favor y continuó con la victoria de Nicolás Maduro, sucesor de Hugo Chávez, en Venezuela. En diciembre de 2014 habrá elecciones presidenciales en Bolivia y se espera que Evo Morales vuelva a presentarse por un tercer mandato.

La izquierda social-demócrata ha perdido un gobierno en Paraguay, ya que en las elecciones de 2013 el conservador Horacio Cartes fue ganador. En Chile, Michelle Bachelet, que presidió el país entre 2006 y 2010, tiene altas probabilidades de liderar el regreso al poder del centroizquierda, que gobernó durante 20 años hasta que la derecha de Sebastián Piñera la desplazó. A finales de 2013 habrá elecciones legislativas en Argentina, las cuales serán clave para ver si el kirchnerismo, que en la actualidad tiene mayoría en el congreso, puede reformar la Constitución y abolir la prohibición de que Cristina Fernández busque una segunda reelección en 2015.

PERSPECTIVA LINGÜÍSTICA

VOCABULARIO META

bien común (el)	common good	levantamiento (el)	lifting, uprising
bienes (los)	goods	levantar	to lift
capitalismo (el)	capitalism	libertad de empresa (la)	free enterprise
clase alta (la)	upper class	libre mercado (el)	free market
clase obrera (la)	working class	mandato (el)	term (in office)
clase media (la)	middle class	mostrarse	to appear
concentrarse en	to concentrate on	oposición la	opposition
convertirse en	to become	opositor/a (el, la)	opponent
deberse a	to be due to, because of	parecerse a	to resemble, look alike
declararse	to make one's position known	partidario (el)	supporter
dividirse	to divide, split up	petróleo (el)	oil
esfuerzo (el)	effort	potencia (la)	power
huelga (la)	strike	preocupar	to worry
ideología (la)	ideology	preocuparse por	to worry about
ideológico/a	ideological	reanudar	to resume
impulsar	to promote	remesas (las)	remittance
ingresar en	to enter, join	respaldo (el)	support
interesar	to be of interest	reto (el)	challenge
interesarse en	to take an interest in	sindicato (el)	labor union
		socialismo (el)	socialism

4-13 VENEZUELA Y LA ERA DE CHÁVEZ

Lee este texto sobre Venezuela y el ex presidente Hugo Chávez. Después responde a las preguntas.

Hugo Chávez

Poco después de llegar al poder en febrero de 1999, Hugo Chávez impulsó la elaboración de una nueva Constitución, aprobada con el 54% de votos a favor, que estableció mayor participación popular pero incrementó el poder presidencial, ya que se aumentó de cinco a seis años el período de mandato. Durante su presidencia (1999-2013) se introdujeron muchas reformas que cambiaron la estructura institucional. Además, el estado tomó control de una serie de empresas nacionales e internacionales en diversos sectores de la economía venezolana. El panorama político del estado venezolano cambió: el país pasó de un sistema democrático multipartidista que favorecía la inversión privada y/o extranjera a un sistema democrático de orientación socialista en el que el Partido Socialista Unido de Venezuela (PSUV), la organización política más grande del país, tenía la mayoría de los votos y la oposición estaba representada por otra gran coalición de partidos: Unidad Democrática.

Chávez fue objeto al mismo tiempo de una profunda admiración y de un profundo antagonismo. Aunque su labor sea difícil de valorar con objetividad, su legado tiene ciertos aspectos indiscutibles. La consecuencia más duradera y positiva de su mandato es que sus políticas de alto impacto social y el énfasis en programas de salud y educación convirtieron a los pobres en el centro de la conversación nacional. Los ingresos del petróleo se usaron para combatir las desigualdades y la exclusión social. Otro aspecto positivo de su mandato es que acabó con un legado de indiferencia política: debido a la formación de estructuras populares organizadas, a la gente de los barrios, a los trabajadores, a los estudiantes universitarios y a la clase media **les interesa** hoy la política y se involucran en ella.

Con el chavismo la sociedad <u>se polarizó</u>: mientras que a unos sectores de la población **les parece** que el chavismo da más poder al pueblo, a otros sectores **les parece** antidemocrático que el poder del estado <u>se concentre</u> en torno a la figura presidencial. Efectivamente, durante el periodo de Chávez el poder del estado y de las instituciones democráticas <u>se debilitó</u>, el ejército <u>se politizó</u> y empeoró la economía: el deficit, la deuda y la inflación aumentaron. A los opositores **les indignan** también los altos niveles de corrupción registrados durante los períodos presidenciales de Chávez y la alta criminalidad.

En el ámbito internacional, Venezuela <u>se mueve</u> entre acuerdos militares con Rusia y económicos con China mientras provee diariamente de un millón de barriles de crudo a EE.UU., principal comprador del petróleo venezolano. Para los analistas, esto se puede explicar así: a ambos países **les conviene** más concentrarse en las relaciones económicas que en las diferencias políticas.

COMPRENSIÓN

1. Explica cómo cambió Venezuela durante la presidencia de Hugo Chávez respecto a estos temas:

   - el sistema de gobierno   - los partidos políticos
   - el papel de la empresa privada - la sociedad
   - el petróleo   - el ejército

2. Explica dos maneras en las que el chavismo cambió la vida política del país: una positiva y otra negativa.
3. ¿Cuáles son los dos problemas principales que tiene hoy día Venezuela?
4. ¿Cómo es la relación política y económica de Venezuela con EE.UU.?

RL GRAMÁTICA 4-2 (p. 219)

Identifica en el texto sobre Venezuela cuáles de los verbos subrayados son *reflexivos* y cuáles son *pasivos*. ¡Atención!: para ayudarte a responder, identifica *quién hace la acción del verbo*.

RL GRAMÁTICA 4-4 (pp. 221-223)

1. Consulta la Gramática 4-4 para hacer esta actividad. Presta atención a los cinco verbos en negrita en el texto. Identifica el SUJETO y el COMPLEMENTO de cada uno de estos verbos.

2. Clasifica estos verbos en tres grupos:

 a. El SUJETO es un nombre:

 b. El SUJETO es una frase nominal (*noun clause*):

 c. El SUJETO es un infinitivo:

 Mira ahora este video donde Chávez habló de dos conceptos fundamentales del chavismo: la sociedad y el mercado. Luego responde a las preguntas.

COMPRENSIÓN

1. ¿Qué tipo de sociedad proponía Chávez? Resume sus ideas.
2. ¿Cómo se fomenta en Venezuela la cultura? Da dos ejemplos. ¿Por qué es importante la alfabetización, según la maestra?
3. Resume el concepto de mercado de Hugo Chávez, usando tus propias palabras.
4. ¿Cuáles son los dos tipos de mercado que existen hoy en Venezuela? Descríbelos.

INTERPRETACIÓN

 1. En el video aparecen tres citas que ejemplifican el énfasis en la educación. Dos de ellas son dichas por Hugo Chávez en su discurso, y una aparece en una pared. Escríbanlas. Investiguen quiénes fueron las personas que dijeron estas citas primero.
2. ¿Están de acuerdo con ellas? Justifiquen su respuesta.

4-14 BOLIVIA Y EVO MORALES

Lee este texto sobre Bolivia y su presidente y responde a continuación a las preguntas.

En las elecciones de 2005 el actual presidente de Bolivia, Evo Morales, obtuvo una mayoría absoluta del 53,74% de votos frente a un 28,59% del partido de la oposición. Cuatro años más tarde logró la reelección en las elecciones presidenciales. Morales pertenece a la etnia aymara, nació en una familia pobre, <u>se declara</u> admirador del ex presidente cubano Fidel Castro y del venezolano Hugo Chávez. Su ascenso al poder <u>se debió</u> a su habilidad para impulsar el movimiento cocalero, conformado por los cultivadores de hoja de coca del país.

En 2006 Morales nacionalizó la industria energética dando un plazo de seis meses a las compañías para vender al menos el 51% de sus participaciones o abandonar el país. También promovió una nueva Constitución, aprobada en 2009 por el 60% de los bolivianos. Con esta <u>se incluyó</u> a los indígenas y campesinos en las estructuras de poder y el liderazgo del Estado y <u>se creó</u> una ley de redistribución de tierras. El 40% de la población <u>se opuso</u> a esta Constitución porque consideraron que daba demasiado poder al presidente. Además el gobierno ha tenido que afrontar diversas huelgas en los sectores agrícola y minero.

Uno de los proyectos más ambiciosos de su legislatura ha sido la campaña de alfabetización "Yo, sí puedo" con la que <u>se alfabetizó</u> a más de un millón de bolivianos. En cuanto a su política exterior, el gobierno boliviano <u>se ha mostrado</u> en contra de firmar tratados de libre comercio con Estados Unidos. Bolivia tiene las segundas mayores reservas de gas de América del Sur por lo que aspira a <u>convertirse</u> en el centro de distribución energética de la región.

Evo Morales Ayma

COMPRENSIÓN

1. ¿Cuál fue la razón, según el texto, del ascenso al poder de Evo Morales?
2. ¿Cuál ha sido uno de los logros positivos del gobierno de Morales? ¿Cuál es uno de sus problemas?
3. ¿Cuál es la principal fuente de riqueza de Bolivia y cómo podría ayudar a la economía del país?

> **RL GRAMÁTICA 4-2 (p. 219)**
>
> Observa los verbos subrayados en el texto. Di si son *reflexivos* o *pasivos*. ¡Atención!: para ayudarte a responder, identifica *quién hace la acción del verbo*.

 Ahora mira este video sobre la llegada al poder de Evo Morales y responde después a las preguntas.

COMPRENSIÓN

1. ¿Cómo fue la infancia de Evo Morales? Haz una breve descripción.
2. Explica brevemente cómo llegó a la política Evo Morales.
3. ¿En qué dos aspectos se basa el indigenismo del Siglo XXI de Evo Morales?

INTERPRETACIÓN

 Pongan estos cuatro aspectos de la política de Evo Morales en orden de más a menos relevante, según su opinión. Justifiquen su respuesta. Después presenten sus opiniones a la clase.

- *El presidente es indígena*
- *La nacionalización de la industria energética*
- *La alfabetización*
- *La política exterior*

☐ El hecho de que … nos parece …. porque …
☐ El hecho de que … nos parece …. porque …
☐ El hecho de que … nos parece …. ya que …
☐ El hecho de que … nos parece …. ya que …

4-15 ECUADOR Y RAFAEL CORREA

Lee este texto sobre Rafael Correa. Después responde a las preguntas.

En noviembre de 2006 se eligió a Rafael Correa, un economista de 44 años educado en EE.UU. y Bélgica, presidente de Ecuador para el período 2007-2011. Poco después, en 2008, se aprobó una nueva Constitución, apoyada mayoritariamente en una consulta popular con un 80% de votos favorables. La nueva Constitución requirió nuevas elecciones, en las que Correa fue reelegido para el período 2009-2013. Correa se postuló a la reelección y fue reelegido por mayoría del voto popular para el período 2013-2017. En esta nueva Constitución se propone la ampliación de los derechos de grupos considerados tradicionalmente "vulnerables" por parte del gobierno, se reconocen derechos a los inmigrantes y a la naturaleza, y se da al presidente la facultad de poder disolver la Asamblea Nacional una vez y convocar elecciones presidenciales anticipadamente. Desde la presidencia, Rafael Correa ha impulsado un proceso de reformas para llevar a su país hacia el Socialismo del Siglo XXI, objetivo que comparte con los presidentes de Venezuela y de Bolivia. El Socialismo del Siglo XXI se centra principalmente en dar prioridad al desarrollo social sobre el crecimiento económico.

Rafael Correa

COMPRENSIÓN

1. ¿Por qué fue Rafael Correa elegido tres veces como presidente y no dos, como dicta el sistema de Ecuador?
2. ¿Qué es el Socialismo del Siglo XXI?

RL GRAMÁTICA 4-2 (p. 219)

Observa los verbos subrayados en el texto. Di si son *reflexivos* o *pasivos*. ¡Atención!: para ayudarte a responder, identifica *quién hace la acción del verbo*.

RL GRAMÁTICA 4-3 (pp. 220-221)

Fíjate en los adverbios en *-mente* que aparecen en el texto. ¿Qué significan?

 Ahora mira el video con la entrevista al presidente Rafael Correa y responde a las preguntas.

1. ¿Por qué decidió Rafael Correa ser presidente?
2. ¿Qué es el poder, según Rafael Correa?
3. ¿Qué cambios sociales son necesarios, en opinión de Correa?
4. En el video, Rafael Correa habla del Socialismo del Siglo XXI y de las diferencias y similitudes con el socialismo tradicional. ¿Cuáles de estos ideales del socialismo son iguales y cuáles son diferentes, según Correa?

El trabajo humano por encima del capital: Diferente / Igual
La lucha de clases: Diferente / Igual
Desarrollo significa vivir mejor: Diferente / Igual
La justicia social y la equidad social: Diferente / Igual

INTERPRETACIÓN

 Los tres países – Venezuela, Bolivia y Ecuador – aprobaron nuevas constituciones. Lean otra vez los textos de 4-13, 4-14 y 4-15, e identifiquen tres elementos en común y dos diferencias entre las tres constituciones.

SIMILITUDES	1. En los tres casos ... 2. Las tres constituciones ... 3. Todas ...
DIFERENCIAS	1. La de ...; en cambio ... 2. La de ... ; sin embargo ...

4-16 LAS DOS IZQUIERDAS DE LATINOAMÉRICA

Lee este texto y después responde a las preguntas.

La Presidencia de Ignacio Lula da Silva en Brasil (2003-2010) impulsó grandes ayudas sociales dentro de una economía caracterizada por tratados comerciales y una presencia de la empresa privada combinada con la empresa estatal. **Al presidente Lula le pareció importante promover medidas para luchar contra el hambre,** erradicar el trabajo esclavo y promover la educación. Al final de sus 8 años de mandato, 40 millones de brasileños habían salido de la pobreza y se habían generado 15 millones de empleos. Además se anticipa que Brasil podría ser la cuarta economía mundial para 2030. Este modelo es seguido por Uruguay y El Salvador. **A estos países les interesa más una combinación de los aspectos sociales con un modelo económico que acepta el capitalismo,** la economía de mercado, la empresa privada y la inversión extranjera. Esta izquierda socialdemócrata está ganando terreno en Latinoamérica, frente al modelo populista de Venezuela, Ecuador, Bolivia, Nicaragua y Argentina. Este modelo no renuncia a las responsabilidades sociales o al sistema de bienestar social, pero trata de insertar a los países en la globalización.

Ignacio Lula

La llegada al poder del líder nacionalista Ollanta Humala en Perú en 2011 muestra la influencia del modelo brasileño en la región y algunos analistas políticos consideran que el presidente peruano Ollanta Humala es el "Lula andino". Según los expertos, **a Humala le pareció más pragmático seguir el camino de Lula que el del ex presidente venezolano Hugo Chávez.** Los analistas políticos opinan que los retos para la izquierda en la región consisten en integrar al subcontinente en la economía global, trabajar en las demandas fundamentales de la población (derechos, educación, salud, vivienda, seguridad) y no perder el contacto con las bases sociales en un esfuerzo por ser una izquierda multiclasista. De ello dependerá la permanencia y consolidación de la izquierda en el poder. Entre 2012 y 2016 casi una veintena de naciones latinoamericanas tendrán elecciones generales –principalmente en 2014, con siete elecciones programadas –, por lo que será relevante cómo se modificará el mapa geopolítico de la región.

Ollanta Humala

COMPRENSIÓN

1. Explica cuál es la diferencia más importante entre los dos tipos de izquierda latinoamericana descritos en este texto.
2. ¿Por qué Brasil se considera un modelo para muchos otros países latinoamericanos? Responde con tus propias palabras.
3. Según el texto, ¿podrá la izquierda mantener su relevancia en Latinoamérica en el futuro? Explica usando tus propias palabras.

INTERPRETACIÓN

Si Humala es "el Lula peruano", ¿qué tipo de políticas va a implementar en Perú? Decidan si a Humala le interesan o no le interesan estos aspectos.

1. Nacionalizar las empresas privadas	A Humala ... porque ...
2. Reducir el número de empresas extranjeras	A Humala ... porque ...
3. Los programas de educación	A Humala ... porque ...
4. Los programas sociales para reducir la pobreza	A Humala ... porque ...
5. Eliminar los tratados de comercio con EE.UU.	A Humala ... porque ...

RL GRAMÁTICA 4-4 (pp. 221-223)

1. Revisa la Gramática de 4-4. Identifica el *sujeto* y el *complemento* de las tres frases en negrita del texto.

2. Escribe otra vez las tres frases cambiando el complemento: si es un nombre, cámbialo por infinitivo; si es un infinitivo, cámbialo por un nombre.

3. Ahora completa estas frases con la misma información.

- *Según el presidente Lula, es importante que ...*

- *Para Uruguay y El Salvador, es necesario que ...*

- *Humala cree que ...*

PERSPECTIVAS INTERCULTURALES

4-17 MUJERES EN LA POLÍTICA

Lee este texto sobre las mujeres latinoamericanas que han alcanzado puestos importantes en la política del continente. Después contesta a las preguntas.

Cristina Fernández y
Michelle Bachelet

En Latinoamérica las mujeres han logrado los más espectaculares niveles de participación política femenina del mundo. Ni en Europa ni en Estados Unidos ha habido todavía una mujer presidenta, algo que en esta zona del planeta se inauguró en 1990 con Violeta Chamorro en Nicaragua. En este momento, el 40% de la población de Latinoamérica está gobernado por mujeres. En una región del mundo marcada por la desigualdad de género, y en la que algunos países (México, El Salvador, Honduras, Guatemala) tienen las tasas más altas del mundo de asesinatos por violencia de género, las mujeres están alcanzando puestos políticos relevantes. ¿Por qué este contraste en el estatus de las mujeres? Según algunos expertos, la fuerte alianza entre la Iglesia y las clases dirigentes—que siguen imponiendo una estructura conservadora de las familias y del papel de la mujer—hace que las mujeres no disfruten de auténtica igualdad social, aunque tengan poder político. Su mayor protagonismo en las esferas de poder se debe a una fuerte voluntad política (11 países tienen cuotas femeninas). Las mujeres son percibidas por las poblaciones de los distintos países como buenas gestoras, eficaces y comprometidas frente a la corrupción que azota algunas áreas de América Latina. Además el 53% de los universitarios ya son mujeres.

Violeta Chamorro, presidenta de Nicaragua 1990-1997

Fue candidata de la Unión Nacional Opositora en las elecciones de 1990 en las que derrotó a Daniel Ortega, actual presidente. Ingresó en la política después de que su esposo, editor de un periódico de la oposición, fue asesinado. Se le reconoce haber promovido la estabilidad y la paz en su país.

Mireya Moscoso, presidenta de Panamá 1999-2004

Inició su carrera política tras la muerte de su esposo, Arnulfo Arias, quien fue presidente de Panamá tres veces. De orígenes humildes, prometió reducir la pobreza durante su mandato, sin embargo su gobierno fue acusado de corrupción.

Michelle Bachelet, presidenta de Chile 2006-2010

Candidata del Partido Socialista, previamente había sido ministra de Defensa y de Salud. Fue perseguida y torturada durante la dictadura de Pinochet y tuvo que exiliarse. De 2010 a 2013 fue la directora de la agencia dedicada a los temas de género de la ONU. Decidió dejar al cargo para volver a la política de su país y actualmente es candidata a la presidencia de Chile.

Cristina Fernández, presidenta de Argentina 2007

Sucedió a su esposo Néstor Kirchner (fueron llamados "los Clinton del sur"). Estudió leyes en la universidad y después fue senadora de Santa Cruz y de Buenos Aires. Es conocida por su trabajo en defensa de los derechos humanos y de las mujeres. Fernández estuvo involucrada en organizaciones de derechos humanos.

Dilma Rousseff, presidenta de Brasil 2011

Miembro del Partido de los Trabajadores, guerrillera en su juventud, diplomática de carrera, fue ministra de Energía durante el gobierno de Lula da Silva, quien se convirtió en su padrino y mentor.

Laura Chinchilla, presidenta de Costa Rica 2010

Miembro del Partido de Liberación Nacional, antes de asumir la presidencia fue vicepresidenta durante el gobierno de Oscar Arias. Estudió en Costa Rica y en Estados Unidos, y es calificada como una "conservadora social".

Margarita Cedeño, tras ser la primera dama, es ahora vicepresidenta de la República Dominicana. Pertenece al centrista Partido de la Liberación Dominicana.

COMPRENSIÓN

1. En el texto se menciona una paradoja en la situación de la mujer latinoamericana teniendo en cuenta su situación general y su participación en la política. Explica con tus propias palabras cuál es esta paradoja.
2. Mira las biografías de las mujeres dedicadas a la política y establece dos semejanzas y dos diferencias entre algunas de ellas. Por ejemplo, ¿pertenecen a un partido de izquierda o de derecha? ¿Cuántos años de experiencia tienen? ¿Se dedicaron sus maridos también a la política?

INTERPRETACIÓN

1. Miren los gráficos. ¿Cómo es la situación de las mujeres en la política de Estados Unidos en comparación con Latinoamérica? Usen ejemplos para responder. Si hay diferencias, ¿cuáles pueden ser las causas?

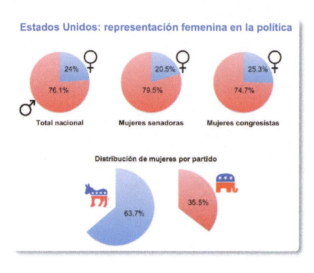

Estados Unidos: representación femenina en la política

Total nacional: 24% / 76.1%
Mujeres senadoras: 20.5% / 79.5%
Mujeres congresistas: 25.3% / 74.7%

Distribución de mujeres por partido
63.7% / 35.5%

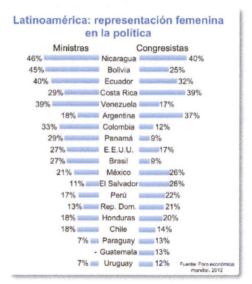

Latinoamérica: representación femenina en la política

	Ministras		Congresistas
Nicaragua	46%		40%
Bolivia	45%		25%
Ecuador	40%		32%
Costa Rica	29%		39%
Venezuela	39%		17%
Argentina	18%		37%
Colombia	33%		12%
Panamá	29%		9%
E.E.U.U.	27%		17%
Brasil	27%		9%
México	21%		26%
El Salvador	11%		26%
Perú	17%		22%
Rep. Dom.	13%		21%
Honduras	18%		20%
Chile	18%		14%
Paraguay	7%		13%
Guatemala	-		13%
Uruguay	7%		12%

Fuente: Foro económico mundial, 2012

DIFERENCIAS	1. En Latinoamérica ...; en cambio, en Estados Unidos .... Por ejemplo ... 2. En ... pero en ...; un ejemplo es ... 3. Nos preocupa que ...
SIMILITUDES	1. En las dos regiones .... Por ejemplo, ... 2. En ambos casos .... 3. Nos parece interesante que ...

2. Lean el texto. ¿Qué creen que tuvieron en común estas mujeres?

Jeannette Rankin, republicana de Montana, fue en 1916 la primera mujer elegida al Congreso de Estados Unidos, antes de que la Decimonovena Enmienda en 1920 otorgara el derecho a todas las mujeres estadounidense a votar en las elecciones. En 1932, Hattie Caraway se convirtió en la primera mujer elegida al Senado por derecho propio, en representación de Arkansas. Margaret Chase Smith representó al estado de Maine primero en la Cámara de Representantes y luego en el Senado. Fue la primera mujer en desempeñar cargos en ambas cámaras del Congreso. En 1972, Shirley Chisholm de Nueva York —la primera mujer afroamericana elegida al Congreso y defensora de los derechos de las minorías— hizo campaña por la candidatura demócrata a la presidencia. Chisholm perdió la candidatura ante George McGovern. En 1984, Geraldine Ferraro hizo campaña como candidata demócrata a la vicepresidencia. En 2007, Nancy Pelosi, de San Francisco, fue la primera mujer presidenta de la Cámara de Representantes. En junio de 2008, Hillary Rodham Clinton, senadora de Nueva York, fue candidata a la presidencia de Estados Unidos por el Partido Demócrata, habiendo ganado 18 millones de votos en las elecciones primarias.

4-18 LAS RELACIONES DE EE.UU. CON AMÉRICA LATINA: ANTES Y AHORA

La política de Estados Unidos hacia Latinoamérica fue expansionista e intervencionista hasta 1989. Lee estos datos para poder interpretarlos.

INTERVENCIONES DE ESTADOS UNIDOS EN EL SIGLO XX: CENTROAMÉRICA Y CARIBE

1898-1901: Estados Unidos declara la guerra a España. Las tropas norteamericanas ocupan Cuba. La enmienda Platt a la nueva Constitución de Cuba establece que EE.UU. tiene el derecho de intervenir en los asuntos cubanos. Cuba cede a EE.UU. la base de Guantánamo.

1903-1918: EE.UU. apoya la separación de Panamá de Colombia y adquiere los derechos sobre el Canal de Panamá. Instalación de bases militares.

1912-1933: EE.UU. invade Nicaragua. La ocupación se mantendrá casi continuamente hasta 1933 (dictadura militar de Somoza).

1916-1924: EE.UU. ocupa la Rep. Dominicana hasta 1924.

1954: La CIA organiza el derrocamiento del gobierno del presidente de izquierda Jacobo Árbenz en Guatemala.

1961: Fuerzas mercenarias financiadas por EE.UU. invaden Cuba por Bahía de Cochinos sin éxito.

1965: EE.UU. envía tropas a la Rep. Dominicana para reprimir un movimiento que intentaba restaurar en el poder al primer presidente elegido democráticamente en el país, Juan Bosch, derrocado en un golpe de estado en 1963.

1973: Los militares toman el poder en Uruguay, apoyados por EE.UU. Un golpe de Estado apoyado por EE.UU. derroca al gobierno electo del presidente socialista Salvador Allende en Chile.

1979-1990: El gobierno de EE.UU. financia un movimiento contrarrevolucionario en Nicaragua contra el gobierno de izquierda del Frente Sandinista de Liberación Nacional (FSLN).

1980-1988: EE.UU. incrementa la asistencia a los militares de El Salvador que se enfrentan a las guerrillas del movimiento político de izquierda Frente Martí de Liberación Nacional (FMLN).

1989: EE.UU. invade Panamá para arrestar al dictador Manuel Noriega.

INTERPRETACIÓN

1. ¿Cuáles de estas intervenciones tuvieron carácter expansionista? Elijan una y elaboren un argumento a favor y otro en contra de esta intervención.
2. ¿Cuáles de estas intervenciones tuvieron carácter político? Elijan una y elaboren un argumento a favor y otro en contra de esta intervención.
3. ¿Cuáles de estas intervenciones tuvieron carácter económico? Elijan una y elaboren un argumento a favor y otro en contra de esta intervención.

	EJEMPLO	ARGUMENTOS
Intervención expansionista		1. A FAVOR: 2. EN CONTRA:
Intervención política		1. A FAVOR: 2. EN CONTRA:
Intervención económica		1. A FAVOR: 2. EN CONTRA:

 Escucha este informe sobre el estado de las relaciones entre EE.UU. y América Latina hoy y contesta después a las preguntas.

COMPRENSIÓN

1. ¿En qué áreas de Latinoamérica tiene mayor interés EE.UU. hoy día? ¿Es un interés expansionista, político o económico?
2. En la relación comercial entre Estados Unidos y Latinoamérica, ¿son las importaciones desde Latinoamérica importantes para Estados Unidos? ¿Y para Latinoamérica? Explica.
3. ¿Qué factor ha contribuido al cambio en las relaciones entre EE.UU. y Latinoamérica?
4. La encuesta de opinión pública Latinobarómetro de 2010 reflejó datos positivos. ¿Sobre qué?
5. ¿Cuál es la causa de estos datos positivos, según Valenzuela?

INTERPRETACIÓN

1. Piensen en dos razones de la connotación negativa del término "izquierda" en Estados Unidos.
2. ¿Cómo creen que es la imagen de Estados Unidos en América Latina hoy? ¿Creen que es igual en unos países que en otros? ¿Qué factores pueden hacer que sea más positiva o más negativa? Hagan una lista de cuatro y compartan sus ideas con la clase.

	FACTORES
Contribuyen a la imagen positiva	1. 2.
Contribuyen a una imagen negativa	1. 2.

MANIFESTACIONES ARTÍSTICAS

4-19 MARIO BENEDETTI: "EL SUR TAMBIÉN EXISTE"

Muchos escritores latinoamericanos han reflejado en sus obras su visión crítica de la relación entre Estados Unidos y América Latina. Lee este texto para conocer a uno de ellos: Mario Benedetti. Después lee el poema y contesta a las preguntas.

El escritor y poeta uruguayo Mario Benedetti (1920-2009) hizo énfasis en gran parte de su obra en temas socio-políticos. Su afiliación política de izquierda causó que en 1973 abandonara Uruguay tras el golpe de estado militar. Vivió exiliado durante diez años en Argentina, Perú, Cuba y España y luego regresó a Uruguay. Escribió más de ochenta libros y sus obras se han traducido a más de veinte idiomas. En su poema "El Sur también existe" de su libro *Preguntas al azar* (1986) hace referencia al dominio de EE.UU. sobre Latinoamérica y al contraste entre las dos regiones del continente americano.

Mario Benedetti

"El Sur también existe"

Con su ritual de acero [steel]
sus grandes chimeneas
sus sabios clandestinos [wisemen]
su canto de sirenas
sus cielos de neón
sus ventas navideñas
su culto de Dios Padre
y de las charreteras [epaulettes]
con sus llaves del reino
el Norte es el que ordena

pero aquí abajo, abajo
el hambre disponible
recurre al fruto amargo
de lo que otros deciden
mientras el tiempo pasa
y pasan los desfiles
y se hacen otras cosas
que el Norte no prohíbe
con su esperanza dura
el Sur también existe

Con sus predicadores [preachers]
sus gases que envenenan
su escuela de Chicago
sus dueños de la tierra
con sus trapos de lujo [cloths]
y su pobre osamenta [skeleton]
sus defensas gastadas [worn-out]
sus gastos de defensa
con su gesta invasora
el Norte es el que ordena

pero aquí abajo, abajo
cada uno en su escondite [hideout]
hay hombres y mujeres
que saben a qué asirse [hold onto]
aprovechando el sol
y también los eclipses
apartando lo inútil [set aside] [useless]
y usando lo que sirve
con su fe veterana
el Sur también existe

Con su corno francés
y su academia sueca
su salsa americana
y sus llaves inglesas
con todos su misiles
y sus enciclopedias
su guerra de galaxias
y su saña opulenta [cruelty]
con todos sus laureles
el Norte es el que ordena

pero aquí abajo, abajo
cerca de las raíces
es donde la memoria
ningún recuerdo omite
y hay quienes se desmueren [come back to life]
y hay quienes se desviven [go out of their way]
y así entre todos logran
lo que era un imposible
que todo el mundo sepa
que el Sur también existe

COMPRENSIÓN

1. Lee el poema completo. ¿Qué contraste presenta el poeta? ¿Cómo están distribuidas las seis partes del poema respecto a este contraste?
2. Lee los fragmentos 1 y 3. ¿Cómo describe el poeta a EE.UU.? Escribe una descripción breve usando tus propias palabras.
3. Identifica dos referencias a otros países del hemisferio norte en la estrofa 5.
4. Lee los fragmentos 2, 4 y 6. ¿Cómo se describe a Latinoamérica? Haz una descripción breve.

INTERPRETACIÓN

1. ¿Qué características específicas atribuye el poeta a Estados Unidos con estas expresiones?

   - 'sabios clandestinos':
   - 'ventas navideñas':
   - 'trapos de lujo':
   - 'escuela de Chicago':
   - 'guerra de galaxias':
   - 'gastos de defensa':

2. ¿Cómo describe el autor a Latinoamérica con estas expresiones?

   - 'el hambre disponible recurre al fruto amargo de lo que otros deciden':
   - 'se hacen otras cosas que el Norte no prohíbe':
   - 'hay hombres y mujeres que saben a qué asirse':
   - 'aprovechando el sol y también los eclipses':
   - 'es donde la memoria ningún recuerdo omite':

3. ¿Qué efecto quiere dar el poeta cuando dice 'aquí abajo, abajo'?
4. ¿Es la imagen que el poeta da de América Latina negativa o positiva? Justifiquen su opinión.
5. Si Benedetti hubiera escrito (had written) este poema hoy, ¿habría escrito lo mismo? Justifiquen su respuesta.

4-20 MÚSICA PROTESTA: EL GRUPO PUERTORRIQUEÑO CALLE 13

En la música latinoamericana muchos artistas comprometidos políticamente han usado sus canciones como instrumento de acción. Un ejemplo es el grupo Calle 13.

Este grupo puertorriqueño, compuesto por los hermanos Eduardo José Cabra Martínez, llamado Visitante, y René Pérez Joglar, conocido como Residente, consiguió 11 premios en la edición de 2011 de los Grammy Latinos con su estilo directo y contundente. A través de su música plasman sus ideas políticas: denuncian situaciones de injusticia social, critican el imperialismo estadounidense o piden la independencia de Puerto Rico, muchas veces resultando polémicos. Además de cuatro discos, han grabado un documental titulado *Sin mapa*, que narra el recorrido del grupo por varios países latinoamericanos, con la intención de dar voz a los que no la tienen y transmitir también sus convicciones políticas.

Calle 13

COMPRENSIÓN / INTERPRETACIÓN

1. ¿Deben los músicos expresar sus ideas políticas a través de su música? Justifiquen su opinión. ¿Conocen otros ejemplos de artistas comprometidos con causas políticas?

2. Lean la letra de la popular canción de Calle 13 *Latinoamérica* y respondan a las preguntas.

    a. Miren los versos señalados en negrita en la canción y asócienlos con los siguientes conceptos:

    ☐ Colonización   ☐ Dictaduras militares   ☐ Independencia
    ☐ Imperialismo   ☐ Indigenismo   ☐ Socialismo

    b. En los versos "mi piel es de cuero por eso aguanta cualquier clima" y "soy un pueblo sin piernas pero que camina", ¿qué rasgos de personalidad se asocian con Latinoamérica?

    c. ¿A quién o quiénes creen que se dirige Calle 13 cuando proclaman "Tú no puedes comprar al sol/Tú no puedes comprar la lluvia/ No puedes comprar mi vida/ Mi tierra no se vende"?

    d. ¿Qué significado tiene el verso "la espina dorsal del planeta es mi cordillera" en el contexto de la globalización?

Latinoamérica

Soy.
Soy lo que dejaron,
soy toda la sobra de lo que te robaron.
Un pueblo escondido en la cima,
mi piel es de cuero por eso aguanta cualquier clima.
Soy una fábrica de humo,
mano de obra campesina para tu consumo
Frente de frío en el medio del verano,
el amor en los tiempos del cólera, mi hermano.
El sol que nace y el día que muere,
con los mejores atardeceres.
Soy el desarrollo en carne viva,
un discurso político sin saliva.

Las caras más bonitas que he conocido,
soy la fotografía de un desaparecido.
Soy la sangre dentro de tus venas,
soy un pedazo de tierra que vale la pena.
Soy una canasta con frijoles,
soy Maradona contra Inglaterra anotándote dos goles.
Soy lo que sostiene mi bandera,
la espina dorsal del planeta es mi cordillera.
Soy lo que me enseñó mi padre,
el que no quiere a su patria no quiere a su madre.
Soy América Latina,
un pueblo sin piernas pero que camina.

Tú no puedes comprar al viento.
Tú no puedes comprar al sol.
Tú no puedes comprar la lluvia.
Tú no puedes comprar el calor.
Tú no puedes comprar las nubes.
Tú no puedes comprar los colores.
Tú no puedes comprar mi alegría.
Tú no puedes comprar mis dolores.

Tengo los lagos, tengo los ríos.
Tengo mis dientes pa' cuando me sonrío.
La nieve que maquilla mis montañas.
Tengo el sol que me seca y la lluvia que me baña.
Un desierto embriagado con pellotes
un trago de pulque para cantar con los coyotes,

todo lo que necesito.
Tengo mis pulmones respirando azul clarito.
La altura que sofoca.
Soy las muelas de mi boca mascando coca.
El otoño con sus hojas desmalladas.
Los versos escritos bajo la noche estrellada.
Una viña repleta de uvas.
Un cañaveral bajo el sol en Cuba.
Soy el mar Caribe que vigila las casitas,
Haciendo rituales de agua bendita.
El viento que peina mi cabello.
Soy todos los santos que cuelgan de mi cuello.
El jugo de mi lucha no es artificial,
porque el abono de mi tierra es natural.

Tú no puedes ...

Tú no puedes comprar al sol.
Tú no puedes comprar la lluvia.
(Vamos dibujando el camino,
vamos caminando)
No puedes comprar mi vida.
Mi tierra no se vende.

Trabajo en bruto pero con orgullo,
Aquí se comparte, lo mío es tuyo.
Este pueblo no se ahoga con marullos,
y si se derrumba yo lo reconstruyo.
Tampoco pestañeo cuando te miro,
para que te acuerdes de mi apellido.
La operación cóndor invadiendo mi nido.
¡Perdono pero nunca olvido!

(Vamos caminando)
Aquí se respira lucha.
(Vamos caminando)
Yo canto porque se escucha.

Aquí estamos de pie
¡Que viva Latinoamérica!
No puedes comprar mi vida.

4-21 ¿QUÉ TIPOS DE VIOLENCIA EXISTEN EN LATINOAMÉRICA?

Lee este texto sobre la violencia en América Latina, mira los mapas y responde a las preguntas.

El informe titulado *El estado de la paz y la evolución de las violencias: la situación de América Latina* de la Universidad para la Paz de Naciones Unidas (UPAZ) examina los tipos y causas de violencia en esta región con el objetivo de ayudar a construir una cultura de no violencia. América Latina ha pasado por diferentes fases de violencia que han afectado a las democracias de la zona. Una verdadera consolidación democrática no es posible sin paz, que es la conjunción de cuatro 'Ds': desarrollo, derechos humanos, democracia y desarme. La ausencia de cualquiera de estas 'Ds' constituye un factor de violencia. Con la excepción de Colombia, América Latina hoy día no está afectada por conflictos armados o **violencia política**; sin embargo hay algunos puntos más expuestos a la aparición de conflictos. En el caso de Colombia, la violencia del grupo guerrillero FARC ha causado ya un saldo de víctimas mortales que se estima entre 40.000 y 200.000, además

Violencia organizada en Latinoamérica

Niveles de violencia
- Baja
- Media baja
- Media
- Media alta
- Alta
- Sin dato

Violencia interpersonal en Latinoamérica

Niveles de violencia
- Baja
- Media baja
- Media
- Media alta
- Alta
- Sin dato

de 1.000.000 de desplazados. Guatemala, El Salvador, Honduras y Nicaragua han superado sus conflictos armados, aunque todavía existe una cierta **violencia estructural**, es decir, la que resulta de un sistema social que ofrece oportunidades desiguales a sus miembros: un acceso desigual a los beneficios del desarrollo, una distribución desigual de recursos y un poder de decisión desigual sobre cómo se distribuyen los recursos. Según un estudio del BID, América Latina es la región del mundo donde el sector más rico de la población concentra una mayor proporción del ingreso.

La violencia social puede ser *organizada* –la violencia causada por organizaciones del narcotráfico, mafias, redes de prostitución, o bandas delictivas– o *interpersonal* –violencia causada por individuos a otros individuos, como la violencia doméstica intrafamiliar, o la causada por criminales no organizados–.

COMPRENSIÓN / INTERPRETACIÓN

1. ¿Qué es la violencia política y qué países de Latinoamérica están afectados por este tipo de violencia?
2. Explica con tus propias palabras qué es la violencia estructural.
3. Señala los tres países con el grado de violencia interpersonal más bajo y más alto.
4. Identifica los cinco países con el grado de violencia organizada más alto y más bajo.
5. Según este informe, la desigualdad económica es una forma de violencia. ¿Contra quién es esta violencia? ¿Quién causa esta violencia? ¿Qué consecuencias tiene?

COEFICIENTE DE GINI EN LATINOAMÉRICA, 2011

El Coeficiente de Gini normalmente se utiliza para medir la desigualdad en los ingresos.

+ IGUALDAD

Venezuela: 0,39
Uruguay: 0,40
El Salvador: 0,45 — Perú: 0,45
Ecuador: 0,46
México: 0,48 — Nicaragua: 0,47
Argentina: 0,49
Costa Rica: 0,50 — Bolivia: 0,50
Chile: 0,51
Colombia: 0,54 — Panamá: 0,53
Brasil: 0,55 — Paraguay: 0,54
R. Dominicana: 0,55
Honduras: 0,56
Guatemala: 0,58
+ DESIGUALDAD

Este coeficiente es un número entre 0 y 1, en donde 0 se corresponde con la perfecta igualdad, en que todos tienen los mismos ingresos, y 1 se corresponde con la perfecta desigualdad, en que una persona tiene todos los ingresos y los demás ninguno.

Fuente: CEPAL

De acuerdo con La Comisión Económica para América Latina y el Caribe (Cepal), en promedio, el 10% más rico de la población concentra el 32% de los ingresos totales, mientras que el 40% más pobre recibe solo el 15%. Un informe del Banco Mundial de 2012 reveló que Venezuela y Uruguay son los países latinoamericanos con menor desigualdad entre ricos y pobres, seguidos de Perú y El Salvador, según el coeficiente de Gini, que mide la desigualdad económica. Guatemala es el país con mayor inequidad de la región, seguido de Honduras, Colombia y Brasil.

PERSPECTIVA LINGÜÍSTICA

VOCABULARIO META

abuso (el)	*abuse*	enfrentamiento (el)	*confrontation*
amenaza (la)	*threat*	financiar	*to finance*
amenazar	*to threaten*	guerrilla (la)	*guerrilla*
arma (el)	*weapon*	guerrillero/a (el, la)	*guerrilla fighter*
armas (las)	*weapons, arms*	herida de bala (la)	*gunshot wound*
asesinato (el)	*murder*	ilícito/a	*illegal*
asesinar	*to kill, to murder*	incautar	*to seize, confiscate*
frontera (la)	*border*	muerte (la)	*death*
consumo (el)	*consumption; use*	narco (el)	*drug trafficker*
contrabando (el)	*smuggling*	narcotráfico (el)	*drug trafficking*
contrarrestar	*to counteract*	pareja (la)	*partner, couple*
delincuencia (la)	*crime*	red (la)	*net, ring*
delincuente (el, la)	*criminal*	rehén (el)	*hostage*
detención (la)	*arrest*	rescatar	*to rescue, to free*
detener	*to arrest*	rescate (el)	*rescue, ransom*
disparo (el)	*gunshot*	sangriento/a	*bloody*
droga (la)	*drug*	secuestrar	*to kidnap*
ejército (el)	*army*	secuestro (el)	*kidnapping*
encarcelamiento (el)	*imprisonment*	trata (la)	*trade*
encarcelar	*to imprison*	vincular	*to link*

4-22 COLOMBIA Y LAS FARC

Lee el texto sobre las Fuerzas Armadas Revolucionarias de Colombia y responde a las preguntas.

Bandera de las FARC

Las Fuerzas Armadas Revolucionarias de Colombia-Ejército del Pueblo son un grupo guerrillero que **se autodenomina** marxista-leninista. Mantienen una lucha armada con Colombia desde que **se crearon** en 1964 y son dirigidas por un secretariado de siete miembros bajo el mando de un comandante en jefe. Sus objetivos son: eliminar las desigualdades sociales, políticas y económicas; eliminar la intervención militar y de capital de Estados Unidos en Colombia y establecer un estado marxista-leninista.

Las FARC son consideradas una agrupación terrorista por 33 países, entre ellos Colombia, Perú, Estados Unidos, Canadá, y todos los de la Unión Europea. Actualmente están presentes en 24 de los 32 departamentos de Colombia, sobre todo al sur y oriente del país. También tienen campamentos, principalmente en los países que tienen frontera con Colombia. Sus acciones consisten en guerra de guerrillas y combate regular convencional así como en técnicas terroristas, como el asesinato de civiles, miembros del gobierno y militares, secuestro con fines extorsivos o atentados con bombas, lo que ha provocado desplazamientos forzados de civiles.

Según un informe del gobierno de Colombia, esta organización obtiene del narcotráfico más de $1.000 millones al año (el 78% de su presupuesto) y la extorsión les reporta más de 600 millones de dólares anuales. Su número de miembros varía, según las fuentes, desde 6.000 hasta 16.000. De acuerdo con un informe de Human Rights Watch aproximadamente entre el 20% y el 30% son menores de 18 años y se **recluta a** muchos de estos niños forzosamente. La ONU, Amnistía Internacional y Human Rights Watch, entre otros, han acusado a las FARC de violar el derecho internacional humanitario y los Convenios de Ginebra por crímenes como reclutamiento de menores, desapariciones forzadas, y trato inhumano y asesinato de rehenes.

A finales de 2012 **se iniciaron** las conversaciones de paz entre el gobierno colombiano y las FARC en Cuba con el objetivo de poner punto final al conflicto armado.

COMPRENSIÓN

¿Cierto o falso?

1. La Unión Europea no considera a las FARC un grupo terrorista.
2. Las FARC operan solamente en Colombia.
3. Los métodos que usan las FARC son típicos de la guerra convencional.
4. La extorsión es la forma de financiamiento más lucrativa de las FARC.
5. No se sabe exactamente cuántas personas pertenecen a las FARC.
6. Las FARC tratan de seguir los Convenios de Ginebra respecto a la población civil.

RL GRAMÁTICA 4-2 (pp. 219)

Observa los cuatro verbos en negrita en el texto e indica si son reflexivos o pasivos. Para ayudarte a responder, identifica *quién hace la acción del verbo.*

Infinitivo	¿Reflexivo o pasivo?
1.	
2.	
3.	
4.	

RL GRAMÁTICA 4-3 (pp. 220-221)

Identifica los cuatro adverbios terminados en *–mente* que aparecen en el texto. Escríbelos en esta lista. ¿De qué adjetivo provienen? ¿Qué significan? ¿Significan lo mismo en inglés?

Adverbio	Adjetivo	Significado (inglés)
1.		
2.		
3.		
4.		

 Mira el video sobre las FARC en Colombia y responde a las preguntas.

COMPRENSIÓN

1. ¿Cuándo nació el ELN y qué acontecimiento histórico causó su nacimiento?
2. ¿Cómo eran vistas estas organizaciones en Europa originalmente?
3. Según el ex presidente de Uruguay, ¿cómo han cambiado las FARC?
4. ¿Cómo y cuándo comenzó la relación de las FARC y el mundo del narcotráfico?
5. Describe cómo viven los rehenes secuestrados por las FARC.
6. ¿Cómo puede combatirse el terrorismo en Colombia, según las personas entrevistadas? Escribe dos factores importantes.

INTERPRETACIÓN

 Algunos países no consideran a las FARC un grupo terrorista, sino una 'organización beligerante' porque, según los Protocolos de Ginebra, cumple estos requisitos: tienen una propuesta política, tienen un mando único, controlan parte del territorio del país y participan en una guerra sostenida. Piensen en tres argumentos para defender esta posición, y otros tres en contra. Después hagan un pequeño debate.

A FAVOR	1. No nos parece que ... porque ... 2. Aunque ... , es claro que ... 3. Lamentablemente, ...
EN CONTRA	1. Estamos en contra de que ... porque ... 2. Aunque ... , nos parece que ... porque ... 3. Desgraciadamente...

4-23 MÉXICO Y EL NARCOTRÁFICO

1. Mira este gráfico sobre la violencia en México resultado del narcotráfico. Escribe tres frases que resuman los datos.

CIFRAS OFICIALES

El gobierno presentó ayer un balance sobre el crimen en el país.

Número de homicidios ligados al crimen organizado

15,273
9,614
6,837
2,826
62

■ Dic-2006 ■ 2007 ■ 2008 ■ 2009 ■ 2010

Estados más violentos de diciembre de 2006 a 2010

1	Chihuahua	10,135
2	Sinaloa	4,387
3	Guerrero	2,739
4	Baja California	2,019
5	Durango	1,892

Municipios con más homicidios de diciembre de 2006 a 2010

1	Juárez (Chihuahua)	6,437
2	Culiacán (Sinaloa)	1,890
3	Tijuana (Baja California)	1,667
4	Chihuahua (Chihuahua)	1,415
5	Acapulco (Guerrero)	661

 2. Mira el video sobre las mafias del narcotráfico en México y responde a las preguntas.

COMPRENSIÓN

1. ¿De dónde procede principalmente la droga que pasa de Ciudad Juárez a El Paso?
2. ¿En qué parte de la frontera se incauta más droga?
3. ¿Cómo se comparan en este documental la exportación de droga y la de petróleo mexicanas?
4. Según el periodista, ¿por qué está limitada la libertad de expresión?
5. Describe cómo y por qué se decidió usar el ejército en México para la lucha contra el narcotráfico.
6. ¿De dónde proceden las armas que usan los cárteles? ¿Qué consecuencia tiene este fenómeno?
7. ¿Qué sabes de Joaquín Guzmán a través de este video?

RL GRAMÁTICA 4-2 (p. 219)

Escucha otra vez los primeros minutos del video. Elige el verbo que escuchaste –reflexivo o pasivo–y escríbelo. Usa el diccionario y di qué significan estos verbos.

"El joven ciudadano americano (**arriesgar/ arriesgarse**) _____ a pasar varios años en la cárcel [...]. Las incautaciones más espectaculares (**efectuar/efectuarse**) _____ en el lado mexicano. [...] La policía también _____ (**incautar/incautarse**) del dinero del narcotráfico. [...] Y precisamente por esta fuente de riqueza Ciudad Juárez, situada en la frontera entre los dos países, (**encontrar/encontrarse**) _____ sumida en el caos".

INTERPRETACIÓN

 1. En la página siguiente, miren los resultados de una encuesta hecha a la población mexicana. Escriban un resumen de los cinco datos que se ofrecen sobre la opinión de la población de México.

Ejemplo:	A la gran mayoría de los mexicanos le parece que el gobierno tiene que buscar otras maneras de combatir el narcotráfico.
1.	A ... (preocupar) ...
2.	A ... (parecer bien) ...
3.	A ... (parecer mal) ...
4.	A ... (parecer importante) ...
5.	A ...

Opiniones sobre el impacto del narcotráfico en México

Me preocupa el consumo de drogas ilegales en México

| 2 | 8 | 10 | 50 | 32 |

La cultura de las pandillas de drogas se exalta cada vez más en la sociedad mexicana

| 3 | 8 | 9 | 49 | 31 |

El narcotráfico ha penetrado diversos aspectos de la cultura mexicana

| 3 | 6 | 10 | 50 | 31 |

El impacto de la droga en México me hecho pensar en irme del país

| 19 | 33 | 11 | 24 | 13 |

Me parece que se debería considerar la legalización de las drogas como una alternativa para acabar con la violencia del narco

| 24 | 24 | 10 | 26 | 15 |

0% 10% 20% 30% 40% 50% 60% 70% 80% 90% 100%

Totalmente en desacuerdo / En desacuerdo / Indiferente / De acuerdo / Muy de acuerdo

Fuente: Estudio de Audiencias de la BBC

2. ¿Es el narcotráfico un problema que tiene solución? Piensen en cuatro medidas que podrían solucionarlo y después compartan sus conclusiones con la clase.

1.	Es necesario que ...; específicamente ...
2.	Nos parece importante que ...
3.	Nos parece fundamental ...
4.	Nos parece imprescindible ...; lamentablemente ...

4-24 LA VIOLENCIA DE GÉNERO

Lee estos dos textos sobre la violencia de género en Latinoamérica. Después responde a las preguntas.

Según el Programa de Naciones Unidas para el Desarrollo (PNUD), Guatemala ocupa el primer lugar en el número de mujeres asesinadas en Centroamérica y las autoridades y organizaciones civiles reconocen que esta violencia ha alcanzado niveles extremos. Datos oficiales señalan que en 2009 más de 730 fueron víctimas de esta trágica tendencia, lo que representa la cifra más alta de los últimos años. A la violencia intrafamiliar, que es la principal causa de los asesinatos, se ha añadido desde hace dos años un nuevo elemento: la delincuencia organizada y cárteles de la droga que hicieron de las mujeres un objetivo.

Cruces en Ciudad Juárez (Chihuahua, México)

Desde 1993 los casos de "feminicidio" (asesinatos por razones de género) han plagado el historial de Juárez, la ciudad más violenta de México. "**Me pone muy triste** admitirlo, pero sigue existiendo el feminicidio, no podemos negar la realidad", dice la directora del Instituto Chihuahuense de la Mujer. A varias asociaciones **les preocupa** el proceso de "invisibilización" social y política que los feminicidios de Ciudad Juárez han tenido desde el inicio de la ola de creciente de violencia por parte del crimen organizado. La atención de instituciones y medios de comunicación está ahora puesta en otro tipo de muertos en Juárez: los del narcotráfico. A los activistas **les molesta** que el gobierno mexicano quiera vincular el asesinato de mujeres a la violencia ligada al narcotráfico con la intención de "minimizar" el tema del feminicidio. A los activistas por los derechos de la mujer **les parece necesario** que el término "feminicidio" sea tipificado en el código penal mexicano, ya que ahora no figura como delito, sino que el crimen se considera homicidio, aunque se dé por razones de género. Por su parte, al gobierno mexicano **le interesa** revertir este fenómeno a través de programas de prevención, como los que desarrolla el Instituto Chihuahuense de la Mujer.

COMPRENSIÓN

1. En Guatemala, ¿son todos los casos de violencia contra la mujer causados por la violencia intrafamiliar? Explica.
2. ¿Qué es el "feminicidio"?
3. ¿Por qué es el feminicidio un problema "invisible" en Ciudad Juárez?
4. ¿Qué quieren los activistas que haga el gobierno?

RL GRAMÁTICA 4-4 (pp. 221-223)

1. Mira los cinco verbos en negrita en el texto. Escribe el sujeto de cada uno de ellos.

2. Revisa la Gramática 4-4 (pp. 222 y 223). Después mira las cuatro frases subrayadas en el texto. Explica por qué en dos frases hay un *infinitivo* después del verbo y en las otras dos frases hay *que + subjuntivo*.

INTERPRETACIÓN

 1. Lean esta información sobre el Día Internacional de la Eliminación de la Violencia contra la Mujer y la campaña ÚNETE de Naciones Unidas.

Las hermanas Mirabal

El 17 de diciembre de 1999 la Asamblea General de la ONU declaró el 25 de noviembre como el Día Internacional de la Eliminación de la Violencia contra la Mujer. La fecha fue elegida como conmemoración del brutal asesinato en 1960 por orden del gobernante Rafael Trujillo de las tres hermanas Mirabal, activistas políticas de la República Dominicana.

"La violencia contra las mujeres no es exclusiva de ningún sistema político o económico; se da en todas las sociedades del mundo y sin distinción de posición económica, raza o cultura. En todo el mundo, la violencia o las amenazas de violencia impiden a las mujeres ejercitar sus derechos humanos y disfrutar de ellos". (Amnistía Internacional)

 Hay sin embargo una verdad universal, aplicable a todos los países, culturas y comunidades: la violencia contra la mujer nunca es aceptable, nunca es perdonable, nunca es tolerable.

SECRETARIO GENERAL BAN KI-MOON

2. Elaboren una campaña para dar a conocer y promover en su escuela el Día Internacional de la Eliminación de la Violencia contra la Mujer. Incluyan estos puntos:

Educación sobre la violencia de género	¿Cómo se puede educar a la sociedad? 1. 2.
Penalización de la violencia de género	¿Cómo deben ser las leyes? 1. 2.
Ayuda a las personas que sufren la violencia de género	¿Qué tipo de ayudas debe haber? 1. 2.

PERSPECTIVAS INTERCULTURALES

4-25 LA NARCOCULTURA

El tráfico de drogas es un tema que aparece en los periódicos, la música, la literatura, el cine y la televisión. Esto ha creado un subgénero: la *narcocultura*.

Narcomúsica: los narcocorridos

Los corridos forman parte de la tradición musical mexicana desde la Revolución, pero hace unos treinta años el narco comenzó a tener su propia música: el narcocorrido. En 1974 Los Tigres del Norte, el grupo más famoso del género, se dio a conocer con la canción *Contrabando y Traición*, iniciando una carrera que les ha llevado a ganar cinco Grammys latinos y vender 32 millones de discos. Muchos músicos niegan cualquier conexión con los narcos, aunque según Elijah Wald, que ha escrito un libro sobre el tema, "lo primero que un narcotraficante hace luego de una operación exitosa es contratar a alguien para que le escriba un corrido". Los narcocorridos son actualmente muy populares en México e incluso han extendido su influencia a Estados Unidos. Acusados de idealizar la vida pandillera y el tráfico y consumo de drogas ilícitas, varios cantantes y grupos defienden su música que, según dicen, está enraizada en la tradición y sólo se reinventa de acuerdo con los tiempos que corren. Pero a las autoridades mexicanas no les convence este argumento y han tratado de prohibir el género; en EE.UU. la Comisión Federal de Comunicaciones ha tomado medidas contra numerosas emisoras de radio hispanohablantes.

Los Tigres del Norte

Arturo Pérez-Reverte

Narcoliteratura

La escritura de ficción en el marco de la guerra contra el narcotráfico alcanzó gran impulso con la publicación en 2002 de *La Reina del Sur*, del español Arturo Pérez-Reverte, novela que cuenta la vida de Teresa Mendoza, una mexicana que llega a España y se mete en el narcotráfico. Esta novela estaba inspirada en el narcocorrido de Los Tigres del Norte titulado *Contrabando y Traición*. Los Tigres del Norte crearon luego un narcocorrido titulado *La Reina del Sur*, basado en la novela.

Narcotelevisión

En 2011 la cadena Telemundo produjo la telenovela *La Reina del Sur*, basada en la obra de Pérez-Reverte. La serie tuvo un enorme éxito y se ha visto ya en muchos países. En Colombia se estrenó en 2012 *Escobar: el patrón del mal*, de Caracol Televisión. Esta no es la primera serie dedicada al fallecido jefe del Cártel de Medellín, pero es considerada la más ambiciosa hasta la fecha, con más de 1.300 actores y filmada en Miami, Bogotá, Medellín y la costa del Caribe.

Narcocine

Este subgénero del cine mexicano, con más de tres mil títulos, existe desde hace décadas. Su declive comenzó en los años noventa, cuando dejó de exhibirse en salas comerciales, y ahora se comercializa directamente en DVD. Son producciones de bajo presupuesto que muchas veces esconden historias verdaderas, pagadas por los propios narcos.

COMPRENSIÓN

1. Explica qué es un narcocorrido y qué opinan las autoridades mexicanas y estadounidenses de este tipo de música.
2. Explica cuál fue el origen de la novela *La Reina del Sur* y cuál ha sido su influencia posterior.
3. ¿Qué es el narcocine y cuál es la fuente de las historias en que se basan este tipo de películas?
4. ¿Qué relación tienen los narcotraficantes con la narcocultura? Busca dos ejemplos en los textos que has leído.

 Mira ahora este video para saber más sobre el narcocine en México.

INTERPRETACIÓN

 1. En grupos de cuatro, hagan un debate sobre la narcocultura: ¿se trata de una representación de la realidad o de la promoción de la violencia? Preparen tres argumentos para cada posición y después debatan el tema.

	ARGUMENTOS
A favor: Representación de la realidad	1. Es cierto que ...; sin embargo ... 2. No nos parece que ... porque ... 3. Aunque ... , lo cierto es que ...
En contra: Promueve la violencia	1. Aunque ... , nos parece que ... porque ... 2. Desafortunadamente ... 3. Estamos en contra de que ... porque ...

2. ¿Cómo se manifiesta en EE.UU. la relación entre la música u otras formas artísticas y las drogas? Den dos ejemplos.

4-26 MUERTES POR ARMA DE FUEGO EN ESTADOS UNIDOS Y LATINOAMÉRICA

Lee este texto y mira los gráficos. Después responde a las preguntas.

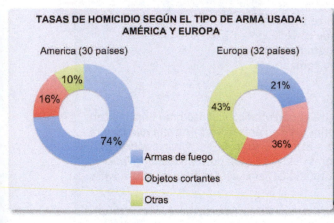

TASAS DE HOMICIDIO SEGÚN EL TIPO DE ARMA USADA: AMÉRICA Y EUROPA

America (30 países): 74% Armas de fuego, 16% Objetos cortantes, 10% Otras

Europa (32 países): 36% Armas de fuego, 43% Objetos cortantes, 21% Otras

El continente americano tiene la mayor tasa de homicidios por arma de fuego del mundo, según un *Estudio global sobre homicidios* de la Oficina de la ONU contra la Droga y el Delito.

La proliferación de armas de fuego en manos de civiles constituye un serio problema, agravado en el caso latinoamericano por el aumento del narcotráfico, el crimen organizado y el pandillaje. El crimen organizado representa una cuarta parte del total de las muertes por armas de fuego en América Latina. Un informe del Centro Brady para prevenir la violencia de las armas afirmó que el 90% de las armas decomisadas en México tras algún crimen fueron adquiridas en Estados Unidos, en ferias de armamento o ventas informales poco reguladas en Texas y Arizona.

COMPRENSIÓN

1. ¿Cómo se compara Estados Unidos con algunos países latinoamericanos en cuanto a muertes causadas por armas de fuego?
2. ¿Cómo se comparan el continente americano y Europa en cuanto a homicidios por armas de fuego?
3. ¿Qué factores causan las altas cifras en algunos países latinoamericanos?
4. Explica la relación que existe entre Estados Unidos y la tasa de asesinatos por arma de fuego en México.

Muertes con armas por países
Por cada 100.000 personas

Honduras	77
El Salvador	66
Guatemala	39
Colombia	37
Venezuela	37
México	25
Brasil	20,4
Perú	11
EE.UU.	10,3 En comparación

INTERPRETACIÓN

 Debatan este tema: Estados Unidos tiene responsabilidad en cuanto a las muertes por arma de fuego en México.

EE.UU. tiene responsabilidad	1. Es verdad que ...; sin embargo ... 2. No nos parece que ... porque ... 3. Aunque ... , lo cierto es que ...
EE.UU. no tiene responsabilidad	1. Aunque ... , nos parece que ... porque ... 2. Desgraciadamente ... 3. Es muy triste que ... pero ...

MANIFESTACIONES ARTÍSTICAS

4-27 FERNANDO BOTERO Y SU RETRATO DE LA VIOLENCIA

Fernando Botero es considerado el artista vivo latinoamericano más cotizado en el mundo. Botero ha retratado décadas de violencia en Colombia en muchos de sus cuadros. Lee este texto y después responde a las preguntas.

Fernando Botero nació en Medellín, Colombia, en 1932. Es uno de los pocos artistas que expone sus obras en las avenidas y plazas más famosas del mundo, como los Campos Elíseos en París, la Quinta Avenida de Nueva York, el Paseo de Recoletos de Madrid o la Plaza del Comercio de Lisboa. En México y bajo la influencia del muralismo encontró su propio estilo: aumentar y exagerar el volumen de la figura humana, que es una de las características inconfundibles de su obra. La misma voluptuosidad que se presenta en su pintura se encuentra en la escultura, caracterizada por figuras y animales de tamaños grandiosos y desproporcionados, realizados en bronce o mármol.

Botero trata la realidad latinoamericana en cuadros que representan el poder político (presidentes y militares), el poder de la iglesia y distintos aspectos de la sociedad. Entre 1999 y 2004 realizó una serie de obras que giran en torno a la tragedia que vive la población colombiana, titulada *El dolor de Colombia*. Botero decidió plasmar el "cáncer de la violencia" en su país inspirado por pintores como Picasso, quien plasmó un momento terrible de la historia de España en su cuadro *Guernica*. Botero se siente con "la obligación moral de dejar un testimonio sobre un momento irracional de nuestra historia". Botero, que vive fuera de Colombia, sintió un día la necesidad de pintar, "de hacer una declaración del horror que sentía ante ese panorama del país", y reconoce que ha abandonado el placer de expresar la ironía en sus figuras coloristas y voluptuosas para poner su pincel al servicio de la denuncia social. Su serie sobre Abu Ghraib, compuesta por 78 cuadros que tratan de representar los horrores de la tortura y de la guerra de Irak a través de los sucesos de la prisión de Abu Ghraib, ha recorrido medio mundo.

COMPRENSIÓN

Di cómo estas tres obras reflejan la información que has leído sobre Botero. ¿Qué aspectos de la violencia aparecen en estos cuadros?

El cazador (1999)

Masacre en Colombia

El dolor de Colombia

Mira ahora este video titulado *Pinceladas de crueldad*, que presenta una entrevista con Fernando Botero sobre la violencia de la guerra.

COMPRENSIÓN

1. ¿Qué sentimientos provocaron en Botero las imágenes de los prisioneros de la cárcel de Abu Ghraib en 2004? ¿Cuál fue el resultado de esto?
2. ¿Qué imagen le impresionó más?
3. ¿Cuál fue la reacción inicial de los museos de Estados Unidos?
4. ¿Cómo consiguió mostrar parte de sus cuadros en Nueva York?
5. ¿Qué opinión mostró el crítico cultural de *The Washington Post* sobre esta colección de Botero?

6. ¿Dónde se expuso esta colección completa por vez primera?
7. Para Botero, ¿en qué se parece esta obra al *Guernica* de Picasso?
8. ¿Por qué Botero no quiere vender estas obras?

Fernando Botero

INTERPRETACIÓN

 Botero dice que sus obras no tienen un objetivo político, sino que tienen el objetivo de ser un testimonio para el mundo y perpetuar la memoria de estos eventos. ¿Qué reacciones creen que puede haber ante sus series de cuadros que retratan la violencia?

	En Colombia	En EE.UU.
Reacción positiva	¿Quién? ¿Por qué?	¿Quién? ¿Por qué?
Reacción negativa	¿Quién? ¿Por qué?	¿Quién? ¿Por qué?

4-28 LA REPRESENTACIÓN DE LA VIOLENCIA EN EL CINE LATINOAMERICANO

La violencia y el narcotráfico se han convertido en temas comunes en la industria cinematográfica de México y Colombia. Muchas de las películas tratan estos temas de forma directa, sin sentimentalismo ni romanticismo, mostrando la violenta realidad que afecta la vida social, política y cultural de estos países. Lee el texto sobre cuatro películas representativas de este género: dos mexicanas y dos colombianas. Después responde a las preguntas.

En el cine mexicano, películas recientes como *El infierno* (2010), de Luis Estrada, o *Miss Bala* (2011), de Gerardo Naranjo, no tratan solamente la violencia y el narcotráfico, sino que van más allá invitando al espectador a reflexionar sobre una realidad muy dolorosa del país.

El infierno pone el actual conflicto del narcotráfico en el centro de su narrativa y cuenta la historia de Benny, un emigrante mexicano que es deportado después de vivir 20 años en Estados Unidos. Cuando regresa, encuentra su pueblo devastado por la violencia y el narcotráfico y, poco tiempo después, se une al grupo criminal que controla su pueblo. La película critica el intento del gobierno de combatir los cárteles, pero también incluye escenas de una gran crueldad física. Su director dice que el amor por su país y la necesidad de contar lo que está pasando es lo que le empujó a hacerla.

Miss Bala cuenta la historia de Laura, una chica de Baja California, donde transcurre la historia, que desea convertirse en Miss de un concurso de belleza y se ve involucrada en el mundo de la delincuencia. Es la historia de una persona inocente que busca sobrevivir en un mundo muy deshumanizado como es el del narcotráfico. La película no pone al narco en el centro de la narrativa, sino a la protagonista y el sentimiento de miedo que se vive hoy en México, y quiere provocar debate y reflexión frente a la escalada incontrolada de violencia.

En el cine colombiano un tema recurrente es el sicariato: las bandas de sicarios—asesinos a sueldo—a las que se unen niños y jóvenes de las comunas de Medellín como opción para salir de la pobreza.

La vendedora de rosas (1998) del director colombiano Víctor Gaviria, presenta el mundo del sicariato. Ambientada en Medellín, una de las ciudades más castigadas por la violencia narcoterrorista, está basada en el cuento de Hans Christian Andersen *La vendedora de cerillas* (1846). Gaviria realiza una adaptación con el mismo ambiente de pobreza del cuento y un argumento similar, pero pone la historia en el contexto actual retratando el desamparo de la juventud que vive entre las drogas, los robos y la prostitución. El director filma in situ, e incorpora actores naturales, dando de esta manera visibilidad a una juventud ignorada por la sociedad. El objetivo es mostrar la transformación que ha sufrido Medellín y la destrucción de las familias debido al narcotráfico.

Miss Bala (2011) de Gerardo Naranjo

La violencia causada por el conflicto armado es el tema de películas como *Los colores de la montaña* (2011), del director colombiano Carlos César Arbeláez. Trata de la amistad de Manuel y Julián, dos niños que viven en una zona de Antioquia en medio de la guerrilla y los paramilitares. Los niños son víctimas del conflicto cuando el balón de fútbol con el que juegan queda atrapado en un campo minado. El alzamiento guerrillero tiene un impacto en todas las personas que les rodean, quienes tienen que tomar partido a favor o en contra del movimiento militar. Arbeláez, como Gaviria, usa actores y escenarios naturales para contar la historia a través de la mirada inocente de unos niños. Por ello deja fuera la violencia explícita, para centrarse en los sentimientos de los personajes.

COMPRENSIÓN

1. ¿Cuál es el propósito de películas como *El infierno* o *Miss Bala* en México?
2. Identifica dos aspectos en común y dos diferencias entre las dos películas colombianas.
3. ¿Cuáles de estas películas se centran en las víctimas de la violencia?
4. ¿Qué efecto tiene filmar con personas reales y no con actores profesionales?

INTERPRETACIÓN

1. Miren el tráiler de cada película. ¿Cuál de las películas les parece una sátira? ¿Cuál creen que es un "thriller" de acción? ¿Cuál refleja un estilo documental? ¿Cuál es un drama?
2. Basándose en el tráiler, ¿cuál de las dos películas mexicanas preferirían ver y por qué?
3. Basándose en el tráiler, ¿cuál de las dos películas colombianas preferirían ver y por qué?
4. Piensen en dos similitudes y dos diferencias entre estas películas mexicanas y el 'narcocine'.

EL ENSAYO ARGUMENTATIVO IV

TEXTOS ARGUMENTATIVOS: LA CAUSA Y LA CONSECUENCIA

La argumentación con base en las causas y consecuencias de un asunto es uno de los modelos más comunes. El autor tiene una reivindicación sobre un evento, problema o fenómeno que apoya en hechos, datos o ejemplos, enfatizando sus causas y consecuencias. Generalmente el autor explica los antecedentes del problema o fenómeno y termina con una conclusión. El análisis de las causas y consecuencias permite al autor explorar a fondo este problema y ofrecer mejores argumentos para defender su tesis.

LOS CONECTORES DISCURSIVOS DE CAUSA Y CONSECUENCIA

La causa y la consecuencia de un asunto están conectadas, pero existen conectores para expresar causa y para expresar consecuencia. Por ejemplo, en el texto que vas a leer, aparecen estas dos ideas:

Hay un mercado para las drogas que crece de manera imparable.   CAUSA
La guerra contra el narcotráfico no se puede ganar.   CONSECUENCIA

Estas ideas se pueden relacionar de dos formas diferentes:

a.   Hay un mercado para las drogas que crece de manera imparable; **por lo tanto**, la guerra contra el narcotráfico no se puede ganar.
b.   La guerra contra el narcotráfico no se puede ganar **debido a que** hay un mercado para las drogas que crece de manera imparable.

Clasifica estos conectores según su función sea señalar la causa o la consecuencia.

por eso / ello	(because of that)
en / como consecuencia	(as a consequence)
ya que	(since)
puesto que	(since)
dado que	(given that)
así que	(so)
por lo tanto	(therefore)
como	(since)
debido a que	(due to)
por consiguiente	(consequently)

CAUSA	CONSECUENCIA

LA CONTRAARGUMENTACIÓN

Es una técnica retórica que consiste en presentar los argumentos contrarios a la posición que es defendida, para después refutarlos. El autor se adelanta así a sus posibles críticos y se defiende de antemano (*beforehand*). Este recurso sirve para dar mayor peso a la postura del autor además de dar mayor objetividad al texto.

Sobre el autor

Mario Vargas Llosa (Perú, 1936) es un escritor aclamado internacionalmente y uno de los más importantes novelistas en lengua española. Ganador del Premio Nobel de Literatura en 2010, entre sus obras destacan sus novelas *La ciudad y los perros* (1963), *Conversación en la catedral* (1969), *La tía Julia y el escribidor* (1977), *La fiesta del chivo* (2000) y su más reciente obra *El sueño del celta* (2010). Vargas Llosa es, además, ensayista y un intelectual muy activo políticamente.

Mario Vargas Llosa

El otro estado

Hace tiempo escuché al presidente de México, Felipe Calderón, explicar qué **lo** llevó a declarar la guerra total al narcotráfico, involucrando en ella al ejército. Esta guerra, feroz, ha dejado ya más de quince mil muertos, incontables heridos y daños materiales enormes. El panorama que el presidente Calderón trazó era espeluznante. Los cárteles se habían infiltrado en todos los organismos del Estado y **los** corrompían, paralizaban o los ponían a su servicio. Contaban para ello con una maquinaria económica, que **les** permitía pagar a funcionarios, policías y políticos mejores salarios que la administración pública, y una infraestructura de terror capaz de liquidar a cualquiera. La conclusión era simple: si el gobierno no actuaba de inmediato y con la máxima energía, México **corría el riesgo de** convertirse en un narco-estado. La decisión de incorporar al ejército, explicó, no fue fácil, pero no había alternativa.

Esta política que, al comienzo, fue popular, ha ido perdiendo respaldo a medida que las ciudades mexicanas se llenaban de muertos y heridos y la violencia alcanzaba indescriptibles manifestaciones de horror. Desde entonces, las críticas han aumentado y las encuestas de opinión indican que ahora una mayoría de mexicanos es pesimista sobre el desenlace y condena esta guerra. Los argumentos de los críticos son, principalmente, los siguientes: no se declaran guerras que no se pueden ganar. El resultado de movilizar al ejército tendrá el efecto perverso de contaminar a las Fuerzas Armadas con la corrupción y dará a los cárteles la posibilidad de instrumentalizar también a los militares para sus fines. Al narcotráfico no se **le** debe enfrentar de manera abierta, como a un país enemigo: hay que combatir**lo** como **él** actúa, en las sombras, con cuerpos de seguridad especializados, lo que es tarea policial.

Muchos de estos críticos no dicen lo que de veras piensan, **ya que** se trata de algo **indecible:** que es absurdo declarar una guerra que los cárteles de la droga ya ganaron. Que ellos están aquí para quedarse. A los narcos caídos los reemplazarán otros, más jóvenes, más poderosos, mejor armados, más numerosos, que mantendrán operativa una industria que no ha hecho más que extenderse por el mundo. Esta verdad vale **no sólo** para México **sino** para buena parte de los países latinoamericanos. El problema no es policial **sino** económico. Hay un mercado para las drogas que crece de manera imparable, tanto en los países desarrollados como en los subdesarrollados. Las victorias que la lucha contra las drogas pueden mostrar son insignificantes comparadas con el número de consumidores en los cinco continentes. Y afecta a todas las clases sociales. Los efectos son tan dañinos en la salud como en las instituciones. Y a las democracias del Tercer Mundo, como un cáncer, **las** va minando.

¿No hay, pues, solución? **La** hay. Consiste en **descriminalizar** el consumo de drogas mediante un acuerdo de países consumidores y países productores, tal como vienen sosteniendo *The Economist* y buen número de juristas, profesores, sociólogos y científicos. La legalización entraña peligros, desde luego. Y, **por eso**, debe ser acompañada de un redireccionamiento de las enormes sumas que hoy día se invierten en la represión, destinándolas a campañas educativas y políticas de rehabilitación e información como **las** que, en lo relativo al tabaco, han dado tan buenos resultados. El argumento según el cual la legalización atizaría el consumo como un incendio, sobre todo entre los jóvenes y niños, es válido, sin duda. Pero lo probable es que se trate de un fenómeno **pasajero** y contenible si se **lo** contrarresta con campañas efectivas de prevención.

¿Por qué los gobiernos se niegan a considerar la descriminalización y a hacer estudios sobre los logros y consecuencias que **ella** traería? Porque intereses poderosos lo impiden. No sólo quienes se oponen a ella por razones de principio. El obstáculo mayor son los organismos y personas que viven de la represión de las drogas, y que **defienden con uñas y dientes** su fuente de trabajo. No son razones éticas, religiosas o políticas, **sino** el crudo interés el obstáculo mayor para acabar con la criminalidad asociada al narcotráfico, la mayor amenaza para la democracia en América Latina. Lo que ocurre en México es trágico y anuncia lo que empezarán a vivir tarde o temprano los países que se empeñen en librar una guerra ya perdida contra ese otro estado que ha ido surgiendo **delante de nuestras narices** sin que quisiéramos ver**lo**.

4-29 COMPRENSIÓN

1. Lee el texto completo. ¿De qué quiere convencer a los lectores el autor? Marca todas las posibles respuestas.
   ☐ Es uso del ejército es un mal necesario para parar el narcotráfico.
   ☐ La legalización de las drogas es la mejor solución para parar el narcotráfico.
   ☐ El tráfico de drogas no va a parar porque hay un mercado cada vez mayor.
   ☐ Las personas que se oponen a la legalización lo hacen por razones morales.
   ☐ El narcotráfico es el mayor peligro para la estabilidad de los gobiernos latinoamericanos.

2. Fíjate en el primer párrafo. Explica con tus propias palabras por qué Felipe Calderón decidió involucrar al ejército en la lucha contra el narcotráfico.
3. Lee de nuevo el párrafo dos. ¿Qué opinan los mexicanos sobre la lucha del ejército contra el narcotráfico? ¿Qué opina el autor del texto?
4. Fíjate en el párrafo tercero. ¿Por qué, según el autor, no se puede ganar la guerra contra el narcotráfico?
5. El autor presenta su tesis en el párrafo cuarto. Resume su tesis en tus propias palabras.
6. ¿Utiliza contraargumentos el autor? Explica con tus propias palabras cuáles son.
7. ¿Quiénes impiden la legalización, según el autor?
8. ¿Qué consecuencia anticipa el autor si no cambia la situación?

4-30 ANÁLISIS DISCURSIVO

1. Mira los pronombres en negrita en el texto y explica a qué o quién se refieren.

lo (p. 1):	le (p. 2):	las (p. 3):	lo (p. 4):
los (p. 1):	lo (p. 2):	la (p. 4):	ella (p. 5):
les (p. 1):	él (p.2):	las (p. 4):	lo (p. 5):

2. Di el significado de estos conectores en el contexto en que aparecen. Luego asocia cada uno de ellos con su función en el texto.

	SIGNIFICADO	FUNCIÓN		
		Idea contraria	Causa	Consecuencia
no sólo... sino... (p. 3)				
ya que (p. 3)				
por eso (p. 4)				
sino (p.3, p.5)				

4-31 INTERPRETACIÓN

1. ¿Qué tipo de argumentos usa el autor para defender su tesis? Selecciona las respuestas correctas y da un ejemplo para cada una.
   ☐ históricos   ☐ morales
   ☐ fácticos (basados en datos)   ☐ emocionales

2. ¿Están ustedes a favor o en contra de la posición del autor? Divídanse en dos grupos y escriban dos argumentos a favor y dos en contra.
3. Piensen en dos consecuencias positivas y dos negativas para Estados Unidos de la legalización de las drogas en Latinoamérica. Hagan un pequeño debate.

ESCRITURA

RELACIONES DE CAUSA Y CONSECUENCIA

Cuando se escribe un texto usando argumentos basados en las causas y consecuencias de un asunto o fenómeno, es importante establecer claramente estas relaciones. También hay que evitar el uso exclusivo de *porque* y *por eso*, para expresar la causa y la consecuencia, respectivamente.

PRÁCTICA

Para cada situación, relacionen los dos datos y escriban dos frases: la primera con estructura **causa ⇨ consecuencia** y la segunda **consecuencia ⇨ causa**. No usen *porque* o *por eso*.

1. Están escribiendo un ensayo sobre *la importancia de preservar las lenguas originarias*.

    Más de 248 idiomas originarios en América Latina corren el riesgo de desaparecer.
    Las lenguas indígenas están ausentes del sistema escolar formal.

2. Están escribiendo un ensayo sobre *la importancia de la mujer en la esfera política*.

    En Latinoamérica las mujeres han logrado altos niveles de participación política.
    Once países latinoamericanos tienen cuotas femeninas en sus sistemas políticos.

EL TITULO DEL BLOG

Un buen título debe captar la atención del lector, informarle sobre el tema que se presenta, reflejar el tono del escrito y mostrar el enfoque personal del autor, por ejemplo a favor o en contra de la cuestión que se plantea.

PRÁCTICA

1. En el artículo de Mario Vargas Llosa, ¿es efectivo el título "El otro estado"? ¿Anticipa al lector el tema del texto?
2. Piensen en dos títulos alternativos: uno que refleje la postura del autor claramente y otro que anticipe el tema.
3. Piensen en un título para cada uno de los ensayos anteriores. El título debe (a) captar la atención del lector y (b) anticipar el tema.

LA ENTRADA PARA EL BLOG

Escribe una entrada para tu blog siguiendo los estándares delineados en la Unidad 1 (páginas 45 y 46). Tu argumentación debe estar basada en relaciones de causa y consecuencia.

Presta atención especial a:

1. el título
2. la tesis y las ideas de apoyo
3. la conclusión
4. la acentuación
5. la ortografía y puntuación

¿Hay una tesis claramente delimitada e identificable y que se apoya en fuentes concretas y fiables? ¿Has usado conectores de causa y/o consecuencia? ¿Capta tu título la atención del lector?

RECURSOS PARA DEBATIR

APOYAR EL PUNTO DE VISTA CON EJEMPLOS

Durante un debate o discusión es importante saber *introducir ejemplos* que apoyen tus argumentos y *contraejemplos* que refuten los ejemplos dados por tus interlocutores. Algunas expresiones para introducir ejemplos son:

Como ejemplo, ...	*As an example, ...*
Para ilustrar esto, ...	*To illustrate this, ...*
Pongamos un ejemplo:	*Let's give an example:*
Por ejemplo, ...	

APOYAR EL PUNTO DE VISTA CON ARGUMENTOS DE AUTORIDAD

Las *citas o datos de fuentes de autoridad* hacen tu argumento más fuerte. Algunas expresiones para introducir argumentos de autoridad son:

Como afirma/dice ___, ...	*As __ says/states, ...*
Según ___, ...	*According to ___, ...*
Como escribió ___, ...	*As ___ wrote, ...*
De acuerdo con ___, ...	*According to ___, ...*
Los datos sobre ____ indican que ...	*The data about ____ indicates that ...*
_____ dice/opina que ...	

PRÁCTICA

 Cada uno de ustedes tomará una postura diferente respecto a un tema y luego defenderá su punto de vista con un ejemplo y un argumento de autoridad. Después elijan otro tema y continúen hasta el final.

1. El derecho a la autodeterminación de los pueblos indígenas
2. La narcocultura
3. El derecho a poseer armas de fuego
4. Las relaciones de EE.UU. con países que no tienen democracias

Estudiante A TEMA:	Estudiante B TEMA:
Ejemplo	Ejemplo
Cita o fuente de autoridad	Cita o fuente de autoridad

EJEMPLO:

Estudiante A: En mi opinión, la autodeterminación es un derecho de todo el mundo y, por lo tanto, **como dijo** el Señor Stavenhagen, también de los indígenas.
Estudiante B: Sí, pero el problema es que el concepto de autodeterminación se puede interpretar de muchas maneras. **Por ejemplo, según** la Constitución de EE.UU. los nativoamericanos son una nación, pero en realidad no lo son; no son una nación independiente.
Estudiante A: Sí, puede que tengas razón.

TEMA DE DEBATE

¿A FAVOR O EN CONTRA DE LA POSESIÓN DE ARMAS DE FUEGO?

Lee este texto sobre la posesión de armas en América Latina, Estados Unidos y otros países. Usa el gráfico y la tabla de datos también para responder a las preguntas.

La posesión de armas es un derecho constitucional en Estados Unidos, donde la Segunda Enmienda de la Constitución lo recoge en este párrafo: *"a well regulated militia being necessary to the security of a free State, the right of the People to keep and bear arms, shall not be infringed"*. Los partidarios de la enmienda opinan que es un derecho sobre el que se funda la nación y, por lo tanto, no se puede alterar. Otros creen que la situación histórica ha cambiado y que, por eso, se debe revisar esta ley. Ochenta personas mueren por día en EE.UU. por armas de fuego: el 34% de las muertes son homicidios y el resto son suicidios o accidentes.

Según el Instituto Graduado de Estudios Internacionales de Ginebra, noventa millones de estadounidenses poseen un total de 250 millones de armas, lo que convierte al país en la nación con mayor índice de armas en manos de civiles. En América Latina y el Caribe hay unos 80 millones de armas de fuego en manos de civiles. En Colombia aproximadamente un 6% de su población tiene armas, en El Salvador un 5,8% y en Venezuela un 10%. En varios países como Canadá, Suiza, Argentina o México, la posesión de armas es también un derecho constitucional. En México, el derecho a portar y poseer un arma de fuego está vigente desde 1857 en la Constitución. En la mayor parte de los países latinoamericanos, por el contrario, la posesión de armas está limitada a las instituciones legalmente establecidas para proteger a los ciudadanos (ejército, policía).

Cada año más de 500.000 personas mueren en el mundo por el disparo de un arma convencional: una persona por minuto; cada año, los países de África, Asia, Oriente Medio y América Latina invierten un promedio de 22.000 millones de dólares en armas (la mitad de esta suma permitiría que todos los niños de estas regiones recibieran educación primaria). Los cinco miembros permanentes del Consejo de Seguridad de la ONU -Francia, Rusia, China, el Reino Unido y EE.UU.- son responsables del 88% de las exportaciones mundiales de armas convencionales.

No parece haber, sin embargo, una relación directa entre la tenencia de armas y los homicidios. Por ejemplo, países como Canadá – que tiene una tasa de armas similar a la de Estados Unidos –, Suiza, – donde la tasa de ciudadanos armados es más elevada –, o Finlandia – donde hay 56 armas por cada 100 habitantes – tienen una tasa de homicidios con arma de fuego muy baja.

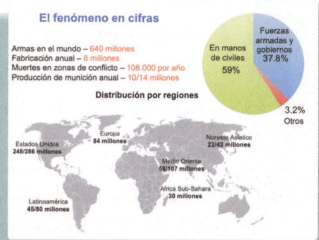

El fenómeno en cifras

Armas en el mundo – 640 millones
Fabricación anual – 8 millones
Muertes en zonas de conflicto – 108.000 por año
Producción de munición anual – 10/14 millones

Distribución por regiones

Europa 84 millones
Estados Unidos 248/286 millones
Noreste Asiático 22/42 millones
Medio Oriente 58/107 millones
África Sub-Sahara 30 millones
Latinoamérica 45/80 millones

En manos de civiles 59%
Fuerzas armadas y gobiernos 37.8%
3.2% Otros

País	Tenencia de armas	Homicidio		Accidentes Armas
		Total	Armas	
Argentina	b	b	b	*
Brasil	a	d	d	d
Canadá	d	a	a	a
Costa Rica	c	c	b	b
Finlandia	d	b	a	a
Japón	a	a	a	a
Perú	a	a	b	a
España	c	a	a	b
Inglaterra	b	a	a	a

a = muy bajo; b = bajo; c = alto; d = muy alto

COMPRENSIÓN

1. ¿Se puede relacionar la tenencia de armas con el nivel de homicidios de un país?
2. ¿Qué información del texto se puede usar para defender la posesión y para defender la prohibición de armas?

PREPARACIÓN PARA EL DEBATE

Consulta la página 49 para preparar el debate.

4-1. REFLEXIVE VERBS

Generally, verbs are used to convey actions that are experienced by someone or something else. However, they can also convey actions experienced by the grammatical subject itself.

Observe these sentences:

La policía **identificó** a las víctimas del ataque terrorista.
*The police **identified** the victims of the terrorist attack.*

Muchas personas en Latinoamérica **se identifican** con los pueblos indígenas.
*Many people in Latin America **identify** (themselves) with indigenous peoples.*

In the first sentence, the action of *identificar* is experienced by *the victims* –they are the ones that were identified– and not by the subject *la policía*. However, in the second sentence the action is experienced by the subject *muchas personas en Latinoamérica* –they identify themselves–. In other words, in the second sentence the subject both *does and experiences* the action. The verb in the second sentence is a *reflexive* verb. Reflexive verbs are always conjugated with a reflexive pronoun **me/te/se/nos/os/se**.

Reflexive verbs are conjugated as follows:

	IDENTIFICARSE *(to identify oneself)*	**OPONERSE** *(to oppose)*
(yo)	**me** identifico	**me** opongo
(tú)	**te** identificas	**te** opones
(él, ella, usted)	**se** identifica	**se** opone
(nosotros/as)	**nos** identificamos	**nos** oponemos
(vosotros/as)	**os** identificáis	**os** oponéis
(ellos, ellas, ustedes)	**se** identifican	**se** oponen

In Spanish, many verbs can be reflexive and non reflexive. Most of them do not change their basic meaning:

parar, pararse *(stop)*	La policía **paró** varios carros sospechosos de tráfico de drogas. *The police **stopped** several cars, suspicious of drug trafficking.*
	El traficante no **se paró** al ver a la policía. *The drug dealer **did not stop** when he saw the police.*
enojar, enojarse *(mad, angry)*	El candidato de ese partido siempre **enoja** a la oposición. *That party's candidate always **makes** the opposition **angry**.*
	El presidente **se enojó** con la prensa. *The President **got angry** at the press.*
proteger, protegerse *(protect)*	Debemos **proteger** a los nativo-americanos. *We must **protect** Native Americans.*
	Los nativo-americanos tienen que **protegerse**. *Native Americans need to **protect themselves**.*
declarar, declararse *(declare)*	El presidente **declaró** que los indígenas tienen derecho a preservar su lengua. *The President **declared** that indigenous peoples have the right to preserve their language.*
	En esta región la mayor parte de la gente **se declara** indígena. *In this region the majority of people **declare themselves** indigenous.*

In some cases, however, the meaning of a verb will change when it is reflexive. Here are some common verbs:

ir a (to go) / **irse de** (to leave)

El grupo musical mexicano *Los Tigres del Norte* **va** de gira este verano.
*The Mexican music group, Los Tigres del Norte, **are going** on tour this summer.*

Muchos empresarios **se van** de México por la amenaza de secuestro.
*Many businessmen **leave** Mexico due to the threat of kidnapping.*

acordar (to agree) / **acordarse de** (to remember)

El gobierno **acordó** negociar nuevas reformas.
*The government **agreed** to negotiate new reforms.*

El presidente **se acordó** de mencionar las nuevas reformas.
*The President **remembered** to mention the new reforms.*

deber (to owe) / **deberse a** (to be due to)

Los indígenas de Bolivia **deben** sus avances recientes a la nueva constitución del país.
*Indigenous people **owe** their recent progress to the country's new Constitution.*

El aumento de la violencia en algunos países **se debe a** la pobreza.
*The surge in violence in some countries **is due to** poverty.*

despedir (to lay off) / **despedirse de** (to say goodbye)

El gobierno **despidió** a muchos policías corruptos.
*The government **laid off** many corrupted policemen.*

El presidente **se despidió** del pueblo después de ocho años de mandato.
*The President **said goodbye** to the people after eight years in office.*

encontrar (to find) / **encontrarse con** (to meet, get together with, run into)

La policía mexicana **encontró** muchas armas ilegales
*The Mexican police **found** many illegal arms.*

Los delincuentes **se encontraron con** los traficantes de armas en la frontera.
*The criminals **met** with the arm dealers in the border.*

hallar, encontrar (to find) / **hallarse, encontrarse** (to be located)

Hallaron / encontraron importantes reservas de petróleo en Ecuador.
*They **found** important oil reserves in Ecuador.*

Las reservas de petróleo **se encuentran / se hallan** a miles de metros de profundidad.
*The oil reserves **are located** thousand of meters deep.*

negar (to deny) / **negarse a** (to refuse to)

Los narcotraficantes **negaron** los cargos de tráfico de drogas.
*The drug dealers **denied** the drug trafficking charges.*

Los narcotraficantes **se negaron a** colaborar con la policía.
*The drug dealers **refused to** collaborate with the police.*

parecer (to seem) / **parecerse a** (to be similar, resemble, look like)

Parece que los gobiernos llegaron a un acuerdo multinacional.
It seems that the governments reached a multinational agreement.

Las políticas de asuntos exteriores de los dos países **se parecen** mucho.
The foreign affairs policies of the two countries are very similar.

perder (to lose) / **perderse** (to get lost)

El partido indigenista **perdió** las elecciones.
The indigenous party lost the election.

Muchas lenguas indígenas **se han perdido** con el tiempo.
Many indigenous languages have gotten lost over time.

The following reflexive verbs, among others, require a preposition (**a**, **de**, **en**, **por**, etc.), so it is important to learn the verb with its preposition.

aprovecharse **de**	*to take advantage of*	identificarse **con**	*to identify oneself with*
avergonzarse **de**	*to be ashamed of*	interesarse **por**	*to show interest about*
basarse **en**	*to be based on*	librarse **de**	*to get rid of*
centrarse **en**	*to focus on*	oponerse **a**	*to oppose*
comprometerse **a**	*to commit to*	postularse **a**	*to run (for office)*
convertirse **en**	*to become*	preocuparse **de/por**	*to care for/about*
darse cuenta **de**	*to realize*	protegerse **de**	*to protect oneself from*
empeñarse **en**	*to insist on*	quejarse **de**	*to complain about*
enfadarse **por**	*to get mad about*	referirse **a**	*to refer to*
enfrentarse **a**	*to confront, to face*	recuperarse **de**	*to recover from*
enterarse **de**	*to find out*	responsabilizarse **de**	*to take responsibility for*
extenderse **por**	*to spread around*	trasladarse **a**	*to move to*
fijarse **en**	*to notice, pay attention to*	unirse **a**	*to join*

Los partidos políticos **se aprovecharon de** las circunstancias de los indígenas.
The political parties took advantage of the circumstances of the indigenous peoples.

Las reformas **se centraron en** el problema de la extinción de las lenguas indígenas.
The reforms focused on the problem of the extinction of indigenous languages.

El presidente **se dio cuenta de** su error respecto a la política contra el narcotráfico.
The President realized his error with respect to the policies against drug trafficking.

Algunos congresistas **se opusieron a** la propuesta de ley para declarar más lenguas oficiales.
Some members of Congress opposed the bill to declare more official languages.

Los líderes indígenas **se quejaron de** su falta de representación en el gobierno.
The indigenous leaders complained about their lack of representation in government.

El gobierno **se responsabilizó de** la falta de medidas adecuadas para luchar contra el terrorismo.
The government took responsibility for the lack of adequate measures to fight terrorism.

Los soldados de las FARC **se trasladaron a** un lugar remoto de las montañas con los rehenes.
The FARC soldiers moved to a remote place in the mountains with the hostages.

El narcotráfico **se ha extendido por** todo el continente de una manera aterradora.
Drug trafficking has spread all over the continent in a terrifying manner.

4-2. DIFFERENCE BETWEEN REFLEXIVE VERBS AND PASSIVE *SE* VERBS

As we studied in Unit 2, the pronoun *se* can be used to form a passive verb, along with the third person singular or plural of a verb:

La ley para la mejora del medio ambiente **se aprobó** en el año 2001.
*The law to improve the environment **was approved** in 2001.*

Los tratados para la defensa de los indígenas **se aprobaron** dos años más tarde.
*The treaties for the defense of the indigenous population **were approved** two years later.*

When encountering a verb preceeded by *se*, you will need to know if the verb is *reflexive* or *passive*, in order to derive the right meaning.

REFLEXIVE 'SE'

If the sentence has a grammatical subject that performs the action of the verb, then the verb is reflexive.

Read the following sentences and identify the subject, i.e. *who* or *what* performed the action expressed by the verb.

1.   Los indígenas **se oponen** (*oppose*) al Tratado de Libre Comercio con Estados Unidos.
2.   En Colombia, el conflicto armado interno de cinco décadas no **se detiene** (*stop*).
3.   Ecuador **se ha convertido** (*become*) en el primer país que reconoce en su Constitución derechos a la naturaleza.

In order to identify the subject, you need to ask yourself these questions:

1.   *Who/what opposes?* Answer: Los indígenas
2.   *Who/what does not stop?* Answer: El conflicto armado
3.   *Who/what has become the first?* Answer: Ecuador

Thus, in all three sentences there is a subject that performs the action expressed by the verb.

PASSIVE 'SE'

Remember: when passive *se* is used, there is not a subject that performs the action expressed by the verb: it is *unknown*.

Read the following sentences and identify *who* or *what* performed the action of the verb:

1.   Con las nuevas reformas **se autoriza** (*authorize*) a los cubanos en EE.UU. a viajar a Cuba.
2.   La Declaración **se aprobó** (*approve*) tras dos décadas de negociaciones.

Ask yourself these questions:

1.   *Who authorizes?* Answer: We don't know.
2.   *Who approved?* Answer: We don't know.

Thus, the pronoun *se* in the sentences above is just a mark of *passive*.

1.   *With the new reforms, Cubans in the US **are authorized** to travel to Cuba.*
2.   *The Declaration **was approved** after two decades of negotiations.*

4-3. ADVERBS ENDING IN -MENTE

Adverbs with this ending convey the way in which something happens. They are formed by adding –*mente* to the feminine form of an adjective. If the adjective has an accent, the adverb also has it:

rápida → rápidamente	*(quickly)*
silenciosa → silenciosamente	*(quietly)*
práctica → prácticamente	*(practically)*
lenta → lentamente	*(slowly)*

> Se producen muchos cambios en las leyes pero muy **lentamente**.
> *Many changes occur in the laws, but very **slowly**.*

Many of these adverbs are used as *discourse organizers* to clarify or to introduce an opinion, often at the beginning of the sentence:

TO POINT OUT THE EVIDENT

evidentemente	*(obviously, clearly)*
naturalmente	*(naturally)*
obviamente	*(obviously)*

TO EMPHASIZE OR BE SPECIFIC

básicamente	*(basically)*
concretamente	*(specifically, in particular)*
especialmente	*(especially)*
específicamente	*(specifically)*
finalmente	*(finally)*
fundamentalmente	*(fundamentally)*
justamente	*(precisely)*
principalmente	*(mainly)*

TO EMPHASIZE A STATEMENT

indudablemente	*(undoubtedly, without doubt)*
efectivamente	*(indeed, exactly)*
indiscutiblemente	*(unarguably, undoubtedly)*
verdaderamente	*(truly, really)*
realmente	*(really)*
ciertamente	*(certainly)*

TO INTRODUCE JUDGMENTS

afortunadamente	*(fortunately, luckily)*
lamentablemente	*(lamentably, sadly)*
desgraciadamente	*(unfortunately)*
desafortunadamente	*(unfortunately)*

TO INTENSIFY A QUALITY

absolutamente	*(absolutely)*
particularmente	*(particularly)*
totalmente	*(totally)*
verdaderamente	*(truly, really)*

TO EXCLUDE OTHER ELEMENTS

solamente	*(only)*
exclusivamente	*(exclusively)*
únicamente	*(only)*

TO EXPRESS FREQUENCY

habitualmente	*(habitually)*
generalmente	*(generally)*
frecuentemente	*(frequently)*
normalmente	*(normally, usually)*
mensualmente	*(monthly)*
anualmente	*(yearly)*
diariamente	*(daily)*

OTHER

personalmente	*(personally)*
posteriormente	*(later)*
seguramente	*(very likely)*
aproximadamente	*(approximately)*
respectivamente	*(respectively)*
exactamente	*(exactly)*
actualmente	*(presently, currently)*
eventualmente	*(possibly, potentially)*

Lamentablemente, la pobreza sigue existiendo en Latinoamérica.
Sadly, poverty continues to exist in Latin America.

Estados Unidos estaba **totalmente** en desacuerdo con la política del gobierno venezolano.
*The US is **totally** in disagreement with the Venezuelan government's policies.*

Cuba se abrirá al mundo **únicamente** cuando acabe la dictadura.
*Cuba will open to the world **only** when the dictatorship ends.*

Actualmente la ONU trabaja para mejorar la situación de los indígenas en el mundo.
Presently, the UN works to improve the conditions of the world's indigenous peoples.

Seguramente la vida de los indígenas mejorará con la aprobación de las nuevas leyes.
*The lives of the indigenous will **likely** improve with the passing of new laws.*

No hay, **efectivamente**, un plan definitivo para luchar contra el narcotráfico.
***Indeed** there is not a definitive plan to fight drug trafficking.*

4-4. VERBS LIKE 'GUSTAR'

Many verbs in Spanish used to convey feelings, judgments, evaluations, likes or dislikes, are grammatically different in that the subject of the sentence is not the person who experiences the feeling, or makes the judgment or evaluation. Rather, the grammatical subject is the person, thing, fact or event that causes it.

In the Spanish example below, the subject of the sentence is "the fact that there is so much violence in Latin America". However, in English the subject is "I".

Me parece terrible **que haya tanta violencia en Latinoamérica**.
SUBJECT

I find it terrible that there is so much violence in Latin America.
SUBJECT

Here is another example:

Me preocupan **los problemas medioambientales de algunos países**.
SUBJECT
I am concern about environmental problems in some countries.
SUBJECT

These verbs only have two forms: singular or plural, depending on the grammatical subject: if the subject is singular, the verb is singular; if it is plural, the verb is plural.

A los indígenas les **interesa el medio ambiente**.
Indigenous peoples are interested in the environment.

A los indígenas les **interesan los asuntos medioambientales**.
Indigenous peoples are interested in environmental issues.

	gusta	*SUBJECT IS AN INFINITIVE*
	encanta	**estudiar** sobre el medio ambiente.
	divierte	**ir** a la universidad.
	conviene	**leer** las noticias.
	cuesta *(find difficult)*	**trabajar** mucho.
	indigna	
	molesta	
COMPLEMENT **+**	preocupa	*SUBJECT IS A SINGULAR NOUN*
	emociona	**este** debate.
	da risa/miedo	**esta** noticia.
	interesa	
(A mí) **me**	pone nervioso, a / pone triste	
(A ti) **te**	hace gracia	
(A él, ella, usted) **le**		
(A nosotros/as) **nos**	gustan	
(A vosotros/as) **os**	encantan	
(A ellos, ellas, ustedes) **les**	divierten	*SUBJECT IS PLURAL NOUN*
A ...	convienen *(they are in my interest)*	**estos** debates.
	indignan *(they make me angry)*	**estas** noticias.
	molestan	
	preocupan	
	interesan	
	emocionan *(they move me, they thrill me)*	
	dan risa *(they make me laugh)*	
	dan miedo *(they scare me)*	

SUBJECT IS A SENTENCE

The subject of these verbs can be a *noun clause* introduced by **que** (see Unidad 3), in which case the verb of the clause is *subjunctive*.

Me gusta [**que los gobiernos trabajen juntos para resolver los problemas de los indígenas**].
I like governments to work together in order to resolve the problems of the indigenous peoples.

A la ONU le interesa [**que los indígenas tengan más derechos**].
The UN is interested in indigenous peoples having more rights.

With some verbs, English works like Spanish, in that the subject can also be the issue, thing, or event that causes the emotion.

Me indigna [**que el presidente no ofrezca soluciones al problema del narcotráfico**].
*It outrages me **that the President does not offer solutions to the drug trafficking problem.***
ף   ↗
    SUBJECT

Me da mucho miedo [**que en el futuro desaparezcan muchas lenguas indígenas**].
*I am scared / It scares me **that in the future many indigenous languages may disappear.***
ף   ↑   ↗
    SUBJECT

Me pone triste [**que tantos indígenas vivan en condiciones de pobreza**].
*I am sad / It makes me sad **that so many indigenous people live in poverty conditions.***
ף   ↑   ↗
    SUBJECT

SUBJECT IS AN INFINITIVE

The subject of these verbs will be an infinitive when the person who experiences the feeling, emotion, judgment, etc. is the same in both the main and the subordinate clause.

> **Me da** vergüenza **ver** la situación de los pueblos indígenas en mi país.
> (a mí)   =   (yo)
> *I am ashamed **to see** the situation of the indigenous populations in my country.*

When the person who experiences the feeling, emotion, etc. is not the same in both the main and subordinate clauses, we use *que* + subjunctive.

> **Me da** vergüenza [que los gobiernos no **tomen** medidas contra la discriminación].
> (a mí)   ≠   (los gobiernos)
> *I am ashamed that **governments** don't take measures against discrimination.*

ATTENTION!

Verbs like *gustar* are used in Spanish to express feelings and emotions. However, the same feelings and emotions can be expressed by using a reflexive verb. Here are some examples:

molestar**se**	*to take offense*
enfadar**se**, enojar**se**	*to get mad*
preocupar**se**	*to get worried, to look after, to care about*
poner**se** nervioso	*to get nervous*
poner**se** triste	*to get sad*
poner**se** contento	*to get happy*
poner**se** de buen/mal humor	*to become happy/angry*

Although the basic meaning may be the same, remember that reflexive verbs are, grammatically, very different.

VERB LIKE 'GUSTAR'	*REFLEXIVE VERB*
preocupar *(I worry about ...)*	**preocuparse** *(I care about, I get worried)*
A mí me preocupa el medioambiente.	**Yo me preocupo** por el medioambiente.
A mí me preocupa	Yo me preocupo
A ti te preocupa	Tú te preocupas
A él/ella le preocupa	Él/ella se preocupa
A nosotros/as nos preocupa	Nosotros/as nos preocupamos
A vosotros/as os preocupa	Vosotros/as os preocupáis
A ellos/ellas les preocupa	Ellos/ellas se preocupan

Notice also that the *third person pronoun* is different.

With reflexive verbs:
> El gobierno **se preocupa** por la integración de los indígenas.
>   SUBJECT
> *The government **cares about** the integration of indigenous peoples.*

With 'gustar' verbs:
> Al gobierno **le preocupa** la integración de los indígenas
>   SUBJECT
> *The government **is worried about** the integration of indigenous peoples.*

Glaciar Perito Moreno.
Parque Nacional Los
Glaciares (Argentina)

TEMAS

Enfoque 1

- desarrollo medioambiental en los países hispanohablantes
- el parque nacional Yasuní ITT (Ecuador); el Patrimonio Natural de la Humanidad
- la arquitectura de Rafael Viñoly y Rogelio Salmona; la música de Maná

Enfoque 2

- desarrollo económico y humano en los países hispanohablantes
- democracia digital y educación en América Latina; el servicio en Estados Unidos y en Latinoamérica
- el director de orquesta Gustavo Dudamel y El Sistema de Venezuela; el escritor Eduardo Galeano

Enfoque 3

- ciencia y tecnología en los países hispanohablantes
- el poder de los blogs; la 'fuga de cerebros' en Estados Unidos y en Latinoamérica
- tres directores de cine mexicanos; la corriente literaria McOndo

LECTURA

- leer e interpretar un texto argumentativo: comparación y contraste
- la formación de palabras
- los conectores discursivos de comparación y contraste

ESCRITURA

- escribir una entrada para un blog
- el uso de conectores para comparar y contrastar

¡A DEBATE!

- expresar falta de comprensión; clarificar o reformular; intervenir

GRAMÁTICA

- el uso del imperfecto de subjuntivo en construcciones nominales
- las construcciones relativas y los pronombres relativos
- el uso del subjuntivo en construcciones relativas

UNIDAD 5: LA AMÉRICA HISPANOHABLANTE HOY (II)

INDICADORES GENERALES POR PAÍS

Índice de Desempeño Ambiental 2012

País	IDA	Puesto mundial
Argentina	56,48	50
Bolivia	54,57	62
Chile	55,34	58
Colombia	62,33	27
Costa Rica	69,03	5
Cuba	56,48	9
Ecuador	60,55	31
El Salvador	52,09	75
Guatemala	51,88	76
Honduras	52,54	71
México	49,11	84
Nicaragua	59,23	35
Panamá	57,94	39
Paraguay	52,40	73
Perú	50,29	81
R. Dominicana	52,44	72
Uruguay	57,06	46
Venezuela	55,62	56

Fuente: Universidad de Yale

El índice de desempeño ambiental (IDA) es desarrollado por el Centro de Política y Ley Ambiental de la Universidad de Yale y el Centro Internacional de Ciencias de la Tierra de la Universidad de Columbia. El de 2012 incluye a 132 países y se basa en 6 categorías: salud ambiental y vitalidad de los ecosistemas, contaminación atmosférica, recursos hídricos, biodiversidad y hábitat, recursos naturales productivos y cambio climático. Se considera positivo el desempeño de los primeros 48 países, modesto el de los países hasta el puesto 84 y débil el del resto.

El índice de desarrollo humano (IDH) del Programa de las Naciones Unidas para el Desarrollo (PNUD) es una alternativa a las mediciones convencionales de desarrollo de un país, como el nivel de ingresos y la tasa de crecimiento económico. El IDH define el bienestar como la combinación de tres dimensiones del desarrollo humano: salud (vida larga y saludable), educación y nivel de vida digno (ingresos).

El índice de desigualdad de ingreso mide hasta qué punto la distribución de ingreso entre los individuos u hogares dentro de una economía se desvía de una distribución perfecta. Un índice igual a 0 representa igualdad perfecta mientras que un índice de 100 representa desigualdad absoluta.

El índice de pobreza extrema (por mil habitantes) es la relación entre el número de pobres extremos (cuyo ingreso corresponde a menos de $1,25 por día) y la población total del país.

El ingreso nacional bruto o INB es el valor de todos los bienes y servicios producidos por los residentes de un país durante un año dividido por el número de habitantes.

INDICADORES DE DESARROLLO (2012)

	Desigualdad de ingreso	Pobreza extrema	Desarrollo humano*	INB $ per capita
Argentina	44,5	0,9	0,811 (45, A)	15.347
Bolivia	56,3	15,6	0,675 (109, M)	4.444
Chile	52,1	1,4	0,819 (40, A)	14.987
Colombia	55,9	8,2	0,719 (91, A)	8.711
Costa Rica	50,7	3,1	0,773 (62, A)	10.863
Cuba	22,0		0,780 (59, A)	5.539
Ecuador	49,3	4,6	0,724 (89, A)	7.471
El Salvador	48,3	9,0	0,680 (107, M)	5.915
Guatemala	55,9	13,5	0,581 (133, M)	4.235
Honduras	57,0	19,9	0,632 (120, M)	3.426
México	48,3	1,2	0,775 (61, A)	12.947
Nicaragua	40,5	11,9	0,599 (129, M)	2.551
Panamá	51,9	6,6	0,780 (59, A)	13.519
Paraguay	52,4	7,2	0,669 (111, M)	4.497
Perú	48,1	4,9	0,741 (77, A)	9.306
R. Dominicana	47,2	2,2	0,702 (96, M)	8.506
Uruguay	45,3	0,2	0,792 (51, A)	13.333
Venezuela	43,4	6,6	0,748 (71, A)	11.475
EE.UU.	40,8		0,937 (3, MA)	43.480
España	31,9		0,885 (23, MA)	25.947

*Índice y puesto mundial MA – muy alto; A – alto: M – medio; B – bajo

Fuentes: PNUD y Banco Mundial

5-1 PROBLEMAS Y SOLUCIONES

Los dos retos de los países latinoamericanos para el siglo XXI son: (1) conservar la integridad y diversidad de sus entornos naturales y (2) asegurar que el uso de sus recursos sea equitativo y ecológicamente sostenible. La Unión Internacional para la Conservación de la Naturaleza define cinco "problemas" o áreas de actuación: *cambio climático, sobreexplotación, economía verde, biodiversidad y energía*. Lee las descripciones y di a qué problema se refiere cada una.

1. Estamos afrontando una crisis en esta área, que es la base de la vida en el planeta. Su deterioro en ascenso supone una grave amenaza para la especie humana y su modo de vida a corto y a largo plazo. Cada vez son más las especies animales y vegetales que se están extinguiendo y es mayor el nivel de destrucción de los entornos naturales.

2. Es uno de los mayores desafíos de este siglo. Es posible que la tasa actual de emisión de gases de efecto invernadero se traduzca en un aumento superior a los 2°C en las temperaturas a nivel mundial, lo cual repercutirá de forma irreversible en la vida sobre el planeta. El nivel del mar aumentará y los incendios, las inundaciones, las sequías y los temporales se producirán con mayor frecuencia.

3. La demanda sigue creciendo, sobre todo de petróleo y gas, combustibles que han sido la base del desarrollo de casi todas las comunidades en el transcurso del siglo pasado. El aumento de la población, el desarrollo económico y los cambiantes patrones de consumo son indicativos de que la demanda seguirá creciendo en el futuro. Hoy en día, cerca de 1,6 billones de personas no tienen acceso a la electricidad y más de 2 billones de personas se ven obligadas a quemar madera, plantas y desechos animales para cocinar y para protegerse del frío.

4. La excesiva tala de árboles, la pesca descontrolada en los océanos y el aumento de las amenazas del cambio climático ocasionan mayores presiones en el medio ambiente. En el futuro, el número de personas que emergerá de la pobreza será menor, otras caerán en ésta y habrá un aumento de los conflictos por la disminución de la disponibilidad de los recursos vitales, como el agua.

5. Según algunas estimaciones, el valor monetario de la naturaleza y sus recursos, como por ejemplo el agua, la energía y el aire limpio, supera en varias veces el total del producto interior bruto mundial. Casi todas las decisiones que atañen al medio ambiente se basan en factores económicos. Con frecuencia, este valor no se tiene en cuenta en el ámbito de los mercados y sistemas económicos y financieros.

INTERPRETACIÓN

 1. Hagan una recomendación para resolver cada uno de estos problemas. Luego pongan sus recomendaciones en común con la clase.

Cambio climático	Es importante que …
Sobreexplotación	Es urgente que …
Economía verde	Es imprescindible …
Biodiversidad	Me parece fundamental …
Energía	Es necesario que sustituyamos el uso exclusivo del petróleo y el gas con otras fuentes de energía que reduzcan las emisiones de carbono.

2. ¿Son compatibles el desarrollo económico y la preservación de los espacios naturales? Piensen en dos argumentos a favor de una respuesta afirmativa y dos a favor de una respuesta negativa.

	ARGUMENTOS
SÍ	1. Es obvio que … porque … 2. Es posible que …; sin embargo …
NO	1. No es posible … debido a … 2. Es difícil que … y por eso …

PERSPECTIVA LINGÜÍSTICA

VOCABULARIO META

abastecer	*to supply*	energía (la)	*power, energy*
ambiental	*environmental*	energías alternativas (las)	*alternative sources*
basura (la)	*garbage, waste*	energías renovables (las)	*renewable sources*
biodiversidad (la)	*biodiversity*	explotar	*to exploit, develop*
bosque (el)	*forest, woods*	explotación (la)	*exploitation, development*
cambio climático (el)	*climate change*	globalización (la)	*globalization*
capa de ozono (la)	*ozone layer*	madera (la)	*wood*
contaminación (la)	*pollution*	medio ambiente (el)	*environment*
contaminar	*to pollute*	minería (la)	*mining*
crudo (el)	*oil*	organización no-	*non-governmental*
cultivar	*to farm, grow*	gubernamental (la)	*organization*
cultivo (el)	*farming, growing*	(ONG) (la)	*NGO*
dañar	*to harm*	ozono (el)	*ozone*
daño (el)	*harm*	peligro (el)	*danger*
derechos humanos (los)	*human rights*	petróleo (el)	*oil*
derrame (el)	*spill*	petrolera (la)	*oil company*
desafío (el)	*challenge*	reciclar	*to recycle*
desarrollo sostenible (el)	*sustainable development*	recursos naturales (los)	*natural resources*
desempeño ambiental (el)	*environmental performance*	renovar	*to renew*
desechos (los)	*waste*	rentable	*profitable*
deterioro (el)	*deterioration*	repartición (la)	*sharing, distribution*
ecología (la)	*ecology*	repartir	*to distribute, share*
ecológico/a	*ecological*	residuos (los)	*waste*
ecosistema (el)	*ecosystem*	selva (la)	*rainforest*
efecto invernadero (el)	*green house effect*	tala (la)	*tree cutting*
en peligro	*endangered*	talar	*to cut down trees*

5-2 LA AMAZONIA

Lee este texto sobre la selva del Amazonas y responde a las preguntas.

La Amazonia

La selva amazónica, declarada en 2011 una de las siete maravillas naturales del mundo, es la más grande de la tierra y cubre aproximadamente siete millones de km² - o el equivalente a 40% del territorio sudamericano. Cinco países la comparten con Brasil: Venezuela, Colombia, Bolivia, Ecuador y Perú. Gran parte del ciclo del carbono, que es crucial para la ecología del planeta y el clima, se produce en la Amazonia, por lo que se la conoce también como "los pulmones de la Tierra". La Amazonia contiene alrededor de un cuarto de todas las especies terrestres y alberga a más de 30 millones de personas. En años pasados, algunos países como Bolivia, Colombia o Ecuador decidieron que las comunidades indígenas **tuvieran** la propiedad legal de algunas partes de la selva o áreas protegidas. Aunque esto confiere a los indígenas derechos de uso sostenible de los recursos, los conflictos sobre la propiedad, en ocasiones violentos, y la falta de aplicación de los reglamentos han permitido la ocupación y la explotación maderera ilegales en extensas áreas.

COMPRENSIÓN

1. Define el concepto *área protegida*.
2. Escribe dos características de la Amazonia mencionadas en el texto.
3. Explica qué significa, para los grupos indígenas, tener *propiedad legal* de un territorio.

RL GRAMÁTICA 5-1 (pp. 271-276)

1. Estudia la sección 5-1 de gramática. Observa la frase subrayada en el texto y responde a estas preguntas:

a. ¿Por qué usó el autor del texto el *subjuntivo **tuvieran*** en esta frase?

b. ¿Por qué usó el imperfecto (pasado) y no el presente de subjuntivo?

2. Completa esta frase y explica la diferencia con la frase subrayada del texto.

Recientemente, algunos países como Bolivia, Colombia o Ecuador han decidido que las comunidades indígenas (tener) _____ la propiedad legal de algunas partes de la selva.

INTERPRETACIÓN

 Comparen los datos de estos países con respecto a cada categoría: área, porcentaje de territorio, deforestación anual y causas de la deforestación. Extraigan cuatro conclusiones.

	Bolivia	Perú	Ecuador	Colombia	Venezuela
Área amazónica	714.000 km² (10,9%)	780.000 km² (12,6%)	117.300 km² (1,6%)	407.000 km² (5,3%)	51.000 km² (0,7%)
% de su territorio	75%	73,6%	45,7%	36%	6%
Deforestación anual	2.700 km²	2.240 km²	2.964 km²	2.000 km²	2.876 km²
Causas principales de la deforestación	•Tala (madera) •Explotación de gas y petróleo •Minería (oro) •Expansión agrícola	•Tala (madera) •Explotación de gas y petróleo •Minería •Expansión agrícola	•Tala (madera) •Explotación petrolera •Expansión agrícola •Construcción de carreteras	•Expansión agrícola •Vertido de químicos (producción de cocaína) •Fumigación	•Tala (madera) •Minería •Expansión agrícola •Construcción de carreteras

	COMPARACIONES
1.	Con respecto al área … ; sin embargo …
2.	En cuanto a la deforestación …, pero es obvio que …
3.	Respecto a las causas, parece que … y también que …
4.	En general, es evidente que …

5-3 DESARROLLO O PRESERVACIÓN

 Escucha lo que dice esta experta sobre la dicotomía *conservación vs. aprovechamiento humano de recursos naturales.* **Después responde a las preguntas.**

COMPRENSIÓN

1. Explica cómo ha cambiado la política de los estados latinoamericanos respecto a la posesión y uso de los territorios indígenas.
2. Según la experta, ¿cómo ha ayudado el Convenio 169 a las comunidades indígenas?
3. ¿Cuál es la cosmovisión indígena de la tierra y cómo se diferencia de la visión no indígena?

RL GRAMÁTICA 5-1 (pp. 271-276)

1. Escucha de nuevo el audio y completa esta frase. Justifica el uso del imperfecto de subjuntivo.

   Tradicionalmente, las políticas de los estados latinoamericanos tuvieron el propósito de que se _____ las formas colectivas de posesión y dominio de la tierra de los indígenas.

2. Completa ahora esta frase y justifica tu respuesta.

   Tradicionalmente, las políticas de los estados latinoamericanos tienen el propósito de que se _____ las formas colectivas de posesión y dominio de la tierra de los indígenas.

 Ahora mira el video para saber más sobre algunos conflictos que han resultado de esta tensión entre conservación y desarrollo económico. Usa la información del video para responder las preguntas.

1. Haz un resumen de lo que escuchaste en el video usando este esquema:

	BOLIVIA	PERÚ	ECUADOR	CHILE
1. Fuente del conflicto:				
2. Posición de los indígenas:				
3. Posición del gobierno:				

2. Según el periodista, ¿cuál es el desafío de la economía en el siglo XXI? Usa tus propias palabras.
3. ¿Qué es la economía responsable? Explícalo con tus propias palabras.
4. Explica qué dijo el periodista sobre la repartición de los productos de la explotación.

INTERPRETACIÓN

 Otra forma de referirse a la economía responsable es el concepto de *economía verde* o *sostenible.* ¿Es posible tener una economía verde? Tomen una de las tres posturas. Luego escriban tres argumentos a favor y hagan recomendaciones.

	ARGUMENTOS
SÍ	1. Es posible ... porque ... 2. Es necesario ... 3. Es imprescindible que ...
QUIZÁ	1. Es posible que ..., pero ... 2. Es necesario ... 3. Es imprescindible que ...
NO	1. No es posible ... debido a ... 2. Es inevitable que ... 3. Es obvio que ...

5-4 ECUADOR CONTRA CHEVRON

Lee este texto sobre la lucha legal entre unas comunidades indígenas y una compañía petrolera. Luego responde a las preguntas.

En septiembre de 2011 un tribunal de apelaciones de Nueva York revirtió la orden de un juez estadounidense que impedía que la petrolera Chevron **tuviera** que pagar 18.000 millones de dólares por los daños causados en la Amazonia ecuatoriana. En febrero del mismo año, un juez ecuatoriano ordenó que Chevron **indemnizara** a los residentes de la zona por los daños causados durante los años 70 y 80 por Texaco. Ya en 1993 varias comunidades indígenas de la Amazonia habían presentado en Estados Unidos una denuncia contra Texaco, la empresa que había operado la extracción petrolera desde 1967 hasta 1990, pero una corte de ese país había dictaminado que el caso **debía** ser juzgado en Ecuador. El Frente de Defensa de la Amazonia inició entonces en 2003 una demanda en la ciudad de Nueva Loja, en el cantón de Lago Agrio. Esta vez el acusado era Chevron, la empresa que había adquirido Texaco dos años antes.

Texaco en Ecuador

Según Chevron, Texaco cumplió con lo pactado con el estado ecuatoriano cuando en la década de los 90, tras la salida de la empresa del país, se determinó el daño ambiental dejado por quince años de explotación. El gobierno ecuatoriano pidió a Chevron que **remediase** el daño ambiental en una parte del terreno explorado y Chevron así lo hizo. El punto más delicado de la demanda es que la contaminación ambiental, producto de la explotación petrolera, provocó graves daños en las comunidades indígenas de la región y causó un alto índice de casos de cáncer en la provincia, hasta el punto de que algunos acusaron a Chevron de genocidio. Chevron rechazó tajantemente que la explotación petrolera en la región **fuese** la causa de un mayor número de casos de cáncer en la Amazonia ecuatoriana.

COMPRENSIÓN

1. ¿Dónde y cuándo se presentó la primera denuncia contra Texaco-Chevron? ¿Y la segunda?
2. ¿De qué se acusó a Texaco-Chevron?
3. ¿Qué dijo el tribunal de apelaciones de Nueva York? ¿Dijo que Chevron tenía que pagar 18.000 millones de dólares, o que no tenía que pagar?
4. Explica con tus propias palabras cuál fue el argumento de Chevron en su defensa.

RL GRAMÁTICA 5-1 (pp. 271-276)

1. Mira los cinco verbos en imperfecto marcados en negrita en el texto. Explica, para cada verbo, por qué el autor de artículo usó el indicativo o el subjuntivo.

2. Si los eventos han ocurrido recientemente, ¿cómo escribes las cinco frases?

   1. La orden de un juez estadounidense **impide** que la petrolera Chevron ...

   2. Un juez ecuatoriano **ha ordenado** que Chevron ...

   3. ...

   4. ...

   5. ...

INTERPRETACIÓN

Dos de ustedes son representantes de Chevron y dos son representantes de los indígenas afectados. Preparen tres argumentos para defender su posición y hagan un pequeño debate.

	ARGUMENTOS
A favor de los indígenas	1. Es evidente que ... y por eso ... 2. El juez dijo que ...; sin embargo ... 3.
A favor de Chevron	1. Está claro que ... y por lo tanto ... 2. Nuestros informes demostraron que ... y por eso ... 3.

5-5 PERÚ Y LA EXTRACCIÓN MINERA

En toda América Latina, las protestas sociales y las movilizaciones masivas están poniendo en jaque (*challenging*) proyectos energéticos y de desarrollo (represas, carreteras, minas). Explica cómo el gráfico ilustra el conflicto en el caso del Perú. Luego lee este texto y responde a las preguntas.

En Perú, la crisis en Cajamarca, una provincia en el norte del país, estalló cuando la empresa Yanacocha, primer productor de oro del continente, estructuró un proyecto para extraer metales preciosos a más de 4.000 metros de altura que le podría dejar más de 4.000 millones de dólares a Perú. Sin embargo, el oro está debajo de cuatro lagunas que tienen que ser desecadas para acomodar este proyecto. Yanacocha, consorcio peruano-estadounidense, prometió reemplazar los pozos con reservas de agua artificiales, evitar la contaminación y crear empleos, pero en la región pocos les creyeron. Primero salieron a las calles, después llamaron a un paro indefinido y desde finales de noviembre de 2011 paralizaron toda la provincia. Además, miles de campesinos acamparon en medio del frío y la lluvia alrededor de las lagunas, proclamando que "el agua es nuestra mina y no se contamina". Humala decretó el estado de emergencia.

Se calcula que en los últimos diez años los precios de las materias primas han aumentado 97% y los recursos minerales 285%; por eso es cada vez más rentable hacer inversiones en sitios poco accesibles como selvas o montañas, que hasta ahora estaban preservadas y olvidadas por los gobiernos. Pero los políticos latinoamericanos tienen un reto enorme, pues <u>ya no pueden gobernar a espaldas de sus pueblos</u>. Indudablemente, sería rentable para estos países que se **usaran** estos recursos como una verdadera oportunidad para terminar con las desigualdades y desarrollar sus países. Por eso debería ser un objetivo de todos los países que se **encontrara** un equilibrio que, más que posible, es indispensable.

Minería en Perú

COMPRENSIÓN

1. ¿Cuáles son los dos recursos naturales que entran en conflicto en el caso de Cajamarca, Perú?
2. ¿Cuál era el problema específico y qué solución propuso la compañía minera? Usa tus propias palabras para responder.
3. ¿Qué significa la frase subrayada en el texto?
4. Explica con tu propias palabras qué recomienda el autor del texto.

RL GRAMÁTICA 5-2 (pp. 276-277)

1. Explica por qué el autor usó el imperfecto de subjuntivo en los dos verbos en negrita.

2. Reescribe estas dos frases del texto cambiando el primer verbo al presente de indicativo.

a. ... *sería rentable para estos países que se usaran estos recursos ...*

b. ... *debería ser un objetivo de todos los países que se encontrara un equilibrio ...*

Ahora mira el fragmento del documental sobre la extracción minera en Perú titulado *La riqueza se va, la pobreza se queda.* **Luego responde a las preguntas.**

COMPRENSIÓN

1. Explica cómo está afectando la mina de Yanacocha a los 30.000 campesinos que viven en el área.
2. ¿Quién se beneficia de la extracción minera de Yanacocha?
3. Describe en un párrafo cuál es la situación de los trabajadores de la mina.
4. Los vecinos de Cajamarca que están a favor de la minera opinan que ...
5. A los vecinos de Cajamarca que están en contra de la minera les parece que ...
6. Di tres similitudes entre el proyecto de Huancabamba y la mina de Cajamarca.

Minera Yanacocha, Cajamarca (Perú)

RL GRAMÁTICA 5-1 (pp. 271-276)

Completa las frases extraídas del video con los verbos que faltan.

1. [min. 3:45] ¿Qué exige el representante sindical de la empresa minera?

- Quiere *que la empresa _____ con los derechos fundamentales constituidos en sus normas laborales y su constitución política y que no _____ a los trabajadores.*

- Quería *que la empresa _____ con los derechos fundamentales constituidos en sus normas laborales y su constitución política y que no _____ a los trabajadores.*

2. [min. 8:00] ¿Qué demandan las comunidades?

- Demandan *que se _____ la calidad del agua, suelos, la calidad del aire y los riesgos para la salud.*

- Demandaron *que se _____ la calidad del agua, suelos, la calidad del aire y los riesgos para la salud.*

INTERPRETACIÓN

 Dos de ustedes son representantes de la compañía Yanacocha y dos son representantes de los grupos que se oponen a la mina. Piensen en argumentos para defender cada una de sus posiciones: oro o agua. Luego hagan un pequeño debate.

	ARGUMENTOS
ORO	1. Estamos a favor de que ... porque ... 2. No es cierto que ...; la verdad es que ... 3. Desgraciadamente ... 4. Aunque ..., es claro que ... 5. Nos gustaría que ... 6. Es verdad que ...; sin embargo ...
AGUA	1. Estamos en contra de que ... porque ... 2. Aunque ..., nos parece que ... porque ... 3. Sería terrible que ... y por eso ... 4. Lamentablemente ... 5. No quisiéramos que ... 6. Es evidente que ... y por lo tanto ...

PERSPECTIVAS INTERCULTURALES

5-6 SOLUCIONES: EL PARQUE NACIONAL YASUNÍ ITT

Lee este texto sobre una iniciativa del gobierno ecuatoriano y responde a las preguntas.

Ecuador quiere frenar el cambio climático con una nueva propuesta: el país se compromete a no explotar el crudo del campo petrolero Ishpingo-Tambococha-Tiputini (ITT) ubicado en el Parque Nacional Yasuní, en la Amazonía ecuatoriana, para no interferir en los territorios de los grupos indígenas no contactados y para evitar la emisión de más de 400 millones de toneladas de CO_2 a la atmósfera. En particular, Ecuador ha propuesto dejar bajo tierra el 20% de las reservas petroleras ecuatorianas. A cambio el gobierno ecuatoriano pide que la comunidad internacional aporte una compensación económica equivalente al 50% de los ingresos que Ecuador obtendría con la explotación de estas tierras (unos 350 millones de dólares anuales durante 13 años). Los fondos, administrados por el Programa de Desarrollo de Naciones Unidas, estarán destinados a la protección de parques nacionales ecuatorianos y de las tierras entregadas a comunidades indígenas (un 38% de la superficie ecuatoriana), la reforestación, la inversión en fuentes renovables de energía y programas sociales para promover la educación, la salud y la generación de empleos sustentables.

Aunque la mayor parte de los gobiernos más ricos no ha contribuido, a finales de 2012 el fondo había recibido 300 milllones de dólares de varios países, fundaciones e individuos. España e Italia son los mayores contribuyentes, además de Bélgica, Alemania, Chile, Colombia y Perú. También han contribuido corporaciones, líneas aéreas, bancos y varias fundaciones estadounidenses, rusas y brasileñas. Se espera recaudar 240 millones más en 2013.

COMPRENSIÓN

1. Esta propuesta tiene dos objetivos: uno es reducir emisiones de CO_2. ¿Cuál es el otro?
2. ¿Qué ventajas tendría este proyecto para Ecuador? ¿Y para el mundo?
3. Según los fondos recaudados hasta ahora, ¿está teniendo éxito el plan?

 Mira el video titulado _Yasuní ITT_, en el que se explica la iniciativa con más detalle. Responde luego a las preguntas.

COMPRENSIÓN

1. ¿Qué beneficios directos tendría la iniciativa Yasuní ITT para la naturaleza? Menciona tres.
2. Explica cómo beneficiaría la iniciativa Yasuní ITT a la economía ecuatoriana.
3. ¿Qué es un CGY? Explica con detalle.
4. ¿A qué cuatro áreas se dedicarán los fondos que la iniciativa Yasuní ITT consiga acumular?
5. ¿Puede una persona donar dinero al fondo Yasuní ITT? ¿Y un estado?

INTERPRETACIÓN

 1. ¿Tendrá éxito esta iniciativa? Elaboren dos argumentos para apoyar una respuesta afirmativa y dos para una respuesta negativa.

2. ¿Tienen los países que más contaminan la obligación moral de participar en este proyecto? Preparen dos argumentos a favor y dos en contra.

	ARGUMENTOS
SÍ	1. Por supuesto que ... 2. Querríamos que ... para que ...
NO	1. Lamentablemente no ... 2. Sería necesario que ... pero ...

	ARGUMENTOS
SÍ	1. Nos parece fundamental que ... ya que ... 2. Pediríamos que ...
NO	1. En nuestra opinión ... y por eso ... 2. Sería útil que ... pero ...

5-7 EL PATRIMONIO NATURAL DE LA HUMANIDAD

Las áreas protegidas como el **Parque Nacional Yasuní en Ecuador** son zonas determinadas por un estado para garantizar la conservación de sus riquezas medioambientales y los recursos naturales renovables. Hay cinco tipos de área protegida: parques nacionales, reservas de la biosfera, áreas de protección de flora y fauna, áreas de protección de recursos naturales y áreas de recreación urbana. Muchas de estas son parte del Patrimonio Natural de la Humanidad. Lee este texto para saber más.

Zona geográfica	Número de Patrimonios Naturales
Europa y América del Norte	56
Asia-Pacífico	48
América Latina y el Caribe	35
África	33
Estados Árabes	4

País	Número
Argentina	4
México	4
Perú	4
Costa Rica	3
Panamá	3
Colombia	2
Cuba	2
Ecuador	2
Bolivia	1
Chile	1
Guatemala	1
Honduras	1

En 1959 la UNESCO inició una convención para proteger el patrimonio cultural común de la humanidad. Seis años más tarde, los Estados Unidos iniciaron la idea de combinar conservación cultural con conservación natural, de manera que se preservaran las áreas naturales y sitios históricos del mundo. Finalmente en 1972 se adoptó la Convención sobre la Protección del Patrimonio Mundial Cultural y Natural. El Comité del Patrimonio de la Humanidad, dependiente de la UNESCO, cataloga, preserva y da a conocer sitios de importancia excepcional – natural o cultural – para la herencia común de la humanidad. En el año 2011 el catálogo contenía un total de 936 sitios, de los cuales 183 eran naturales y 28 mixtos, distribuidos en 154 países. Cada sitio pertenece al país en el que se localiza, pero existe en el interés de la comunidad internacional y debe ser preservado para las futuras generaciones. México es el país de América con más bienes culturales y naturales del continente (con un total de 31) y el sexto país del mundo en número de sitios declarados Patrimonio de la Humanidad, después de Italia, España, China, Alemania y Francia.

INTERPRETACIÓN

1. Miren estas fotos y traten de asociarlas con el Patrimonio Natural de la Humanidad que representan.

   A. Islas Galápagos (Ecuador). Parque Nacional
   B. Coiba (Panamá). Parque Nacional
   C. Los Glaciares (Argentina). Parque Nacional
   D. Sian Ka'an (México). Reserva de la biosfera

1

2

3

4

2. ¿Cuáles son las maravillas naturales más importantes de Estados Unidos? Identifiquen algunas de ellas en estas fotos.

3. ¿Qué características debe tener un lugar para ser incluido en la lista de Patrimonio Natural de la Humanidad? Miren el siguiente listado y determinen qué criterios son verdaderos y cuáles no. Justifiquen después su elección.

   a. Ser un ejemplo de procesos ecológicos y biológicos en el curso de la evolución de los ecosistemas.   ☐ V ☐ F
   b. Tener más de cien años.   ☐ V ☐ F
   c. Representar una obra maestra del genio creativo humano.   ☐ V ☐ F
   d. Ser el único ejemplo en el mundo en su categoría.   ☐ V ☐ F
   e. Contener fenómenos naturales superlativos o áreas de excepcional belleza natural.   ☐ V ☐ F

4. La UNESCO tiene una Lista del Patrimonio Mundial en Peligro. Lean sobre dos de ellos. Piensen en tres factores que ponen en peligro estos lugares y hagan recomendaciones para que estos espacios salgan de la lista.

La Reserva de la Biosfera de Río Plátano está localizada sobre el río Plátano en La Mosquitia, una región en la costa caribeña de Honduras. La reserva abarca las montañas y las tierras bajas de selva tropical, llena de flora y fauna diversa, en la que al menos 2.000 indígenas siguen viviendo a su manera tradicional. Sus valores ambientales y culturales son amenazados por una pobre gestión ambiental, la colonización para roturar nuevos terrenos agrícolas y las talas ilegales. Existe también un proyecto de central hidroeléctrica.

El Parque Nacional de los Everglades se encuentra en el extremo sureste de los Estados Unidos, en el estado de Florida. Es uno de los puntos de mayor biodiversidad de toda América del Norte y acoge un ecosistema único en el mundo. El gobierno estadounidense solicitó en 2010 la recalificación de ese refugio de aves y reptiles como sitio amenazado debido a la continua degradación del parque por la construcción de canales, la contaminación de fertilizantes agrícolas y el avance de las urbanizaciones.

FACTORES		RECOMENDACIONES
1. Es posible que ...	y por eso	sería bueno que ...
2. Seguramente ...	por lo tanto	nos gustaría que ...
3. No hay duda de que ...	entonces	es muy importante que ...

MANIFESTACIONES ARTÍSTICAS

5-8 DOS ARQUITECTOS LATINOAMERICANOS

La arquitectura es el arte de diseñar edificios, estructuras y espacios que forman el entorno humano. Hay estructuras arquitectónicas y ciudades enteras que han sido declaradas Patrimonio de la Humanidad, como la Ciudad Universitaria de Caracas (Venezuela), Cuzco (Perú), las iglesias de Chiloé (Chile), la Catedral de León (Nicaragua), o la Casa-Taller del arquitecto mexicano Luis Baragán.

Reflexiona sobre estas dos preguntas.

1. ¿Cuál es relación entre arquitectura y medio ambiente?
2. ¿Qué es la arquitectura sustentable?

Lee esta noticia sobre un proyecto premiado. ¿Qué aspectos del proyecto te parecen más innovadores?

La remodelación del Instituto Van Andel para la investigación del cáncer de Grand Rapids (Michigan, EE.UU.), del uruguayo Rafael Viñoly, recibió en 2011 la certificación LEED (Leadership in Energy & Environmental Design) Platinum, la máxima certificación posible para reconocer aspectos como la eficiencia energética, el uso de energías alternativas, el ahorro en consumo de agua, el desarrollo sostenible de los espacios abiertos y la selección de materiales en el diseño, construcción y funcionalidad de un inmueble. El Instituto cuenta con laboratorios iluminados con luz solar, 1.200 metros cuadrados de paneles fotovoltaicos, un tanque de almacén de agua de lluvia de 125.000 litros para refrigerar el inmueble y sensores CO2 para reconocer la presencia de gente en el edificio y aclimatarlo automáticamente.

Lee estos párrafos sobre los arquitectos Rafael Viñoly (Uruguay) y Rogelio Salmona (Colombia) y las citas. Después contesta a las preguntas.

Rafael Viñoly

Rafael Viñoly nació en Montevideo, Uruguay en 1944. Estudió arquitectura en Argentina, donde fundó uno de los mayores estudios de diseño de Latinoamérica. En 1978, debido a las circunstancias políticas en el Cono Sur, Viñoly y su familia emigraron a Estados Unidos donde se establecieron permanentemente. Durante su larga carrera Viñoly ha diseñado edificios en todo el mundo y tiene oficinas en Londres, Los Ángeles y Dubai. Ha recibido muchos de los más prestigiosos premios por su trabajo. Para Viñoly la arquitectura tiene una función social importante y la gente debe saber sobre la arquitectura que le rodea en su entorno. El uso del cristal y los metales es una constante en su obra. Entre sus obras destacan el Foro Internacional de Tokio (1996), el estadio de la Universidad de Princeton (1998), el Centro Kimmel de Artes Escénicas de Filadelfia (2001), el Centro de Convenciones de Boston (2004), el Edificio Acqua en Punta del Este, Uruguay (2008), el Aeropuerto Internacional Carrasco, Montevideo, el más moderno de Sudamérica (2009), o el Nuevo Pabellón del Hospital de la Universidad de Chicago (2011). Entre sus proyectos actuales destacan el Complejo Marítimo Mina Zayed en Abu Dhabi (2012) y el Hospital de la Universidad de Stanford (2015).

"Un mundo superpoblado, contaminado y en crisis no puede darse el lujo de ignorar la arquitectura. Hay que formar a los ciudadanos sobre cómo funciona el espacio, la historia de la construcción de la ciudad donde uno vive y la participación del público en el diseño".

Rafael Viñoly

Rogelio Salmona (1927-2007) fue un prestigioso arquitecto y urbanista colombiano preocupado por desarrollar una arquitectura sustentable en su país. La mayor parte de su obra se encuentra en Colombia. En sus proyectos urbanísticos trataba de crear espacios públicos en los que la gente pudiera reunirse. Salmona pensaba que el compromiso ético del arquitecto en una sociedad con problemas de pobreza, violencia e inseguridad estaba justamente en posibilitar una vida digna y un sentido de comunidad a través de edificios entendidos como espacios democráticos. Su obra está fuertemente ligada a las raíces latinoamericanas y a su contexto urbano, y se destaca por el uso del ladrillo y del hormigón visto, además del agua como elemento conector, mediante canales, piscinas y estanques. Una de sus influencias más importantes fue la arquitectura precolombina, particularmente las plazas de Teotihuacan y Chichén Itzá. Entre sus obras más reconocidas están las Torres del Parque, el edificio del Archivo General de la Nación, el Museo de Arte Moderno de Bogotá o la casa del escritor Gabriel García Márquez en Cartagena.

Rogelio Salmona

"Siempre me ha inspirado un hermoso poema de un códice precolombino que dice 'cuando entro en mi casa entro en la Tierra y cuando salgo de mi casa subo al Cielo'".

Rogelio Salmona

INTERPRETACIÓN

1. Escriban dos similitudes y dos diferencias entre estos dos artistas.
2. ¿Cómo reflejan las citas la relación entre arquitectura y entorno o medio ambiente?
3. Miren las imágenes de estas obras arquitectónicas. ¿Cuáles creen que son de Viñoly y cuáles de Salmona? ¿Qué características asocian con cada una de ellas?

1

2

3

4

5

4. Asocien cada foto con un título.

   A. Museo de Arte, Cleveland (EE.UU.)
   B. Aeropuerto Carrasco, Montevideo (Uruguay)
   C. Foro Internacional de Tokio (Japón)
   D. Biblioteca Virgilio Barco, Bogotá (Colombia)
   E. Archivo General de la Nación, Bogotá (Colombia)

5-9 MÚSICA Y MEDIO AMBIENTE: MANÁ

¿Debe tener la música una misión social, por ejemplo educar o concienciar sobre ciertos problemas como los medioambientales? ¿Puede la música concienciar sobre el medio ambiente? ¿Conoces ejemplos de artistas comprometidos con causas medioambientales?

En Latinoamérica hay muchos artistas comprometidos con el medio ambiente y que usan su música como instrumento de acción social. Un ejemplo es el grupo Maná.

El grupo mexicano Maná hace un rock latinoamericano, con influencias de salsa, calipso, pop, reggae y ritmos afro-latinos. En 1990 su canción "Rayando el Sol" se convirtió en uno de los éxitos más importantes del rock latinoamericano. El éxito internacional les llegó con el disco titulado *¿Dónde jugarán los niños?* que se convirtió en un superventas en México y en la mayoría de países de habla hispana. En 1995 publicaron *Cuando los ángeles lloran*, que de nuevo se convirtió en un éxito internacional, y en 1997 otro disco, *Sueños líquidos*, fue publicado simultáneamente en 26 países. Con este disco Maná realizó una gran gira por toda Latinoamérica, Estados Unidos, Canadá, España y otros países. En el 2002 grabaron *Revolución de amor*, una mezcla de reggae, funk y música afrocubana. Hasta el momento Maná ha vendido 22 millones de discos en 40 países.

Compromiso con el medio ambiente

Además de temas universales como el amor y el desamor, sus canciones denuncian la situación de los derechos humanos (con letras sobre inmigrantes muertos en la frontera, niños de la calle, abusos sociales, políticos y policiales). Maná es un grupo muy comprometido con la lucha medioambiental y varias de sus canciones tratan de concienciar a sus seguidores sobre estos asuntos. En 1995 crearon la fundación Selva Negra, que lidera proyectos de conservación y rescate del medio ambiente combinados con el desarrollo social en varios países de Sudamérica, Centroamérica, el Caribe, Estados Unidos y Europa. Maná trabaja en un proyecto de protección de tortugas marinas en el Pacífico mexicano, varios proyectos de reforestación en México, Colombia y Venezuela y otros tantos de educación medioambiental. También participa en proyectos internacionales con otras organizaciones como Wildcoast y Greenpeace.

Maná

http://www.selvanegra.org.mx

COMPRENSIÓN / INTERPRETACIÓN

1. ¿Tiene el mensaje de Maná proyección internacional? ¿Qué datos del texto apoyan su respuesta?
2. De los tres tipos de proyectos de *Selva Negra* ¿cuál les parece el más importante y por qué?
3. Lean la letra de esta canción que ya casi se ha convertido en un himno de la lucha medioambiental en América Latina y España. Luego respondan a las preguntas.
   a. ¿A qué elementos específicos del medio ambiente se refiere esta canción?
   b. ¿Es el mensaje de esta canción optimista o pesimista? Den ejemplos.

¿Dónde jugarán los niños?

¿Dónde diablos jugarán los pobres niños?
¡Ay, ay, ay!, ¿en dónde jugarán?
Se está partiendo el mundo.

Cuenta el abuelo que, de niño, él jugó
entre árboles y risas y alcatraces de color.
Recuerda un río transparente y sin olor
donde abundaban peces, no sufrían ni un dolor.

Cuenta el abuelo de un cielo muy azul
en donde voló papalotes [*kites*] que él mismo construyó.

El tiempo pasó y nuestro viejo ya murió
y hoy me pregunté, después de tanta destrucción:

¿Dónde diablos jugarán los pobres niños?
¡Ay, ay, ay!, ¿en dónde jugarán?
Se está partiendo el mundo; ya no hay lugar.
La tierra está a punto de partirse en dos;
el cielo ya se ha roto, ya se ha roto en llanto [*crying*] gris.

La mar vomita ríos de aceite sin cesar
y hoy me pregunté, después de tanta destrucción:
¿Dónde diablos jugarán los pobres nenes?
¡Ay, ay, ay!, ¿en dónde jugarán?
Se está partiendo el mundo; ya no hay lugar.

5-10 POBREZA Y DESARROLLO

El otro gran debate que los países hispanohablantes enfrentan es: *desarrollo económico vs. desarrollo humano*. Lee la definición de *desarrollo humano* y escribe una definición para los conceptos en negrita.

LATINOAMÉRICA: ÍNDICE DE DESARROLLO HUMANO 2012
Programa de las Naciones Unidas para el Desarrollo

México 0,775
Honduras 0,632
Cuba 0,780
Guatemala 0,581
Rep. Dominicana 0,702
El Salvador 0,680
Nicaragua 0,599
Venezuela 0,748
Costa Rica 0,773
Panamá 0,780
Colombia 0,719
Paraguay 0,669
Ecuador 0,724
Bolivia 0,675
Uruguay 0,792
Perú 0,741
Chile 0,819
Argentina 0,811

Fuente: PNUD

El Programa de Naciones Unidas para el Desarrollo (PNUD) define el desarrollo humano como el proceso por el que una sociedad mejora las condiciones de vida de sus ciudadanos a través de un incremento de los **bienes** con los que puede cubrir sus **necesidades básicas y complementarias**, y de la creación de un **entorno** en el que se respeten los **derechos humanos** de todos ellos. El desarrollo humano es una forma de medir la **calidad de vida** del ser humano en el medio en el que se desenvuelve. Este concepto se ha ido alejando progresivamente de la esfera de la economía para incorporar aspectos sociales igualmente relevantes, como la educación, el progreso y el **bienestar**.

COMPRENSIÓN

1. Comparte tus definiciones con la clase. ¿Coinciden las definiciones?
2. Mira el mapa y escribe los países con un índice más alto de desarrollo humano (en color verde oscuro) y los que tienen un índice más bajo (en color naranja o rojo). ¿Cuáles pueden ser las razones para las diferencias en el primer grupo y el segundo grupo? Escribe una característica en cada espacio de este cuadro.

	bienestar social	educación	vida larga y saludable	economía
Índice alto				
Índice bajo				

¿Qué factores causan la pobreza? Divide esta lista de factores en dos grupos: económicos y sociales.

- desempleo y/o ausencia de ingresos
- segregación o exclusión social
- ausencia de derechos civiles
- distribución desigual de la riqueza

¿Qué datos nos dan estos gráficos sobre la pobreza en Latinoamérica? Haz una lista de los cuatro más importantes y reflexiona sobre las posibles razones para estos datos.

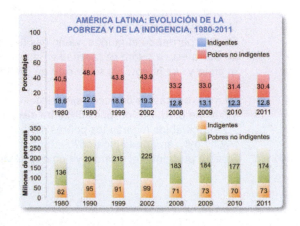

AMÉRICA LATINA: EVOLUCIÓN DE LA POBREZA Y DE LA INDIGENCIA, 1980-2011

Indigentes
Pobres no indigentes

Porcentajes
40,5 18,6 (1980)
48,4 22,6 (1990)
43,8 18,6 (1999)
43,9 19,3 (2002)
33,2 12,8 (2008)
33,0 13,1 (2009)
31,4 12,3 (2010)
30,4 12,8 (2011)

Indigentes
Pobres no indigentes

Millones de personas
136 62 (1980)
204 95 (1990)
215 91 (1999)
225 99 (2002)
183 71 (2008)
184 73 (2009)
177 70 (2010)
174 73 (2011)

COEFICIENTE DE GINI EN LATINOAMÉRICA, 2011

El Coeficiente de Gini normalmente se utiliza para medir la desigualdad en los ingresos.

+ IGUALDAD

Venezuela: 0,39
Uruguay: 0,40
El Salvador: 0,45
Perú: 0,45
Ecuador: 0,46
México: 0,48
Nicaragua: 0,47
Costa Rica: 0,50
Argentina: 0,49
Chile: 0,51
Bolivia: 0,50
Panamá: 0,53
Colombia: 0,54
Paraguay: 0,54
Brasil: 0,55
R. Dominicana: 0,55
Honduras: 0,56
Guatemala: 0,58

+ DESIGUALDAD

Este coeficiente es un número entre 0 y 1, en donde 0 se corresponde con la perfecta igualdad, en que todos tienen los mismos ingresos, y 1 se corresponde con la perfecta desigualdad, en que una persona tiene todos los ingresos y los demás ninguno.

Fuente: CEPAL

PERSPECTIVA LINGÜÍSTICA

VOCABULARIO META

acuerdo (el)	*agreement*	importar	*to import*
agrícola	*agricultural*	importación (la)	*import*
asentamiento (el)	*settlement*	ingreso (el)	*income*
bienes (los)	*goods, assets*	intercambio (el)	*exchange*
bienestar (el)	*well-being, welfare*	intermediario (el)	*middleman*
caída (la)	*fall*	inversión (la)	*investment*
comercio (el)	*trade*	inversor/a (el, la)	*investor*
competencia (la)	*competition*	invertir	*to invest*
consumidor (el)	*consumer*	justo/a	*fair*
crecimiento (el)	*growth*	libre comercio (el)	*free trade*
derrumbe (el)	*collapse*	logro (el)	*achievement*
desarrollado/a	*developed*	materia prima (la)	*raw material*
desarrollo (el)	*development*	mercado libre (el)	*free market*
desempleo (el)	*unemployment*	mercancía (la)	*goods, merchandise*
digno/a	*with dignity, decent*	pobreza (la)	*poverty*
empresa (la)	*company*	poder adquisitivo (el)	*buying power*
empresarial	*corporate*	presupuesto (el)	*budget*
en desarrollo	*developing*	producto interior bruto (PIB) (el)	*gross domestic product (GDP)*
exportación (la)	*export(s)*	productor (el)	*producer*
exportar	*to export*	remesas (las)	*remittances*
financiero/a	*financial*	rentable	*profitable*
fomentar	*to promote*	retroceder	*to go back, to fall back*
fondo (el)	*fund*	retroceso (el)	*retreat, recession*
ganadería (la)	*cattle, livestock*	socio (el)	*partner*
gasto (el)	*expense*	vivienda (la)	*housing*

5-11 EL COMERCIO JUSTO

Una manera de conciliar el desarrollo económico y el humano es el *comercio justo*. ¿Qué es el comercio justo y qué características tiene?

Lee este texto para saber más y después responde a las preguntas.

El *comercio alternativo* o *comercio justo* es una forma de comercio [que crea oportunidades para productores que están en desventaja económica]. Nació en Holanda hace casi 30 años en un contexto [en el que diversos países del hemisferio sur exigieron a los países ricos del norte que abrieran sus fronteras a sus productos agrícolas]. En este país existía un público [que aceptó esta nueva forma de hacer solidaridad y comenzó a comprar productos de estos países]. Estos eran consumidores sensibilizados hacia el "Tercer Mundo" y con cierto nivel de ingreso. Así aparecieron las primeras tiendas de comercio justo, [en las cuales se garantizaba la procedencia de los productos]. Estas tiendas importaban productos [por los que pagaban al productor un precio por encima del mercado mundial]. Hoy día esta forma de comercio es promovida por varias organizaciones no gubernamentales (ONGs), por la ONU y por movimientos sociales, [los cuales promueven una relación comercial justa entre productores y consumidores]. Estas organizaciones quieren promover una forma de comercio [que elimine las grandes diferencias entre el precio que pagan por un producto los consumidores del primer mundo y el dinero que se les paga a sus productores en el tercer mundo].

COMPRENSIÓN

1. ¿Por qué dice el texto que en Holanda había un público "con cierto nivel de ingreso"? Justifica la respuesta con datos del texto.
2. ¿Qué ventaja tienen los productores dentro del marco del comercio justo?

RL GRAMÁTICA 5-3 (pp. 278-280)

Estudia la Gramática de 5-3 antes de responder a estas preguntas.

1. Las siete frases entre corchetes (*brackets*) del texto son frases relativas. Identifica cuáles son explicativas (*explanatory*). ¿Cómo lo sabes?

2. Marca con un círculo el *pronombre relativo* que introduce cada una de las frases. Después identifica su *antecedente* (*the word or concept they refer to*).

3. Sustituye el pronombre relativo por otro en los casos donde sea posible.

INTERPRETACIÓN

1. Miren estas ilustraciones y lean la información que contienen. Después expliquen qué modelos de comercio representan y en qué se diferencian. Decidan cuál es la diferencia más importante.

2. Miren esta ilustración, la cual describe algunas características del comercio justo. Completen esta información usando datos de la ilustración.

¿Qué cuatro características son las más importantes?	1. Es un tipo de comercio en el cual ... / con el que ... 2. En este modelo ... , lo cual ... 3. ... , por lo que ... 4. Las personas para las que ...

3. Hagan una encuesta en su grupo. Cada miembro del grupo va a responder a estas preguntas. Luego computen los resultados y expongan sus resultados a la clase.

   a. ¿Compras productos de comercio justo?
   b. ¿Qué productos compras?
   c. ¿Por qué los compras?
   d. ¿Cómo valoras la calidad de estos productos? (excelente, buena, regular)
   e. Si no los compras, ¿por qué no?

5-12 COOPERATIVAS PARA EL DESARROLLO

Lee este texto y mira el gráfico. Luego escribe las tres características más importantes de este modelo desde el punto de vista social.

Una cooperativa es una asociación de personas que se unen voluntariamente para formar una organización democrática cuya administración se lleva a cabo de la manera que acuerden los socios. Muchas cooperativas existen en el contexto de la economía de mercado, pero también hay muchas cooperativas en el área del comercio justo. El propósito de una cooperativa es hacer frente a las necesidades económicas, sociales y culturales que puedan tener todos los miembros, por lo que es la forma más común de *economía social* junto con las organizaciones no gubernamentales (ONGs).

Cooperativas en el mundo

Mira el video titulado *Cacao justo*. Después responde a las preguntas.

COMPRENSIÓN

1. ¿Qué es la cooperativa El Ceibo? Escribe una definición incluyendo: dónde está, quién forma parte de ella y qué actividades hace.
2. ¿Cómo se reflejan en el video las características del comercio justo?

RL GRAMÁTICA 5-3 (pp. 278-280)

1. Identifica los pronombres relativos en el texto: (a) identifica su *antecedente* y (b) sustitúyelos por otros pronombres relativos si es posible.

2. Identifica una frase relativa *explicativa*.

INTERPRETACIÓN

 1. En parejas, uno de ustedes toma el papel del consumidor que no compra productos del comercio justo, y el otro es un productor. Escriban cada uno dos argumentos para defender su posición. Luego mantengan un pequeño debate sobre este tema.

	ARGUMENTOS
Productor	1. Me gustaría que ... porque ... 2. Son productos **que** ... / **con los que** ...
Consumidor	1. Yo normalmente compro productos **que** ...; por ejemplo ... 2. Me gustaría ... pero ...

2. ¿Pueden hacer algunas recomendaciones para promover el desarrollo de iniciativas como ésta?

Recomendaciones	1. Sería _____ que... 2. A mí me gustaría que ... 3. Aconsejaría que... 4. Yo propondría que...

5-13 LAS ONGS Y EL DESARROLLO

 1. Las ONGs tienen un papel fundamental en el desarrollo en Latinoamérica. Escucha a este experto que describe qué es una ONG. Luego responde a las preguntas.

COMPRENSIÓN

1. ¿En qué áreas actúan las ONGs, según el experto?
2. ¿Cómo se financian estas organizaciones?
3. ¿Cuál es la posición de las ONGs respecto a la globalización?
4. Resume la opinión del experto sobre la importancia de las ONGs en el mundo.
5. ¿Cuáles son las ONGs latinoamericanas que mencionó el experto y a qué se dedican?

2. Visita la página web de la ONG *Un techo para mi país*. Luego completa esta información haciendo un resumen.

http://www.techo.org

COMPRENSIÓN

1. ¿Qué es *Techo*? Escribe una definición que incluya sus principales características.
2. Ve a la sección *¿Por qué somos Techo?* Mira el video. ¿Cuál es el origen de esta ONG?
3. Identifica las tres áreas en las que trabajan y defínelas con tus propias palabras.
4. ¿Cómo puede una persona colaborar con esta ONG? Explica dos maneras diferentes.
5. Mira las últimas noticias y elige una que te parezca interesante para compartir con la clase. Haz un breve resumen.

3. Mira este video donde algunos voluntarios y familias hablan sobre los beneficios de estos proyectos.

COMPRENSIÓN

1. ¿Cuáles son las motivaciones de estos jóvenes? Indica dos.
2. Señala uno de los beneficios mencionados por alguna de las personas beneficiadas por esta ONG.
3. ¿Cuál es la idea más importante para ti de todas las que has escuchado? Escríbela.

 4. El director social de UTPMP de El Salvador explica la importancia de esta organización en este video. Contesta a las preguntas con la información del video.

COMPRENSIÓN

1. Según el director social, ¿es UTPMP una organización para atender situaciones de emergencia como huracanes, terremotos, etc.?
2. ¿Qué opina el director social de UTPMP sobre el trabajo del gobierno salvadoreño para mejorar la situación de la vivienda en El Salvador?
3. ¿Cómo trata UTPMP de influir en el gobierno de El Salvador?

RL GRAMÁTICA 5-4 (p. 281)

Estudia la Gramática de 5-4. Después identifica en el video estas frases que dijo el director social de UTPMP y complétalas con los verbos que faltan. Explica por qué usó indicativo o subjuntivo en cada caso. ¡Atención: el antecedente, marcado en negrita, es el dato más importante para responder a esta pregunta!

1. "... ese ideal es contruir **un El Salvador más justo** donde las familias que viven en los asentamientos más excluidos y más pobres _____ tener un techo un poco más digno...".

2. "... no hay **una política de vivienda de parte del gobierno** que _____ a estos sectores. Hay **un plan de Casas Para Todos** que _____ como meta llegar a las 25.000 viviendas...".

3. "... y hasta el momento no hay **un modelo de intervención social** que _____ y que _____ cómo estas familias pueden optar a estas viviendas...".

4. "... necesitamos de los demás sectores sociales, de **más empresas privadas** que nos _____ , de más instituciones y específicamente del gobierno ...".

INTERPRETACIÓN

 1. Elaboren una propuesta para una ONG que ayude a combatir un problema específico de su ciudad o región. De estas áreas, ¿cuál les interesa más? Elijan una y justifiquen su respuesta.

AREA	JUSTIFICACIÓN
Conservación del medio ambiente	Sería importante/necesario que ... y por eso queremos crear una ONG que ...
Alimentación	Sería importante/necesario que ... y por eso queremos crear una ONG que ...
Educación	Nos parece terrible/importante que ... y por eso nos gustaría crear una ONG que ...
Derechos de ...	Sería muy importante que ... y por eso queremos crear una ONG que ....

2. Siguiendo el modelo de UTPMP preparen su propuesta incluyendo los siguientes puntos:

¿Quiénes somos?	Somos una organización que ... / en la que ... / con la cual ... / donde ...
Área de acción	
Misión	Nuestra misión principal es ... para que ...
Objetivos principales	1. 2.
Justificación de la propuesta	Es necesario que ...
Estrategias específicas para resolver este problema	1. 2. 3.

PERSPECTIVAS INTERCULTURALES

5-14 DEMOCRACIA DIGITAL Y EDUCACIÓN EN AMÉRICA LATINA

La educación es, para muchos expertos, la clave del desarrollo. Lee este texto sobre una iniciativa para promover el uso de computadoras en las escuelas latinoamericanas y después contesta a las preguntas.

Una computadora para niño

Uruguay y Perú son los dos países latinoamericanos que iniciaron este año el proyecto "un laptop por chico"

Nicholas Negroponte es el impulsor de la iniciativa

El objetivo es permitir el acceso a la informática a los niños pobres

Son de bajo consumo de energía y pueden ser cargadas a mano

Puede ser utilizada como computadora tradicional o como libro electrónico

Puertos de audio
USB
Antena
Teclado engomado
Cámara de video
Parlantes
Giro 180°
Encendido
PAD
Botones de juego
Pantalla de cristal líquido

Modelo XO

Precio: US$100

Sistema: Linux

Memoria: 500 MB flash

Conexión inalámbrica

Peso: 1,5 kg

Pantalla: 22,8 cm

Fuente: OLPC

En diciembre del año 2006, el ex presidente uruguayo Tabaré Vázquez puso en marcha el Plan Ceibal, con el que Uruguay ha conseguido que cada alumno y cada maestro de las escuelas públicas del país tenga acceso gratuito a una computadora portátil. Ese ambicioso proyecto socioeducativo puso a Uruguay a la vanguardia en la reducción de la brecha digital, la inclusión y la equidad en el acceso a la educación. Los niños de la escuela de Villa Cardal, en el departamento de Florida, fueron los primeros en recibir las 150 máquinas donadas por el programa *Un ordenador por niño*, nacido gracias a la influencia del científico estadounidense Nicholas Negroponte. *Un ordenador por niño*, organización sin fines de lucro financiada por el Instituto Tecnológico de Massachusetts (MIT), ofrece portátiles a 188 dólares a escuelas de todo el mundo. Hoy, todos los maestros y alumnos de todas las escuelas públicas de Uruguay tienen su computadora portátil.

En 2010 Perú firmó un acuerdo para recibir 260.000 ordenadores del programa *Un ordenador por niño*. Este nuevo pedido elevará a 590.000 el número de ordenadores portátiles entregados por el Gobierno a los alumnos de las escuelas primarias. El mismo año el Gobierno argentino entregó los primeros ordenadores de un pedido de 250.000 Intel Classmate para estudiantes de escuelas secundarias técnicas. Horas antes, el jefe de gobierno de Buenos Aires había anunciado que la ciudad compraría 190.000 portátiles para niños de escuelas primarias. Según Rodrigo Arboleda, director operativo mundial del programa del MIT, Latinoamérica está muy por delante de Asia, África y otras regiones del mundo en la penetración de ordenadores en la escuela primaria. Según las proyecciones del BID, el número de escolares que tendrá un ordenador en Latinoamérica aumentará de 1,5 millones a 30 millones en 2015.

COMPRENSIÓN

1. ¿Qué relación hay entre el *Plan Ceibal* y el plan *Un ordenador por niño*?
2. ¿Cuántos ordenadores se han pedido para escuelas de la ciudad de Buenos Aires?
3. Mira el gráfico: ¿cuáles de las características del ordenador son importantes para el contexto en el que se ha creado? Señala tres.

INTERPRETACIÓN

 Dos de ustedes piensan en dos consecuencias positivas de este proyecto. Otros dos piensan en dos consecuencias potencialmente negativas. Después hagan un pequeño debate. Consideren (a) el acceso diario a la red, (b) los maestros y el aprendizaje, y (c) otras necesidades de los niños.

	CONSECUENCIAS
Positivas	1. 2.
Negativas	1. 2.

5-15 EL SERVICIO EN ESTADOS UNIDOS Y LATINOAMÉRICA

Lee este texto sobre el servicio voluntario universitario en América. Luego responde a las preguntas.

En Estados Unidos existe una sólida tradición de servicio y hay más de 900.000 instituciones y más de 90 millones de voluntarios. En todo el país las universidades ofrecen oportunidades a los estudiantes para participar en proyectos de servicio voluntario. Un informe de la agencia *College Students Helping América* reportó que cuatro de cada diez estudiantes universitarios se incorporan anualmente a programas de asistencia comunitaria, y en el año 2010 cinco millones de estudiantes universitarios participaron en actividades de carácter voluntario.

Aunque las cifras de voluntariado en general no son comparables a las de EE.UU., México es el pionero del servicio estudiantil universitario en Latinoamérica, ya que su Constitución de 1910 incluía la obligación del servicio para todos los universitarios. En 1945 se inició el servicio social universitario, que consiste en prestar 40 horas aproximadas de servicio social como parte del requerimiento para la graduación. Hasta la fecha la gran mayoría de jóvenes ha dado su aporte a comunidades en toda la nación. Otros ejemplos son: Colombia, donde existen la Red de Solidaridad Social y la "Opción Colombia", en las que alumnos y profesores pueden trabajar durante un semestre para ayudar a reubicar a gente forzada a abandonar sus hogares debido a la situación de guerra interna. Bolivia tiene una Ley de Servicio Voluntario desde 2005 y en Ecuador los alumnos de estudios superiores deben incorporarse a programas de alfabetización.

COMPRENSIÓN

1. ¿Dónde está el voluntariado más extendido, según el texto: en EE.UU. o en América Latina? ¿Por qué crees que es así?
2. ¿En qué países de los mencionados en el texto es el servicio obligatorio y en cuáles es voluntario? ¿Qué opinas de la obligatoriedad del servicio?

Ahora lee esta información sobre una ONG cuyo objetivo es promover el voluntariado entre Estados Unidos y América Latina.

Compañeros de las Américas es una ONG cuyo propósito es promover la amistad, la comunicación y el entendimiento entre los pueblos de América Latina, el Caribe y los Estados Unidos. Tiene actualmente 45 estados de EE.UU. emparejados con 31 países de América Latina y el Caribe -países compañeros-. Cada "pareja" tiene dos divisiones: una en un estado de EE.UU. y otra en un país de América Latina o el Caribe. Juntos planean proyectos de desarrollo, educativos y socioeconómicos que beneficien a sus comunidades.

El Comité Paraguay-Kansas, una organización líder de voluntarios del Paraguay, es parte de la red Compañeros de las Américas y establece vínculos entre organizaciones y personas de Paraguay y del estado de Kansas, promoviendo el voluntariado. Su programa *Intercambio de Maestros* ofrece educación continua a maestros del nivel primario y secundario de los dos países. Ha beneficiado a más de 40 profesores paraguayos de inglés y ha permitido a su vez que muchos estudiantes y profesores de Kansas realicen pasantías en colegios de enseñanza bilingüe en Paraguay.

INTERPRETACIÓN

1. Visiten la página del Comité Paraguay-Kansas en http://www.cpk.org.py/. Elijan una de sus áreas de acción y un proyecto específico dentro del área. Expliquen qué es este proyecto y por qué creen que es valioso.
2. ¿Cuál es el impacto potencial de las asociaciones que promueven el voluntariado y el desarrollo entre Estados Unidos y Latinoamérica? Señalen tres beneficios posibles.
3. Creen una asociación entre un estado de EE.UU. y un país latinoamericano, similar al Comité Paraguay-Kansas. Decidan el país y estado que la conformará, y dos áreas de acción en las que trabajarán. Después justifiquen sus decisiones.

Descripción	Sería una asociación entre _____ y _____ que / en la que / con la que / ...
Area de acción 1	Nos gustaría que ...
Area de acción 2	Además ...

MANIFESTACIONES ARTÍSTICAS

5-16 MÚSICA Y DESARROLLO: GUSTAVO DUDAMEL Y 'EL SISTEMA' DE VENEZUELA

Piensa sobre estas preguntas. Luego lee el texto y responde a las preguntas de comprensión.

1. En tu opinión, ¿qué papel tiene la educación en el desarrollo de un país?
2. ¿Es la educación musical en tu país parte importante de la educación? ¿Debería serlo?

El Sistema Nacional de Orquestas Juveniles e Infantiles de Venezuela, conocido simplemente como El Sistema, es un programa de educación musical cuya meta es usar la música clásica para la protección de los niños por medio del entrenamiento y la divulgación musical. El programa da formación musical a niños y gente joven de bajos recursos y fue fundado en 1975 por el músico José Antonio Abreu, para quien El Sistema es un proyecto de transformación social a través de la música. En Venezuela hay unos 400.000 niños que pertenecen al Sistema y en el mundo ya ha superado el millón.

El joven músico y director de orquesta venezolano **Gustavo Dudamel** inició sus estudios de música de muy niño y se educó bajo el Sistema. Durante muchos años fue miembro de la Sinfónica Infantil de Venezuela. Comenzó a estudiar dirección de orquesta en 1995, primero con el director Rodolfo Saglimbeni y luego con José Antonio Abreu. En 1999 fue designado director artístico de la Orquesta Sinfónica Simón Bolívar –la Orquesta Nacional de la Juventud de Venezuela– lo que le llevó a recorrer todo el mundo. Comenzó a destacar en el ámbito internacional, ganando premios como el Premio de Dirección Gustav Mahler en Alemania. Actualmente dirige la prestigiosa Filarmónica de Los Ángeles, ciudad donde es conocido por apodos como "Gustavo el grande" o "The Dude". Compagina esta labor con la dirección de la Orquesta Sinfónica de Gotemburgo, Suecia, además de seguir dirigiendo a la Orquesta Simón Bolívar en sus giras. Ha grabado once discos y la revista *Time* lo ha nombrado una de las 100 personas más influyentes del mundo.

Gustavo Dudamel

COMPRENSIÓN

1. ¿Qué tiene de especial este programa educativo? Da tres datos del texto.
2. ¿Qué relación existe entre Gustavo Dudamel y El Sistema?

 Mira la entrevista con Gustavo Dudamel y contesta después a las preguntas.

COMPRENSIÓN

1. ¿En qué se diferencia El Sistema de un conservatorio de música tradicional?
2. ¿Qué papel tiene la disciplina en el desarrollo del talento?
3. ¿Cuál es el enemigo de la juventud, según Dudamel? ¿Cómo ayuda El Sistema?
4. ¿Qué piensa Dudamel de su papel como modelo para muchos jóvenes?
5. ¿Qué cree Dudamel que representa El Sistema para Venezuela?

INTERPRETACIÓN

1. Miren el vídeo en el que Gustavo Dudamel dirige a la Joven Orquesta Simón Bolívar. ¿Qué diferencias observan con respecto a un concierto de música clásica tradicional (público, músicos, director)?
2. Comparen la situación de la música clásica en Venezuela y en Estados Unidos. ¿Cuáles son las diferencias más importantes que observan y, en su opinión, a qué se deben?

Lean esta noticia sobre un documental realizado por un director de cine venezolano y miren el tráiler del documental *Dudamel: el sonido de los niños*. Después respondan a las preguntas.

Orquesta Simón Bolívar de Venezuela

Un documental sobre Dudamel y El Sistema resalta la importancia del arte

La figura de Gustavo Dudamel es el hilo conductor del documental dirigido por el venezolano Alberto Arvelo y en el que se destaca un modelo de enseñanza que busca "devolver a los niños su derecho al arte". El documental titulado *Dudamel: el sonido de los niños* muestra el humilde origen de Dudamel y sus sueños de convertirse en un gran director de orquesta, un sueño que se hizo realidad gracias al Sistema. Además muestra su recorrido por varios lugares en los que se implementa el programa de educación musical (Bolivia, Corea, Los Ángeles, Berlín, Escocia, Londres, Venezuela y Colombia).

La tesis fundamental del documental es que <u>la música y el arte son derechos universales</u>. El director enfatiza el aporte del arte como una respuesta a la crisis educacional mundial. "Propongo en el documental que <u>la educación en el mundo ha quitado a los niños la posibilidad de crecer con valores que hagan que nuestras sociedades sean más sanas</u>", dice Arvelo. "Por lo general nuestros sistemas educativos se basan en la revolución industrial, la cual buscaba hacer hombres productivos, no hombres felices. No podemos seguir tomando como dogma un modelo que fue creado hace más de un siglo".

El documental destaca los efectos positivos que estos programas han tenido en niños y jóvenes de diferentes culturas, clases, razas y estatus socioeconómicos.

COMPRENSIÓN

1. ¿Cuál es la crisis educacional a la que se refiere Alberto Arvelo?
2. ¿Qué tipo de sistema educativo defiende Arvelo?

INTERPRETACIÓN

1. Interpreten y manifiesten su acuerdo o desacuerdo con las afirmaciones subrayadas en el texto.
2. Gustavo Dudamel ha dicho que "la música clásica ha estado ligada al elitismo". ¿Comparten esta opinión? ¿Es igual en su país?

5-17 EDUARDO GALEANO

Lee este texto sobre uno de los más distinguidos escritores latinoamericanos contemporáneos. Después responde a las preguntas.

Eduardo Galeano

Eduardo Galeano nació en Montevideo, Uruguay, en 1940 y es uno de los más destacados escritores de la literatura latinoamericana. Galeano combina varios géneros: el ensayo, la narrativa, el análisis político, el periodismo o la historia. Tras el golpe de estado de 1973, Galeano fue encarcelado y obligado a dejar Uruguay. Su libro *Las venas abiertas de América Latina* (1971), donde repasa la historia de la explotación de Latinoamérica por poderes extranjeros a partir del siglo XV, fue censurado por las dictaduras militares de Uruguay, Argentina y Chile. Vivió en Argentina hasta 1976 cuando tuvo que irse a España tras el golpe militar. Fue allá donde escribió su aclamada trilogía *Memoria del fuego*, un relato de la historia de América donde los personajes son figuras históricas (generales, artistas, revolucionarios, obreros, conquistadores y conquistados) presentadas en episodios breves, los cuales reflejan la historia colonial del continente. En 1985 regresó a Uruguay.

Vinculado a causas políticas y defensor de la ideología de izquierdas, condena el neoliberalismo y defiende un socialismo real. Galeano es considerado un gran defensor de los derechos humanos en Latinoamérica. En 2010 ganó el destacado premio literario Stig Dagerman, uno de los más prestigiosos en Suecia, entregado a escritores que en su obra reconozcan la importancia de la libertad de la palabra mediante la promoción de la comprensión intercultural.

COMPRENSIÓN

1. ¿En qué país escribió Galeano los libros *Las venas abiertas de América Latina* y *Memoria del fuego*?
2. ¿Qué tienen en común estos dos libros?
3. ¿Cuál es la ideología política de Galeano?

INTERPRETACIÓN

 1. Lean estos fragmentos extraídos de la obra periodística o literaria de Eduardo Galeano. ¿Cuáles de ellos tienen que ver con los siguientes temas?

- La desigualdad social
- La brecha entre países ricos y pobres
- Las violaciones de derechos humanos

- La economía
- La globalización
- El acceso universal a la cultura

a. *"A diferencia de la solidaridad, que es horizontal y se ejerce de igual a igual, la caridad se practica de arriba-abajo, humilla a quien la recibe y jamás altera ni un poquito las relaciones de poder".*

b. *"Yo escribo para quienes no pueden leerme. Los de abajo, los que esperan desde hace siglos en la cola de la historia, los que no saben leer o no tienen con qué".*

c. *"El muro de Berlín ha muerto, pero no alcanzó a cumplir treinta años de vida, mientras que el otro muro celebrará muy pronto sus cinco siglos de edad. El intercambio desigual, [...] el monopolio de la tecnología y de la información y la alienación cultural son los ladrillos que día a día se agregan, a medida que crece el drenaje de riqueza y soberanía desde el sur hacia el norte del mundo".*

d. *"En el mercado libre es natural la victoria del fuerte y legítima la aniquilación del débil. Así se eleva el racismo a la categoría de doctrina económica."*

2. En su libro *Los hijos de los días* (2011), escrito en forma de calendario, Galeano narra 366 historias con diversos temas. Es un libro que representa todos los géneros: periodismo, literatura, música, poesía. Galeano toca temas que han sido "ignorados o traicionados" y cuenta "lo que no ha sido contado, o ha sido mentido por las voces del poder".

a. ¿Qué temas toca el autor en cada uno de estos cuatro días?
b. La ironía y el sarcasmo son características de la escritura de Galeano. ¿Dónde se observa en estos textos?
c. Expliquen para cada historia, usando sus propias palabras, a qué asunto o evento ignorado, no contado o contado falsamente ("mentido") da voz Galeano.

Febrero 27
También los bancos son mortales

Todo verdor perecerá, había anunciado la Biblia.
En 1995, el Banco Barings, el más antiguo de Inglaterra, cayó en bancarrota. Una semana después, fue vendido por un precio total de una (1) libra esterlina.
Este banco había sido el brazo financiero del imperio británico.
La independencia y la deuda externa nacieron juntas en América Latina. Todos nacimos debiendo. En nuestras tierras, el banco Barings compró países, alquiló próceres, financió guerras.
Y se creyó inmortal.

Marzo 21
El mundo tal cual es

La segunda guerra mundial fue la que más gente mató en toda la historia de las carnicerías humanas, pero el conteo de las víctimas se quedó corto.
Muchos soldados de las colonias no figuraron en las listas de los muertos. Eran los nativos australianos, hindúes, birmanos, filipinos, argelinos, senegaleses, viertnamitas, y tantos otros negros, marrones y amarillos obligados a morir por las banderas de sus amos.
Cotizaciones: hay vivientes de primera segunda, tercera y cuarta clase.
Con los muertos pasa lo mismo.

Junio 5
La naturaleza no es muda

La realidad pinta naturalezas muertas.
Las catástrofes se llaman naturales, como si la naturaleza fuera el verdugo y no la víctima, mientras el clima se vuelve loco de remate y nosotros también.
Hoy es el Día del medio ambiente. Un buen día para celebrar la nueva Constitución de Ecuador, que en el año 2008, por primera vez en la historia del mundo, reconoció a la naturaleza como sujeto de derecho.
Suena raro esto de que la naturaleza tenga derechos, como si fuera persona. En cambio, suena de lo más normal que las grandes empresas de los Estados Unidos tengan derechos humanos. Y los tienen, por decisión de la Suprema Corte de Justicia, desde 1886.
Si la naturaleza fuera banco, ya la habrían salvado.

Octubre 17
Guerras calladas

Hoy es el Día contra la pobreza.
La pobreza no estalla como las bombas, ni suena como los tiros.
De los pobres, sabemos todo: en qué no trabajan, qué no comen, cuánto no pesan, cuánto no miden, qué no tienen, qué no piensan, qué no votan, en qué no creen.
Sólo nos falta saber por qué los pobres son pobres.
¿Será porque su desnudez nos viste y su hambre nos da de comer?

5-18 LA CIENCIA EN AMÉRICA LATINA (I)

Lee el texto y examina las tablas sobre el estado de la ciencia en América Latina.

Según datos del *Informe de la UNESCO sobre la Ciencia: el estado actual de la ciencia en el mundo*, publicado en 2010, América Latina es, junto con África, la región del mundo que menos invierte en investigación y desarrollo (I+D). Los países de esta región representan aproximadamente el 2% de la inversión mundial en I+D, sólo por delante de África (0,3%) y muy por detrás de Estados Unidos y Canadá (39%), Europa (31%) y Asia (26%). Además, la inversión en I+D del sector privado es en todos los países latinoamericanos inferior a la inversión pública, al contrario de los países industrializados. Ninguno de los países de América Latina destina más del 1% de su Producto Interno Bruto a esta materia, en contraste con Estados Unidos (2,7%) o Japón (3,3%). Brasil destina el 0,9% de su PIB a I+D, y representa el 56% de la inversión de todo Latinoamérica. A pesar de que varios países latinoamericanos, como Argentina, Brasil y Chile, están implementando políticas para fomentar la innovación, la inversión en I+D sigue siendo baja y las burocracias ineficientes. Adiestrar y constituir una masa crítica de personal altamente cualificado es otra necesidad apremiante. Sin embargo, la calidad de la ciencia desarrollada en los centros latinoamericanos ha mejorado de forma ostensible en los últimos años. Las actividades científicas y tecnológicas y el número de publicaciones científicas han crecido mucho más que la inversión en I+D.

País	Puesto mundial	I+D (% del PIB)
México (2011)	21	0,4
Argentina (2006)	35	0,4
Chile (2004)	43	0,53
Colombia (2006)	52	0,16
Uruguay (2005)	61	0,42
Perú (2004)	64	0,1
Costa Rica (2004)	68	0,32

	América del Norte	A. Latina y Caribe
Investigadores (miles)	1 579,8	252,1
% mundial de investigadores	21,9	3,5
Investigadores / millón de hab.	4.624	442,5
Publicaciones	306.676	48.791
Patentes (% mundial)	54,2	0,2

Marca los tres factores mencionados en el texto que influyen negativamente en el estado actual de la ciencia en la región.

☐ educación superior de postgrado
☐ inversión de capital público
☐ publicaciones científicas

☐ educación primaria y secundaria
☐ inversión de capital privado
☐ burocracia

INTERPRETACIÓN

Miren esta tabla con los datos de la prueba PISA de ciencias en 2009.

1. Extraigan tres conclusiones y compártanlas luego con la clase.
2. Hagan tres recomendaciones para mejorar el estado de la ciencia en Latinoamérica.

1. Sería muy importante que …
2. Los países deberían …
3. Haría falta que …

Porcentaje de estudiantes en los niveles más bajos de desempeño en la prueba PISA de ciencias, 2009

Perú
Panamá
Brasil
Colombia
Túnez
Argentina
Trinidad y Tobago
México
Jordania
Uruguay
Chile
Estados Unidos
Promedio de la OCDE
Reino Unido
Letonia
Australia
Japón
Corea
Finlandia
Shanghai-China

0 10 20 30 40 50 60 70 80 90 100

Los estudiantes en estos niveles generalmente no disponen de suficiente conocimiento científico para explicar fenómenos familiares u obtener conclusiones a partir de proyectos de investigación sencillos. Tampoco pueden interpretar los resultados de experimentos básicos.

PERSPECTIVA LINGÜÍSTICA

VOCABULARIO META

aparato (el)	*device*	inalámbrico/a	*wireless*
archivador (el)	*folder*	informática (la)	*computing, computer science*
archivo (el)	*file*		
avanzar	*to advance*	innovar	*to innovate*
avance (el)	*advance*	innovador/a	*innovator*
bajar	*to download*	investigación (la)	*research*
buscador (el)	*browser*	investigador/a (el, la)	*researcher*
búsqueda (la)	*search*	investigar	*to do research, to research*
cargar	*to upload, to charge*	motor de búsqueda (el)	*search engine*
ciencia (la)	*science*	navegador (el)	*browser*
científico/a (el, la)	*scientist*	navegar	*to navigate*
delincuencia (la)	*crime*	ordenador (el)	*computer (Spain)*
desarrollo (el)	*development*	pantalla (la)	*screen*
desarrollarse	*to develop*	pedir prestado	*to borrow*
descargar	*to download*	portátil	*portable*
desempeño (el)	*performance*	préstamo (el)	*loan*
emprendedor/a	*entrepeneur, enterprising*	prestar	*to lend*
empresario/a (el, la)	*businessman / woman*	recargable	*rechargeable*
en línea	*online*	red (la)	*net, network*
financiar	*to fund, finance*	renovar	*to renew, to transform*
financiación (la)	*funding*	sitio de/en internet	*website*
fracasar	*to fail*	subir	*to upload*
fracaso (el)	*failure*	teclado (el)	*keyboard*
fuga de cerebros (la)	*brain drain*	usuario/a (el, la)	*user*

5-19 LA CIENCIA EN AMÉRICA LATINA (II)

Lee el texto sobre algunas iniciativas y áreas científicas en las que destaca Latinoamérica y responde a las preguntas.

Un editorial de la revista *Science* planteaba la pregunta "¿Cómo puede un país mejorar rápidamente su capacidad en ciencia, tecnología e innovación?", [a _____ dos investigadores brasileños y un argentino respondieron: "Invertir en gente, como lo hace América Latina"]. El editorial destacó que países como Brasil, Argentina y Chile, [en _____ se está apoyando el intercambio y la movilidad de los científicos dentro y fuera de sus fronteras], están aumentando su comunidad de especialistas. "Estas actividades reflejan el creciente deseo de los países latinoamericanos de capacitar a una fuerza de trabajo educada en las mejores instituciones del mundo y promover ciencia globalizada en el continente", dice el editorial. En el caso de Chile, se espera que en los próximos años 3.000 estudiantes regresen al país [de _____ salieron con títulos de doctorado]. El editorial concluye que "América Latina debe continuar fortaleciendo la internacionalización de su ciencia, posicionando el continente para que sea un líder mundial en ciencia, tecnología e innovación".

Hay campos de la ciencia [a _____ varios países como Argentina, Chile o México hacen aportes importantes]. En astronomía, los centros más importantes se encuentran en estos tres países. En Cuba, la biotecnología se encuentra sumamente desarrollada desde los años ochenta, destacándose centros como el de Inmunología Molecular o el de Medicina Tropical, [los _____ tienen sucursales en todo el mundo]. Además este país presta ayuda gratuita a muchos países en vías de desarrollo, y ofrece sus médicos y equipos a países con niveles más altos de desarrollo. Colombia dedica gran parte de su inversión a la investigación en medicina e inmunología, y Argentina dedica importantes recursos a la financiación de proyectos como vacunas contra el cáncer o la investigación de restos arqueológicos.

COMPRENSIÓN

1. Explica con tus propias palabras en qué aspecto específico se están concentrando algunos países latinoamericanos para mejorar el estado de la ciencia y la tecnología en la región.
2. ¿Qué áreas de la ciencia menciona este texto que son representativas de...
    - Argentina?
    - México?
    - Chile?
    - Cuba?
    - Colombia?

> ### RL GRAMÁTICA 5-3 (pp. 278-280)
>
> 1. Las frases del texto que están entre corchetes son frases relativas. Di cuáles son *explicativas* y cuáles *especificativas*.
>
> 2. Escribe los pronombres relativos que faltan en el texto. Escribe todas las posibilidades que sean correctas.

INTERPRETACIÓN

1. Miren este gráfico, interpreten los datos y hagan hipótesis sobre las causas de estos datos. Finalmente, presenten dos conclusiones a la clase. Usen la tabla para contestar.
2. ¿Por qué es importante la inversión en capital humano? Piensen en dos razones.
3. ¿Cuál de las áreas de investigación mencionadas en el texto les parece más importante para el bien de la humanidad y por qué? Hagan tres recomendaciones que podrían fomentar la investigación en esa área. Usen la tabla para responder.

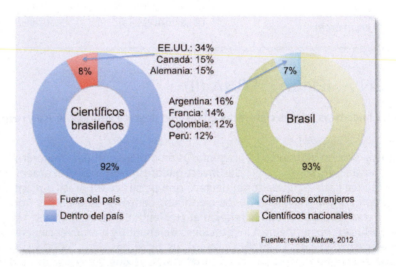

Interpretación	1. En Brasil hay .... de los cuales ... Es posible que ... y por eso ... 2. En el mundo hay ..., Probablemente ... y por eso ...

Recomendaciones	1. Sería _____ que..., para que ... 2. Además pediríamos a los gobiernos que ... 3. Finalmente, sugeriríamos a los inversores que... porque, de este modo, ...

5-20 EL CIENTÍFICO MANUEL PATARROYO Y SU INVESTIGACIÓN

Lee este texto sobre un científico colombiano de fama internacional. Luego responde a las preguntas.

Manuel Patarroyo (1947) es un patólogo colombiano doctorado por la Universidad Rockefeller de Nueva York y conocido por el desarrollo de una vacuna sintética contra la enfermedad de la malaria. El doctor Patarroyo dirige la Fundación Instituto de Inmunología de Colombia, en Bogotá, para el desarrollo de vacunas sintéticas contra la malaria, la tuberculosis y la lepra. Su investigación es además financiada por el gobierno español, algunas

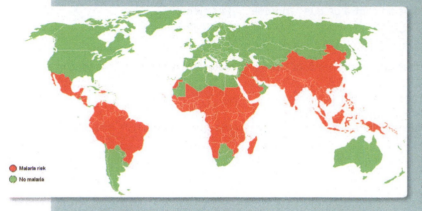

empresas privadas españolas y la Universidad del Rosario en Colombia. En 1987 anunció la primera versión de la vacuna contra la malaria, que protegía contra esta mortal enfermedad a entre el 30% y 50% de los humanos vacunados. Se estima que su nueva vacuna tiene una efectividad del 90%. Dos millones y medio de personas mueren cada año a causa de la enfermedad. Sin embargo, según Médicos Sin Fronteras sólo el 2% de toda la inversión mundial en investigación científica se destina a enfermedades epidémicas como ésta, debido a que no son enfermedades "atractivas" para los inversores.

COMPRENSIÓN

1. Mira el mapa e identifica a qué parte del mundo afecta la malaria.
2. ¿En qué tipo de vacunas contra la malaria investiga el doctor Patarroyo? ¿Qué ventaja crees que tienen?
3. Explica con tus propias palabras por qué la investigación en enfermedades epidémicas es tan escasa.

 Mira el video donde el doctor Patarroyo habla de su investigación y contesta a las preguntas.

Manuel Patarroyo

COMPRENSIÓN

1. ¿Dónde y cuándo publicó el doctor Patarroyo el primer estudio sobre su vacuna contra la malaria?
2. Explica en líneas generales en qué se diferencia la metodología del doctor Patarroyo de la metodología tradicional para crear vacunas.
3. ¿Cuándo tendrá el doctor Patarroyo una vacuna contra la malaria que sea efectiva 100%?
4. Explica usando tus propias palabras qué va a hacer el doctor Patarroyo con la patente y la distribución de la vacuna.
5. Según el doctor Patarroyo, ¿son los científicos egoístas o altruistas? Explica.
6. ¿Qué opina el doctor Patarroyo de los premios?

RL GRAMÁTICA 5-3 (pp. 278-280)

Escucha los últimos dos minutos del video y escribe los pronombres relativos que faltan en las frases del doctor Patarroyo. Sustitúyelos luego por otros que expresen lo mismo.

-*"La primera patente nosotros la donamos en una forma muy generosa a la Organización Mundial de la Salud, algo _____ estamos contentos y muy orgullosos".*

-*"Yo sí he encontrado que hay mucho colega, pero muchos, _____ les gustaría donarla".*

INTERPRETACIÓN

1. Como menciona el Dr. Patarroyo, el coste elevado de los medicamentos es una consecuencia del sistema de patentes. Después de mirar los dos videos, preparen los argumentos para un debate a favor y en contra de las industrias farmacéuticas.

	ARGUMENTOS
Industria farmacéutica	1. Es verdad que … ; sin embargo … ; por ejemplo … . 2. La patente es un mecanismo con el que … y por eso no nos parece que … 3. Es muy triste que … pero sería más triste que …
Consumidores	1. Estamos en contra de que … porque … . Por ejemplo, … 2. Según ____ , … . Esto significa que … y por eso nos parece ____ que … 3. Desgraciadamente, … ; aunque … lo cierto es que …

2. ¿Cómo se podría promover más investigación en enfermedades como la malaria? Den tres recomendaciones.

Recomendaciones	1. Sería _____ que… , para que … 2. Además, sería mejor que … 3. Finalmente, pediríamos a los gobiernos que … porque, de este modo, …

5-21 NUEVAS TECNOLOGÍAS

¿Conoces estas tecnologías, programas y aplicaciones? Elige tres y, para cada una, completa esta información.

Internet   Wikipedia
Facebook   Tumbler
Google   Blogs
Firefox   reCAPTCHA

	Definición	Ventajas	Peligros
1.			
2.			
3.			

 Escucha esta entrevista sobre los problemas que pueden traer las nuevas tecnologías y responde a las preguntas.

COMPRENSIÓN

1. Según el experto, ¿cuál podría ser una consecuencia potencial de la ciberdelincuencia?
2. Di tres ejemplos de ciberdelincuencia en Latinoamérica mencionados. ¿Son específicos de Latinoamérica?
3. ¿Qué diferencias señaló Jorge Werthein en el uso del Internet por jóvenes, padres y maestros? ¿Qué consecuencias tienen estas diferencias?
4. Explica con tus propias palabras qué son los *ciberpolicías*.

RL GRAMÁTICA 5-3 (pp. 278-280)

Jorge Werthein dice que:

- *[…] son algunas de las nuevas realidades **con las cuales** nos enfrentamos.*

- *Esto también sucede con un gran porcentaje de los profesores de las escuelas públicas de la región **para los cuales** el acceso a Internet es difícil.*

1. ¿Cuál es el antecedente de estos pronombres?
2. Cambia los pronombres por otros que también sean correctos.

RL GRAMÁTICA 5-4 (p. 281)

Escucha la última parte de la entrevista. Jorge Werthein usó el *imperfecto de subjuntivo* en dos ocasiones. Escribe lo que dijo y justifica el uso de este tiempo verbal.

1.

2.

INTERPRETACIÓN

1. ¿Conocen más ejemplos de ciberdelincuencia? Piensen en dos.
2. Qué se puede hacer para protegerse de la ciberdelincuencia? Para cada ejemplo que han dado, propongan una manera de protegerse.

Problema	Recomendación
Es fácil que …	Sería recomendable que …
Podría ocurrir que …	Aconsejo que …

5-22 INNOVACIÓN: LUIS VON AHN

Lee este texto sobre un guatemalteco cuyas innovaciones tecnológicas tienen un impacto mundial. Después responde a las preguntas.

Luis von Ahn nació en Guatemala en 1979. En el año 2000 se graduó de la Universidad de Duke (EE.UU.) y en 2005 obtuvo un doctorado de la Universidad Carnegie Mellon, donde actualmente enseña ciencias de la computación. Una de sus más conocidas innovaciones en tecnología es CAPTCHA. Luis von Ahn quería crear un test que diferenciara a las máquinas de los humanos para evitar que los robots o *spambots* utilizaran ciertos servicios o enviaran correo basura. Más tarde, buscando un sistema que permitiera mejorar la digitalización de textos, creó reCAPTCHA. El reCAPTCHA trata de solucionar un problema: cuando se digitaliza un documento impreso se toman fotografías que se convierten en texto. Sin embargo, algunas palabras presentan dificultades para ser reconocidas automáticamente porque contienen letras deformes o manchas, están en páginas con polvo, etc. Estas palabras pueden ser identificadas por personas de manera mucho más fiable que por un sistema computerizado. Actualmente reCAPTCHA es utilizado para digitalizar ediciones de *The New York Times* y hoy día protege a más de 100.000 sitios web del *spam* y el fraude. La compañía Google compró reCAPTCHA para su proyecto Libros Google.

Luis von Ahn

Luis von Ahn no piensa en regresar a Guatemala, porque querría que hubiera más seguridad y le gustaría que el país le ofreciera condiciones de trabajo similares a EE.UU., pero esto es ahora mismo inimaginable. Luis dice: "Mi sueño sería que yo pudiera llevarme allá gente con la que trabajo en Estados Unidos, que ya son de Guatemala o Latinoamérica, y que nosotros consiguiéramos financiación en EE.UU. para investigar desde el sur, pero eso no sucederá por al menos diez o veinte años".

COMPRENSIÓN

1. ¿Con qué finalidad creó Luis von Ahn CAPTCHA?
2. ¿Con qué finalidad creó reCATCHA?
3. ReCATCHA sirve para dos propósitos. ¿Cuáles?
4. Explica las razones principales por las que Luis von Ahn no quiere regresar a Guatemala.

INTERPRETACIÓN

Planifiquen en grupo su propia innovación tecnológica para resolver un problema importante. Después presenten esta innovación a la clase.

Objetivo	Quisiéramos inventar un/a _____ que … / con el que … / con la que …
Funcionamiento	Sería un/una _____ que … / con el que … / con la que … También tendría un/una _____ , el cual … / la cual …
Beneficios	Además sería increíble / fantástico / beneficioso que …

RL GRAMÁTICA 5-1 (pp. 271-276) Y 5-2 (pp. 276-277)

Subraya el resto de los verbos en *imperfecto de subjuntivo* que aparecen en el texto. Explica por qué se usaron. Atención: haz dos grupos basándote en la Gramática de 5-1 y 5-2.

Grupo 1: Hablando del pasado
Grupo 2: Hablando de forma hipotética

RL GRAMÁTICA 5-4 (p. 281)

Identifica y subraya las tres frases relativas que hay en el texto sobre Luis von Ahn. Justifica el tiempo y modo (indicativo/subjuntivo) usados.

PERSPECTIVAS INTERCULTURALES

5-23 EL PODER DE LOS BLOGS

Lee este texto sobre la influencia de los blogs en América Latina y responde a las preguntas.

Blogs en español en la red (%)

- España
- Argentina
- México
- Chile
- Perú
- Colombia
- Venezuela
- R. Dominicana
- Ecuador
- Otros países

52,7% · 10,1% · 8,6% · 5,6% · 5,1% · 4,3% · 3,1% · 1,4% · 1,2% · 8,0%

En América Latina, como en el resto del mundo, la blogósfera es la ventana a un sinfín de posibilidades para que personas que anteriormente no tenían la oportunidad de escribir y publicar sus textos en otros medios tengan un espacio propio en el que poder compartir información, expresar ideas y opiniones.

Un estudio realizado por The Jeffrey Group, titulado "La blogósfera en América Latina: un análisis de los webfluentials de la región", examina el impacto del "blogging" en América Latina. Según el estudio, la blogósfera latinoamericana está cambiando la manera en la cual las organizaciones, medios y gente común se están comunicando y su impacto ya se puede comparar con el existente en los Estados Unidos. Los blogueros latinoamericanos se están dando cuenta del poder de influencia que pueden tener expresando su punto de vista, así como del impacto que sus blogs pueden tener en su país y en otros. Los blogueros forman una nueva ola de líderes de opinión capaces de persuadir a nuevas generaciones, y el estudio da ejemplos de blogs influyentes donde las publicaciones afectaron el comportamiento de organizaciones y sus relaciones con la comunidad. De los blogs participantes, 61 pertenecían a periodistas, muchos de los cuales defienden el valor de la libertad editorial como razón principal para tener un blog. Quizá no han llegado al punto de convertirse en una fuente primaria de información, pero sirven de marco conceptual para encontrar afinidad o discrepancia en temas de diversa índole. En 2008 en América Latina ya había 9,1 millones de blogueros, lo que representa un 7% de los usuarios latinoamericanos de Internet. En EE.UU. el 8% de los usuarios de Internet son blogueros.

Blogs con impacto social

Yoani Sánchez

La organización Reporteros sin Fronteras afirma que "los blogueros son generalmente los únicos periodistas auténticos en países donde los medios de comunicación son censurados o se encuentran sujetos a presiones". Por ejemplo, el fenómeno de los blogs está cambiando la manera de **hacer disidencia** en Cuba. Cuando en abril de 2007 Yoani Sánchez comenzó su bitácora –*Generación Y*–, donde expresa sus opiniones sobre la vida en la isla, poco imaginaba que se iba a convertir en todo un fenómeno que hoy leen más de 14 millones de personas. La escritora afirma que "las personas que quieren emitir una opinión diferente a la oficial nunca tendrán un espacio en los medios, en la radio, en la televisión. Entonces es en Internet, esa zona gris, no regulada, donde todavía es posible emitir opiniones." También Reporteros sin Fronteras cree que los blogueros "son los únicos que publican una información independiente, muchas veces arriesgando la libertad". Es el caso de Judith Torrea, una periodista española que vive en Ciudad Juárez, México, y escribe sobre el narcotráfico, el crimen organizado, la pena de muerte, la inmigración y la política en la frontera de México con EE.UU. Judith usa su blog *Ciudad Juárez, en la sombra del narcotráfico* para dar una voz a las miles de personas indefensas que sufren acoso indiscriminado y tienen que callar por miedo. "Este blog muestra mi amor con mucho dolor por Ciudad Juárez, golpeada una vez más: ahora por la llamada *guerra contra el narcotráfico*", explica.

Blog de Yoani Sánchez
http://desdecuba.com/generaciony/

- Uno de los 25 blogs más influyentes del mundo
- Premio Ortega y Gasset de periodismo
- Ganador del Premio BOB

Blog de Judith Torrea
http://juarezenlasombra.blogspot.com/

- Premio Ortega y Gasset de periodismo
- Ganador del Premio BOB

COMPRENSIÓN

1. El texto dice que los blogs ...
    - ☐ son la principal fuente de información en algunos países de América Latina
    - ☐ no son tan influyentes en América Latina como en Estados Unidos
    - ☐ se usan en países donde la libertad de prensa es limitada
    - ☐ tienen un impacto muy grande en los jóvenes

2. ¿Qué significa la expresión 'hacer disidencia'?
3. En países con conflictos o con falta de libertades, ¿qué valor tienen los blogs, según la organización Reporteros sin Fronteras?
4. ¿Sobre qué escribe Yoani Sánchez en su blog y por qué?
5. ¿Sobre qué escribe Judith Torrea en su blog y por qué?

INTERPRETACIÓN

1. Digan una ventaja y desventaja de la prensa tradicional y una ventaja y desventaja de los blogs.
2. "Los blogs son una amenaza para la prensa tradicional". Dos de ustedes deben pensar en dos argumentos a favor de esta afirmación y dos de ustedes en contra. Luego hagan un debate.

	ARGUMENTOS
A favor	1. Es verdad que ... ; sin embargo ... ; por ejemplo ... 2. Es posible que ... , pero ... ; por eso ...
En contra	1. Estamos en contra porque ... . Por ejemplo, ... 2. Según ... . Esto significa que ... y por eso nos parece ____ que ...

3. ¿Conocen otros casos en los que las nuevas tecnologías hayan servido como impulsores sociales y políticos? Piensen en un ejemplo específico y después compártanlo con la clase.

5-24 LA 'FUGA DE CEREBROS' EN ESTADOS UNIDOS Y LATINOAMÉRICA

Lee este texto sobre la emigración de profesionales en Estados Unidos y Latinoamérica. Luego responde a las preguntas.

Según un informe de la Corporación Rand, **Estados Unidos** representa el 40% del gasto mundial en investigación y desarrollo científico, emplea a un 70% de los ganadores del Premio Nobel y tiene alrededor de las cuarenta universidades más prestigiosas del planeta. El informe afirma que Estados Unidos ha podido mantener su liderazgo gracias al flujo permanente de ingenieros y científicos extranjeros, quienes han sido un factor clave que permitió que la fuerza laboral para la ciencia y la ingeniería creciera más rápidamente en comparación con la graduación universitaria de científicos e ingenieros nacidos en el país. En años pasados, alrededor del 70% de los ingenieros y científicos extranjeros que se graduaron en universidades estadounidenses decidieron quedarse en el país, pero actualmente muchos estudiantes extranjeros de las universidades de élite estadounidense se están marchando a sus países de origen para invertir allí su talento, ya que encuentran oportunidades en sus países que antes no existían. Además muchos señalan que cada vez es más difícil obtener un visado para extranjeros con estudios cualificados. Por ello, algunos expertos opinan que Estados Unidos no está haciendo lo suficiente para frenar "la primera fuga de cerebros de su historia". El informe de Rand sugiere que se facilite la permanencia indefinida de científicos e ingenieros extranjeros que se hayan graduado de universidades estadounidenses y se mantenga el flujo de fuerza laboral especializada al país. Asimismo sugiere mejorar la educación de los estudiantes de secundaria en los campos de la ciencia y la tecnología.

América Latina es la región del mundo que ha experimentado el mayor incremento en el número de personas cualificadas que emigraron a otros países en los últimos años. Entre 1990 y 2008, la cifra de quienes abandonaron suelo latinoamericano con un título universitario creció un 155% y algunos países de América Central perdieron hasta el 80% de sus profesionales. Unos cinco millones de médicos, ingenieros, arquitectos y otros profesionales latinoamericanos salieron de sus países y más del 80% de ellos escogió como destino Estados Unidos. En términos absolutos, México va a la cabeza: hay cerca de 1.400.000 emigrantes altamente cualificados y uno de cada tres mexicanos egresados de un doctorado va a trabajar a Estados Unidos. Según datos oficiales, unos 500.000 mexicanos con alto nivel académico trabajan en Estados Unidos, lo cual le ha costado a México 7.000 millones de dólares, el dinero invertido en la educación de los ausentes.

Conscientes del problema, varios países están tratando de solucionarlo mediante políticas de retorno. Argentina aprobó en 2008 una ley con la que promueve el retorno de científicos e investigadores que residen en el exterior. A través de ese programa ya han sido repatriados cerca de 850 investigadores. Igualmente el gobierno de Ecuador ha lanzado una serie de programas para apoyar el retorno de sus emigrantes, especialmente en el ámbito de la innovación y el desarrollo. Por ejemplo, ha puesto en marcha el programa Prometeo Viejos Sabios, que aspira a vincular a instituciones científicas del país con investigadores extranjeros o ecuatorianos emigrados, con el objetivo de recuperar las "mentes brillantes" ecuatorianas que están en países del exterior. En Perú, el recientemente aprobado Sistema de Ciencia, Tecnología, Innovación y Competitividad fomentará el retorno de científicos peruanos residentes en el exterior.

COMPRENSIÓN

4. ¿Qué fenómeno se presenta en los dos textos que has leído? ¿Cómo se manifiesta en Estados Unidos y en América Latina? Completa el cuadro.

	Fenómeno	Causas	Soluciones posibles
En EE.UU.		1. 2.	1. 2.
En América Latina		1. 2.	1. 2.

INTERPRETACIÓN

1. ¿Son el doctor Patarroyo y Luis von Ahn ejemplos de este fenómeno? Expliquen tu respuesta.
2. Muchos ingenieros y científicos latinoamericanos se forman en los Estados Unidos. Algunos se quedan y otros, como el doctor Patarroyo, regresan a su país de origen. ¿Qué ventajas e inconvenientes tiene el que los investigadores regresen a sus países de origen? Analícenlo desde los dos puntos de vista. Luego den una recomendación o solución posible para reducir la fuga de cerebros tanto en Estados Unidos como en Latinoamérica.

	LADO POSITIVO	LADO NEGATIVO
Para EE.UU.	1. Es muy bueno que ... ya que ... Por ejemplo, según ____, ... lo cual ... 2. Además, es beneficioso que ..., porque ...	1. Es muy triste que ... ya que ... Por ejemplo, ... 2. Además, es un problema que ... porque ... 3. Por eso, sería bueno que ... para que ...
Para América Latina	1. Es beneficioso que ... ya que ... Por ejemplo, ... , lo cual ... 2. Además, es cierto que ... porque ...	1. Es terrible que ... ya que ... Por ejemplo, según ____, ... lo cual ... 2. También es evidente que ... porque ... 3. Por lo tanto, sería necesario que ... para que ...

MANIFESTACIONES ARTÍSTICAS

5-25 TRES DIRECTORES DE CINE MEXICANOS

La innovación artística es parte del desarrollo y progreso de un país. En el mundo del cine, México es un ejemplo de este aspecto. Estos son tres de los directores más innovadores y con más proyección internacional.

ALEJANDRO GONZÁLEZ IÑÁRRITU se convirtió a los 27 años en uno de los directores más jóvenes de su país. En 2000 dirigió *Amores perros*, nominada al Oscar como mejor película extranjera. El éxito internacional de este filme lo llevó a EE.UU. para dirigir la película *21 Gramos* (2003). En Cannes 2006 presentó *Babel*, que en 2007 ganó el Globo de Oro a la mejor película. Además obtuvo una nominación al Oscar como mejor director, de entre las seis candidaturas totales de la cinta, incluyendo la de mejor película. Con Guillermo del Toro y Alfonso Cuarón fundó en 2006 la casa productora Cha Cha Cha Films. Aunque las cinco primeras películas de esta productora serán financiadas por Universal, éstas se realizarán tanto en español como en inglés.

Alejandro
González Iñárritu

GUILLERMO DEL TORO fue el productor ejecutivo de su primer filme a los 21 años. En 1998 su padre fue secuestrado en México y liberado mediante el pago de un rescate, por lo que Del Toro decidió mudarse a Los Ángeles, EE.UU. Ha dirigido varias películas de terror y fantasía histórica, dos de las cuales se sitúan en España en la época de la Guerra Civil española y la dictadura: *El espinazo del diablo* (2001) y *El laberinto del fauno* (2006), sus dos trabajos más aclamados por la crítica. En 2007 produjo *El orfanato* (2007) del director español Juan Antonio Bayona. Las tres películas comparten aspectos similares (los protagonistas son niños pequeños) y la misma temática (la relación terror/fantasía o la vida bajo un régimen fascista). Su fascinación por el mundo fantástico y su gusto por los temas oscuros marcan su estilo.

Guillermo
del Toro

ALFONSO CUARÓN es guionista, productor y director de cine. En México dirigió la película *Sólo con tu pareja* (1991), que resultó un éxito, a raíz del cual fue invitado a trabajar en Estados Unidos. El reconocimiento internacional le llegó con la producción estadounidense *Y tu mamá también* (2001). De vuelta en México produjo varias películas como *El Asesinato de Richard Nixon* (2004) del director Niels Muller. También ese año dirigió la tercera parte de la serie Harry Potter, *Harry Potter y el prisionero de Azkaban*, a sugerencia de la autora de los libros. En 2006 produjo *El laberinto del fauno*, película que obtuvo el Oscar por mejor fotografía, mejor dirección de arte y mejor maquillaje.

Alfonso
Cuarón

COMPRENSIÓN

1. ¿Qué película lanzó a la fama a Iñárritu?
2. ¿Cuántos premios Oscar ganó la película *Babel* de Iñárritu?
3. ¿Por qué se fueron Del Toro y Cuarón a trabajar a Estados Unidos?

4. ¿Cierto?
   - *El orfanato* fue dirigida por Del Toro.
   - *Amores perros* ganó un Oscar.
   - Del Toro produjo *El laberinto del fauno*.
   - *El laberinto del fauno* ganó tres Oscar.

INTERPRETACIÓN

Miren el tráiler de cada película. Luego completen la información basándose en lo que ya saben de las películas y lo que el tráiler muestra.

	GÉNERO	TEMÁTICA	PERSONAJES	OTROS
Amores perros (2000)				
Y tu mamá también (2001)				
El laberinto del fauno (2006)				

Ahora lee este artículo y después responde a las preguntas.

Entre el talento y la marca de origen

El éxito de los directores de origen y acento hispano es incuestionable. Sin embargo, aunque parezca lógico pensar que esta bonanza de talento, sobre todo en México, es un reflejo de una situación boyante en la industria cinematográfica de aquel país, la realidad parece ser otra. "No hay relación entre el éxito de las películas y una bonanza a nivel industrial en el cine mexicano". Así de rotundo se mostraba Carlos Carrera a la hora de valorar el impacto del éxito de los realizadores mexicanos. Actualmente Carlos Carrera es miembro de la academia de cine de México y productor y director de películas, siendo su mayor éxito *El crimen del padre Amaro*, nominada en los Oscar del año 2003 en la categoría de mejor película en habla no inglesa. "Hay que distinguir entre la nacionalidad de los realizadores y la nacionalidad de las producciones. Aunque creativamente estas películas son mexicanas, son financiadas con capital extranjero. Ahora mismo es muy difícil que las producciones mexicanas recuperen el dinero porque los exhibidores y los distribuidores no permiten que los productores mexicanos crezcan. Por eso es que se tienen que ir a otro lado a hacer películas".

Ignacio Darnaupe, director de marketing de Sony Pictures, no cree que se pueda hablar de cine estrictamente latinoamericano a la hora de catalogar estas películas. "La verdad es que detrás de esto, lo que hay es el talento de estos tres directores, que por coincidencia son mexicanos, pero no creo que nadie aquí lo esté mirando como cine estrictamente latinoamericano".

COMPRENSIÓN

1. ¿Son estas películas mexicanas o estadounidenses, según este artículo?
2. ¿Es el éxito de estas películas un reflejo de la situación del cine en México? ¿Por qué?
3. ¿Por qué, según Carlos Carrera, los directores tienen que irse de México?

INTERPRETACIÓN

 1. ¿Es este cine latinoamericano? ¿O representa otro caso de "fuga de cerebros"? Completen el cuadro con los aspectos que en su opinión lo hacen cine latinoamericano y los que no.

	SÍ	NO
¿ES CINE LATINOAMERICANO?	1. 2.	1. 2.

2. ¿Qué tiene que hacer México para mejorar su industria cinematográfica? Hagan dos sugerencias.

5-26 LA INFLUENCIA DE EE.UU. EN LA LITERATURA HISPANOAMERICANA: McONDO

Lee el siguiente texto y contesta después a las preguntas.

McOndo es una corriente literaria que surge en la década de los noventa como reacción al realismo mágico que había caracterizado la literatura hispanoamericana desde los años 60. En las décadas de los 80 y 90 muchos escritores latinoamericanos vieron frustrados sus intentos de publicar su trabajo fuera de América Latina, ya que el mercado editorial prefería publicar las obras de autores representativos del realismo mágico o ya consagrados como Gabriel García Márquez, Carlos Fuentes y Mario Vargas Llosa.

En 1996 se publicó en Santiago de Chile una antología de cuentos escritos por nuevos autores latinoamericanos bajo el título de *McOndo*, editada por Sergio Gómez y Alberto Fuguet. El término McOndo, creado por Fuguet, es un juego de palabras con Macondo, la población ficticia que sirve de trasfondo en la novela mágico-realista *Cien años de soledad*. Al mismo tiempo intenta describir el ambiente cotidiano en América del Sur, que no es el folclórico y campesino que mostraban las novelas del realismo mágico, sino que es moderno, mundano y se ve envuelto cada vez más en "McDonald's, Macintoshes y condominios" gracias a la globalización y a la influencia cultural de Estados Unidos. La fiesta de lanzamiento de este libro fue precisamente en un restaurante McDonald's. En el prólogo del libro se celebra la cultura popular y de masas, la tecnología y el mundo de los medios de comunicación. Para Fuguet, "McOndo es la Latinoamérica del siglo XXI, global, mezclada, diversa, urbana".

Una característica del grupo McOndo es que la violencia pierde el aura romántica que le daban las novelas del 'boom' latinoamericano y se ofrecen cuadros de violencia extrema y brutal en la vida cotidiana, relacionada con la delincuencia o el narcotráfico en centros urbanos. Otro rasgo notable es la ausencia de ideología política específica. A diferencia de muchos autores del 'boom' latinoamericano, que definieron sus textos de acuerdo a la Revolución cubana y Mayo del 68, los autores del grupo McOndo no muestran una definición política de sus autores ni pretenden servir como base a una doctrina.

COMPRENSIÓN

1. ¿Qué diferencias fundamentales hay entre la literatura del 'boom' y la del grupo McOndo?
2. Explica el origen de la palabra McOndo.
3. ¿Qué tipo de mundo describe el término McOndo?
4. ¿Cómo se representaba la violencia en las novelas del 'boom' y en las del grupo McOndo?
5. ¿Cómo ha cambiado la actitud hacia la política en esta generación de escritores con respecto a la generación anterior?

INTERPRETACIÓN

1. Lean este fragmento de uno de los cuentos que forman parte de la antología McOndo. ¿Qué elementos temáticos de la narrativa McOndo pueden identificar? Piensen en aspectos como los personajes, el contexto, las referencias culturales o el vocabulario.

Martín Rejtman

"Mi estado físico" (1996), cuento de Martín Rejtman

Mi ex-mejor amigo se llama Leandro. Nos encontramos en un video bar de Flores. Eso es lo que él quiere y yo soy el que está solo. Lo primero que hace es darme el video cassette con las clases de gimnasia. Después me cuenta sobre su nuevo trabajo y sobre las películas que vio en el cine. Habla él todo el tiempo y no me animo a preguntarle por Laura, aunque siento curiosidad por saber si todavía están juntos. En los monitores del video bar pasan temas de Genesis y Dire Straits, los dos grupos que más odio en el mundo, y como estoy a punto de vomitar, le digo a Leandro que preferiría ir a un Mac Donald's. Leandro se sorprende. "Se dice que te hiciste vegetariano." Al principio la idea no le gusta en lo más mínimo, pero se convence cuando el mozo le dice que lo único que sirven es pizza de mozzarella y anchoas.

Leandro odia las anchoas desde el verano en que nos fuimos juntos de campamento y escalamos un cerro. Habíamos llevado sólo latas de anchoas y tabletas de chocolate. Terminamos los cuatro vomitando. Leandro ya no puede ver las anchoas; yo odio el chocolate. En el Mac Donald's me pido un sundae de frutilla. Leandro pide un Big Mac y un Mac Chicken y pone la hamburguesa de pollo adentro del Big Mac. Yo, voraz como me encuentro, pienso que cuando vuelva del baño me voy a comer el pan que dejó Leandro.

	Características de la narrativa de McOndo
Personajes	
Contexto	
Referencias culturales	
Otros	

2. Lean estas citas sobre el grupo McOndo. ¿Qué significan? ¿Creen que apoyan la temática de McOndo? Justifiquen su respuesta.

"Nuestro McOndo es tan latinoamericano y mágico (exótico) como el Macondo real [...]. Nuestro país McOndo es más grande, sobrepoblado y lleno de contaminación, con autopistas, metro, TV-cable y barriadas. En McOndo hay McDonald's, computadores Mac y condominios, amén de hoteles cinco estrellas construidos con dinero lavado y malls gigantescos."

Sergio Gómez y Alberto Fuguet

"[...] no se puede, por ejemplo, combatir un estereotipo –Latinoamérica es el continente del realismo mágico, donde todo lo extraordinario es cotidiano– con otro –Latinoamérica como este gran universo urbano repleto de centros comerciales y celulares."

Edmundo Paz Soldán

3. ¿Qué relación hay entre la literatura y las nuevas tecnologías? Lean esta cita de Edmundo Paz Soldán (Bolivia, 1967), escritor proveniente de la generación McOndo, y digan si están de acuerdo o no con el escritor.

"Las nuevas tecnologías han permitido que mi generación esté muy relacionada entre sí. Han permitido la aparición de un nuevo género literario, el blog. La literatura siempre está cambiando, los nuevos medios la desafían y uno tiene que aprender a procesarlos literariamente, a dejarse influir en el lado creativo, a no tenerle miedo al cambio tecnológico."

4. Lean esta crítica de una de las novelas de Edmundo Paz Soldán. ¿Cómo integra al autor en esta novela el mundo de las nuevas tecnologías? Identifiquen tres aspectos.

Edmundo
Paz Soldán

Sueños digitales (2002), novela de Edmundo Paz Soldán

Sebastián, un diseñador gráfico que trabaja en un periódico boliviano, es el protagonista de *Sueños digitales* (2002). Debido a su talento en el manejo de las computadoras, el gobierno lo contrata para manipular las fotografías que atestiguan el oscuro pasado del presidente, un dictador corrupto. Cuando intenta abandonar ese trabajo secreto comienza a ser perseguido y vigilado todo el tiempo, su esposa lo abandona y sus amigos se ven envueltos en una serie de desgracias. Píxel, amigo y colega del protagonista, está empeñado en recrear digitalmente imágenes del pasado de su padre, mientras que se va aislando del mundo y pasando cada vez más tiempo en juegos de computadoras. Estamos ante lo que podríamos denominar un thriller tecnológico. La manipulación de las fotografías que realiza Sebastián intenta modificar el pasado, pero otras personas están manipulando el presente y el futuro.

Los personajes de esta novela sienten fascinación ante la tecnología. Todos parecen necesitar cachivaches, formatos de audio, versiones de *Photoshop* y modelos de *iBook* que les rodeen, descritos cuidadosamente, para ocultar el miedo a que su vida quede vacía sin ellos. *Sueños digitales* es una buena novela en la que Paz Soldán ha logrado articular una serie de problemas sumamente actuales (políticos, tecnológicos y humanos) confirmando ser uno de los mejores escritores latinoamericanos de su generación.

EL ENSAYO ARGUMENTATIVO V

TEXTOS ARGUMENTATIVOS DE COMPARACIÓN Y CONTRASTE

Una estructura muy útil para escribir textos argumentativos es la comparación y el contraste. En este tipo de textos, el autor usa un marco de referencia en el que se comparan dos elementos (ideas, problemas, situaciones, teorías...) para defender su tesis. El punto de vista del autor sobre estos dos elementos determinará su argumentación: ¿va a destacar las semejanzas? ¿Prefiere centrarse en las diferencias? ¿Cómo se presentan estas semejanzas y diferencias? ¿Se complementan o se contradicen estos dos elementos? Como lector, es importante que identifiques el objetivo del texto y la estructura que nos presenta el autor.

LOS CONECTORES DISCURSIVOS DE COMPARACIÓN Y CONTRASTE

Observa esta lista de conectores. Clasifica cada uno según su función: introducir semejanzas o diferencias.

		SEMEJANZAS	DIFERENCIAS
del mismo modo	in a similar way, similarly		
por el contrario	on the contrary		
así como	the same way as		
a diferencia de	unlike		
por un lado/por una parte	on one hand		
por otro lado/ por otra parte	on the other hand		
de igual manera	similarly		
en cambio	in contrast		
en contraste	in contrast		
mientras (que)	while		
así como	the same way as		
asimismo	likewise		
como	like		
de la misma manera	in a similar way		
de modo similar	in a similar way		

Andrés Oppenheimer es un periodista argentino que reside en Estados Unidos. Es columnista de *The Miami Herald* y de *El Nuevo Herald*. Fue miembro del equipo de *The Miami Herald* ganador del Premio Pulitzer en 1987, fue ganador del Premio Rey de España y obtuvo un Emmy en 2006. La revista *Forbes Media* lo incluyó en 1993 en su lista de los 500 periodistas más importantes de Estados Unidos. Es autor de los 'bestsellers' *La hora final de Castro* (1992), *México: en la frontera del caos* (1996), *Crónicas de héroes y bandidos* (1998), *Ojos vendados* (2005) y *Saving the Americas* (2009). Su último libro es *¡Basta de historias! La obsesión latinoamericana con el pasado, y las 12 claves del futuro* (2010).

Andrés Oppenheimer

LECTURA

Menos pobres, sí, pero...

Contrariamente a las lúgubres noticias económicas sobre Europa y EE.UU., un nuevo informe de las Naciones Unidas ofrece buenas noticias sobre Latinoamérica: dice que los niveles de pobreza de la región han caído a su nivel más bajo en 20 años, y seguirán bajando en 2012. El comunicado de prensa de la Comisión Económica para América Latina y el Caribe (CEPAL) de la ONU generó titulares laudatorios en toda Latinoamérica. Funcionarios gubernamentales de varios países citaron la noticia para respaldar sus afirmaciones de que, por una vez, a Latinoamérica le va mucho mejor que a los países del Primer Mundo que hasta hace poco le daban lecciones de manejo económico a la región.

¿Pero son tan auspiciosas como suenan a primera vista estas cifras de la CEPAL? Antes de responder esta pregunta, veamos lo que dice el nuevo informe, y lo que dijo la secretaria ejecutiva de la CEPAL, Alicia Bárcena, en una entrevista pocas horas después de la publicación del informe.

Entre 1990 y 2010, el índice de pobreza en Latinoamérica cayó 17 puntos porcentuales (al 31%), y el índice de pobreza extrema cayó más de 10 puntos (al 12% por ciento), según el informe de la CEPAL. Más recientemente, entre 2009 y 2010, la mayor disminución de la pobreza se produjo en los países sudamericanos exportadores de materias primas, tales como Perú, Ecuador, Argentina, Uruguay y Colombia. En contraste, México y Honduras, que están estrechamente vinculados con la debilitada economía de Estados Unidos, sufrieron un leve aumento de sus niveles de pobreza desde la crisis económica estadounidense de 2008.

Cuando le pregunté a Bárcena si creía que la pobreza seguirá disminuyendo en Latinoamérica en el futuro, o si la tendencia se revertirá apenas caigan los precios de las materias primas, la funcionaria me dijo que era optimista con respecto al futuro de la región. La disminución de la pobreza durante las últimas dos décadas es una gran noticia para Latinoamérica, entre otras cosas porque está produciendo una ampliación de la clase media que generará mayor actividad económica independientemente de factores externos a la región, según Bárcena. Además, países como Chile y Brasil han creado programas sociales que han demostrado ser muy eficaces para reducir la pobreza.

Pero el informe pinta un cuadro incompleto, al no señalar que la reducción de la pobreza en la región fue mínima comparada con la de países asiáticos que eran mucho más pobres que los latinoamericanos hasta hace pocas décadas. De hecho, las propias estimaciones de la CEPAL revelan que en 1990, China y sus vecinos del Pacífico asiático – con la excepción de Japón – tenían más del 60% de su población viviendo en extrema pobreza, mientras el dato comparativo en Latinoamérica era del 23% de la población. Desde entonces hasta hoy, los índices de pobreza extrema de Asia han disminuido casi 50 puntos porcentuales, mientras que en Latinoamérica la disminución fue de apenas 10 puntos.

Los países asiáticos han sido más exitosos porque tienen una mejor distribución del ingreso, una mayor integración económica y mejores niveles de educación, de ciencia y tecnología. El hecho es que gran parte del reciente éxito económico de Latinoamérica se debe a que China está comprando masivamente materias primas de la región, algo que probablemente no siga ocurriendo con la misma intensidad en los próximos años.

Hay tres razones fundamentales por las que los países asiáticos han reducido más la pobreza que los latinoamericanos: la educación, la educación y la educación. Los países asiáticos han estimulado una cultura de la educación de calidad – acentuando el rigor académico y la internacionalización de sus universidades – lo cual les permite producir bienes cada vez más sofisticados que producen empleos cada vez mejor pagados, mientras que la mayoría de los países latinoamericanos se han concentrado en ampliar la cantidad de niños en la escuela, sin mayor preocupación por la excelencia académica. Festejar nuevos datos sin ponerlos en un contexto mundial solo conducirá a la autocomplacencia, que es la mayor enemiga de la competitividad y el progreso.

5-27 COMPRENSIÓN

1. ¿De qué quiere convencer a los lectores el autor de este texto? Marca todas las respuestas posibles.
   ☐ Los latinoamericanos deben estar confiados: la economía latinoamericana está creciendo.
   ☐ La clave para el crecimiento económico es la educación.
   ☐ El crecimiento de la riqueza en Latinoamérica continuará en los próximos años.
   ☐ Asia y Latinoamérica han seguido modelos muy parecidos de crecimiento económico.
2. ¿Por qué, según el autor, ha descendido la pobreza en algunos países latinoamericanos y ha aumentado en otros?
3. ¿Qué consecuencias sociales tiene el aumento de la riqueza en un país y por qué esto es importante para la economía?
4. Explica usando tus propias palabras las diferencias entre los países latinoamericanos y los países asiáticos en cuanto al crecimiento económico y las fórmulas para alcanzarlo.
5. Explica las diferencias en el concepto de educación entre la perspectiva latinoamericana y la asiática.
6. Usa tus propias palabras para resumir la tesis del autor.

5-28 FORMACIÓN DE PALABRAS

Muchas palabras son derivadas de otras. Esto significa que a una raíz se le añaden prefijos (al inicio) o sufijos (al final) para crear otro significado: revolucion-ario, contribu-ción, re-unir. Muchos sufijos son similares en inglés y en español.

adjetivo	reciente +	**-mente** = (-ly)	recientemente (recently)
	urgente +	**-cia** = (-cy)	urgencia (urgency)
	ambiente +	**-al** = (al)	ambiental (environmental)
	ambigüo +	**-dad** = (ty)	ambigüedad (ambiguity)
	rico +	**-eza** = (ty)	riqueza (wealth)
nombre	sociología +	**-ico, a** = (-ical, -ic)	sociológico (sociological)
	veneno +	**-oso, a** = (-ous)	venenoso (poisonous)
verbo	situar +	**-ción** = (-tion)	situación (situation)
	dormir +	**-torio, a** = (-ory)	dormitorio (bedroom, dormitory)
	innovar +	**-dor** = (-tor)	innovador (innovator)

1. Mira las palabras derivadas que aparecen subrayadas en la lectura. ¿Qué significan? ¿Cómo se han formado? Identifica la raíz principal de la palabra (adjetivo, nombre, o verbo) y los prefijos o sufijos –de la lista anterior– que se han añadido para construir un nuevo significado.
2. Algunos afijos provienen del griego, como a, an (sin), anti (contra), filia (amor), fobia (miedo), homo (igual), poli (muchos), auto (uno mismo), cracia (poder). Explica qué significa y cómo se ha formado la palabra compuesta "autocomplacencia" (p. 7).

5-29 ANÁLISIS DISCURSIVO

1. Como estudiaste en la Unidad 2, los referentes aluden a elementos (personas, objetos, ideas...) previamente mencionados en el texto. Los pronombres relativos son referentes. Mira los pronombres en negrita en el último párrafo del texto y di a qué o quién se refieren.
2. ¿Está la estructura argumentativa de este texto basada en las similitudes o las diferencias?
3. Busca en los párrafos 3, 5 y 7 qué conectores usa el autor para expresar contraste.

5-30 INTERPRETACIÓN

1. Más niños en las aulas no significa mejor nivel educativo. ¿Qué más pueden hacer los países latinoamericanos para promover la excelencia educativa? Propongan tres ideas.
2. ¿Cómo es la educación pública en su país? Elaboren una lista de tres propuestas para mejorar la situación en Estados Unidos.

ESCRITURA

LA ENTRADA DEL BLOG: COMPARACIÓN Y CONTRASTE

Cuando se escribe un texto usando argumentos basados en comparación y contraste, es posible argumentar usando similitudes, diferencias, o las dos cosas. Decide primero cómo vas a presentar la información. ¿Se basa tu tesis en similitudes o en diferencias? ¿Quieres hacer más énfasis en diferencias o en similitudes? ¿Es necesario mostrar los dos aspectos, o solamente uno? Recuerda que además de usar estructuras comparativas (ver páginas 110-111) necesitas una variedad de conectores para marcar similitudes y contrastes entre ideas y conseguir que el lector comprenda tus argumentos.

PRÁCTICA

A. Andrés Openheimer basó su argumentación en las diferencias entre dos regiones del mundo en cuanto a educación. Lean estos fragmentos del texto y escríbanlos de nuevo –sin alterar el significado– usando un conector discursivo diferente. En negrita están las dos áreas que se comparan.

1. Entre 2009 y 2010, la mayor disminución de la pobreza se produjo en los **países sudamericanos** exportadores de materias primas. En comparación, **México y Honduras** sufrieron un leve aumento de sus niveles de pobreza.
2. Los índices de pobreza extrema de **Asia** han disminuido casi 50 puntos porcentuales, mientras que en **Latinoamérica** la disminución fue de apenas 10 puntos.
3. Los países asiáticos han estimulado una **cultura de la educación de calidad**, mientras que la mayoría de los países latinoamericanos se han concentrado en ampliar **la cantidad de niños en la escuela**.

B. Lean estos fragmentos del texto y escríbanlos de nuevo –sin alterar el significado– usando una estructura comparativa diferente. En negrita está el aspecto que se compara.

1. Los países asiáticos han reducido más la **pobreza** que los latinoamericanos.
2. Los países asiáticos han sido más exitosos porque tienen mejores niveles de **educación**.

PRÁCTICA

Formen parejas y lean este artículo en el que se examina un asunto desde el punto de vista del contraste entre dos regiones. Después, de forma individual, hagan un esquema con una estructura que incluya argumentos de comparación y contraste, basados en una interpretación completa del artículo. A continuación intercambien el esquema con su compañero/a. ¿Cuántas ideas incorporaron los dos? ¿Qué ideas no incorporó su compañero/a?

Actitudes ante el cambio climático en Estados Unidos y en Latinoamérica
http://www.bbc.co.uk/mundo/noticias/2011/11/111115_clima_escepticismo_am.shtml

LA ENTRADA PARA EL BLOG

Escribe una entrada para tu blog siguiendo los estándares delineados en la Unidad 1 (páginas 45 y 46). Tu argumentación debe estar basada en relaciones de comparación y contraste.

Presta atención especial a:

1. el título
2. la tesis y las ideas de apoyo
3. la conclusión
4. la ortografía y puntuación
5. la acentuación

¿Hay una tesis claramente delimitada e identificable y que se apoya en fuentes concretas y fiables? ¿Has presentado la información de manera clara? ¿Usaste conectores para comparar y contrastar?

RECURSOS PARA DEBATIR

INDICAR FALTA DE COMPRENSIÓN; CLARIFICAR; INTERVENIR

En el transcurso de una conversación o debate, hay casos en los que es necesario indicar que no comprendemos un argumento. Es importante usar estrategias efectivas para indicar esta falta de comprensión.

Lo siento, pero no (te) comprendo / entiendo.	*I'm sorry, but I don't understand (you).*
Perdona, pero no comprendo lo que quieres decir.	*Sorry, but I don't understand what you mean.*

En este caso es posible que pidamos al interlocutor que clarifique o reformule lo que ha dicho, para asegurar una comprensión total de sus argumentos.

¿Qué quieres decir?	*What do you mean?*
¿Podrías explicar con más detalle?	*Could you be more specific?*
¿Puedes clarificar eso, por favor?	*Can you clarify that for me, please?*
¿Puedes / podrías darme un ejemplo?	*Can / Could you give me an example?*

Igualmente debemos ser capaces de clarificar lo que estamos diciendo.

Lo que quiero decir es que ...	*What I mean is ...*
Quiero decir que ...	*I mean that ...*
Esto significa (que) ...	*This means that ...*

Finalmente, si queremos intervenir o interrumpir a nuestro interlocutor, podemos usar estas expresiones:

¿Puedo decir algo?	*Can I say something?*
¿Puedo interrumpir, por favor?	*Can I interrupt, please?*
Disculpa/e que te/le interrumpa, pero ...	*Sorry to interrupt, but ...*

PRÁCTICA

 Elijan uno de estos temas. Cada uno de ustedes tomará una postura diferente y defenderá su punto de vista con tres argumentos. Indiquen a su compañero/a que no comprenden y pídanle que clarifique sus argumentos.

☐ Solucionar el problema del hambre en el mundo: ¿posible o imposible?
☐ Educación universal para todos: ¿posible o imposible?
☐ Encontrar una vacuna para el SIDA: ¿posible o imposible?

Estudiante 1 TEMA:	Estudiante 2 TEMA:
1.	1.
2.	2.
3.	3.

EJEMPLO:

- **Estudiante A**: A mí, la verdad, me parece imposible que se resuelva este problema: es un eterno dilema.
- **Estudiante B**: **No te entiendo. ¿Qué quieres decir?**
- **Estudiante A**: **Lo que quiero decir es que** existen A y B: pero A no permite B, y B no permite A.
- **Estudiante B**: Ahora entiendo menos. **¿Podrías explicar con más detalle?**
- **Estudiante C**: **¿Puedo interrumpir?** Me gustaría decir algo ...

TEMA DE DEBATE

OBJETIVOS DEL MILENIO: ¿OPTIMISMO O PESIMISMO?

Lee esta información sobre los objetivos del milenio de Naciones Unidas.

OBJETIVOS DEL MILENIO

En septiembre de 2000 los países del mundo se comprometieron a alcanzar ocho importantes objetivos de desarrollo antes del año 2015: los Objetivos de Desarrollo del Milenio (ODM).

Meta 1: Erradicación de pobreza extrema y el hambre (reducción a la mitad entre 1990 y 2015 del hambre y personas con ingresos inferiores a un dólar diario).
Meta 2: Lograr la enseñanza primaria universal.
Meta 3: Promover la igualdad entre los géneros y la autonomía de la mujer.
Meta 4: Reducir la mortalidad infantil.
Meta 5: Mejorar la salud materna.
Meta 6: Combatir el VIH/SIDA, el paludismo y otras enfermedades.
Meta 7: Garantizar la preservación y sostenibilidad del medio ambiente.
Meta 8: Fomentar una coalición mundial para el desarrollo.

¿Cómo se están cumpliendo los primeros dos objetivos en América Latina? Lee los dos textos y mira el video correspondiente a cada texto.

POBREZA

Brasil y México, por ejemplo, representan más del doble de la población regional, por lo que el éxito del programa de *hambre cero* del gobierno del ex presidente Lula y las políticas focalizadas de México tienen un fuerte impacto sobre el promedio regional, mientras que el panorama cambia totalmente cuando se analiza el desempeño de países de ingresos bajos como Haití, Nicaragua, Guatemala, Bolivia, El Salvador y Paraguay. Brasil y Chile ya han cumplido con la meta de reducción de la pobreza extrema a la mitad, mientras que Costa Rica y México van a alcanzarla si mantienen el mismo grado de avance registrado en estos años. Perú también está muy cerca de cumplir con el primer objetivo del milenio.

 Los objetivos del milenio I. ¿Refleja optimismo o pesimismo sobre la Meta 1?

EDUCACIÓN PRIMARIA: América Latina cumple las metas en la educación primaria.

En 1990, punto de partida comparativo para medir los logros del milenio, el acceso a la escuela primaria rondaba el 88% de los niños y niñas en edad de estar en dicho nivel: hoy es del 95%. En países caribeños, como República Dominicana (82%) se ven retrasos respecto a la media, mientras que en naciones como Argentina, Cuba, México y el Perú la meta de acceso universal ya está cumplida.

 Los objetivos del milenio II. ¿Refleja optimismo o pesimismo sobre la Meta 2?

PREPARACIÓN PARA EL DEBATE

Revisa en la página 49 el formato y las recomendaciones para preparar el debate.

5-1. USE OF THE IMPERFECT SUBJUNCTIVE TO TALK ABOUT THE PAST (NOUN CLAUSES)

REVIEW: THE SUBJUNCTIVE MODE IN NOUN CLAUSES

The *indicative* mode is used to declare or give an account of reality, the facts that the speaker knows, or the facts that he believes are true.

> **Me parece** que la mayoría de los ciudadanos **apoyan** la defensa del medioambiente.
> *I think that the majority of citizens support the protection of the environment.*

> **Es verdad** que la democracia de ese país **es** muy estable.
> *It is true that democracy in that country is very stable.*

In contrast, the *subjunctive* mode denotes that the way in which someone perceives an action or event does not belong to his/her reality or experience. For example, the subjunctive is used when someone wants to impose his wishes upon another person, or when he doubts that something is true.

> El presidente **quiere** que todos los ciudadanos **apoyen** la lucha contra el hambre.
> *The President **wants** all citizens **to support** the fight against hunger.*

> **No creo** que la democracia de ese país **sea** muy estable.
> *I **do not think** that democracy in that country **is** very stable.*

The subjunctive mode almost always appears in the context of a complex sentence; that is, a sentence that has a main clause, and a subordinate clause. The subjunctive appears in the dependent or subordinate clause.

A *noun clause* is a subordinate clause. It is introduced by **que**, and it is equivalent to a noun.

Pienso que	la democracia de este país **es** muy estable hoy día.
I think that	*this country's democracy **is** very stable today.*

No pienso que	la democracia de ese país **sea** muy estable hoy día.
I do not think that	*this country's democracy **is** very stable today.*

    ↑   ↑

MAIN CLAUSE   NOUN (SUBORDINATE) CLAUSE

Pienso / no pienso	**esto**.
I think / don't think	*this.*

                            ↑

                        NOUN

The use of subjunctive or indicative in the noun clause depends on the verb of the main clause. Let us see the different verbs that can be used in the main clause, and how they influence the use of subjunctive or indicative in the noun clause.

A. VERBS THAT INTRODUCE THOUGHTS, PERCEPTIONS, STATEMENTS

As studied in Unit 3 (Grammar 3-1), *affirmative* verbs and expressions that introduce *thoughts*, *perceptions*, and *statements* require that the noun clause have a verb in the indicative.

THOUGHT	creer	*(think, believe)*	
	pensar	*(think)*	
	opinar	*(think)*	+ que + INDICATIVE
	considerar	*(consider)*	
	parecer	*(to think)*	
PERCEPTION	ver	*(see)*	
	sentir	*(feel)*	+ que + INDICATIVE
	notar	*(notice)*	
	darse cuenta de	*(realize)*	
STATEMENT	decir	*(say)*	
	afirmar	*(state)*	
	declarar	*(declare)*	+ que + INDICATIVE
	explicar	*(explain)*	
	significar	*(mean)*	

NOTE: in all the examples, the noun clauses are in brackets.

> La mayor parte de los latinoamericanos **opina** [que la educación **es** lo más importante].
> *The majority of Latin Americans **think** that education **is** the most important thing.*

> Esto **significa** [que en Latinoamérica **hay** un apoyo a la inversión en educación].
> *This **means** that in Latin America **there is** a support for investment in education.*

However, if the verb of the main clause is *negative*, then the verb of the noun clause will be in the subjunctive mode.

> Algunos gobiernos **no creen** [que la educación **sea** lo más importante].
> *Some governments **do not think** that education **is** the most important thing.*

> Esto **no significa** [que los gobiernos **quieran** ciudadanos incultos].
> *This **does not mean** that governments **want** uneducated citizens.*

B. VERBS THAT EXPRESS DEGREE OF CERTAINTY OR VERACITY

Indicative is used when we wish to state the veracity or truthfulness of a fact. We introduce these sentences with expressions that *do not convey any doubt*.

Es cierto	*(it is true)*	
Es verdad	*(it is true)*	
Es evidente	*(it is obvious)*	
Es indudable	*(it is unquestionable)*	+ que + INDICATIVE
No hay duda de	*(there is no doubt)*	
Es incuestionable	*(it is unquestionable)*	
Está demostrado/probado	*(it is proven)*	
Está claro	*(it is clear)*	

> **Es indudable** [que las ONGs **tienen** un papel fundamental en el desarrollo].
> *It is **unquestionable** that NGOs **play** a fundamental role in development.*

Subjunctive is used when we wish to question or deny the veracity of something. In these cases the verb in the main clause *expresses doubt.*

No es cierto		
No es verdad		
Es dudoso	*(it is doubtful)*	
Es cuestionable	*(it is questionable)*	+ que + SUBJUNCTIVE
Dudo que	*(I doubt)*	
Es falso	*(it is false)*	
No está demostrado/probado		
No está claro		

Es dudoso [que el país **salga** de la crisis en un futuro cercano].
It is doubtful that the country will come out of the crisis in the near future.

No es cierto [que el problema del Amazonas **esté** resuelto].
It is not true that the Amazon problem is solved.

C. VERBS THAT EXPRESS DEGREE OF POSSIBILITY

In general terms, possibility is followed by *subjunctive*.

Es posible	*(it is possible)*	
Es probable	*(it is likely)*	+ que + SUBJUNCTIVE
Puede	*(it may be)*	

Es posible [que en el futuro más países **promuevan** formas alternativas de comercio].
It is possible that in the future more countries will promote alternative forms of trade.

Some expressions of possibility can be followed by *either indicative or subjunctive*, depending on the degree of certainty of the speaker.

Posiblemente	*(possibly, likely)*	
Probablemente	*(may be, possibly, likely)*	+ INDICATIVE or SUBJUNCTIVE
Tal vez	*(may be)*	
Quizá	*(may be)*	

Posiblemente la selva amazónica **tendrá** que enfrentar una gran desforestación.
The Amazon will likely have to face a great deforestation.

Posiblemente la selva amazónica **tenga** que enfrentar una gran desforestación.
The Amazon will possibly have to face a great deforestation.

D. VERBS THAT INTRODUCE JUDGEMENTS, EVALUATIONS, FEELINGS

When the speaker/writer expresses a *judgment*, *assessment*, or *feelings* toward something or somebody, the subjunctive is used in the noun clause.

Es increíble / fantástico / ridículo / interesante ...
Es importante / necesario / fundamental ...
Me parece positivo / terrible / extraño / increíble ...
Me gusta / preocupa / molesta / sorprende ...
Me da pena / risa / miedo ...
Me pone nervioso / triste / contento ...   + que + SUBJUNCTIVE
Me alegro de ...
Me interesa ...
Siento
Prefiero
Odio
No soporto

> **Me pone triste** [que **ocurran** casos de racismo hoy en día].
> *It makes me sad that examples of racism occur today.*

> **Es fascinante** [que **haya** tanta diversidad en las Islas Galápagos].
> *It is amazing that there is so much diversity in the Galapagos Islands.*

E. VERBS THAT EXPRESS WILL, WISHES, OR INFLUENCE

When conveying *will* or *wishes*, or when *trying to influence* other people or situation, subjunctive is used in the noun clause.

aconsejar	*(to advise, to recommend)*
decir"	*(to ask, to request)*
desear	*(to wish)*
esperar	*(to hope)*
estar a favor/en contra de	*(to be in favor of / against)*
exigir	*(to demand)*
hacer	*(to cause)*
insistir	*(to insist)*
ordenar	*(to order)*
pedir	*(to request, to demand)*
permitir	*(to allow)*
prohibir	*(to ban, to prohibit)*
proponer	*(to propose)*
querer	*(to want)*
rogar	*(to beg)*
sugerir	*(to suggest)*

+ que + SUBJUNCTIVE

> La nueva ley **prohíbe** [que **se talen** más árboles].
> *The new law **prohibits** that more trees **be** cut down.*

> El gobierno ecuatoriano **ha pedido** a Texaco [que **pague** 17.000 dólares].
> *The Ecuadorian government **has asked** Texaco **to pay** $17,000.*

THE FORM OF THE IMPERFECT SUBJUNCTIVE

In order to form the imperfect subjunctive you need to know the third person plural of the preterite.

conversar	→	**conversa** -ron
conocer	→	**conocie** -ron
decidir	→	**decidie** -ron

There are two forms of imperfect subjunctive that can be used interchangeably:

- AR		-ER		-IR	
conversa **-ra**	**-se**	conocie **–ra**	**-se**	decidie **–ra**	**-se**
conversa **-ras**	**-ses**	conocie **–ras**	**-ses**	decidie **–ras**	**-ses**
conversa **–ra**	**-se**	conocie **–ra**	**-se**	decidie **–ra**	**-se**
conversá **–ramos**	**-semos**	conocié **–ramos**	**-semos**	decidié **–ramos**	**-semos**
conversa **–rais**	**-seis**	conocie **–rais**	**-seis**	decidie **–rais**	**-seis**
conversa **–ran**	**-sen**	conocie **–ran**	**-sen**	decidie **–ran**	**-sen**

As you already know, there are many irregular verbs in the preterite, and the imperfect subjunctive is formed from the irregular forms:

ESTAR
Preterite: estuvie –ron

estuviera	**estuviese**
estuvieras	**estuvieses**
estuviera	**estuviese**
estuviéramos	**estuviésemos**
estuvierais	**estuvieseis**
estuvieran	**estuviesen**

DECIR
Preterite: dije -ron

dijera	**dijese**
dijeras	**dijeses**
dijera	**dijese**
dijéramos	**dijésemos**
dijerais	**dijeseis**
dijeran	**dijesen**

SER/IR
Preterite: fue -ron

fuera	**fuese**
fueras	**fueses**
fuera	**fuese**
fuéramos	**fuésemos**
fuerais	**fueseis**
fueran	**fuesen**

TENER
Preterite: tuvie -ron

tuviera	**tuviese**
tuvieras	**tuvieses**
tuviera	**tuviese**
tuviéramos	**tuviésemos**
tuvierais	**tuvieseis**
tuvieran	**tuviesen**

Other common irregular verbs are:

haber	→	hubiera / hubiese	poner	→	pusiera / pusiese
hacer	→	hiciera / hiciese	querer	→	quisiera / quisiese
ir	→	fuera / fuese	saber	→	supiera / supiese
oír	→	oyera / oyese	seguir	→	siguiera / siguiese
pedir	→	pidiera / pidiese	venir	→	viniera / viniese
poder	→	pudiera / pudiese	ver	→	viera / viese

USE OF THE IMPERFECT SUBJUNCTIVE IN NOUN CLAUSES

This tense is used in all the cases outlined above (pages 271-274, *A* to *E*) when talking about past –not present– events. The three sentences below refer to past events; therefore, *past tenses* are used. The past tense used in the noun clauses is the *imperfect* subjunctive (there is no preterite in the subjunctive mode).

El experto chileno **no pensaba** [que la economía del país **fuera** buena].
*The Chilean expert **did not think** that the economy of the country **was** good.*

No fue demostrado [que la compañía **pusiera** residuos radioactivos en la selva].
*It was not proved that the company **put** radioactive waste in the rainforest.*

La población indígena de esa zona **pidió** [que la compañía petrolera **abandonara** el lugar].
*The indigenous population of that area **asked** the oil company **to leave** the place.*

ATTENTION!

Remember to use infinitive, not subjunctive

a. when the subjects of the verbs in the main clause and in the noun clause are one and the same.

SUBJECT = los países

Los países latinoamericanos **quieren** [repatriar a sus científicos].
*Latin American countries want to **repatriate** their scientists.*

SUBJECT = los países   SUBJECT = sus científicos

Los países latinoamericanos **quieren** [que sus científicos **regresen**].
*Latin American countries **want** their scientists **to come back**.*

b. when a general judgment, without referring to anybody in particular, is made.

Es muy interesante [**observar** las distintas variedades de pájaros en las islas].
*It is very interesting **to observe** the different varieties of birds in the islands.*

Es difícil [**valorar** la situación real de la Amazonia].
*It is difficult **to assess** the real situation in the Amazon.*

5-2. USE OF THE IMPERFECT SUBJUNCTIVE TO TALK ABOUT HYPOTHETICAL SITUATIONS

In Spanish, just like in English, we use the conditional tense to express hypothetical situations. If a noun clause follows a verb in the conditional tense, and that verb requires subjunctive (any verb in categories *C*, *D*, or *E* above), the verb of the noun clause will be *imperfect subjunctive*. This verb does *not* refer to the past, but rather to the *present* or even the *future*.

CONDITIONAL		IMPERFECT SUBJUNCTIVE
Me gustaría	que el gobierno de mi país	**hiciera** más por el medio ambiente.
*I **would like***	*that the government of my country*	***did** more for the environment.*

These are some verbs and expressions that require the use of *imperfect subjunctive* in the noun clause:

sería increíble / fantástico / ridículo / importante ...
sería necesario / recomendable / conveniente ...
me parecería positivo / terrible / extraño ...
me molestaría / alegraría / preocuparía ...
me gustaría / sorprendería ...
me daría pena / lástima / miedo ...
me pondría nervioso / triste / contento ...
preferiría ...
querría ...
desearía ...
exigiría ...
pediría ...
propondría ...
sugeriría ...
aconsejaría ...
estaría a favor de / en contra de ...

} + que + IMPERFECT SUBJUNCTIVE

Sería bueno [que **hubiera** mayor interés por el medio ambiente].
It would be good if there was more interest in the environment.

Yo **sugeriría** [que **se cambiaran** las leyes medioambientales].
I would suggest that the environmental laws were changed.

Me encantaría [que Latinoamérica **tuviera** un lugar más prominente en el terreno científico].
I would love that (if) Latin America had a more prominent place in the scientific world.

Me daría mucha pena [que la selva amazónica **desapareciera** por completo].
It would make me very sad that (if) the Amazon rainforest completely disappeared.

Sería recomendable [que **se redujeran** las emisiones de gases de efecto invernadero].
It would be advisable to reduce the gas emissions of the green house effect.

ATTENTION!

It is very common to use the verb **querer** in the imperfect subjunctive in the main clause.

Querría / quisiera [que los científicos **dedicaran** más tiempo a buscar soluciones al cáncer].
I wish (would want) that scientists devoted more time to find solutions to cancer.

Remember that we use *infinitive*, and not *que + subjunctive*

a. when the subjects of the main clause and the subordinate clause are one and the same.

Preferiría [**colaborar** con una ONG].
I would prefer to collaborate with an NGO.

b. when we make a general judgment, without referring to anybody in particular.

Sería fantástico [**encontrar** una cura para el cáncer].
It would be fantastic to find a cure for cancer.

5-3. RELATIVE CLAUSES

Relative clauses are subordinate clauses that are *equivalent to an adjective*. Like an adjective, these clauses modify an **antecedent** (a subject, direct object, or another complement that appear in the main sentence). They are usually introduced by the *relative pronoun* **que**. This pronoun replaces the antecedent. In all the examples that follow, relative clauses are in brackets.

ANTECEDENT = país   RELATIVE CLAUSE = it modifies the antededent **un país**

Ecuador es <u>un país</u> [**que** reconoce en su Constitución los derechos de la naturaleza].
*Ecuador is a country **that** acknowledges nature's rights in its Constitution.*

There are *two* types of relative clauses in Spanish.

1.   A relative clause can specify, identify, or delimit a specific person, thing, or issue from all in its category. In the example above, the speaker is specifying, from all the countries, the one that recognizes nature's rights. Likewise, in the following example the speaker/writer is specifying, from all the islands, those that belong to Ecuador.

RELATIVE CLAUSE: it specifies the antecedent **las islas**

Las islas [**que** pertenecen a Ecuador] se llaman Galápagos.
*The islands **that** belong to Ecuador are called Galapagos.*

2.   In contrast, other relative clauses do not specify: they just *add information* about something or somebody. These are *explanatory* clauses. It is easy to identify explanatory relative clauses: in writing, they appear separated by commas. In speaking, there is a brief pause before and after them.

RELATIVE CLAUSE: it adds information about the antecedent **islas**

Estas islas, [**que** tienen especies únicas], son de una belleza increíble.
*These islands, **which** have unique species, are incredibly beautiful.*

RELATIVE PRONOUNS WITH PREPOSITION

When the relative clause modifies an *antecedent that originally had a preposition*, the preposition is required *before* the relative pronoun *que*.

a.   Ecuador firmó un documento. **Con** este documento se unió al grupo ALBA.
*Ecuador signed a document. **With** this document it joined the ALBA group.*

Ecuador firmó el documento [**con el que** se unió al grupo ALBA].
*Ecuador signed a document **with which** it joined the ALBA group.*

b.   En Latinoamérica existen cientos de ONGs. Muchos campesinos centroamericanos son miembros **de** ONGs.
*There are hundreds of NGOs in Latin America. Many Central American farmers are members **of** NGOs.*

En Latinoamérica existen cientos de ONGs [**de las que** muchos campesinos son miembros].
*There are hundreds of NGOs in Latin America **of which** many farmers are members.*

As you may have noticed in the two examples, whenever a preposition is needed, an article (**el/la/los/las**) is used before the pronoun **que**. This article *agrees in gender and number with the antecedent.*

PREPOSITION
en, de, con, a, para, por, de ... +

el que
la que
los que
las que

En Chile se están explorando áreas glaciares [**a las que** antes era difícil acceder].
*In Chile, glacier areas **that** were very difficult to access are being explored.*

Un Tratado de Libre Comercio es un acuerdo entre países [**con el que** se amplía su mercado de bienes y servicios].
*A Free Trade Agreement is a treaty between countries **with which** their market of goods and services is expanded.*

La explotación minera afecta a los recursos [**de los que** viven los indígenas].
*Mining exploitation affects the resources **from which** indigenous people live.*

In formal contexts, it is common to use **cual/cuales** instead of **que**. The meaning is exactly the same.

PREPOSITION
en, de, con, a, para, por, de ... +

el cual
la cual
los cuales
las cuales

En Chile se están explorando áreas glaciares [**a las cuales** antes era difícil acceder].
*In Chile, glacier areas **that** were very difficult to access are being explored.*

Un Tratado de Libre Comercio es un acuerdo entre países [**con el cual** se amplía su mercado de bienes y servicios].
*A Free Trade Agreement is a treaty between countries **with which** their market of goods and services is expanded.*

La explotación minera afecta a los recursos [**de los cuales** viven los indígenas].
*Mining exploitation affects the resources **from which** indigenous people live.*

USE OF *LO*

We use **lo** when the antecedent is neutral (**algo, esto, eso, nada**), or it is an *idea* or *concept*.

Este asunto es algo [**de lo que** / **de lo cual** los científicos no pueden hablar en este momento].
*This issue is something **about which** scientists cannot talk at this time.*
lo = something

In *explanatory* relative clauses, we use **lo que** or **lo cual** to introduce a relative clause that has the purpose of explaining something further.

Las exportaciones de México han aumentado, [**lo que** / **lo cual** ha dado crecimiento económico al país].
*Mexican exports have increased, **which** has brought economical growth to the country.*
lo = the increase in exports

El aumento del nivel del mar es peligroso, [**por lo que** / **por lo cual** los gobiernos deben buscar una solución].
*The increase in sea level is dangerous, **due to which** governments must find a solution.*
lo = the idea that the increase in sea levels is dangerous

USE OF *DONDE*

When referring to a place, we can use **donde** instead of **en + el/la/los/las + que**.

Argentina y Chile son países [**en los que / donde** se invierte mucho dinero en investigación científica].
*Argentina and Chile are countries **in which / where** a lot of money is invested in scientific research.*

El Parque Yasuní es una zona de la Amazonia [**en la que / donde** viven 2.000 indígenas].
*Park Yasuní is an area of the Amazon **in which / where** 2,000 indigenous people live.*

USE OF *CUYO/CUYA/CUYOS/CUYAS*

The pronoun **cuyo /cuya / cuyos / cuyas** *(whose)* is used to express possession.

Manuel Patarroyo es un científico [**cuyos** descubrimientos han ayudado a crear una vacuna contra la malaria].
*Manuel Patarroyo is a scientist **whose** discoveries have helped develop a vaccine to fight malaria.*

UTPMP es una ONG [**cuya** misión es contruir casas para las personas más desfavorecidas].
*UTPMP is an NGO **whose** mission is to build homes for the disadvantaged.*

USE OF *QUIEN, QUIENES* TO REFER TO PEOPLE

Unlike in English, in Spanish we also use *que* to refer to people.

El científico mexicano [**que** descubrió el agujero de la capa de ozono se llama Mario Molina].
*The Mexican scientist **who** discovered the hole in the ozone layer is Mario Molina.*

There are only two occasions in which **quien** (or **quienes**) can be used instead of **que**:

1. after a preposition (*en, de, con, a, para, por, de* ...).

In this case, **quien(es)**, **el/la/los/las que**, or **el/la/los/las cual(es)** are interchangeable.

Los indígenas [**con quienes** se reunió el presidente] le entregaron una lista de peticiones.
Los indígenas [**con los que** se reunió el presidente] le entregaron una lista de peticiones.
Los indígenas [**con los cuales** se reunió el presidente] le entregaron una lista de peticiones.
*The indigenous peoples **with whom** the President met gave him a list of petitions.*

PREPOSITION +	el que	= el cual	= **quien**
	la que	= la cual	= **quien**
	los que	= los cuales	= **quienes**
	las que	= las cuales	= **quienes**

2. if the relative clause is an explanatory clause.

In this case, **quien(es)**, **que**, or **el/la/los/las cual(es)** are interchangeable.

Mario Molina, [**quien / que / el cual** ganó un Premio Nobel], descubrió el agujero de la capa de ozono.
*Mario Molina, **who** was awarded a Nobel Prize, discovered the hole in the ozone layer.*

5-4. USE OF THE IMPERFECT SUBJUNCTIVE IN RELATIVE CLAUSES

When a relative clause describes an antecedent that we personally know, or that we know for a fact to exist, the verb of the relative clause is in the *indicative*.

ANTECEDENT IS KNOWN
↓

El TLCAN es un <u>tratado de libre comercio</u> [que **elimina** barreras comerciales entre México, Canadá y los EE.UU.].
The TLCAN is a free trade agreement that eliminates trade barriers between Mexico, Canada, and the US.

Chile es <u>un país</u> [en el que **se invierte** mucho dinero en investigación].
*Chile is a country **in which** a lot of money is invested in research.*

Los países firmaron <u>un tratado</u> [que **permitía** el comercio libre].
The countries signed an agreement that allowed free trade.

However, the verb of the relative clause is in the *subjunctive* when the clause refers to someone or something that we don't know, that is not specific, that is hypothetical (does not exist), or whose existence is negated.

ANTECEDENT IS HYPOTHETICAL
↓

Algunos países quieren <u>un tratado de libre comercio</u> [**que elimine** barreras].
Some countries want a free trade agreement that eliminates trade barriers.

ANTECEDENT IS NEGATED
↓

Este país <u>no tiene un plan</u> [**con el que pueda** resolver la pobreza extrema].
*This country does not have a plan **with which to** resolve extreme poverty.*

As we know, the choice between *present subjunctive* or *imperfect subjunctive* depends on the time frame.

PRESENT   PRESENT SUBJUNCTIVE
↓   ↓

Queremos crear una ONG [con la que **podamos** ayudar a los países en desarrollo].
We want to create an NGO with which we can help developing countries.

PAST   IMPERFECT SUBJUNCTIVE
↓   ↓

Esos jóvenes **querían** crear una ONG [con la que **pudieran** ayudar a los países en desarrollo].
*Those young people **wanted** to create an NGO with which they **could** help developing countries.*

CONDITIONAL   IMPERFECT SUBJUNCTIVE
↓   ↓

Sería útil crear una ONG [con la que **pudiéramos** ayudar a los países en desarrollo].
It would be useful to create an NGO with which we could help developing countries.

César Chávez (1927-1993), líder de
derechos civiles

TEMAS

Enfoque 1
- la presencia de la población latina en Estados Unidos
- César Chávez y el Movimiento Chicano; el Mes de la Herencia Hispana en EE.UU.
- los hispanos en el cine; las escritoras latinas y el tema de la identidad

Enfoque 2
- la inmigración desde Latinoamérica a Estados Unidos
- las remesas; ciudades fronterizas
- música sobre migración hispana; cine sobre migración hispana

Enfoque 3
- el español en Estados Unidos: bilingüismo y biculturalismo
- el estudio del español en Estados Unidos; el 'spanglish'
- escritores hispanos en Estados Unidos: bilingüismo y biculturalismo; la música en español en Estados Unidos

LECTURA
- leer e interpretar un texto argumentativo
- los datos y las citas
- las preguntas retóricas

ESCRITURA
- escribir una entrada para un blog
- el uso de citas y referencias

¡A DEBATE!
- referirse a aspectos de un tema
- expresar el significado o consecuencia de un dato específico

GRAMÁTICA
- el estilo indirecto
- construcciones condicionales: las hipótesis con indicativo vs. subjuntivo
- uso del pluscuamperfecto de subjuntivo y el condicional compuesto

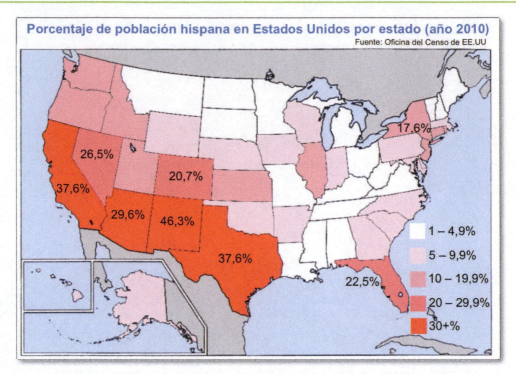

Porcentaje de población hispana en Estados Unidos por estado (año 2010)

Fuente: Oficina del Censo de EE.UU

26,5%
37,6%
29,6%
46,3%
20,7%
17,6%
37,6%
22,5%

1 – 4,9%
5 – 9,9%
10 – 19,9%
20 – 29,9%
30+%

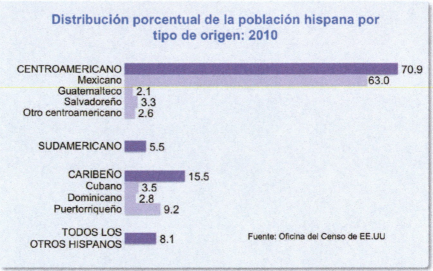

Distribución porcentual de la población hispana por tipo de origen: 2010

CENTROAMERICANO — 70.9
Mexicano — 63.0
Guatemalteco — 2.1
Salvadoreño — 3.3
Otro centroamericano — 2.6

SUDAMERICANO — 5.5

CARIBEÑO — 15.5
Cubano — 3.5
Dominicano — 2.8
Puertorriqueño — 9.2

TODOS LOS OTROS HISPANOS — 8.1

Fuente: Oficina del Censo de EE.UU

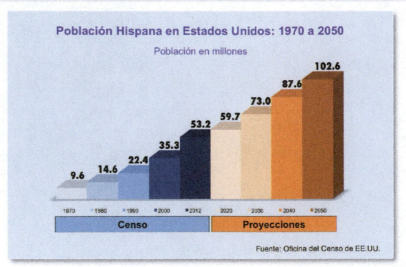

Población Hispana en Estados Unidos: 1970 a 2050

Población en millones

9.6 14.6 22.4 35.3 53.2 59.7 73.0 87.6 102.6

1970 1980 1990 2000 2012 2020 2030 2040 2050

Censo   Proyecciones

Fuente: Oficina del Censo de EE.UU.

6-1 HISPANOS NOTABLES

Estos son diez de los hispanos más influyentes en Estados Unidos. Asocia cada una de las fotos con una de las descripciones. Después escribe cuatro nombres más, di cuál es su origen y en qué área destacan.

A B C D E

F G H I J

1. **Ellen Ochoa**
   Es de California, de padres mexicanos. Fue astronauta e ingeniera antes de ser directora del Centro Espacial Johnson de la NASA en Houston, Texas. Fue la primera mujer hispana en ir al espacio a bordo del transbordador espacial *Discovery* en 1993.

2. **Ken Salazar**
   Nació en Colorado y es Secretario del Interior de EE.UU. desde 2009. Sus padres eran estadounidenses de ascendencia española. Demócrata, ganó un escaño en el Senado en 2004. Fue el primer senador hispano en EE. UU.

3. **Marco Rubio**
   Nació en Miami y sus padres son emigrantes cubanos. Es un político perteneciente al Partido Republicano y senador del estado de Florida desde 2010. Es el primer senador de origen cubano de la historia de EE.UU.

4. **Mark Sánchez**
   Nació en Long Beach, California, y juega fútbol americano para los New York Jets. Es mexicano-estadounidense de tercera generación y un símbolo dentro de esta comunidad para los jóvenes.

5. **Esmeralda Santiago**
   Nació en San Juan, Puerto Rico, y es una escritora de gran éxito en EE.UU., donde emigró cuando tenía 13 años. Asistió a la Escuela de Arte Dramático de Nueva York y a la Universidad de Harvard. Entre sus novelas más famosas está *When I was Puerto Rican* (1994).

6. **Hilda Solís**
   Es de California, de madre nicaragüense y de padre mexicano, y fue Secretaria de Trabajo de EE.UU. (2009-2013). Antes fue congresista demócrata. Es la primera mujer latina de la historia en ser miembro del senado estatal de California.

7. **Robert Rodríguez**
   Es un director de cine nacido en Texas en una familia de inmigrantes mexicanos. Su primera película fue *El mariachi* (1992). Otras películas son *Desperado* (1995), *Abierto hasta el amanecer* (1996), *Spy Kids* (2001), *Sin City* (2005) y *Machete* (2010).

8. **Carolina Herrera**
   Es una diseñadora de moda de fama internacional que nació en Caracas, Venezuela, y que fundó su propio imperio en 1981 cuando se estableció en Nueva York. Sus tiendas se pueden encontrar en las capitales más importantes del mundo.

9. **Mario Molina**
   Es un ingeniero químico mexicano precursor del descubrimiento del agujero de ozono antártico. Recibió el Nobel de Química en 1995. Es profesor en MIT y adquirió la ciudadanía estadounidense en 1989.

10. **América Ferrera**
    Es una actriz hija de padres hondureños inmigrantes. En 2007 fue elegida mujer latina del año por la revista 'Billboard'. En el 2002 hizo su debut en la película *Real Women Have Curves*.

PERSPECTIVA LINGÜÍSTICA

VOCABULARIO META

abogar por	*to plead for, to defend*	hogar (el)	*home*
alistarse	*to enlist, to join up*	índice (el)	*index, rate*
ancestro (el)	*ancestor*	ingresos (los)	*income*
angloparlante	*English-speaking*	juez/jueza (el, la)	*judge*
ascendencia (la)	*heritage, descent*	latino/a	*Latino*
bilingüe	*bilingual*	mayoría (la)	*majority*
bilingüismo (el)	*bilingualism*	minorías (las)	*minorities*
carrera (la)	*career*	mexicano-estadounidense	*Mexican American*
censo (el)	*census*	nacer	*to be born*
ciudadanía (la)	*citizenship*	nacimiento (el)	*birth*
ciudadano/a (el, la)	*citizen*	patria (la)	*homeland*
criarse	*to grow up, to be raised*	pertenecer	*to belong*
descendencia (la)	*descendants*	pertenencia (la)	*belonging*
descender de	*to be a descendant of*	población (la)	*population*
descendiente (el, la)	*descendant*	promedio (el)	*average*
electorado (el)	*electorate*	raíces (las)	*roots, origins*
heredar	*to inherit*	raza (la)	*race*
herencia (la)	*heritage*	reclutar	*to enlist*
hipoteca (la)	*mortgage*	superar	*to overcome*
hispano/a	*Hispanic*	Tribunal Supremo (el)	*Supreme Court*
hispanohablante (el, la)	*Spanish-speaking*		

6-2 ESTADÍSTICAS DE POBLACIÓN LATINA EN EE.UU.

Lee este texto sobre los términos 'hispano' y 'latino'. Después responde a las preguntas.

Figura 1.
Reproducción de la pregunta sobre origen hispano proveniente del Censo del 2010

→ NOTA: Por favor, conteste la Pregunta 8 sobre origen hispano Y la Pregunta 9 sobre raza. Para este censo, origen hispano no es una raza.

8. ¿Es la Persona 1 de origen hispano, latino o español?

☐ No, no es de origen hispano, latino o español
☐ Sí, mexicano, mexicano americano, chicano
☐ Sí, puertorriqueño
☐ Sí, cubano
☐ Sí, otro origen hispano, latino o español — *Escriba el origen, por ejemplo, argentino, colombiano, dominicano, nicaragüense, salvadoreño, español, etc.* ✍

Fuente: Cuestionario del Censo del 2010 de la Oficina del Censo de los Estados Unidos.

El ultimo censo de población de EE.UU. fue llevado a cabo en el año 2010. Los datos reflejaron que entre 2000 y 2010 hubo un aumento considerable en el número de personas que se identificaron como hispanos. De acuerdo con estos datos, en 2010 había 50,5 millones de hispanos en EE.UU. Según la Oficina del Censo, el término 'hispano' se refiere a una persona de cultura u origen cubano, mexicano, puertorriqueño, sudamericano o centroamericano, o de cualquier otra cultura hispana, latina o española. Cuando una persona residente en EE.UU. completa el cuestionario del Censo, debe responder a dos preguntas independientes: una se refiere a su origen o cultura y otra a su raza. Una persona puede responder que es de origen latino —por ejemplo cubano— y que su raza es blanca. Otra puede contestar que es de origen cubano y que su raza es negra.

Sin embargo, de acuerdo con un estudio del Centro Hispano Pew, la mayoría de los hispanos (51%) prefiere definirse por el país de origen de sus familias y no con la etiqueta de 'hispano' o 'latino', que globaliza estadísticamente a su comunidad y no atiende a su amplitud cultural. Los resultados de este estudio indican que sólo el idioma, algunas creencias religiosas y sus preferencias políticas cohesionan a una comunidad con diversidad de países y razas. El mismo estudio muestra que el 69% no cree que haya una cultura hispana común. El 51% de los consultados dice que tiene problemas para encasillarse en la lista de razas que presentan los formularios del censo y responden como "otra raza".

RL GRAMÁTICA 6-1 (pp. 333-335)

Estudia la Gramática (p. 332). Luego identifica en el texto los *seis verbos* que introducen frases en estilo indirecto. Subraya las *seis frases* que estos verbos introducen.

1. Los datos **reflejaron** que ...

3. _____ que ...

5. _____ que ...

2. _____ que ...

4. _____ que ...

6. _____ que ...

Ahora examina estas estadísticas sobre la población hispana en Estados Unidos y completa estas frases para cada una de ellas.

1. Los datos **indican que** ...

2. Los datos **muestran que** ...

3. Los datos **reflejan que** ...

Promedio de edad

Hispanos	27
Nacidos en EE.UU.	18
Nacidos en otro país	38
Blancos no hispanos	42
Negros no hispanos	32
Asiáticos no hispanos	35
Otros no hispanos	23
Total	37

Fuente: Pew Hispanic Center

Hispanos en Estados Unidos, 2010
INDICE DE POBREZA

	<18 años	18-64 años	65> años	Total
Hispanos	32,4	20,9	18,7	24,7
Nacidos en EE.UU.	31,7	18,1	15,7	24,8
Nacidos en otro país	39,9	23,5	21,0	24,5
Blancos no hispanos	13,2	10,7	7,0	10,6
Negros no hispanos	38,1	23,1	18,3	26,9
Asiáticos no hispanos	12,7	12,0	13,0	12,2
Otros no hispanos	23,6	19,5	13,4	20,8
Total	21,6	14,1	9,0	15,3

Fuente: Pew Hispanic Center

Universitarios por raza y etnicidad

	Tasa de matriculación universitaria	
	2010	2000
Hispanos	31,1	20,0
Nacidos en EE.UU.	37,5	27,0
Nacidos en otro país	17,0	11,4
Blancos no hispanos	46,9	37,7
Negros no hispanos	36,6	27,3
Asiáticos no hispanos	66,0	57,8
Otros no hispanos	40,8	33,0
Total	42,9	33,9

Fuente: Pew Hispanic Center

Bajada de las tasas de desempleo
% de desempleados

Negros — 8.3, 11.1, 12.7, 16.6, 16.8, 14.4
Hispanos — 5.7, 7.9, 12.1, 11.2, 9.9
Blancos — 4.0, 4.9, 8.0, 7.8, 7.3, 6.6

2007 2008 2009 2010 2011 2012

Nota: Blancos y negros incluye solo no hispanos; los hispanos pueden ser de cualquier raza

Fuente: Pew Research Center

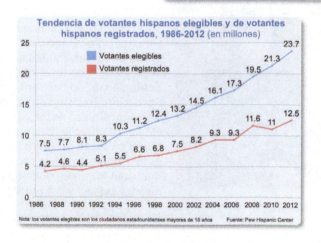

Tendencia de votantes hispanos elegibles y de votantes hispanos registrados, 1986-2012 (en millones)

Votantes elegibles: 7.5, 7.7, 8.1, 8.3, 10.3, 11.2, 12.4, 13.2, 14.5, 16.1, 17.3, 19.5, 21.3, 23.7
Votantes registrados: 4.2, 4.6, 4.4, 5.1, 5.5, 6.6, 6.8, 7.5, 8.2, 9.3, 9.3, 11.6, 11, 12.5

1986 1988 1990 1992 1994 1996 1998 2000 2002 2004 2006 2008 2010 2012

Nota: los votantes elegibles son los ciudadanos estadounidenses mayores de 18 años   Fuente: Pew Hispanic Center

RL GRAMÁTICA 6-1 (pp. 333-335)

Imagina que es el año 2020. Refiere los datos de los gráficos anteriores teniendo en cuenta que son de años pasados. ¡Atención!: en el año 2020 el tiempo y la situación han cambiado.

1. Con respecto al desempleo, los datos **indican** que ...

2. Con respecto a la pobreza, los datos **muestran** que ...

3. Con respecto a la educación universitaria, los datos **dicen** que ...

4. Con respecto al voto latino, los datos **reflejan** que ...

5. Con respecto a la edad de los hispanos, los datos **reflejan** que ...

INTERPRETACIÓN

 ¿Cuáles creen que pueden ser las razones de los datos reflejados en los gráficos de la página anterior? Piensen en posibles causas y consecuencias para cada una de estas cinco áreas.

	CAUSAS Y CONSECUENCIAS
1. Desempleo	1. ... debido a ... 2. ...; como consecuencia ...
2. Pobreza	1. ... ya que ... 2. ...; por lo tanto, ...
3. Educación universitaria	1. ... debido a ... 2 ...; por eso ...
4. Voto	1. ... ya que ... 2. ...; entonces ...
5. Edad	1. ... porque ... 2. ...; y por eso ...

6-3 LA JUEZA SONIA SOTOMAYOR

 Lee el texto y después mira la entrevista del periodista Jorge Ramos con Sonia Sotomayor, jueza del Tribunal Supremo de Estados Unidos.

Sonia Sotomayor

Sonia Sotomayor, la primera persona hispana en el máximo tribunal de justicia de Estados Unidos, **nació en el condado del Bronx**, en Nueva York. **Obtuvo su título de grado en la Universidad de Princeton en 1976** y posteriormente el título Juris Doctor en la escuela de leyes de la Universidad de Yale. Su madre, Celina Sotomayor, a quien Sonia da crédito por ser la inspiración de su vida, puso gran énfasis en el valor de la educación. Tras su nominación, la jueza dijo: "Soy una persona común bendecida con una oportunidad extraordinaria". En 2013 publicó sus memorias en un libro titulado *Mi mundo adorado* donde, entre otros temas, destacó la importancia y el orgullo de ser latino en Estados Unidos. "Tuve muchas razones para escribir este libro y una de ellas es la esperanza de que cada latino, niño y adulto, **encuentre algo conocido en él.** Espero que cuando terminen de leer el libro **tengan un sentimiento renovado de orgullo por nuestra cultura** y por quienes somos".

COMPRENSIÓN

1. ¿Cierto o falso? Sonia Sotomayor dijo que, para progresar, los latinos tienen que demostrar lo mismo que los no latinos.
2. ¿Qué influencia tuvo en la jueza su enfermedad de diabetes, diagnosticada cuando tenía siete años?
3. ¿Cuál es el valor de la educación, según la jueza Sotomayor?
4. ¿Cómo la describió su compañera de clase de la escuela secundaria?
5. ¿Cierto o falso? Sonia Sotomayor dijo que cuando toma decisiones en el Tribunal Supremo está pensando en la población latina.
6. ¿Qué opina la jueza sobre (a) el derecho a portar armas y (b) el estatus de Puerto Rico?

RL GRAMÁTICA 6-1 (pp. 333-335)

Lee las frases en negrita en el texto. Completa esta información usando en estilo indirecto. ¿Qué dijo el texto sobre Sonia Sotomayor?

1. El texto **dijo que** Sonia Sotomayor …

2. El texto **dijo que** Sonia Sotomayor …

3. Sonia Sotomayor **esperaba que**, después de leer su libro, cada latino …

4. Sonia Sotomayor **esperaba que**, después de leer su libro, los latinos …

RL GRAMÁTICA 6-2 (pp. 336-337)

Estudia la Gramática de 6-2. Mira el video y presta atención a las preguntas que Jorge Ramos le hace a Sonia Sotomayor. Completa estas cuatro frases con *preguntas indirectas*. ¿Qué le preguntó Jorge Ramos?

1. Jorge Ramos le **preguntó si** …

2. Jorge Ramos le **preguntó por qué** …

3. Jorge Ramos le **preguntó cómo** …

4. Jorge Ramos le **preguntó si** …

INTERPRETACIÓN

Sonia Sotomayor dijo que los latinos tienen que demostrar su valía más que otros por el hecho de ser latinos. ¿Están de acuerdo? ¿Ocurre esto con todas las minorías? Formulen dos argumentos para apoyar la opinión de la jueza y dos en contra.

	ARGUMENTOS
DE ACUERDO	1. … porque … 2. …; y por eso …
EN DESACUERDO	1. … porque … 2. …; y por eso …

6-4 LATINOS EN EL EJÉRCITO

Lee este texto sobre la presencia de latinos en el ejército de Estados Unidos. Luego responde a las preguntas.

Los hispanos constituyen alrededor del 12% del ejército de Estados Unidos y el nivel de reclutamiento crece día a día. Según el subsecretario de Defensa, "de los 180.000 nuevos reclutas anuales que pasan a personal activo, un 14% son latinos".

Los hispanos han participado en todas las guerras de Estados Unidos –desde la Guerra Civil hasta la Guerra de Afganistán– y hay actualmente más de un millón de veteranos hispanos vivos. Los más ancianos son supervivientes de la Segunda Guerra Mundial, en la que participaron medio millón de hispanos, y de la guerra de Vietnam, en la que un tercio de los soldados heridos y la quinta parte de los muertos era de origen hispano.

Los hispanos, al igual que la población afroamericana, están prácticamente ausentes de los rangos superiores, donde el 83% de los oficiales son blancos no hispanos. Según las estadísticas, la raza tiene menos que ver con la tendencia a alistarse en el ejército que el nivel socioeconómico. Familia, oportunidad, dinero o escape de situaciones difíciles en el hogar, son algunas de las razones por las que se alistan en el ejército.

La Medalla de Honor, la condecoración más importante que un soldado puede recibir del gobierno de Estados Unidos, y que se concede cuando el soldado arriesga su propia vida en acción enemiga, ha sido dada a 44 hispanos, diez de los cuales habían nacido fuera de Estados Unidos. El soldado David Bennes, que participó en la Primera Guerra Mundial, ha sido reconocido como el primer soldado hispano del ejército de tierra en recibir la Medalla de Honor. Mucho antes, en 1864, el marinero John Ortega, español, se convirtió en el primer miembro hispano de la marina de Estados Unidos en recibir la condecoración. El sargento Macario García fue el primer inmigrante mexicano que recibió la medalla por sus acciones heroicas en la Segunda Guerra Mundial. El más reciente fue el sargento Leroy Petry por sus acciones en Afganistán.

Macario García

COMPRENSIÓN

1. ¿A qué se refieren en el texto estas cifras? 14%:   83%:
2. ¿Qué factor está más relacionado con el alistamiento de personas en el ejército en EE.UU.: el nivel socioeconómico o la raza?
3. ¿Cuántos hispanos participaron en la Segunda Guerra Mundial?
4. ¿Qué tuvieron en común John Ortega y Macario García?
5. ¿Cuántos hispanos nacidos en Estados Unidos han recibido la Medalla de Honor?

RL GRAMÁTICA 6-1 (pp. 333-335)

Completa estas frases con información del texto usando tus propias palabras. Presta atención al cambio de los verbos. ¡Atención!: considera si la situación y los datos han cambiado, o son los mismos hoy.

1. El texto **dijo** que en la segunda Guerra Mundial …

2. El texto **indicó** que en los rangos superiores del ejército de EE.UU. …

3. El texto **mencionó** que 44 hispanos …

4. El texto **dijo** que Leroy Petry …

 Ahora mira este video donde habla Esteban, un latino que forma parte del ejército.

COMPRENSIÓN

1. ¿Qué trabajo hacía Esteban en Irak?
2. Según Esteban ¿para qué se alistan muchos hispanos en el ejército?
3. ¿Qué le gustaría ver a Esteban?
4. Esteban dijo que lo más difícil era _____ y lo que más le gustaba era _____.

INTERPRETACIÓN

1. Piensen en dos razones por las que los hispanos no están representados en los altos cargos del ejército de EE.UU.
2. ¿Se debe conceder la ciudadanía a los inmigrantes hispanos que luchan en el ejército de EE.UU.? ¿Y a sus familias? Piensen en dos argumentos para defender cada posición y hagan un pequeño debate.

	ARGUMENTOS
A FAVOR	1. Creemos que … porque según el texto … 2. Además, nos parece que … porque de acuerdo con …
EN CONTRA	1. No creemos que … porque según el gráfico … 2. Además, nos parece que … porque de acuerdo con …

6-5 LATINOS EN LA POLÍTICA

 Un ejemplo de la relevancia de los hispanos en la política ha sido Bill Richardson. Escucha lo que dijo a la comunidad hispana en esta entrevista. Después responde a las preguntas.

Bill Richardson nació en California. Su madre era española y su padre nicaragüense. Vivió en México hasta los 13 años. Fue congresista demócrata por Nuevo México durante 14 años, embajador de los EE.UU. ante la ONU y gobernador de Nuevo México de 2002 a 2010. La importancia de Bill Richardson para la comunidad hispana en Estados Unidos reside en que fue el primer latino candidato a la nominación (en 2008) para la presidencia.

Bill Richardson

COMPRENSIÓN

1. ¿Qué dijo Bill Richardson sobre el "sueño americano"?
2. ¿Cómo apeló Bill Richardson específicamente a los votantes latinos? Da tres ejemplos.

> **RL GRAMÁTICA 6-1 (pp. 333-335)**
>
> Escucha otra vez la entrevista y completa estas frases en estilo indirecto. Presta atención a los verbos en negrita para determinar en qué tiempo y modo verbal (indicativo o subjuntivo) deben estar los verbos que faltan.
>
> 1. Bill Richardson **pidió** a los latinos que ... porque ...
>
> 2. Bill Richardson **pidió** a los latinos que ... y que no ...
>
> 3. Bill Richardson **dijo** a los latinos que, **si no votan**, ...
>
> 4. Finalmente, les **pidió** que ... porque ...

 Otro ejemplo de la relevancia de los hispanos en la política es el senador Marco Rubio. Mira la entrevista y después responde a las preguntas.

Marco Rubio nació en Miami, Florida. Sus padres inmigraron a Estados Unidos desde Cuba. Es miembro del partido republicano y senador por el estado de Florida desde 2010, lo que le convierte en el primer senador de origen cubano de la historia. Para muchos analistas Rubio es además una figura política que podría ser relevante para atraer más votos latinos al partido republicano.

Marco Rubio

COMPRENSIÓN

1. ¿Por qué escribió Marco Rubio su libro *Un hijo americano*, según sus propias palabras?
2. ¿Qué le dijo Marco Rubio a su abuelo cuando era niño?
3. ¿Cuál es la posición de Rubio sobre la inmigración a Estados Unidos?
4. ¿Cómo explicó Rubio su posición sobre la lengua inglesa?

> **RL GRAMÁTICA 6-1 (pp. 333-335)**
>
> Escucha otra vez la entrevista y completa estas frases en estilo indirecto para resumir algunas de las cosas que dijo Marco Rubio. Presta atención a los verbos en negrita para determinar en qué tiempo y modo verbal (indicativo o subjuntivo) deben estar los verbos que faltan.
>
> 1. Marco Rubio **dijo** que (escribir) _____ su libro para ...
>
> 2. Marco Rubio **negó que** ...
>
> 3. Jorge Ramos **pidió** a Marco Rubio que ...
>
> 4. Marco Rubio **insistió en que** ...

INTERPRETACIÓN

 1. ¿Qué es el "sueño americano"? ¿Piensan que hoy la gente cree en esta idea? ¿Y los latinos? Dos de ustedes creen en este concepto y dos no. Preparen dos argumentos a favor o en contra y hagan un pequeño debate.

	ARGUMENTOS
El sueño americano existe	1. En nuestra opinión, ... porque ... 2. Nos parece que ... porque ...
El sueño americano no existe	1. Aunque ... , nos parece que ... porque ... 2. Nosotros no pensamos que ... porque ...

2. ¿Qué tienen en común y en qué se diferencian estos dos políticos hispanos? Piensen en dos similitudes y en dos diferencias y luego compártanlas con la clase.

Similitudes	1. Tanto ... como ... 2. Los dos ...
Diferencias	1. ...; en cambio ... 2. ...; por el contrario, ...

 3. Lean el texto y miren estos anuncios. Luego escriban el guión de un anuncio político en español (del partido demócrata o republicano) para movilizar al electorado latino.

El voto latino fue decisivo en las elecciones de 2008, 2010 y 2012. Tras las elecciones de 2010, donde los latinos representaron el 10% del electorado, el Senado tenía dos latinos: uno republicano (Marco Rubio, Florida) y otro demócrata (Bob Menéndez, Nueva Jersey) y el Congreso tenía dieciocho latinos: ocho republicanos y diez demócratas. De acuerdo con un análisis del Centro Pew, en las elecciones presidenciales de 2012 un 71% de latinos votó por Barack Obama y, de acuerdo con la organización estadounidense Consejo Nacional de La Raza, que se dedica a promover los derechos civiles de los hispanos, en estados como Florida, Colorado, Nevada, o Pensilvania el voto latino fue un factor decisivo.

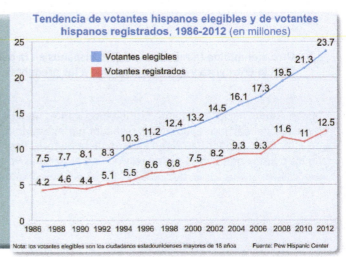

Tendencia de votantes hispanos elegibles y de votantes hispanos registrados, 1986-2012 (en millones)

Nota: los votantes elegibles son los ciudadanos estadounidenses mayores de 18 años   Fuente: Pew Hispanic Center

Anuncio 1

1. ¿Cuál es el mensaje de este anuncio de la campaña?
2. ¿Qué estrategia usa?
3. ¿A qué tipo de latinos crees que se dirige?
4. ¿Qué aspectos del anuncio te parecen más efectivos? ¿Cuáles menos?

Anuncio 2

1. ¿Cuál es el mensaje de este anuncio de la campaña?
2. ¿Qué estrategia usa?
3. ¿A qué tipo de latinos crees que se dirige?
4. ¿Qué aspectos del anuncio te parecen más efectivos? ¿Cuáles te parecen menos efectivos?

PERSPECTIVAS INTERCULTURALES

6-6 CÉSAR CHÁVEZ Y EL MOVIMIENTO CHICANO

Hoy los hispanos destacan en múltiples áreas; sin embargo hace cincuenta años este sueño no era posible. La situación de los hispanos comenzó a cambiar en los años sesenta gracias a líderes como César Chávez.

A mediados del siglo pasado las condiciones laborales en el campo en California eran penosas. Estos trabajadores, mayoritariamente de origen mexicano, no tenían descanso, estaban expuestos a los efectos nocivos de los pesticidas y no tenían seguros. Su esperanza de vida apenas alcanzaba los 49 años. Sus hijos, además, vivían condenados al mismo ciclo. Los niños acudían una media de dos o tres años a la escuela, ya que tenían que ayudar a sus padres en el campo. Muchos sentían que eran tratados sin dignidad ni respeto, viviendo permanentemente segregados. Con el liderazgo de César Chávez y bajo el lema de "Sí se puede", surgió la Asociación Nacional de Trabajadores Agrícolas, el primer gremio de campesinos del país, fundada después de largas huelgas laborales, marchas de protesta, boicots e incluso huelgas de hambre.

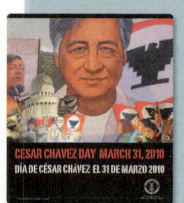

Chávez fue un ejemplo de resistencia pacífica, paciencia y persistencia que contribuyeron a que el sindicato lograra muchas victorias, como contratos con grandes empresas, mejora de las condiciones laborales, seguro de desempleo y cobertura médica en casos de accidentes en el trabajo. La lucha de Chávez por los derechos laborales se extendió a los derechos civiles, convirtiendo a Chávez en un líder social. Los chicanos, hasta entonces término peyorativo para designar a las personas de origen mexicano, ejercieron una militancia sin precedente, luchando por el cambio social y el acceso al poder.

El Movimiento Chicano (1965-1974) supuso un despertar político, impulsado por el orgullo basado en la historia, cultura y herencia mexicanas. Este movimiento tuvo un impacto cultural tan grande que en los años sesenta y setenta comenzaron a ofrecerse programas de estudios chicanos en universidades de California y Texas, y hoy día universidades como Michigan State o Santa Bárbara en California tienen programas de doctorado. En 1994 se le otorgó póstumamente la Medalla de la Libertad, el honor más grande del país para civiles.

COMPRENSIÓN

1. ¿Qué fue la Asociación Nacional de Trabajadores Agrícolas?
2. ¿Qué significa y cómo ha evolucionado la palabra 'chicano'?
3. ¿Qué fue el Movimiento Chicano?

INTERPRETACIÓN

1. La figura de César Chávez se puede comparar con la de Martin Luther King. Piensen en dos similitudes y dos diferencias.

Similitudes	1. Tanto ... como ... 2. ...; del mismo modo, ...
Diferencias	1. ...; sin embargo ... 2. ...; por el contrario, ...

2.   Lean estas citas de César Chávez. ¿Cuáles de ellas tienen que ver con los siguientes temas?

liderazgo   **pobreza**   **identidad**
pacifismo   **comunidad**   **medioambiente**

a.   *"La preservación de la cultura propia no requiere que se desdeñen ni desprecien otras".*
b.   *"Necesitamos ayudarles a los estudiantes y sus padres a amar y preservar la diversidad étnica y cultural que nutre y fortalece esta comunidad -y esta nación".*
c.   *"En la abstención de la violencia no hay derrota".*
d.   *"Es irónico que quienes aran la tierra, cultivan y recolectan las frutas, las verduras y otros alimentos que llenan sus mesas con abundancia, no tengan nada que les quede para ellos mismos".*
e.   *"Es asombroso que las personas puedan emocionarse tanto por un cohete lanzado a la luna y no preocuparse en absoluto del 'smog', los derrames de petróleo, la devastación del ambiente con los pesticidas, el hambre y las enfermedades".*

6-7 EL MES DE LA HERENCIA HISPANA EN ESTADOS UNIDOS

Lee este texto sobre el Mes de la Herencia Hispana. Después responde a las preguntas.

Cada año, los estadounidenses observan el *Mes de la Herencia Hispana* del 15 de septiembre al 15 de octubre con la celebración de las historias, las culturas y las contribuciones de los ciudadanos estadounidenses cuyos antepasados provenían de España, México, el Caribe y América Central y del Sur. La celebración comenzó en 1968 como la *Semana de la Herencia Hispana* durante la presidencia de Lyndon Johnson. Para estimular la participación, el presidente Gerald R. Ford emitió una proclama en 1974 que instaba a las escuelas y a las organizaciones de derechos humanos a participar de lleno en la celebración. Su duración fue ampliada por el presidente Ronald Reagan en 1988 para cubrir un período de 30 días a partir del 15 de septiembre. Esta fecha es importante porque es el aniversario de la independencia de Costa Rica, El Salvador, Guatemala, Honduras y Nicaragua. Además, México y Chile celebran su independencia el 16 y 18 de septiembre, respectivamente. El Día de la Hispanidad o Día de la Raza, que es el 12 de octubre, está comprendido dentro de este período de 30 días. Entre los eventos más importantes está el desfile que se celebra desde hace casi cincuenta años en Nueva York, donde cada país de habla hispana rinde honor a su cultura y sus costumbres.

COMPRENSIÓN

1.   ¿Qué es el Mes de la Herencia Hispana, desde cuándo se celebra y por qué? Responde usando tus propias palabras.
2.   ¿Qué otras fechas son importantes dentro de este mes?

INTERPRETACIÓN

Estas son las respuestas que varios latinos en EE.UU. dieron ante la pregunta: "¿Qué es para ti ser latino?". Seleccionen cuatro y expliquen *qué significan* y *por qué son importantes* para un latino en EE.UU.

☐ Familia
☐ Orgullo de mi cultura
☐ Mi lengua materna
☐ Mezcla de culturas

☐ Identidad
☐ Un punto de vista diferente
☐ Lucha por los derechos de las minorías

☐ Tradición
☐ Bilingüismo
☐ Ser un mediador entre diferentes culturas

MANIFESTACIONES ARTÍSTICAS

6-8 LA REPRESENTACIÓN DE LOS HISPANOS EN EL CINE

La utilización de estereotipos en el cine se basa en el uso exagerado de generalizaciones culturales que normalmente representan los prejuicios que se tienen acerca de un determinado grupo.

1. En el cine, la televisión y la publicidad de EE.UU. los hispanos han sido asociados con frecuencia con ciertos estereotipos. Describe las características que definen estos estereotipos (profesiones, aspecto físico, lengua, nivel socioeconómico, etc.)
2. ¿Qué películas conoces, hechas en Estados Unidos, en las que aparezcan personajes latinos? ¿Proyectan una imagen realista o estereotipada de este grupo?

Lee este texto y contesta a las preguntas.

La veterana actriz portorriqueña Rita Moreno, una de las poquísimas artistas que han ganado los premios Emmy, Grammy, Oscar y Tony a lo largo de su carrera, afirma que cuando comenzó a trabajar se sentía humillada porque siempre le ofrecían papeles estereotipados hasta que participó en *West Side Story* (1961), centrada en los portorriqueños de Nueva York, donde sin embargo tampoco tuvo un papel protagonista. Hasta los años noventa del siglo XX fueron muy escasas las películas centradas en latinos. *The Mambo Kings* (1992), *My Family* (1995) o *Selena* (1997) empezaron a mostrar una imagen más realista de la experiencia de los latinos en Estados Unidos; y en la década siguiente encontramos bastantes más, como *Tortilla soup* (2001), *Real women have curves* (2002) o *Quinceañera* (2006). El actor cubano estadounidense Andy Garcia afirma que lo que hace falta es que haya fondos para apoyar a los directores, escritores y actores hispanos, pues no tiene mucho sentido que los anglosajones tengan ideas sobre la comunidad latina y después contraten a los hispanos para representar esas historias.

Rita Moreno

COMPRENSIÓN

1. ¿Por qué los latinos no han estado mejor representados en el cine hecho en Estados Unidos? Di dos causas y dos consecuencias de este fenómeno.
2. ¿Cómo se puede promover una imagen más realista de los latinos en el cine de EE.UU.?

Lean la información sobre estas tres películas y contesten a las preguntas.

La Bamba (1987) marcó un giro en la consideración del cine chicano en los Estados Unidos pues fue la primera película que consiguió una recaudación mayor en español que en inglés, llamando la atención sobre el potencial económico de la comunidad hispana. Dirigida por Luis Valdez, e interpretada por Lou Diamond Phillips, Esai Morales y Rosanna DeSoto, sigue a grandes rasgos la historia del cantante chicano de rock and roll Ritchie Valens (Richard S. Valenzuela). El tema del triunfo del artista latino en el medio norteamericano plantea indirectamente si es conveniente o no la asimilación a la cultura anglosajona, tan diferente a la hispana en muchos sentidos.

Lou Diamond Phillips

My Family (1995), de Gregory Nava, narra la vida de la saga de los Sánchez durante tres generaciones, a partir del momento en que se establecen en los Estados Unidos. Está contada en tres partes acordes con cada generación. La primera se refiere a la separación y reunificación del matrimonio de José y su esposa, María, que había sido deportada a México con su niño, Chucho. La segunda cuenta la historia de Chucho, que al final muere tiroteado por la policía en presencia de su hijo Jimmy. Y en la tercera, veinte años después, asistimos a la tormentosa decisión de Jimmy entre estar en la cárcel o estar en libertad, hasta que elige esta última para dedicarse a su hijo Carlos. La película muestra la vida de los chicanos desde los tiempos de la Gran Depresión, e incluye algunos temas básicos como la emigración y la adaptación, las oportunidades reales, la delincuencia, la segregación o el apego a las tradiciones. Los actores principales son Esai Morales, Jimmy Smits, Edward James Olmos y Jennifer Lopez.

En *Real Women Have Curves* (2002), la directora colombiana Patricia Cardoso plantea la historia de Ana, una joven chicana que acaba de terminar sus estudios secundarios. Su madre considera que debe trabajar para ayudar a la familia y Ana acepta emplearse en la misma factoría donde ya trabajan su madre y su hermana. Allí aprende a admirarlas y respetarlas, pero también que la mejor manera de honrar a su comunidad y su cultura es superándose, y se marcha para terminar sus estudios superiores. La película está protagonizada por America Ferrera, Lupe Ontiveros, George López y Brian Sites.

INTERPRETACIÓN

1. ¿Qué elementos tienen en común estas historias?
2. Miren los tres fragmentos y den un ejemplo de cómo se presentan los temas sugeridos.

My family. (la historia de Jimmy e Isabel)	*La Bamba.* (grabación, nuevo nombre y fama; relación con Donna; descubrimiento de la tradición)	*Real women have curves.* (planteamiento del problema y búsqueda de un futuro)
1. La discriminación: 2. La familia: 3. Las relaciones generacionales: 4. El uso de la lengua española:	1. La discriminación: 2. La familia: 3. Las relaciones generacionales: 4. El biculturalismo y la identidad:	1. Trabajo y estudios: 2. La familia: 3. Las relaciones generacionales: 4. El papel de la mujer:

3. ¿Ofrecen una imagen real o estereotipada? En grupos de cuatro, hagan un debate sobre la representación de los hispanos en el cine estadounidense basándose en los fragmentos que han visto. Preparen dos argumentos para cada posición y después debatan el tema.

	ARGUMENTOS
Ofrecen una imagen real	1. En nuestra opinión, ... porque ... 2. Nos parece que ... porque ...
Ofrecen una imagen estereotipada	1. Nos parece obvio que ... porque ... 2. Aunque ... lo cierto es que ...

6-9 DOS ESCRITORAS LATINAS Y EL TEMA DE LA IDENTIDAD

Esmeralda Santiago y Julia Álvarez son dos celebradas escritoras latinas que llegaron a EE.UU. tras pasar la infancia en Puerto Rico y la República Dominicana respectivamente. En su literatura se explora la búsqueda de la identidad y la lucha hasta encontrar una voz propia como mujeres latinas en EE.UU. Lee los textos y después contesta las preguntas.

Esmeralda Santiago nació en Puerto Rico (San Juan, 1948), pero tuvo que trasladarse a Nueva York en su adolescencia junto con su madre y sus diez hermanos pequeños. Tras estudiar en la Escuela de Artes de la Interpretación de Nueva York, ingresó en la Universidad de Harvard. Obtuvo después una Maestría de Letras en el Sarah Lawrence College y se doctoró en Trinity University. En 1994 inició su carrera literaria con la obra autobiográfica *When I was Puerto Rican*, en la que narra su infancia en Puerto Rico y describe con detalle su sentimiento de desarraigo. La obra despertó el interés de la crítica, que descubrió en ella una nueva voz, sincera y llena de fuerza. Cinco años después publicó un segundo libro de memorias titulado *Almost a woman* (1999), una evocación de su adolescencia en Brooklyn. En 2004 publicó *My turkish lover*, el tercer volumen de sus memorias, que abarca sus años de juventud hasta su graduación en Harvard. También es autora de la novela *America's Dream* (1997), en la que una mujer llamada América, que trabaja de un hotel de Puerto Rico, hace un viaje a Nueva York para escapar de todos sus problemas, con la esperanza de encontrar un futuro mejor, y de *Conquistadora* (2011), sobre una mujer española al frente de una plantación en Puerto Rico en el siglo XIX.

Cuando era puertorriqueña, de Esmeralda Santiago

Introducción al libro autobiográfico *Cuando era puertorriqueña*

Aquí se me considera Latina o Hispana, con letras mayúsculas. No sé, en realidad, qué quiere decir ser eso. Me identifico así cuando me es necesario: cuando tengo que llenar formularios que no me dan otra alternativa, o cuando tengo que apoyar a nuestros líderes en sus esfuerzos por adelantar nuestra situación económica y social en los Estados Unidos. Pero sí sé lo que quiere decir, para mí, el ser portorriqueña. Mi puertorriqueñidad incluye mi vida norteamericana, mi espanglés, el sofrito que sazona mi arroz con gandules, la salsa de tomate y la salsa del Gran Combo. Una cultura ha enriquecido a la otra y ambas me han enriquecido a mí.

Pero muchas veces siento el dolor de haber dejado a mi islita, mi gente, mi idioma. Y a veces ese dolor se convierte en rabia, en resentimiento, porque yo no seleccioné venir a los Estados Unidos. A mí me trajeron. Pero esa rabia infantil es la que alimenta a mis cuentos. La que me hace enfrentar a una página vacía y llenarla de palabras que tratan de entender y explicarles a otros lo que es vivir en dos mundos, uno norteamericano y otro puertorriqueño. Es esa rabia la que se engancha a mi alma y guía mis dedos y enseña sus garras entre las sonrisas y las risas que en inglés son tan específicas y en español son dos palabras que necesitan ayuda para expresar, a veces, no el placer sino el dolor detrás de ellas. Sonrisa dolorida. Risa ahogada. Palabras entre dientes. Y esa rabia es la que me ha hecho posible el perdonar quién soy. Cuando niña yo quise ser una jíbara y cuando adolescente quise ser norteamericana. Ya mujer, soy las dos cosas, una jíbara norteamericana, y llevo mi mancha de plátano con orgullo y dignidad.

COMPRENSIÓN

1. ¿Cómo se define la autora? ¿Qué significa para ella ser latina o hispana?
2. Busca en el texto los sentimientos que provocó en la autora dejar la isla de Puerto Rico.
3. ¿A qué se refiere cuando dice que la rabia "alimenta a mis cuentos" y "guía mis dedos"?
4. Según la autora, ¿qué diferencia hay entre las palabras 'sonrisas' y 'risas' en inglés y en español?

Julia Álvarez (1950) es una poetisa, novelista y ensayista de ascendencia dominicana. Vivió en la República Dominicana hasta los diez años, cuando su familia tuvo que huir a EE.UU. a causa de la implicación de su padre en un intento fallido de rebelión contra el dictador Trujillo. Su transición no fue fácil, ya que tuvo que enfrentarse a los retos de una nueva lengua, la pérdida de las amistades y la discriminación en la escuela. Hoy día es considerada una de las mejores escritoras latinas. Dos de sus novelas más aclamadas son *How the Garcia Girls lost their accents* (1991) y *In the time of the butterflies* (1994), basada en la muerte de las hermanas Mirabal a manos de Trujillo. Muchas de sus novelas tienen la influencia de sus experiencias como dominicana en EE.UU. y tratan asuntos de asimilación e identidad. En su primera novela, *How the Garcia girls lost their accents*, retrata a una familia forzada a dejar la República Dominicana en circunstancias similares a las suyas. Los temas que trata son la cultura híbrida de la mujer latina en EE.UU. y cómo el género, la clase social y la raza afectan a la identidad del inmigrante, siendo el multiculturalismo algo también negativo.

Julia Álvarez

Fragmento de *De cómo las muchachas Garcia perdieron el acento*, del capítulo "Intrusión"

Todos los días en el patio y los pasillos de su nuevo colegio, una pandilla de muchachos la perseguía y la insultaba, con algunas expresiones que ella ya había oído de boca de la señora mayor que vivía al lado del apartamento que habían alquilado en la ciudad. Cuando estaban fuera de la vista de las monjas, los muchachos le lanzaban piedras a Carla, apuntándole a los pies para que no se le notaran los moretones. "¡Vuelve al lugar de donde viniste, sucia spic!". Uno de ellos, que estaba detrás de ella en una fila, tiró de su blusa, se la sacó de la falda donde la tenía metida, y la levantó. "No tiene tetas", se mofó. Otro le bajó las medias, descubriéndole las piernas en las cuales habían empezado a crecer vellos negros y suaves. "Patas de mono", les gritó a sus compinches.

"Paren", lloró Carla. "Por favor, paren".

Los muchachos la remedaron, burlándose de su acento hispano en inglés.

Habían sacado a la luz su vergüenza más íntima: su cuerpo estaba cambiando. La niña que había sido en la isla, en español, estaba desapareciendo. En su lugar, como si las feas palabras de los muchachos y sus provocaciones tuvieran poder de hechizos, quedaba una adulta velluda, con un asomo de senos, que nadie jamás iba a amar. Cada día Carla emprendía su largo camino al colegio con una hueste de sentimientos encontrados. [...] sentía cierto alivio de ir caminando a su propio colegio y a su propio curso, lejos de la multitud que era su familia de cuatro niñas de edades demasiado cercanas [...] Sin embargo también sentía pavor. Allá en el patio del colegio la estarían esperando, la pandilla de cuatro o cinco muchachos, rubios, altaneros, de cara pecosa. Se veían insulsos e inescrutables, al igual que el resto de los americanos. Sus rostros no dejaban traslucir el menor indicio de calidez humana. Sus ojos eran demasiado claros para abrigar miradas afectuosas o cómplices. Sus cuerpos pálidos no parecían reales sino que eran como disfraces que estuvieran usando para hacer el papel de sus perseguidores.

[...] Carla a veces se imaginaba que la llevaban al colegio en un lujoso carro rojo que iba a producir la admiración de los muchachos, pero no había nadie que la pudiera llevar. Su padre, un inmigrante de grueso bigote, con su acento y su traje de tres piezas, sólo serviría para hacerla caer en un ridículo aún mayor. Su madre no sabía manejar. A pesar de que Carla podía llegar a pensar que la familia tuviera un carro muy costoso, no lograba imaginarse que sus padres fueran diferentes. Eran algo que le había sido dado y que, como ese nuevo cuerpo en el que se estaba convirtiendo, no podía cambiar.

COMPRENSIÓN

1. ¿Quién es el personaje principal en este fragmento? ¿Qué sabes de este personaje?
2. ¿Qué paralelismo—antes y después—se presenta en este fragmento de la novela?
3. Marca las expresiones que se usan para manifestar la discriminación hacia la inmigrante.
4. ¿Cómo percibe Carla a los muchachos estadounidenses?
5. Señala en el texto los sentimientos que experimenta Carla en este período de su vida.
6. Señala en el texto la actitud de Carla hacia sus raíces y su familia.

INTERPRETACIÓN

1. ¿Cuál creen que fue la intención de las autoras al escribir estas novelas, una autobiográfica y la otra semi-autobiográfica? Justifiquen su respuesta.
2. En el fragmento se observa el sentimiento de pérdida que sufre el inmigrante hispano que llega EE.UU. ¿Qué cosas pierden y qué cosas ganan los latinos inmigrantes? Justifiquen su respuesta.

6-10 LA INMIGRACIÓN EN ESTADOS UNIDOS

Según el censo de 2010, unos 39 millones de personas en EE.UU. son extranjeros, o sea, nacieron fuera del país. Mira los datos de estos cuatro gráficos, extraídos del Censo de 2010 y del Pew Hispanic Center.

La inmigración autorizada está aumentando y el número de inmigrantes indocumentados está bajando. Por primera vez en la historia de EE.UU., el número de inmigrantes que se van, son deportados, o legalizan su estatus, es más alto que el número de personas que llegan sin documentos o que permanecen indocumentadas cuando expira su visa. En general, las tasas de inmigración han bajado un 8% desde 2007.

Menos de 100.000 inmigrantes mexicanos indocumentados se establecieron en EE.UU. en el año 2010; esto es en comparación a un promedio anual estimado de 525.000 personas entre los años 2000 y 2004. Una encuesta realizada en México indicó que el número de personas interesadas en emigrar a EE.UU. ha caído a su nivel más bajo desde la década de 1950.

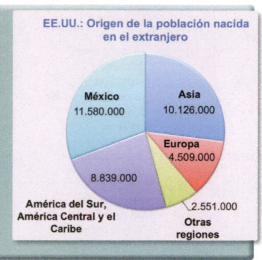

EE.UU.: Origen de la población nacida en el extranjero

México 11.580.000
Asia 10.126.000
Europa 4.509.000
8.839.000
América del Sur, América Central y el Caribe
2.551.000
Otras regiones

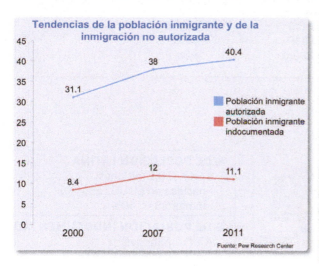

Tendencias de la población inmigrante y de la inmigración no autorizada

Población inmigrante autorizada: 31.1 (2000), 38 (2007), 40.4 (2011)
Población inmigrante indocumentada: 8.4 (2000), 12 (2007), 11.1 (2011)

Fuente: Pew Research Center

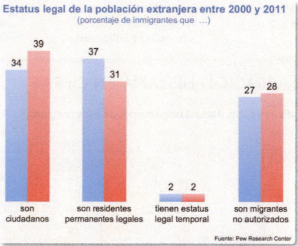

Estatus legal de la población extranjera entre 2000 y 2011
(porcentaje de inmigrantes que ...)

son ciudadanos: 34, 39
son residentes permanentes legales: 37, 31
tienen estatus legal temporal: 2, 2
son migrantes no autorizados: 27, 28

Fuente: Pew Research Center

Resume los seis datos más importantes.

1. La mayor parte de ...
2. La mayoría de ...
3. (más/menos de) La mitad de ...
4. El ___ por ciento de ...
5. El porcentaje de ...
6. Más del ___ por ciento ....

EJEMPLO: *Más de la mitad de los latinos en EE.UU. son ciudadanos, no inmigrantes.*

Cambio en la fuerza laboral de EE.UU.
Los latinos continuarán entrando en el mercado laboral de manera creciente

2011: 15%
2020: 19%
2050: 24%

Fuente: Departamento de Trabajo de Estados Unidos

PERSPECTIVA LINGÜÍSTICA

VOCABULARIO META

calificar	to qualify	llegar a ser	to become
cobertura (la)	coverage	muro (el)	wall
concienciar	to make aware	nacionalización (la)	naturalization
cruzar	to cross	nacionalizado/a	naturalized
disminución (la)	reduction	nacionalizarse	to become naturalized/a citizen
disminuir	to reduce; decrease	peligrar	to be in danger
enfrentarse a	to face	peligro (el)	danger
entrada (la)	entry	promulgar	to enact
entrar	to enter	proyecto de ley (el)	bill (of law)
estudios superiores (los)	higher education	provenir	to come from
frenar	to stop	quedarse	to stay
frontera (la)	border	regularizar	to regularize
fronterizo/a	border (adject.)	remesas (las)	remittances
hogar (el)	home	residencia (la)	residence
ilegal	illegal (adject.)	residente (el)	resident
indocumentado/a	undocumented	residir	to live, reside
ingresar	to enter	secundaria (la)	high school education
ingreso (el)	entry, income	tasa (la)	rate
inmigración (la)	immigration	título (el)	degree
inmigrante (el, la)	immigrant	valla (la)	fence
integrarse	to become integrated	visado (el)	visa

6-11 LA INMIGRACIÓN HISPANA EN CIFRAS

Examina los gráficos y estos datos. Luego responde a las preguntas.

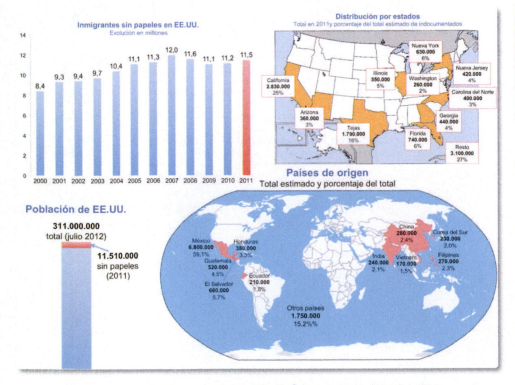

% DE POBLACIÓN LATINA
16,4% (50,5 millones)
- nacidos en EE.UU.: 60%
- inmigrantes: 40%

% DE POBLACIÓN INDOCUMENTADA
4% (12 millones)
- latinoamericanos: 78%

COMPRENSIÓN

1. En Estados Unidos, ¿hay más latinos nacidos en el país o inmigrantes?
2. ¿Son todos los inmigrantes latinos indocumentados? Explica.
3. ¿Son todos los inmigrantes indocumentados de origen latino? Explica.
4. ¿En qué año hubo mayor volumen de inmigración indocumentada?
5. ¿Dónde se encuentra el mayor nivel de población indocumentada? Di cuatro estados.

RL GRAMÁTICA 6-2 (pp. 336-337)

Usa el estilo indirecto para formular las cinco preguntas de la sección Comprensión.

1. Me han preguntado si ...

2. Me han preguntado ...

3. Me han preguntado ...

4. Me han preguntado ...

5. Me han preguntado ...

INTERPRETACIÓN

 Basándose en todos los datos que han examinado hasta ahora, piensen en tres posibles concepciones erróneas que puedan existir en Estados Unidos respecto a la población latina.

1. Mucha gente cree que ...; sin embargo ...
2. Algunas personas piensan que ... pero la realidad es que ...
3. Aunque es cierto que ..., es indudable que ...

6-12 LA REFORMA MIGRATORIA

Lee este texto sobre la reforma migratoria y responde después a las preguntas.

Estados Unidos implementó una cuestionada política migratoria entre 2009 y 2012 que dejó un récord de más de 1,6 millones de deportados. Además seis estados aprobaron leyes anti-inmigrantes, incluyendo criminalizar a las personas indocumentadas. En febrero de 2013 un grupo de ocho senadores (cuatro demócratas y cuatro republicanos) anunció una propuesta de reforma migratoria que incluiría una vía, aunque larga y costosa, para la legalización de más de once millones de inmigrantes indocumentados en Estados Unidos. Una reforma que, **si se aprobara, tendría** importantes consecuencias demográficas, económicas y políticas. Después de muchos y fracasados intentos durante varios años, esta propuesta tuvo éxito al menos en el Senado. **Si** este pacto **prosperara, permitiría** salir de las sombras a millones de familias que viven en la semiclandestinidad y crear un nuevo mecanismo de control fronterizo y de visados para evitar otra acumulación masiva de indocumentados.

El acuerdo no anuncia un camino de rosas para los indocumentados. **Si** la ley **tiene** éxito, las personas indocumentadas **tendrán** que registrarse, pagar un multa, ponerse al día con los impuestos impagados desde que viven en el país, aprender inglés y estudiar la historia y el sistema político de Estados Unidos. Después de todo esto tendrán que ponerse a la cola de las solicitudes legales de visado. Durante el tiempo que dure el proceso podrán permanecer en el país, pero no tendrán acceso a beneficios sociales. **Habrá** una vía rápida para los jóvenes indocumentados, **si demuestran** que llegaron a Estados Unidos con sus padres y que han crecido y estudiado en el país.

Según un informe elaborado en 2011 por el Centro para el Progreso Americano, **si** el Congreso **aprobara** – y el presidente promulgara – una reforma migratoria, las arcas del servicio de inmigración estadounidense **recibirían** unos 45.000 millones de dólares en un breve plazo ya que cada uno de los solicitantes **pagaría** un promedio de 3.450 dólares en gastos de procesado.

RL GRAMÁTICA 6-3 (pp. 337-339)

1. Estudia la Gramática de 6-3. Después lee las cinco estructuras condicionales marcadas en el texto. ¿Son hipótesis que el autor del texto considera posibles o improbables? ¿Cómo lo sabes?

2. Imagina que el autor del texto considera muy posible que la ley de reforma migratoria ocurra Cambia las cinco frases condicionales para reflejar esto.

COMPRENSIÓN

1. ¿Qué dos consecuencias tendría la aprobación del plan de reforma migratoria?
2. ¿Sería el proceso para obtener la residencia el mismo para todos los inmigrantes indocumentados? Explica.
3. ¿Qué derechos tendrían los inmigrantes indocumentados durante el proceso de solicitud de legalización de su estatus migratorio?

INTERPRETACIÓN

 Divídanse en tres grupos de dos personas: un grupo tomará el punto de vista A, otro el B y otro el C. Cada grupo debe pensar en dos argumentos para defender su posición. Hagan un debate sobre la reforma migratoria.

A
Se debe legalizar el estatus migratorio de todos los inmigrantes indocumentados en Estados Unidos →

B
Se debe legalizar el estatus de algunos inmigrantes →

C
No se debe legalizar el estatus migratorio de ningún inmigrante indocumentado en Estados Unidos

	ARGUMENTOS
Punto de vista A	1. En nuestra opinión,… porque si … 2. Nos parece que … porque si …
Punto de vista B	1. Aunque …, pensamos que …, porque si … 2. No sería posible que …, ya que si …
Punto de vista C	1. No estamos de acuerdo con … debido a que … 2. A pesar de que …, es necesario que … porque si no …

6-13 EL "DREAM ACT"

Lee esta información sobre un proyecto de ley para dar ciudadanía a un segmento de la población hispana indocumentada en los Estados Unidos.

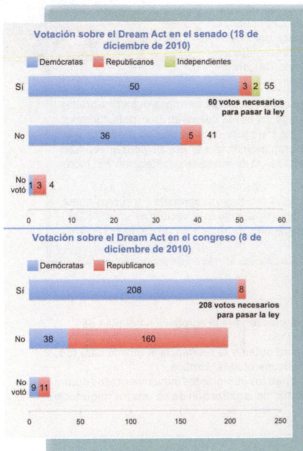

El proyecto legislativo bipartito "Desarrollo, Asistencia y Educación de Menores Extranjeros" (DREAM ACT por sus siglas en inglés) pretende abrir el camino a la ciudadanía para quienes hayan entrado ilegalmente al país antes de su edad adulta. Este proyecto fue presentado en 2006 por los senadores Orrin Hatch (R-Utah) y Richard Durbin (D-Illinois). Los beneficiarios recibirían un estatus de residentes temporales a condición de que luego completaran estudios superiores o sirvieran al menos dos años en las Fuerzas Armadas. Siempre y cuando cumplieran este requisito, su estatus legal condicional se transformaría en permanente, permitiéndoles la posibilidad de llegar a ser ciudadanos. En el caso de que la propuesta se aprobara, permitiría salir de las sombras a más de un millón de jóvenes indocumentados, en su mayoría hijos de inmigrantes que fueron traídos por sus padres cuando niños, que luego crecieron y se asimilaron a la cultura local. En particular, permitiría que cada año unos 65.000 estudiantes indocumentados graduados de secundaria ajustaran su estatus a residente legal condicionado por 6 años. El estudiante beneficiado obtendría la residencia legal definitiva siempre que obtuviera un título universitario, y con tal de que en la universidad mantuviera el mismo nivel de calificaciones obtenido durante la secundaria.

En diciembre de 2010 el Senado de Estados Unidos bloqueó el proyecto de ley, lo que el presidente de EE.UU., Barack Obama, calificó de "increíblemente decepcionante". Dijo también que "una minoría de senadores impidieron al Senado hacer lo que la mayoría de los estadounidenses creen que es mejor para el país". Más tarde, en junio de 2012, el presidente Obama otorgó estatus migratorio temporal a cientos de miles de jóvenes indocumentados que llegaron al país cuando eran menores y que ahora estudian, se han graduado de la escuela secundaria, o han servido en las fuerzas armadas. Miles de jóvenes indocumentados, así como activistas que defienden los derechos de los inmigrantes, celebraron esta decisión ejecutiva del presidente, que puede ser renovada cada dos años.

COMPRENSIÓN

1. ¿A qué segmento de la población indocumentada latina beneficiaría esta ley si fuera aprobada?
2. ¿Qué condiciones tendrían que cumplir los beneficiarios antes de recibir la residencia permanente?
3. ¿A qué número aproximado de personas beneficiaría esta ley de forma directa?
4. ¿Qué dijo el presidente de Estados Unidos sobre el bloqueo de la ley en el Senado?
5. Explica qué diferencia hay entre la decisión ejecutiva del presidente Obama y el "Dream Act".

RL GRAMÁTICA 6-3 (pp. 337-339)

1. Subraya todas las estructuras condicionales. ¿Son hipótesis que el autor del texto considera posibles o improbables? ¿Cómo lo sabes?

2. Escribe las frases condicionales otra vez de manera que reflejen hipótesis y condiciones posibles.

INTERPRETACIÓN

¿A favor o en contra del 'DREAM Act'? En grupos de cuatro, dos de ustedes piensan en argumentos a favor y dos piensan en argumentos en contra del 'DREAM Act'. Hagan luego un pequeño debate.

	ARGUMENTOS
A favor del DREAM Act	1. Estamos a favor porque si ... 2. Si ..., ... y por lo tanto ... 3. Es indudable que ...
En contra del DREAM Act	1. Estamos en contra porque si ... 2. Si ..., ... y por eso ... 3. No nos parece buena idea que ...

6-14 LA FRONTERA MÉXICO-EE.UU.

Mira este fragmento del documental *Muros* que trata del muro fronterizo que separa México y Estados Unidos. Después responde a las preguntas.

COMPRENSIÓN

1. Explica cuál fue el origen de la Operación Guardián.
2. ¿Con qué propósito se comenzó la construcción del muro entre Tijuana y San Diego y cuál es su misión ahora?
3. Explica quién son los "ángeles de la frontera" y qué propósito tienen.
4. Víctor Clark Alfaro mencionó tres problemas para los emigrantes que tratan de cruzar la frontera. ¿Cuáles son?
5. ¿Qué es el grupo Beta?
6. ¿De qué se quejan los emigrantes entrevistados?

El muro fronterizo

Ahora lee este texto sobre un documental estadounidense que trata el mismo tema.

"The Fence", un documental producido por el canal de cable HBO y dirigido por Rory Kennedy, muestra a los estadounidenses el proyecto del muro fronterizo que comenzó en 2004. **"Una de las realidades más confusas y poco conocidas del muro es que sólo abarca una tercera parte de la frontera de 3.200 kilómetros"**, dijo Rory Kennedy, quien pasó semanas en el año 2009 recorriendo la frontera desde California hasta Texas, mientras el muro era construido.

"Alrededor de 500 personas mueren anualmente al intentar cruzar la frontera", dice un experto en inmigración estadounidense, **"lo que constituye una cifra mucho mayor a la registrada hace una década. Esto sucede porque la seguridad fronteriza reforzada y la construcción del muro han obligado a los inmigrantes a tomar rutas más peligrosas y remotas"**. El muro, que en algunos segmentos cuenta con iluminación tipo estadio, cámaras y caminos que permiten el acceso de los agentes de la patrulla fronteriza, fue en gran medida una respuesta a los ataques del 11 de septiembre del 2001. Sin embargo, el documental explica que **nunca en la historia del país un terrorista ha entrado cruzando la frontera México-EE.UU.**

El documental explica que Washington ha gastado unos 3.000 millones de dólares en ese proyecto que no ha frenado la inmigración ilegal ni el tráfico de drogas, y que podría costar unos 6.500 millones de dólares para mantenerlo durante los próximos 20 años.

COMPRENSIÓN

Resume los tres argumentos que se usan en el documental para apoyar su posición de que el muro no es efectivo.

RL GRAMÁTICA 6-1 (pp. 333-335)

Resume usando el estilo indirecto lo que se dijo en el texto, escrito en 2010 (las frases en negrita del texto). ¡Atención!: considera si la situación puede haber cambiado o no.

- Rory Kennedy **dijo** que...

- El experto en inmigración **dijo** que...

- El documental **explicó** que ...

INTERPRETACIÓN

Lean la información de este enlace: http://www.bbc.co.uk/spanish/especiales/humanrights/derechos.shtml

Usen los datos y sus opiniones para responder a esta pregunta: ¿constituye este muro una violación de derechos humanos? Dos de ustedes tomarán una posición y dos la contraria. Piensen en argumentos para defender su posición y hagan un pequeño debate.

	ARGUMENTOS
SÍ	1. Pensamos que ... 2. En primer lugar ... y por lo tanto ... 3. De acuerdo con ___, ...
NO	1. En nuestra opinión ... 2. Es evidente que ... y por ello ... 3. Según ___, ...

6-15 EL LADO HUMANO DE LA INMIGRACIÓN

Mira las dos partes del documental titulado *Los invisibles*, que presenta los retos a los que cada año miles de migrantes centroamericanos se enfrentan en su paso por México, camino de Estados Unidos.

PARTE 1: **Seaworld**

COMPRENSIÓN

1. ¿A qué peligros se enfrentan los emigrantes que cruzan México con destino a Estados Unidos?
2. ¿A dónde quiere ir la niña? ¿Por qué?
3. ¿Por qué critican estos emigrantes centroamericanos al gobierno de México?
4. ¿Dónde están los emigrantes que aparecen en este video? ¿Por qué son importantes estos lugares?

PARTE 2: **Los que quedan**

COMPRENSIÓN

1. ¿Qué aspecto de la emigración trata este corto?
2. ¿Qué contó la madre salvadoreña?
3. ¿Qué dijo la mujer que perdió a su hermano?
4. ¿Qué reclama el narrador Gael García Bernal?

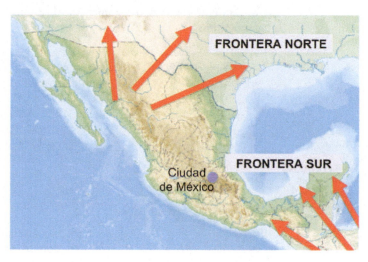

La migración desde Centroamérica

RL GRAMÁTICA 6-2 (pp. 336-337)

Responde a estas preguntas relacionadas con los cortos que has visto.

1. ¿Qué le **preguntó** Gael a la niña?

2. ¿Qué **respondió** la niña?

3. ¿Qué le **preguntó** Gael a las mujeres de la familia?

4. ¿Qué se **pregunta** la madre salvadoreña?

INTERPRETACIÓN

1. Los derechos del migrante. Hagan una lista de los cuatro derechos básicos que deberían tener los migrantes de todo el mundo. Luego visiten este enlace. ¿Hay similitudes?
http://portal.unesco.org/es/ev.php-URL_ID=13200&URL_DO=DO_TOPIC&URL_SECTION=201.html
2. ¿Qué ocurriría ...
   - si los migrantes regresaran a sus países?
   - si los migrantes no emigraran?

Piensen en dos consecuencias positivas y dos negativas tanto para EE.UU. como para el país de salida de los migrantes.

	CONSECUENCIAS PARA EE.UU.	CONSECUENCIAS PARA EL PAÍS DE ORIGEN
Si los migrantes regresaran a sus países de origen ...	1. 2.	1. 2.
Si los migrantes no emigraran ...	1. 2.	1. 2.

PERSPECTIVAS INTERCULTURALES

6-16 LAS REMESAS

 Lee el siguiente texto sobre la importancia de las remesas, mira los datos del mapa y el video. Luego responde a las preguntas.

Remesas a América Latina y el Caribe, 2011
en millones de dólares

MÉXICO 22.731
BELICE 107
HAITÍ 2.057
VENEZUELA 809
GUATEMALA 4.377
EL SALVADOR 3.650
COLOMBIA 4.168
SURINAM 114
GUYANA 401
ECUADOR 2.672
BRASIL 1.974
PERÚ 2.697
BOLIVIA 1.012
CHILE 936
PARAGUAY 789
URUGUAY 124
ARGENTINA 1.011

Las remesas son fondos que los emigrantes envían a su país de origen, normalmente a sus familiares. El 73% de las remesas, según cifras del Banco Mundial, va a países en desarrollo. Este dinero privado equivale a más del doble de la Ayuda Oficial al Desarrollo (AOD) y a casi dos tercios de la inversión extranjera directa a estos países. América Latina y el Caribe, junto con Asia Oriental y Pacífico, son las regiones que más reciben.

COMPRENSIÓN

1. ¿Cuáles son los cuatro países latinoamericanos que recibieron más fondos de esta manera en 2011?
2. Según el video, ¿cuál es la tendencia actual y de futuro de las remesas: crecerán o disminuirán?
3. Señala si esta información (basada en el video) es correcta o no.
   - ☐ La crisis global causó que muchos inmigrantes regresaran a sus países de origen.
   - ☐ Los inmigrantes gastan menos en EE.UU. para poder enviar más dinero a sus países.
   - ☐ En algunos países de Centroamérica las remesas constituyen más de la mitad de su PIB.

INTERPRETACIÓN

 Completen el cuadro para valorar el fenómeno de las remesas. ¿Son positivas o negativas? Piensen en dos ventajas y dos inconvenientes para Latinoamérica y para Estados Unidos.

	VENTAJAS	INCONVENIENTES
Punto de vista de Latinoamérica	1. 2.	1. 2.
Punto de vista de Estados Unidos	1. 2.	1. 2.

Lean esta información. ¿Incluyeron esta ventaja y esta desventaja?

Las remesas internacionales y locales han doblado su importancia como fuente de ingresos en los hogares [...]. Las remesas se han vuelto especialmente frecuentes entre los hogares de bajo estatus socioeconómico, sobre todo en aquellos que están cerca de la línea de pobreza, lo cual sugiere que las remesas han tenido un papel importante, ayudando a los hogares a salir de la pobreza. Por otro lado, esto significa que los hogares se han vuelto dependientes de estas remesas, con lo cual aumenta su vulnerabilidad frente a las condiciones externas.

Banco Mundial (2009), *Guatemala: Evaluación del Bienestar.*

6-17 CIUDADES FRONTERIZAS

En la frontera que separa Estados Unidos y México hay varias ciudades que viven entre dos culturas. Explora el mapa para ver cómo se llaman y dónde están. Después lee el texto y responde a las preguntas.

Laredo (Texas) y Nuevo Laredo (Tamaulipas, México)

La ciudad de Laredo (Texas), fundada en 1755 a orillas del Río Grande, es hoy el puerto interior más grande de la frontera. Nuevo Laredo (México) fue parte del territorio original de Laredo hasta la Guerra México-Americana de 1847. Al finalizar el conflicto, el Tratado de Guadalupe Hidalgo dividió el territorio entre los dos países. Nuevo Laredo fue fundada en 1848 por diecisiete familias de Laredo que prefirieron permanecer en México y se mudaron al otro lado del Río Bravo. Junto con Laredo (Texas) es la frontera comercial más importante entre EE.UU. y México: el 70% de las exportaciones mexicanas a EE.UU. pasan a través de estas ciudades gemelas, unidas por un puente internacional, que han experimentado un enorme crecimiento comercial en los últimos tiempos. Las dos ciudades tienen una relación estrecha y una dependencia económica que incluye el paso diario de miles de mexicanos a Laredo (Texas).

Ciudades fronterizas

Nogales (Arizona) y Nogales (Sonora, México)

La mitad de la ciudad de Nogales pasó a ser territorio estadounidense con la Compra de Gadsen, mediante la cual el embajador estadounidense en México adquirió en 1853 casi 30.000 millas cuadradas de territorio fronterizo. Actualmente hay una enorme valla de tres millas que separa a estas ciudades gemelas. Hace treinta años, sin embargo, las dos calles principales de las ciudades eran prácticamente contiguas y los países se separaban por una modesta marca conocida como "la línea", pero las condiciones han cambiado mucho desde entonces. Con las nuevas leyes de inmigración en Arizona los habitantes de Nogales (Sonora) cruzan menos la frontera a pesar de que hay una codependencia económica entre las dos ciudades y el 80% de los habitantes de Nogales (Arizona) son hispanos.

COMPRENSIÓN

1. ¿Hay similitudes en la forma en que estas ciudades, que originalmente eran solo una, se dividieron en dos?
2. ¿Cómo están separadas las ciudades de Laredo y Nogales a uno y otro lado de la frontera?
3. Explica qué impacto puede tener esta forma de separación en la comunidad.
4. ¿Qué dice el texto sobre la identidad de los habitantes de Laredo (Texas) y Nogales (Arizona)?

 Mira este video donde se refleja la relación económica entre Laredo y Nuevo Laredo.

COMPRENSIÓN

1. ¿Qué fue la iniciativa "Un día sin mexicanos" de 2010 y cómo se motivó?
2. ¿Cuál fue el resultado de esta iniciativa? ¿Por qué?
3. ¿Cuál fue la opinión de Luisa Martínez, una ciudadana de Nuevo Laredo?
4. ¿Por qué los mexicanos cruzan la frontera para hacer compras?

INTERPRETACIÓN

 Imaginen que están a cargo de establecer un programa de "ciudades hermanas" fronterizas para México y Estados Unidos. Piensen en cuatro objetivos que podrían formar parte de este programa. Miren este ejemplo.

Objetivo	Ejemplo específico	¿Por qué?
Promover el aprendizaje de la historia de las dos ciudades	En las escuelas primarias de cada ciudad se puede dedicar una semana a conocer la historia de la ciudad hermana.	Si los niños conocieran la historia de las dos ciudades podrían ver los vínculos históricos que las unen y sentirse parte de las dos.

MANIFESTACIONES ARTÍSTICAS

6-18 MÚSICA SOBRE LA MIGRACIÓN

Lee estos textos y los fragmentos de las letras de las canciones para poder responder a las preguntas.

La música ha sido desde el inicio de la migración a Estados Unidos una de las manifestaciones artísticas donde se ha retratado la experiencia vital del inmigrante hispano. Hoy día esta música es un arma de participación activista y política que trata de concienciar sobre las contribuciones de los inmigrantes y de humanizar su situación.

Gran parte de la música sobre migrantes procede de la experiencia mexicoamericana. Por ejemplo, el grupo californiano Pistolera incluye en su último álbum la canción "Escucha"; de igual modo, el grupo Los Cenzontles canta "Voy caminando" y "Estado de vergüenza". También como reacción a las leyes antiinmigrantes de Arizona, el grupo llamado The Soundstrike, liderado por el mexicoamericano Zack de la Rocha e integrado por músicos de todo el mundo, canta contra este estado. Pero también en el otro extremo del país, grupos salseros como los neoyorquinos La Excelencia, cuyos integrantes son de Colombia y Puerto Rico, dedican canciones a la migración.

ARTISTA	CANCIÓN / ÁLBUM / AÑO	FRAGMENTO
Pistolera (California, EE.UU.)	"Escucha" *El Desierto y la Ciudad* (2011)	*¿Quién parece ilegal? Yo.* *¿Quién parece ilegal? Tú.* *¿Quién parece ilegal? Yo.* *Este juego no tiene final.* ***Mira** quién son tus vecinos.* ***Mira** quién te cuida los niños.*
Los Cenzontles (California, EE.UU.)	"Estado de vergüenza" *Raza de oro* (2010)	*Este corrido canto yo con mucha pena* *de la desgracia que ocurrió en la nación:* *esta ley que han pasado en Arizona* *que legaliza la discriminación.* *Arizona, estado de vergüenza* ***¿Qué has hecho** con tu miedo y tu temor?* *En vez de ser famoso por tu hermosura* ***tú** tienes fama de racismo y rencor.*
La Excelencia (New York, EE.UU.)	"American sueño" *Mi Tumbao Social* (2009)	*Ya son dos años en este nuevo pueblo* *y como un ladrón me tienen corriendo.* *Esta libertad **le juro** que no la entiendo.* *Trabajo día y noche y casi no duermo* *y aun aquí yo sigo sufriendo* *sin importarle a este bruto gobierno.* *¿Por qué me fui de mi país? Ya no recuerdo.* *Este no puede ser el American sueño.*

COMPRENSIÓN / INTERPRETACIÓN

1. ¿Tienen un tema común estas tres canciones, o tratan tres aspectos diferentes? Especifiquen qué aspectos de la migración tratan estas canciones.
2. Identifiquen a quién están dirigidas las palabras en negrita de los tres fragmentos.
3. Escuchen las canciones. ¿Qué estilos musicales representan?
4. Visiten la página de The Sound Strike. Identifiquen los objetivos de este proyecto.
    http://www.thesoundstrike.net

Del otro lado de la frontera, los músicos latinoamericanos también tratan de concienciar a su público: ya en 1990 el dominicano Juan Luis Guerra hizo de su canción "Buscando visa para un sueño" un himno sobre la migración latinoamericana. En México, Los Tigres del Norte dedican varias canciones a la migración, como "El deportado", "La jaula de oro" o "Tres veces mojado"; y el grupo de rock mexicano Maná también dedica al emigrante su tema "Pobre Juan". Los cubanos exiliados Orishas compusieron la canción "Emigrante" y el guatemalteco Ricardo Arjona compuso el tema "Mojado".

Maná (México)	"Pobre Juan" *Revolución de Amor* (2002)	*Se conectó con el mero mayor de los coyotes y la historia le contó: "Mire usted que yo quiero cruzarme ya a San Diego o Chicago. Dígame usted qué es lo que hago, qué precio le pago." Juan ya nunca regresó. En la línea se quedó. Pobre Juan. O la migra lo mató, o el desierto lo enterró.*
Orishas (Cuba)	"Emigrante" *Emigrante* (2002)	*Estoy cantando pa'mi gente, esos que llaman emigrantes. Son personas comunes y corrientes. Oye mi gente. Pa' mi gente, pa' mi gente. Triste el hombre que ha dejado atrás su sol, su gente, su camisa. Sin pensar, tan lejos, cambia todo y la nostalgia te hace trizas.*
Ricardo Arjona (Guatemala)	"Mojado" *Adentro* (2005)	*El mojado, el indocumentado, carga el bulto que el legal no cargaría ni obligado. El suplicio de un papel lo ha convertido en fugitivo, y no es de aquí porque su nombre no aparece en los archivos, ni es de allá porque se fue... Si la visa universal se extiende el día que nacemos y caduca en la muerte, ¿por qué te persiguen, mojado, si el cónsul de los cielos ya te dio permiso?*
Los Tigres del Norte (México)	"Tres veces mojado" *Ídolos del Pueblo* (2006)	*Cuando me vine de mi tierra, El Salvador, con la intención de llegar a Estados Unidos sabía que necesitaría más que valor, sabía que a lo mejor quedaba en el camino. Son tres fronteras las que tuve que cruzar, por tres países anduve indocumentado, tres veces tuve yo la vida que arriesgar, por eso dicen que soy tres veces mojado. En Guatemala y México cuando crucé dos veces me salvé me hicieran prisionero. El mismo idioma y el color les demostré. ¿Cómo es posible que me llamen extranjero?*

COMPRENSIÓN / INTERPRETACIÓN

1. Identifiquen a qué aspectos específicos de la migración se refieren cada uno de estos cuatro fragmentos. Seleccionen una frase en cada fragmento que ilustre este aspecto.
2. Escuchen las canciones y elijan cuál es su favorita. Justifiquen su respuesta.
3. Identifiquen, en estas letras y en las anteriores, ejemplos de cómo se humaniza la situación que enfrentan los inmigrantes en Estados Unidos.
4. Escuchen y lean ahora la canción *La jaula de oro* de Los Tigres del Norte interpretada con el colombiano Juanes. ¿Contiene aspectos de la migración que ninguna de las canciones anteriores haya tratado? Usen ejemplos de la letra para responder.

La jaula de oro de Los Tigres del Norte

Aquí estoy establecido,
en los Estados Unidos.
Diez años pasaron ya,
en que crucé de mojado.
Papeles no he arreglado.
Sigo siendo un ilegal.

Tengo mi esposa y mis hijos,
que me los traje muy chicos,
y se han olvidado ya,
de mi México querido
del que yo nunca me olvido
y no puedo regresar.

¿De qué me sirve el dinero,
si estoy como prisionero
dentro de esta gran nación?
Cuando me acuerdo hasta lloro.
Aunque la jaula sea de oro,
no deja de ser prisión.

"Y escúchame hijo,
¿te gustaría que regresáramos a vivir
a México?"
"What are you talking about, dad?
I don't wanna go back to Mexico.
No way, dad."

Mis hijos no hablan conmigo,
otro idioma han aprendido
y olvidado el español.
Piensan como americanos,
niegan que son mexicanos
aunque tengan mi color.

De mi trabajo a mi casa,
yo no sé lo que me pasa;
aunque soy hombre de hogar,
casi no salgo a la calle,
pues tengo miedo que me hallen
y me puedan deportar.

Juanes

6-19 LA MIGRACIÓN HISPANA EN EL CINE

La migración se ha convertido en uno de los temas más productivos del cine internacional. En Estados Unidos varios directores han tratado este tema desde diferentes ópticas. Vamos a ver tres ejemplos de películas sobre este tema.

El Norte (1983) fue la primera película de Gregory Nava, director estadounidense de ascendencia mexicana y española que ha dirigido *Mi familia* (1995) y *Selena* (1997), entre otras películas. Relata la vida de dos jóvenes hermanos guatemaltecos, Rosa y Enrique, que huyen de una Guatemala en plena guerra civil para tratar de encontrar un mejor futuro en "el norte". En la primera parte, deben huir de su pequeño pueblo natal cuando los militares matan a su padre y su madre desaparece. En la segunda parte, no logran sobrevivir en México debido a la pobreza y un coyote los guía a través de la frontera hasta alcanzar los Estados Unidos, donde se dan cuenta de que es casi imposible subsistir sin documentación. Rosa muere y Enrique debe resignarse a ser explotado. La película ofrece una visión trágica de la migración ilegal hacia los Estados Unidos.

La misma luna (2007) es la primera película de la directora mexicana Patricia Riggen y trata la vida de los indocumentados en Estados Unidos a través de la historia de un niño mexicano de 9 años, Carlitos, quien tras la muerte de su abuela viaja de manera ilegal a los Estados Unidos para buscar a su madre, que a su vez intenta desesperadamente saber dónde está su hijo. Está protagonizada por los actores mexicanos Adrián Alonso y Kate del Castillo, la actriz latina America Ferrera y el grupo musical Los Tigres del Norte. En la película se trata la tragedia de la emigración laboral que afecta a la comunidad hispana, sobre todo en la zona fronteriza, donde las familias se ven obligadas a separarse por razones económicas y políticas migratorias.

Una vida mejor (2011) es una película del director estadounidense Chris Weitz, quien ha dirigido junto a su hermano películas como *American Pie* (1999) y *About a Boy* (2002). Esta película, protagonizada por el actor mexicano Demián Bichir, trata de la vida de Carlos Galindo, un jardinero de cuarenta años e inmigrante ilegal mexicano que trabaja en las haciendas de los patrones más ricos del este de California, y sus deseos de sacar adelante a su hijo Luis y darle una vida mejor que la suya.

Demián Bichir

INTERPRETACIÓN

1. Miren el fragmento de *El Norte*. ¿Cuáles de estos aspectos de la migración están presentes?

☐ el cruce de la frontera
☐ la vida como indocumentado
☐ la separación de las familias
☐ el sueño americano
☐ la idealización de Estados Unidos
☐ la supervivencia

2. Miren los trailers de *La misma luna* y *Una vida mejor*. Identifiquen qué aspectos de la migración están presentes en cada uno de ellos. Comparen y contrasten las dos historias que se presentan en estas películas.

☐ el cruce de la frontera
☐ la vida como indocumentado
☐ la separación de las familias
☐ el sueño americano
☐ la idealización de Estados Unidos
☐ la supervivencia

Miren esta entrevista con Demián Bichir, nominado al Oscar como mejor actor en 2012.

COMPRENSIÓN

1. ¿Por qué, según Bichir, es este un buen momento para su película *Una vida mejor*?
2. ¿Qué opina Bichir sobre el trabajo de Barack Obama en favor de los latinos?
3. ¿En qué se parece la vida de Bichir a la de su personaje en la película?
4. ¿Qué significa el título de la película?

6-20 LA LENGUA ESPAÑOLA EN ESTADOS UNIDOS

Casi 400 millones de personas en el mundo hablan español, según datos de la UNESCO. Usa el mapa para responder a las preguntas 1 a 3. Después extrae tres conclusiones, basadas en los datos, sobre la presencia del español en el mundo y en tu país.

COMPRENSIÓN

1. ¿Cuáles son los seis países del mundo con mayor cantidad de hablantes de español como lengua materna?
2. ¿En qué cuatro países que no tienen el español como lengua oficial ...
   ... hay mayor número de hablantes de español como lengua materna?
   ... hay mayor número de personas con conocimientos de español?
   ... hay mayor número de personas que saben español (dominio o conocimiento)?
3. Qué porcentaje aproximado de la población de Estados Unidos habla español como lengua materna?

Mira la tabla con los datos sobre el número de hispanohablantes en EE.UU. ¿Qué consecuencias crees que tiene en los diferentes estados el número de hablantes de español? Da ejemplos específicos.

- En la política:
- En la educación:

- En la vida cultural:
- En la vida cotidiana:

ESTADOS CON MÁS DE 10% DE HABLANTES DE ESPAÑOL		
Estado	Hablantes de español	% de población
Nuevo México	823.352	43,27%
California	12.442.626	34,72%
Texas	7.781.211	34,63%
Arizona	1.608.698	28,03%
Nevada	445.622	19,27%
Florida	3.304.832	19,01%
Nueva York	3.076.697	15,96%
Nueva Jersey	1.134.033	13,89%
Illinois	1.516.560	12,70%
Colorado	545.112	12,35%

INTERPRETACIÓN

 Decidan con qué opiniones están de acuerdo y con cuáles no. Justifiquen las opiniones de su grupo.

1. El idioma español es una amenaza para el inglés en los Estados Unidos.
2. Los inmigrantes que quieran vivir en Estados Unidos deben aprender inglés.
3. Estados Unidos debe adoptar el inglés como lengua oficial.
4. Se puede vivir en ciertas áreas de EE.UU. hablando sólo el español y sin saber inglés.
5. No saber inglés causa discriminación.
6. EE. UU. debería adoptar el inglés y el español como lenguas oficiales.
7. La enseñanza del español debería ser obligatoria en todas las escuelas.

PERSPECTIVA LINGÜÍSTICA

VOCABULARIO META

amenaza (la)	*threat*	enseñanza (la)	*teaching*
amenazar	*to threaten*	enseñar	*to teach*
aprender	*to learn*	idioma (el)	*language*
aprendizaje (el)	*learning*	imponer	*to impose*
asentarse	*to settle, establish oneself*	imponerse	*to impose itself/oneself*
asignatura (la)	*subject (in school)*	incapacidad (la)	*inability*
bachillerato (el)	*high school*	jerga (la)	*jargon, slang*
conocer	*to know*	mayoritario/a	*dominant (adj.)*
conocimiento (el)	*knowledge*	minoritario/a	*minority (adj.)*
crisol (el)	*melting pot*	nefasto	*disastrous*
culto/a	*educated (adj.) literate*	oficializar	*to make oficial*
derogar	*to repeal*	plantear	*to suggest, bring up*
desafío (el)	*challenge*	recurso (el)	*resource*
destreza (la)	*skill*	rumbo (el)	*direction, course*
diversidad (la)	*diversity*	saber	*to know how to*
dominar	*to master*	temor (el)	*fear*
dominio (el)	*mastery*	tendencia (la)	*trend*
educativo/a	*educational*	término (el)	*term*
empobrecer	*to impoverish*	vocablo (el)	*word*

6-21 ¿HABLAN INGLÉS LOS LATINOS DE EE.UU.?

Examina estos datos del **Pew Hispanic Center** sobre el dominio del inglés y el español de la población hispana de **Estados Unidos**.

Lengua hablada en casa y habilidad de hablar inglés, 2010

	5-17 años		Más de 18 años	
	Sólo inglés en casa	Inglés y español en casa	Sólo inglés en casa	Inglés y español en casa
Hispanos	34.8%	65,2%	20,9%	79,1%
Nacidos en EE.UU.	38,5%	61,5%	39,0%	61.0%
Nacidos fuera de EE.UU.	4,2%	95.8%	4,1%	95.9%

Fuente: Pew Hispanic Center

COMPRENSIÓN

1. ¿Cuáles son las dos diferencias más importantes entre los hispanos nacidos en EE.UU. y los emigrantes hispanos?
2. ¿Hay diferencias entre los hispanos jóvenes (de 5 a 17 años) nacidos en EE.UU. y los nacidos fuera de EE.UU. en cuanto al uso del español?
3. ¿Hay diferencias entre los hispanos mayores de 18 años nacidos en EE.UU. y los nacidos fuera de EE.UU. en cuanto al uso del inglés?
4. ¿Qué grupo tiene mayor dominio del inglés: los jóvenes (5 a 17 años) o los mayores de 18 años?

RL GRAMÁTICA 6-1 (pp. 333-335)

Haz un resumen de las *diferencias entre los hispanos de primera y segunda generación* usando el estilo indirecto. Usa verbos diferentes para introducir el estilo indirecto (*decir, indicar, mostrar, reflejar*).

1. Respecto al uso del inglés en casa, la investigación de 2010 …

2. Respecto al bilingüismo, la investigación de 2010 …

3. Respecto al uso del español, la investigación de 2010 …

4. En general, los datos de 2010 …

INTERPRETACIÓN

En parejas, miren estos datos y piensen en tres causas y tres consecuencias hipotéticas de este fenómeno. Compartan con la clase su trabajo.

CAUSAS	CONSECUENCIAS
1. … debido a …	1. Si …, …
2. … porque …	2. Si …, …
3. La razón de que … es que …	3. Si …, …

6-22 TRES POLÍTICAS SOBRE LAS LENGUAS MINORITARIAS

Existen diferentes paradigmas con respecto a los estudiantes con conocimientos limitados del inglés. Lee las premisas de cada uno. ¿Cuál es la principal diferencia entre estos tres modelos?

1. *La lengua materna como problema = asimilacionismo*
   Si el inmigrante no habla inglés, no podrá incorporarse a la cultura dominante monolingüe y se convertirá en una carga para la sociedad o en una fuerza divisoria. Por eso, el dominio limitado del inglés es una incapacidad que hay que superar lo más rápidamente posible.

2. *La lengua materna como derecho*
   Los alumnos con dominio limitado del inglés tienen derecho a una educación bilingüe. Si la educación bilingüe es bien administrada, proporciona numerosos beneficios para el aprendizaje del inglés. Por lo tanto la lengua materna es un recurso para aprender inglés.

3. *La lengua materna como beneficio*
   El paradigma multicultural recalca los beneficios del bilingüismo más que los beneficios provenientes de la integración en una cultura dominada por el inglés. El "bilingüismo aditivo" consiste en adquirir un segundo idioma sin perder el primero. Los estudios demuestran que si una persona habla dos o más idiomas con fluidez, tendrá ventajas de tipo cognitivo, académico, cultural y profesional.

RL GRAMÁTICA 6-3 (pp. 337-339)

Identifica las tres frases condiciones que aparecen en el texto. Luego crea tres frases hipotéticas, basadas en las que has identificado, que presenten *condiciones improbables o imposibles*.

1. Si todos los inmigrantes …

2. Si la educación bilingüe en Estados Unidos …

3. Si la gente …

INTERPRETACIÓN

En grupos, tres de ustedes debatirán a favor del modelo 1 y tres de ustedes a favor del modelo 3. Preparen argumentos para defender su posición.

	ARGUMENTOS
A favor del Modelo 1	1. Estamos a favor porque si [*hipotético*] _____, _____ . 2. Si [*posible*] _____, _____ y por lo tanto … 3. Sería muy necesario que …
A favor del Modelo 3	1. Estamos en contra porque si [*hipotético*] _____, _____ . 2. Si [*posible*] _____, _____ y por eso … 3. Nos parece importantísimo que …

4. ¿Qué modelo creen que es más predominante en su país? Piensen en dos razones.

6-23 ESTADOS UNIDOS Y LA EDUCACIÓN BILINGÜE

Lee el texto sobre la educación bilingüe en Estados Unidos y responde a las preguntas.

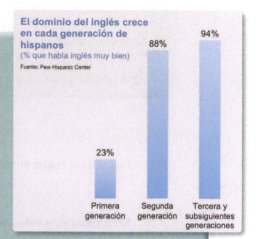

A lo largo de la historia de Estados Unidos, la alternancia entre políticas de tendencias liberales con una marcada tolerancia hacia la diversidad étnica, cultural y lingüística y otras políticas caracterizadas por tendencias nacionalistas y asimilacionistas ha dictado la política cultural y lingüística y el rumbo de la enseñanza bilingüe. Tras la formación del país hubo un alto grado de tolerancia hacia el multilingüismo de origen europeo y la enseñanza bilingüe en las escuelas públicas. En el caso del español, aunque el tratado de Guadalupe Hidalgo de 1848 estableció una cláusula especial para la protección de esta lengua en los territorios anexionados por EE.UU. después del conflicto (California, Nuevo México, Arizona y Texas), nunca hubo un uso efectivo de esta cláusula. Si este tratado se hubiera respetado, no se habrían asentado las políticas asimilacionistas que predominaron por varias décadas.

Esta etapa dio paso a una segunda en la que se comenzó a restringir el uso de otras lenguas que no fueran el inglés en los programas educativos públicos. Debido a las dos guerras mundiales la identidad nacional se redefinió como exclusivamente monocultural y monolingüe en inglés, lo que promovió el asimilacionismo y revirtió los avances que se habían hecho anteriormente.

En los años 60, el movimiento chicano logró nuevas condiciones para la diversidad lingüística en las escuelas públicas del país. Gracias a este movimiento el Acta de Educación Bilingüe de 1968 estableció mecanismos para la implementación y coordinación a nivel nacional del desarrollo de programas bilingües.

Si no hubieran ocurrido los movimientos de derechos civiles de las minorías étnicas en los años 50, estos grupos chicanos del suroeste no habrían tenido las bases para plantear los derechos lingüísticos como derechos civiles.

Durante los años 90, unos 10 millones de inmigrantes legales entraron en Estados Unidos, el 70% de los cuales era hispano. La cifra de inmigrantes indocumentados alcanzó en esa década un número estimado en 14 millones, 90% hispanos. Este cambio demográfico implicó grandes desafíos y un sentimiento antiinmigrante que en última instancia se manifestó en proposiciones como la Proposición 227 en California en 1998 y la Proposición 203 en Arizona en 2000, que desmantelaron la educación bilingüe en esos dos estados. Muchos activistas pro inmigrantes han sugerido que el impacto en la educación bilingüe no habría sido tan nefasto si esta migración hubiera sido europea, como la anterior. La firma del acta *No Child Left Behind* en 2001 impulsó una visión totalmente monolingüe y monocultural de la educación y derogó el Acta Bilingüe de 1968, revirtiendo 33 años de desarrollo de programas bilingües en las escuelas públicas.

COMPRENSIÓN

1. Completen este cuadro con un resumen de las diferentes etapas por las que ha pasado la educación bilingüe en Estados Unidos.

	¿Cuándo?	Política sobre educación bilingüe	Contexto histórico/político
Etapa 1			
Etapa 2			
Etapa 3			
Etapa 4			
Etapa 5			

2. ¿Por qué en los estados del sureste hubo políticas asimilacionistas desde el principio?
3. ¿Qué grupo étnico fue responsable de los avances en la educación bilingüe en los años 60?
4. ¿Cuál fue el origen de las leyes contra la educación bilingüe de California y Arizona?

RL GRAMÁTICA 6-4 (pp. 339-340)

1. Revisa la Gramática 6-4. Después identifica en el texto que has leído cuatro oraciones que expresen hipótesis sobre el pasado. Subraya y marca en cada una la hipótesis y la consecuencia.

2. ¿Qué tiempo verbal se usa en la hipótesis? ¿Qué tiempo verbal se usa en la consecuencia?

INTERPRETACIÓN

 Revisen las cuatro hipótesis que han identificado y decidan, para cada una, si están de acuerdo o no y por qué.

 Mira ahora este video sobre la educación bilingüe en California hoy y responde a las preguntas.

COMPRENSIÓN

1. ¿Qué dijo Ana Lilian Torres?
2. ¿Qué contó Ana Sánchez? Resume lo que piensa Ana de los programas de transición.
3. ¿Qué dijo Steve Austin?
4. ¿Qué dijo Esther García?
5. ¿Qué beneficios tiene ser bilingüe según Ana Sánchez? ¿Y según Amelia Pérez?
6. ¿Qué hacen las familias para mantener el español? Da dos ejemplos.

INTERPRETACIÓN

 Lean este fragmento del Acta de Educación Bilingüe de 1968.

"Bilingual education is the use of two languages, one of which is English, as mediums of instruction of the same pupil population in a well organized program which encompasses all parts of the curriculum and includes the study of the history and culture associated with the mother tongue. A complete program develops and maintains the children's self-esteem and a legitimate pride in both cultures."

Si ustedes formaran parte de un comité de asesoramiento sobre educación para el presidente de su país, ¿qué tres recomendaciones harían sobre la enseñanza del español y la educación bilingüe?

RECOMENDACIONES
1. Recomendaríamos que ..., porque si [*hipotético*] ...
2. Recomendaríamos que ...; de este modo ...
3. Recomendaríamos que ... para que ...

6-24 UN ARTÍCULO POLÉMICO Y LA RESPUESTA DE UN ESCRITOR MEXICANO

Lee este texto sobre un artículo polémico pulicado en 2004. Después responde a las preguntas.

"Los hispanos destruirán la cultura de EE.UU."

En 2004 Samuel Huntington, profesor de Harvard, **afirmó** en un artículo que la cultura hispana era la principal amenaza a la cultura "tradicional" estadounidense. Huntington publicó un avance de su libro *Who We Are: The Challenges to American Identity* en la revista *Foreign Policy*. En dicho avance, titulado "El desafío hispano", Huntington **opinaba** que las personas de origen latinoamericano, comenzando por los mexicanos, destruirían las tradiciones en Estados Unidos, ya que "los mexicanos y otros latinos no se han asimilado a la cultura predominante de Estados Unidos, formando, sin embargo, sus propios enclaves políticos y lingüísticos, desde Los Ángeles a Miami, y rechazando los valores anglo-protestantes que construyeron el sueño americano. Al no hacer caso a este desafío, los Estados Unidos se ponen en riesgo: dos pueblos, dos culturas y dos idiomas", escribió Huntington en el artículo. "Demográfica, social y culturalmente, la reconquista del sudoeste de Estados Unidos por parte de inmigrantes mexicanos está en marcha", opinó Huntington. "Las zonas de predominancia mexicana en Estados Unidos pueden convertirse en un bloque autónomo con un idioma y sociedad completamente distinto al resto del país". El peruano Carlos Lozada, editor en jefe de la revista, **dijo** que el artículo se había publicado por la importancia del autor y por la temática. "El profesor Huntington ha tenido tanto impacto en el mundo académico y de la política que nuestros lectores se benefician al obtener su perspectiva del mundo. En cuanto al mérito en sí del artículo, eso se lo dejo a los lectores", afirmó Lozada.

COMPRENSIÓN

1. Explica con tus propias palabras cuál fue la hipótesis de Huntington.
2. ¿Qué diferencia, según Huntington, a los inmigrantes hispanos de otros grupos inmigrantes?
3. Explica el significado de la palabra 'reconquista' usada por Huntington en su artículo.
4. ¿Cómo justificó el editor de *Foreign Policy* la publicación del artículo?
5. ¿Se menciona en este texto la lengua como elemento clave? ¿Dónde? ¿Es la lengua un elemento de unión o de desunión, según Huntington?

RL GRAMÁTICA 6-1 (pp. 333-335)

1. Identifica en el texto los tres verbos en negrita que introducen información en estilo indirecto. Imagina que es 2004 y escribe otra vez las frases con el verbo principal en presente.

2. Resume las ideas que aparecen en estilo directo (entre comillas) en el texto.

a. _____ dijo que...

b. _____ afirmó que...

c. _____ declaró que...

Ahora lee estos fragmentos de un artículo del escritor mexicano Carlos Fuentes, escrito como respuesta al artículo de Samuel Huntington y publicado originalmente en el diario *El País* el 23 de marzo de 2004. Contesta después a las preguntas.

El Racista Enmascarado

La nueva cruzada de Huntington va dirigida contra México y los mexicanos que viven, trabajan y enriquecen a la nación del norte. Para Huntington, los mexicanos no viven –invaden–; no trabajan –explotan– y no enriquecen –empobrecen– porque la pobreza está en su naturaleza misma. [...]

¿Invaden los mexicanos a los EE.UU.? No: obedecen a las leyes del mercado de trabajo. Hay oferta laboral mexicana porque hay demanda laboral norteamericana. Si algún día existiese pleno empleo en México, los EE.UU. tendrían que encontrar en otro país mano de obra barata para trabajos que los blancos, sajones y protestantes, por llamarlos como Huntington, no desean cumplir, porque han pasado a estadios superiores de empleo, porque envejecen, porque la economía de los EE.UU. pasa de la era industrial a la post-industrial, tecnológica [...]

¿Explotan los mexicanos a los EE.UU.? [...] California destina mil millones de dólares al año en educar a los hijos de inmigrantes. Pero si no lo hiciese el Estado perdería dieciséis mil millones al año en ayuda federal a la educación. Y el trabajador migrante mexicano paga veintinueve mil millones de dólares más en impuestos, cada año, de lo que recibe en servicios. [...] Al nivel laboral más humilde, su expulsión supondría una ruina para los EE.UU. John Kenneth Galbraith (el norteamericano que Huntington no pudo ser) escribe: "Si todos los indocumentados en los EE.UU. fuesen expulsados, el efecto sobre la economía norteamericana... sería poco menos que desastroso... Frutas y legumbres en Florida, Tejas y California no serían cosechadas. Los alimentos subirían espectacularmente de precio.

[...] Hablar una segunda (o tercera o cuarta lengua) es signo de cultura en todo el mundo menos, al parecer, en el Edén Monolingüe que se ha inventado Huntington. Establecer el requisito de la segunda lengua en los EE.UU. le restaría los efectos satánicos que Huntington le atribuye a la lengua de Cervantes. Los hispanoparlantes en los EE.UU. no forman bloques impermeables ni agresivos. Se adaptan rápidamente al inglés y conservan, a veces, el castellano, enriqueciendo el aceptado carácter multiétnico y multicultural de los EE.UU. En todo caso, el monolingüismo es una enfermedad curable. Muchísimos latinoamericanos hablamos inglés sin temor de contagio.

COMPRENSIÓN

1. Explica con tus propias palabras el argumento que usa Carlos Fuentes para refutar la idea de que los hispanos "invaden" el país.
2. Explica con tus propias palabras dos argumentos que usa Carlos Fuentes para refutar la idea de que los hispanos "explotan" al país.
3. Resume la opinión de Fuentes respecto a la educación bilingüe en Estados Unidos.
4. ¿Cuál es el objetivo del último párrafo del texto?

RL GRAMÁTICA 6-3 (pp. 337-339)

1. Identifica las tres construcciones condicionales que aparecen en el texto.

Hipótesis	Consecuencia
1. _____	, _____
2. _____	, _____
3. _____	, _____

2. Cambia las frases anteriores de modo que expresen un grado alto de posibilidad.

INTERPRETACIÓN

En grupos de cuatro, dos de ustedes deben tomar la posición de Huntington y dos de ustedes la posición de Fuentes. Preparen tres argumentos para defender su punto de vista y después hagan un pequeño debate.

	ARGUMENTOS
A favor de S. Huntington	1. Estamos a favor de Huntington porque si _____, _____. 2. Si _____, _____ y entonces ... 3. Huntington dijo que ... y en nuestra opinión es necesario que ...
A favor de C. Fuentes	1. Estamos a favor de Fuentes porque si _____, _____. 2. Si _____, _____ y entonces ... 3. Fuentes dijo que ... y, en nuestra opinión, sería beneficioso que ...

PERSPECTIVAS INTERCULTURALES

6-25 EL ESTUDIO DEL ESPAÑOL COMO SEGUNDA LENGUA EN LOS ESTADOS UNIDOS

Lee este texto sobre la enseñanza del español en Estados Unidos y luego responde a las preguntas.

En los últimos años el estudio de otras lenguas ha aumentado considerablemente en los Estados Unidos. Esto se debe principalmente a la globalización, que requiere ciudadanos capaces de desplazarse y comunicarse en otros idiomas. El español está actualmente a la cabeza de las lenguas que los angloparlantes aprenden: es una lengua activa en la escuela elemental, es la más popular en la secundaria y tiene una presencia cada vez más notable en la universidad. El número de escolares y universitarios que estudian español como lengua extranjera en Estados Unidos es de siete millones ochocientos veinte mil. Lo aprenden en un país en el que no es obligatorio, al contrario de Europa, el estudio de lenguas extranjeras.

Según la Asociación de Lenguas Modernas norteamericana (MLA) la creciente importancia del estudio de lenguas extranjeras en la universidad se debe a varias razones, entre ellas las oportunidades profesionales que ofrece, los cambios en la economía global, la influencia de los medias digitales y el Internet, o la motivación de los estudiantes para aprender su lengua de herencia. Según datos de su último informe, el español es, con enorme distancia respecto a otras lenguas, el idioma extranjero más estudiado en las universidades estadounidenses. Sin embargo, en muchas universidades se están suprimiendo los requisitos de aprendizaje de otras lenguas. Russell A. Berman, vicepresidente de la MLA, afirma que el estudio de otras lenguas sigue siendo un elemento central de una educación equilibrada que, sin embargo, se está viendo amenazado por los recortes en los programas.

Según el informe 2010 del Instituto Cervantes, la competencia en español en los Estados Unidos supone una ventaja económica demostrada, pues estudios recientes han establecido que el dominio del español en el mercado laboral estadounidense significa una media de entre 7.000 y 8.000 dólares más de sueldo bruto anual; es decir, el estudio del español en Estados Unidos es un valor seguro. Además, muchas voces señalan que el español no debería ser considerado una lengua extranjera en Estados Unidos pues, al fin y al cabo, su presencia es muy grande y no hace falta viajar a otro país para poder hablarlo.

Lenguas más estudiadas en la universidad	Número de estudiantes	Crecimiento desde 2006
Español	864.986	5,1%
Francés	216.419	4,8%
Alemán	96.349	2,2%
Lenguaje de signos	91.763	16%
Italiano	80.752	3%
Japonés	73.434	10,3%
Chino	60.976	18,2%
Árabe	35.083	46,3%
Latín	32.606	1,3%
Ruso	26.883	8,2%

Fuente: Asociación norteamericana de Lenguas Modernas (MLA)

COMPRENSIÓN

1. Analiza los datos de la tabla: ¿Qué lenguas son las más estudiadas? ¿Por qué crees que éstas encabezan la lista? ¿Qué lenguas han experimentado el mayor crecimiento en número de estudiantes en los últimos años? ¿Por qué crees que está sucediendo esto?
2. Enumera otras ventajas de aprender otras lenguas, además de las ya mencionadas en el texto.

INTERPRETACIÓN

 ¿Debería ser el aprendizaje de otras lenguas un requisito en todas las escuelas y universidades de Estados Unidos? Preparen tres argumentos a favor y tres en contra. Luego hagan un pequeño debate.

	ARGUMENTOS
A FAVOR	1. Estamos a favor porque si ... 2. Si ..., ...; por ejemplo, según ... 3. Sería bueno que ...
EN CONTRA	1. Estamos en contra porque si [*hipotético*] ... 2. Si ..., ...; por ejemplo, de acuerdo con ... 3. No sería beneficioso que ...

6-26 EL 'SPANGLISH'

Lee este texto sobre los efectos del contacto del inglés y el español en EE.UU. y contesta a las preguntas.

El 'spanglish' es la fusión del español con el inglés que se da especialmente en zonas con una gran población de habla hispana, como California, Florida, Nuevo México, Texas y los barrios latinos de Nueva York y otras ciudades. El 'spanglish' ha estado presente durante varias décadas, incluso siglos, aunque desde mediados de los años ochenta ha hecho que su presencia se sienta en la música, el cine, la televisión y la literatura. A pesar de que cantantes y poetas lo utilizan en sus obras, continúa siendo sobre todo un código de comunicación oral, de espíritu libre y que desafía toda normalización, dice Meighan Burke (U. de Arizona). El término agrupa desde el empleo de préstamos lingüísticos (*harware, fútbol*), normal en el desarrollo de la lengua, a la alternancia de códigos frecuente entre hablantes bilingües o en las jergas profesionales.

Para Laura Alonso Gallo, filóloga española, "estamos en contacto con gente de distintas culturas, de distintas lenguas, y es lógico que surja una lengua que sea una combinación de otras. Desde el principio de los tiempos todas las lenguas se han formado de esa manera. Hacen un cambio súbito de una lengua a otra, de un dialecto a otro, como *Leo un magazine / No vamos a ir al game tonight porque todavía no hemos comprado los tickets / So you haven't decided lo que vas a hacer este weekend?*".

Roberto González Echeverría, profesor de la universidad de Yale, dice que "la mezcla del español y el inglés perjudica a los propios hablantes, constituyendo un peligro a la cultura hispánica. El 'spanglish' es una capitulación, indica marginalización, no liberación; este fenómeno trata al español como si la lengua de Cervantes, Lorca, García Márquez, entre otros, no tuviera una esencia y dignidad propias". Según Humberto López Morales, "estamos ante un caso de interferencias lingüísticas". A su modo de ver, éste es un proceso de comunicación lógico y comprensible entre personas que usan una lengua extranjera porque desconocen la terminología correcta en la suya.

Para Ilan Stavans, profesor de la Universidad de Amherst y autor del libro *Spanglish, The Making of a New American Language*, poetas y novelistas en Estados Unidos usan 'spanglish' porque piensan que es la manera de conectar con el alma de una gran porción de la población latina.

COMPRENSIÓN

1. Según Laura Alonso, ¿en qué se diferencian el 'spanglish' y la alternancia de códigos o 'code switching'? Usa ejemplos.
2. El profesor González Echeverría argumenta en contra del 'spanglish'. ¿Por qué?
3. ¿Está Humberto López Morales de acuerdo con el profesor González Echeverría?
4. ¿Es el 'spanglish' un fenómeno exclusivo de la lengua oral?

INTERPRETACIÓN

 Decidan cuál es su posición al respecto y después hagan una lista de tres argumentos a favor y tres en contra del 'spanglish'. Al finalizar la lista, hagan un pequeño debate.

	ARGUMENTOS
A favor del 'spanglish'	1. Estamos a favor porque ... 2. Si ...,...; y por eso ... 3. Es importante que ...
En contra del 'spanglish'	1. Estamos en contra porque ... 2. Si ...,...; por lo tanto ... 3. No es buena idea que ...

MANIFESTACIONES ARTÍSTICAS

6-27 ESCRITORES HISPANOS EN EE.UU.: BILINGÜISMO Y BICULTURALISMO

Los escritores hispanos forman parte ya de la tradición literaria estadounidense. Dos de los más importantes son Junot Díaz y Sandra Cisneros. Lee los textos y después contesta a las preguntas.

Junot Díaz

Son nacidos en Estados Unidos, hijos de segunda o tercera generación de inmigrantes, o viven allí desde niños. Son bilingües y biculturales: su lengua privada es el español y su lengua literaria el inglés. Aunque suelen escribir en inglés, su estructura narrativa, sensibilidad y concepción de la vida son en español, creando una literatura transnacional, hecha de la mezcla de culturas y lenguas. Este conocimiento de dos idiomas y dos culturas hace que su narrativa incluya expresiones, giros y referentes culturales del ámbito hispánico.

Sus novelas son una encrucijada cultural en la que el lenguaje, la identidad y el estatus transnacional confluyen. La reivindicación de esa herencia cultural es la pieza central de sus obras, que tienen un componente autobiográfico importante. Conseguir mantener vivas dos culturas tan diferentes como la hispanohablante y la angloparlante y llegar a ser bilingüe en la sociedad norteamericana —que frecuentemente impone un monolingüismo en inglés— es un reto importante; los escritores latinos lo superan mediante la aplicación de estrategias idiomáticas y socioculturales.

Junot Díaz (Santo Domingo, 1968) emigró con su familia a Nueva Jersey cuando tenía 7 años. Hoy es profesor de escritura creativa en MIT. En Estados Unidos aprendió el inglés, que poco a poco se superpuso a su lengua materna. Junot tenía 27 años cuando publicó *Drown* (Negocios), un libro de cuentos recibido con gran entusiasmo por la prensa de Estados Unidos, en el que retrata la difícil vida del inmigrante latinoamericano dividido entre dos identidades, narrando diversas historias con crudeza pero también con sentido del humor. En 2008 ganó el Premio Pulitzer con *The brief and wonderous life of Oscar Wao*, donde narró la historia de Óscar Wao, un 'nerd' dominicano que vive en Estados Unidos, un jovencito obeso y terriblemente incompatible con las mujeres, que sueña con escribir relatos de ciencia ficción y fantasía; y también la historia de la familia de Óscar, una familia dominicana que vivió el siglo XX bajo el terrible período de la dictadura de Rafael Trujillo, y que terminó emigrando a los Estados Unidos.

El lenguaje de esta novela es el que se puede escuchar en los barrios latinos de cualquier ciudad de los Estados Unidos: un inglés híbrido con substrato español, de modo que el lector lee inglés pero parece estar leyendo español. Esta fusión de registros es su mayor riqueza. Por ejemplo, ante una crisis a la hora de escribir novelas de ciencia ficción, Óscar indica que está frente a "my very own página en blanco". A este respecto, Díaz dice: "El inglés es parte de la experiencia latinoamericana. Ya pasó la época en la que la cultura se definía a través de la pureza lingüística. Si ése fuera el caso, entonces yo estaría escribiendo en taíno o en las lenguas ibo-yorubas de mis ancestros africanos." Junot Díaz cree que se le da demasiada importancia al poder de la lengua: "La gente está obsesionada con el sueño del idioma puro como una cosa uniformadora", dice. "Los gringos quieren negar el español, lo perciben como una amenaza, pero lo cierto es que este país camina hacia el bilingüismo".

COMPRENSIÓN

1. Escribe tres aspectos que diferencian a los escritores latinos de los escritores estadounidenses.
2. Describe con tus propias palabras las dos historias paralelas en la novela de Junot Díaz.
3. ¿Qué opina Díaz sobre la coexistencia del inglés y del español en Estados Unidos?

INTERPRETACIÓN

1. ¿Es literatura inglesa o literatura hispánica? ¿Es un género híbrido? Justifiquen sus respuestas.
2. ¿Por qué creen que estos escritores son populares entre el público estadounidense no hispano?
3. ¿Están de acuerdo con las opiniones de Díaz sobre el inglés y el español en EE.UU.? Justifiquen su respuesta.
4. El lenguaje. Lean estos fragmentos de la novela de Junot Díaz. ¿Cuáles representan estos recursos?
   • mezcla de códigos o 'spanglish'
   • fonética del español dominicano
   • opinión o juicio sobre la República Dominicana
   • opinión o juicio sobre Estados Unidos
5. ¿En qué fragmentos aparece el biculturalismo como un problema?

1. *"Abelard Luis Cabral was Oscar and Lola's grandfather, a surgeon who had studied in Mexico City in the Lázaro Cárdenas years and in the mid-1940s, a man of considerable standing in La Vega.* Un hombre muy serio, muy educado y muy bien plantado."

2. *"When Oscar whimpered, Girls, Moms de León nearly exploded.* Tú ta llorando por una muchacha? *She hauled Oscar to his feet by his ear. She threw him to the floor.* Dale un galletazo, *she panted, then see if the little* puta *respects you.*

3. *"If you think it was tough being goth in Paterson, try being a Dominican York in one of those private schools back in DR."*

4. *"Exile to the North! To Nueva York, a city so foreign she herself had never had the ovaries to visit. [...] And who knows what might happen to the girl among the yanquis? In her mind the U.S. was nothing more and nothing less than a* país *overrun by gangsters,* putas, *and no-accounts. Its cities swarmed with machines and industry, as thick with* sinvergüencería *as Santo Domingo was with heat, a* cuco *shod in iron."*

Sandra Cisneros

Sandra Cisneros (Chicago, 1954), hija de padre mexicano y de madre mexicanoamericana, es la más leída de todas las escritoras latinas en Estados Unidos. Su novela más célebre es *The House on Mango Street* (1984), donde explora la niñez en un ghetto mexicano de la ciudad. Dice que este libro fue inspirado en su propia vida y en las vidas de sus alumnas de la escuela secundaria de un barrio de Chicago donde era maestra. En esta novela explora los temas de la identidad étnica y otros aspectos del mundo bilingüe y bicultural de los latinos que viven en Estados Unidos. Cisneros escribió esa novela en inglés, incluyendo frecuentemente estructuras y elementos léxicos del español.

En la novela *Caramelo* (2003), relata la historia de varias generaciones de una familia desde el punto de vista de Celaya, una muchacha de la generación más joven de esta familia. El bilingüismo es un factor crucial en el desarrollo de la identidad de sus personajes. Celaya (Lala) cuenta la historia principalmente en inglés, pero piensa en español e intercala expresiones y traducciones literales; su abuela—la "Awful Grandmother"—no habla inglés, y su padre, Ignacio, es bilingüe, pero el español es su lengua dominante.

En 2012 decidió mudarse a México "escuchando la voz de sus antepasados" y "para poder escribir, pues aunque la gente piense que estoy loca y todos los mexicanos quieran ir al norte, yo quiero venir al sur". Cisneros ha expresado su preocupación por la situación actual de la cultura de origen mexicano y latino en los Estados Unidos, donde se vive "un tiempo de mucho miedo a raíz de la censura de nuestros libros y de nuestra literatura en las escuelas. Hay mucha 'mexifobia' y los anglosajones tienen mucho miedo de que el pueblo conozca su historia, sus orígenes y por eso prohíben sus libros y su cultura".

INTERPRETACIÓN

1. Lean las últimas cuatro líneas del texto. ¿Opinan ustedes como ella? Justifiquen su respuesta.
2. Lean estas frases extraídas de la novela *Caramelo*. ¿Qué tipo de recurso usa la escritora en cada ejemplo?
   • traducción literal del español al inglés
   • mezcla de códigos o 'spanglish'
   • fonética del español
   • opinión o juicio sobre la lengua española
   • opinión o juicio sobre la lengua inglesa
   • comparación entre el inglés y el español

3. ¿Cuáles de estos ejemplos representan ...
   a. un rechazo de la identidad estadounidense?
   b. un intento de abrazar la identidad estadounidense?
   c. una identidad nueva, transcultural y translingual?

   1. *"It is the hour of the nap"*

   2. *"He practiced when speaking to his boss, "Gud morning, ser."*

   3. *"In order to advance in society, Father thought it wise to memorize several phrases from the "polite phrases" chapter: I congratulate you. Pass on, sir, Pardon my English...", but his English was odd to American ears".*

   4. *"-Qué strange was English"*

   5. *"Man, estás zafado. You shitty chilangos think you know everything!"*

   6. *"What?" we say in the horrible language, which the Awful Grandmother hears as -¿Guat?" y "Jau du iu du".*

   7. *"At least I'm not the oldest like Rafa, who one day doesn't come home with us on one of our trips from Mexico. It is a year before we see him. And he comes back to us in a clean white shirt and with hair shorter than we've ever remembered it. His Spanish is as curly and correct as Father's."*

   8. *"What followed was a great deal of groveling and apologies and God-be-with-yous, because Spanish is very formal and made up of a hundred and one formalities as intricate and knotted as the fringe at the end of a rebozo."*

   9. *"The old proverb was true. Spanish was to speak to God and English the language to talk to dogs. Rude and to the point."*

   10. *"He tries talking to us in Spanish, but we don't use that language with kids, we only use it with grown-ups. We ignore him and keep watching our television cartoons."*

   11. *"Like always, when we first arrive at the Grandparent's house, my brothers and I speak only to one another, in English, which is rude...the Awful Grandmother herself has seen how these children raised on the other side don't know enough to answer...The Awful Grandmother shakes her head and mutters, -My daughters-in-law have given birth to a generation of monkeys".*

6-28 LA MÚSICA LATINA EN ESTADOS UNIDOS

La música latina de Estados Unidos es tan diversa como la propia Latinoamérica. Lee estos textos y mira los videos para aprender sobre sus principales corrientes.

Willie Colón y su orquesta

Estados Unidos se ha convertido en el primer productor y consumidor de música en español y, según la Asociación Americana de la Industria de la Grabación (RIAA), el consumo de música latina está en aumento. En concreto, la música regional mexicana representa el 60% del mercado de la música en español.

Nueva York, el jazz latino y la salsa

Nueva York ha sido la capital del jazz latino en los cuarenta, del mambo en los cincuenta, de la salsa en los sesenta y setenta, del hip hop en los ochenta y noventa y del reggaetón hoy. En los años 40, unos músicos cubanos afincados en Nueva York compartieron escenario con célebres jazzistas afroamericanos como Duke Ellington y Dizzy Gillespie. Fueron conjugando los ritmos e instrumentos cubanos con los sonidos propios del jazz norteamericano, forjando así un nuevo ritmo: el jazz latino. En Nueva York, músicos de Cuba, Puerto Rico y de otras partes de América Latina combinaron los ritmos cubanos y puertorriqueños con el soul y el jazz para crear el sonido de la salsa. La salsa que se hacía en Nueva York reflejaba la dualidad de ser latino y americano, de crecer en ambas culturas.

Mira el video sobre Rubén Blades y Willie Colón, dos grandes artistas de salsa.

1. ¿Qué particularidad tenían las letras que escribía Rubén Blades?
2. ¿En qué contexto apareció el disco *Siembra* y qué importancia tuvo el disco?

La música chicana

Una generación de estadounidenses de ascendencia mexicana expresó su identidad cultural con el rock chicano, el rock latino, la música tejana y el sonido norteño. En 1958, Ritchie Valens, un joven nacido en California, llegó a la cima del rock con éxitos como *La bamba* y allanó el terreno para otros como el grupo Los Lobos, cuya música llegaría a formar parte de la identidad chicana. A fines de los años 60, el guitarrista Carlos Santana, originario de México, captó la atención del mundo con su innovadora fusión de rock, blues y jazz afrocubano. La música tejana moderna surgió a fines de los años setenta, pero a principios de los noventa Selena dominó el estilo tejano con un sonido pop, y los grandes sellos promovieron este nuevo sonido a nivel mundial. La música norteña (del norte de México), se basa en la música folclórica del campo y tiene mucha popularidad entre los inmigrantes mexicanos por sus emotivas baladas sobre la experiencia del inmigrante, como las de Los Tigres del Norte.

Carlos Santana

 Mira el video sobre Selena y el estilo tejano de música.

1. ¿Qué problemas tuvo el padre de Selena para tocar música en inglés en Texas?
2. ¿Qué problema tuvo Selena para cantar en español?
3. Explica el impacto que tuvo Selena en la música tejana en vida y tras su muerte.

El pop latino

En Miami, Emilio Estefan—manager, artista y productor—ha alcanzado cientos de éxitos. Su esposa, la cantante Gloria Estefan, popularizó los ritmos caribeños y ha vendido más de 100 millones de discos, 31 de ellos en Estados Unidos. En 1993 Gloria sacó su primer disco en castellano titulado *Mi tierra* en el cual reunió estilos musicales latinos y cubanos de los años 50. Este disco alcanzó el puesto 27 en la lista Billboard 200, el puesto más alto de un disco en español. Debido a la influencia de Emilio y Gloria Estefan, la ciudad de Miami ha sido y es centro de la producción del pop latino desde los años ochenta. Muchos artistas trabajaron con los Estefan: Ricky Martin, Jennifer López, Marc Anthony, Juanes o Shakira, entre otros. Todos han triunfado en el mercado latino y estadounidense con canciones que han sido éxitos en inglés y español, y en muchos casos han grabado en los dos idiomas.

Marc Anthony

 Mira el video sobre Ricky Martin y su influencia en el pop latino en Estados Unidos.

1. ¿Por qué fue importante para la música pop latina la actuación de Ricky Martin en la entrega de los premios Grammy de 1999?
2. ¿Qué papel tuvo Desmond Child en la carrera de Ricky Martin?
3. Explica el impacto que tuvo la canción *Livin' la vida loca* en el pop latino de Estados Unidos.

 Mira el video sobre el reggaetón, un tipo de música urbana nacida en Puerto Rico.

1. ¿Cuáles son las dos raíces del reggaetón?
2. ¿Por qué fue criticado inicialmente el reggaetón en Puerto Rico?
3. ¿Qué impacto tuvieron los cantantes Tego y Daddy Yankee en el reggaetón?
4. Explica qué es el concepto de fusión en la música latina.
5. ¿Cuál es el estado hoy día de la música latina en Estados Unidos?

EL ENSAYO ARGUMENTATIVO VI

LOS DATOS Y LAS CITAS

En el ensayo argumentativo el autor presenta datos que apoyan su tesis para convencer al lector. Las citas de expertos, las estadísticas y las cifras obtenidas de fuentes objetivas y conocidas dan mayor peso al texto. Las citas, que se presentan con expresiones como *dice/dijo que, opina que, según*, etc. pueden ser indirectas o directas. Una cita indirecta o paráfrasis resume las palabras de otro usando el estilo indirecto; en cambio en una cita directa se usan las comillas para presentar las palabras de otro. Es posible que el autor use una cita directa, o que combine la cita directa con la paráfrasis.

Cita indirecta: *Carlos Fuentes opina que no hay peligro en hablar más de una lengua.*
Cita directa completa: *Carlos Fuentes sostiene que "hablar más de una lengua no daña a nadie"*
Cita directa y paráfrasis: *Según Fuentes, es bueno aprender varios idiomas ya que "no daña a nadie".*

LAS PREGUNTAS RETÓRICAS

Son preguntas que hace el autor de un texto sin esperar una respuesta. Su objetivo es que el lector reflexione sobre un asunto con el fin de convencerlo de algo.

Carlos Fuentes

Sobre el autor

Carlos Fuentes (1928-2012) es un autor mexicano de fama internacional. Escribió novelas, ensayos, cuentos y obras de teatro, entre los que destacan *La región más transparente* (1958), *La muerte de Artemio Cruz* (1962) y *La frontera de cristal* (1995). En el año 1992 escribió el guión para la serie de televisión *El espejo enterrado*, un documental con la colaboración del Instituto Smithsonian y la BBC, dividido en cinco capítulos, que explora la identidad latinoamericana. Cuando en 1998 se aprobó en California —con el apoyo del 40% de la población latina— la polémica proposición 227, que suprime la enseñanza pública bilingüe, Carlos Fuentes escribió un artículo que fue publicado en los principales periódicos de los países hispanohablantes.

LECTURA

Los Estados Unidos por dos lenguas

"El monolingüismo es una enfermedad curable". Una vez vi este grafito en un muro de San Antonio, Texas, y **lo** recordé la semana pasada cuando el electorado de California, el estado más rico y más poblado de la Unión Americana, votó a favor de la Proposición 227, que pone fin a la experiencia bilingüe en la educación.

Yo entiendo a los padres y madres inmigrantes de lengua española. Desean que sus hijos asciendan escolarmente y se incorporen a las corrientes centrales de la vida en los Estados Unidos. ¿Cómo se logra esto mejor? ¿Sumergiendo al escolar, de inmediato, en cursos sólo en lengua inglesa? ¿O combinando la enseñanza en inglés con la enseñanza en castellano? California ha votado en contra de la segunda idea, aliándose a **la primera**. Este hecho no deroga otro mucho más importante y de consecuencias infinitamente más duraderas: los Estados Unidos tienen 270 millones de habitantes, y 28 millones de entre ellos hablan español. A mediados del siglo que viene, casi la mitad de la población norteamericana será hispanoparlante. Éste es el hecho central, imparable, y ninguna ley va a domar una realidad tan numerosa y bravía.

Hay en la Proposición 227 la comprensible preocupación de los padres latinos por el futuro de sus hijos. Pero también hay una agenda angloparlante que quisiera someter al bronco idioma de Don Quijote a los parámetros de lo que Bernard Shaw llamaba "el idioma de Shakespeare, Milton y la Biblia". El español es la lengua rival del inglés en los Estados Unidos. Éste es el hecho escueto y elocuente. Es esta rivalidad la que encontramos detrás de la lucha por el español en Puerto Rico. En la isla borinqueña es donde más claramente se diseña la rivalidad anglo-hispana. Los puertorriqueños quieren conservar su lengua española. Pero este apego les veda el acceso a la "estadidad", **es decir**, a convertirse en estado de la Unión. No prejuzgo sobre la voluntad borinqueña de mantener el estatus de "estado libre y asociado", ganar la independencia o convertirse en una estrella más del pabellón norteamericano. En cualquier caso, Puerto Rico es una nación, tiene derecho a su lengua española y no puede ser objeto de un gigantesco chantaje político: tu idioma a cambio de una estrella.

El temor de los legisladores norteamericanos que condicionan la "estadidad" a la renuncia de la lengua es, desde luego, el miedo de que, si Puerto Rico mantiene el derecho al español, Texas, Arizona o Nuevo México reclamen **lo mismo**. Y tendrían derecho a **ello** si una lectura fina del Tratado de Guadalupe Hidalgo de 1848, por **el que** México cedió la mitad de su territorio nacional a la conquista bélica norteamericana, nos demuestra que los Estados Unidos contrajeron, al firmar**lo**, la obligación de mantener la enseñanza del español, de California a Colorado, y de las Rocallosas al río Bravo.

La campaña contra la lengua de Cervantes en los Estados Unidos es un intento fútil de tapar el sol con un dedo. Los hispanoparlantes norteamericanos son ya, según la expresión de Julio Ortega, los "primeros ciudadanos del siglo XXI". En vez de hostigarlos, los Estados Unidos harían bien en reconocer**los** como los más aptos mediadores culturales del nuevo siglo. Me explico: el hispano en los Estados Unidos no está casado con las amargas agendas del racismo; su composición mestiza faculta al hispano para mediar efectivamente entre negros y blancos. Y su condición fronteriza convierte al norteamericano de ascendencia mexicana en protagonista de una cultura movible y migratoria en **la que**, tarde o temprano, el concepto mismo de "globalización" deberá enfrentarse a su asignatura pendiente: ¿por qué, en un mundo de inmediato trasiego de mercancías y valores, se impide el libre movimiento de personas, la circulación de los trabajadores?

Hace 150 años, los Estados Unidos entraron a México y ocuparon la mitad de nuestro territorio. Hoy, México entra de regreso a los Estados Unidos pacíficamente y crea centros hispanófonos **no sólo** en los territorios de Texas a California, **sino** hasta los Grandes Lagos en Chicago y hasta el Atlántico en Nueva York.

¿Cambiarán los hispanos a los Estados Unidos? Sí. ¿Cambiarán los Estados Unidos a los hispanos? Sí. Pero esta dinámica se inscribe, al cabo, en el vasto movimiento de personas, culturas y bienes materiales que definirá al siglo XXI y su expansión masiva del transporte, la información y la tecnología. Dentro de esta dinámica, los EE.UU. de América se presentan como una República Federal Democrática, no como una unión lingüística, racial o religiosa. Una república constituida no sólo por blancos anglosajones y protestantes (WASPS), sino, desde hace dos siglos, por grandes migraciones europeas y, hoy, por grandes migraciones hispanoamericanas. **Aquéllas** tenían que cruzar el océano y eran de raza caucásica. Éstas sólo tienen que atravesar fronteras terrestres y son morenas.

La lengua española, en última instancia, se habla desde hace cuatro siglos en el sureste de los Estados Unidos. Su presencia y sus derechos son anteriores a **los** de la lengua inglesa. Pero, en el siglo por venir, nada se ganará con oponer el castellano y el inglés en los Estados Unidos. Como parte y cabeza de una economía global, los Estados Unidos deberían renunciar a su actual condición, oscilante entre la estupidez y la arrogancia, de ser el idiota monolingüe del universo. Ni los europeos ni los asiáticos, al cabo, van a tolerar la pretensión norteamericana del inglés como lengua universal y única.

¿Por qué, en vez de proposiciones tan estériles como la 227, los Estados Unidos no establecen un bilingüismo real, es decir, la obligación para el inmigrante hispano de aprender inglés, junto con la obligación del ciudadano angloparlante de aprender español? **Ello** facilitaría no sólo las tensas relaciones entre la Hispanidad y Angloamérica, sino la propia posición norteamericana en sus relaciones con la Comunidad Europea y, sobre todo, con la Comunidad del Pacífico. El multilingüismo es el anuncio de un mundo multicultural **del cual** la ciudad de Los Ángeles, ese Bizancio moderno que habla inglés, español, coreano, vietnamita, chino y japonés, es el principal ejemplo mundial.

Hablar más de una lengua no daña a nadie. Proclamar el inglés lengua única de los Estados Unidos es una prueba de miedo y de soberbia inútiles. Y una lengua sólo se considera a sí misma "oficial" cuando, en efecto, ha dejado de serlo. En materia cultural, las lenguas bífidas son propias de serpientes, pero emplumadas.

6-29 COMPRENSIÓN

1. ¿De qué quiere convencer a los lectores el autor de este texto? Marca todas las respuestas.
   - ☐ Los hispanos necesitan aprender inglés si quieren vivir en Estados Unidos.
   - ☐ El bilingüismo sería muy beneficioso en Estados Unidos.
   - ☐ La lucha contra el español en Estados Unidos tiene un componente racista.

2. Explica cómo la situación lingüística de Puerto Rico podría afectar a Texas, Arizona y Nuevo México.
3. ¿Por qué cree Fuentes que los hispanos podrían ser "mediadores culturales" en los EE.UU.?
4. ¿Qué elemento determina la unión de los EE.UU., según el autor?
5. ¿Qué mensaje mandaría EE.UU. al resto del mundo si estableciera un bilingüismo real?
6. El autor del texto se apoya en hechos y cifras para defender su punto de vista (párrafos 2 y 3). ¿Qué adjetivos usa para convencer al lector?
7. Explica los dos argumentos históricos que usa el autor para apoyar su posición.
8. ¿Qué expresiones usa el autor para referirse a la lengua inglesa y a la española?
9. ¿Qué expresiones usa el autor para referirse a los que defienden la "agenda angloparlante"?

6-30 ANÁLISIS DISCURSIVO

1. Identifica las tres citas que usó Carlos Fuentes en su artículo. ¿Son citas directas, o combina la cita directa con la paráfrasis?
2. Identifica en el texto las preguntas retóricas y explica con qué propósito las usa el autor.
3. ¿A qué o quién se refieren los siguientes referentes marcados en negrita en el texto?

   lo (p.1):   el que (p. 4):   aquéllas (p. 7):
   la primera (p. 2):   lo (p. 4):   los (p. 8):
   lo mismo (p. 4):   los (p. 5):   ello (p. 9):
   ello (p. 4):   la que (p. 5):   del cual (p. 9):

4. Di qué significan estos conectores (en negrita en el texto) en el contexto donde aparecen y di qué función tienen.

   es decir (p. 3):
   no sólo ... sino ... (p. 6):

6-31 INTERPRETACIÓN

1. Interpreten la última frase (averigüen qué significa la expresión "serpiente emplumada").
2. ¿Creen que una situación de bilingüismo real – inglés-español – en EE.UU. sería beneficiosa para el país como sostiene el autor? Piensen en tres argumentos a favor y tres en contra.

	ARGUMENTOS
A FAVOR DE ...	1. Estamos a favor de que .... Es verdad que ... sin embargo ... 2. Como dice _____, ... Por eso ... 3. *Pregunta retórica + argumento*
EN CONTRA DE ...	1. Estamos en contra de que .... Aunque ... lo cierto es que ... 2. Según _____, ... Por lo tanto, ... 3. *Pregunta retórica + argumento*

3. El autor dice que la libre circulación de personas es la asignatura pendiente de la globalización. ¿Están de acuerdo con él? Piensen en un argumento a favor y otro en contra.

ESCRITURA

LAS CITAS Y LAS REFERENCIAS

Una *cita textual* es la reproducción exacta de las palabras de otros, que se inserta en el texto y que luego se complementa con una referencia. La *referencia* es el conjunto de datos bibliográficos que permiten identificar la fuente. Cuando reproduces –no literalmente- las ideas de otro y las modificas, estás haciendo una paráfrasis (pero debes especificar la referencia). Las citas y las referencias se usan para (a) dar crédito a las ideas de otros que usamos en nuestro ensayo, evitando el plagio; (b) dar más credibilidad a nuestro punto de vista; y (c) dar a nuestros lectores la información exacta para encontrar la fuente de donde salió una cita.

LAS CITAS TEXTUALES

Una *cita textual larga* (más de cuarenta palabras) no se incluye dentro del párrafo. Debe constituir un párrafo independiente, con espaciado y márgenes distintos, y sin comillas.

> *EJEMPLO*
>
> En la novela *El Norte*, mientras los personajes más recientes parecen moverse bien en la dinámica del cruce de fronteras, el personaje más antiguo, Martín, que llega a Estados Unidos en los años treinta del pasado siglo, permanece en su discurso del desarraigo:
>
> > ¿O no sería incluso mejor que nadie se fuera a ningún lugar? Dolía tanto, irse. Uno debía quedarse en la casa donde había nacido. En la calle donde había nacido. En el rancho donde había nacido. En el pueblo donde había nacido. En la región donde había nacido. En el país donde había nacido. (Paz Soldán, 2001, p.74).
>
> Por contraste, el resto de personajes...

Una cita *textual corta* (menos de 40 palabras) puede iniciarse en cualquier parte del párrafo y de la oración –no necesariamente al principio– y terminar donde sea necesario. También puede fraccionarse, pero debes delimitar de manera visible y clara para tus lectores dónde empiezan y terminan las palabras del autor. La marca tipográfica para indicar a tus lectores que comienza o finaliza una cita son las comillas dobles de apertura (") o cierre ("). No debes escribir las citas en cursiva ni en negrita.

> *EJEMPLOS*
>
> (a) La jueza Sotomayor dijo: "Soy una persona común bendecida con una oportunidad extraordinaria".
> (b) La jueza Sotomayor dijo que era "una persona común bendecida con una oportunidad extraordinaria".
> (c) "Soy una persona común", dijo la jueza Sotomayor, "bendecida con una oportunidad extraordinaria".

PRÁCTICA

 Escriban estos fragmentos de dos formas diferentes.

1. César Chávez dijo: "En la abstención de la violencia no hay derrota".
2. Sobre el bloqueo del DREAM Act, Barack Obama dijo en 2010 que "una minoría de senadores impidieron al Senado hacer lo que la mayoría de los estadounidenses creen que es mejor para el país".
3. "Alrededor de 500 personas mueren anualmente al intentar cruzar la frontera", dijo un experto en inmigración estadounidense.

Para indicar una obra de referencia –de dónde viene la cita– en tu texto, lo más común es:

1) si has escrito el nombre del autor como parte de tu texto, escribe el año de publicación antes de la cita, después del apellido y entre paréntesis. Si necesitas especificar las páginas, escribe la cita y, cuando cierres las comillas, escribe las páginas (p.) o (pp.) entre paréntesis. También puedes poner el año y las páginas antes de la cita.

> *EJEMPLOS*
>
> (a) Según Suro y Escobar (2006), "pocos hispanos –estadounidenses o inmigrantes– apoyan la idea de que los hispanos de los distintos países comparten una misma cultura" (p. 34).
> (b) Según Suro y Escobar (2006, p. 34), "pocos hispanos –estadounidenses o inmigrantes– apoyan la idea de que los hispanos de los distintos países comparten una misma cultura".

2) si no has mencionado el nombre del autor, escribe toda la información al final de la última palabra de la cita, después de las comillas, entre paréntesis y con un espacio en blanco de las comillas. El punto de la frase va después de la cita y de la fuente.

> *EJEMPLOS*
>
> (a) Parece bastante probado que "pocos hispanos –estadounidenses o inmigrantes– apoyan la idea de que los hispanos de los distintos países comparten una misma cultura" (Suro y Escobar, 2006, p. 34).
> (b) La idea de que los hispanos comparten una misma cultura tiene poco apoyo entre los propios hispanos (Suro y Escobar, 2006).

Si haces varias citas seguidas, el orden debe ser alfabético, no cronológico. Si todas las citas van dentro de paréntesis, debes separarlas con punto y coma, y separar el autor del año de publicación con una coma.

> *EJEMPLOS*
>
> (a) Los estudios de Escobar (2008), Gómez Acevedo (2004) y Palencia (2000) ...
> (b) Como varios estudios muestran (Escobar, 2008; Gómez Acevedo, 2004; Palencia, 2000) ...

LAS REFERENCIAS

Si necesitas incluir una bibliografía, debes presentar las referencias ordenadas alfabéticamente por el apellido del autor (o primer autor si son dos o más). Si un autor tiene varias obras, ordénalas de más antigua a más reciente.

1. Referencia bibliográfica (libros)
Una de las normativas más aceptadas internacionalmente es la de APA (American Psychological Association). Este es el modelo básico:

Apellido del autor, coma, inicial/es del nombre, punto, fecha entre paréntesis del año de edición, punto, título en letra cursiva, punto, lugar de edición, dos puntos, editorial.

> *EJEMPLOS*
>
> (a) Moore, J. (1972). *Los mexicanos de los Estados Unidos y el movimiento chicano*. México: Fondo de Cultura Económica.
> (b) Vilar García, M. *El español, segunda lengua en los Estados Unidos: de su enseñanza como idioma extranjero en Norteamérica al bilingüismo*. Murcia: Universidad de Murcia, 2000.

Si quieres referirte a un capítulo de un libro que es una compilación, escribe primero el autor del capítulo y el título (en letra normal). Después las iniciales y el apellido del editor, el título de la obra, las páginas del capítulo entre paréntesis, el lugar de edición y la editorial.

> **EJEMPLO**
>
> Borzutzky, Daniel. (2003). 'Urban affaires', en M. de la Torre y C. Gómez (Eds.) *Malditos latinos, malditos sudacas* (p. 209). México D.F.: Ediciones El billar de Lucrecia.

2. Artículo de una revista
En este caso escribe el nombre de la revista en cursiva. Especifica el volumen de la revista (en cursiva) y las páginas del artículo separadas por un guión.

> **EJEMPLOS**
>
> (a) Huntington, Samuel P. (2004). El desafío hispano. *Letras Libres*, 64, pp. 2-15.
> (b) Criado, M. J. (2004). Percepciones y actitudes en torno a la lengua española en Estados Unidos. *Migraciones Internacionales, 2004*, pp. 123-158.

3. Documentos en soporte informático (artículo en Internet, audio, vídeo, material gráfico).
Se escriben igual que cualquier referencia, pero tienes que escribir entre corchetes el tipo de soporte de donde viene.

> **EJEMPLO**
>
> Pérez, Charly (2004). *La importancia del voto hispano en EE.UU.* Radio Nederland en Español [en línea]. Septiembre de 2004.

4. Artículo de un periódico en línea
Autor (fecha). Título del artículo. Nombre del periódico. Página(s). Obtenido en la Red Mundial el (fecha): dirección (URL)

> **EJEMPLO**
>
> Calvo, J. M. y Cebrián, H. Los editores se lanzan al gran mercado de EE.UU. [en línea]. Obtenido en: *El País*, en mayo de 2006.

LA ENTRADA DEL BLOG

Escribe una entrada para tu blog siguiendo los pasos y estándares delineados en la Unidad 1 (páginas 45 y 46).

Presta atención especial a:

1. el título
2. la tesis y las ideas de apoyo
3. la conclusión
4. la acentuación
5. la ortografía y la puntuación

¿Hay una tesis claramente delimitada e identificable y que se apoya en fuentes concretas y fiables? ¿Has incluido datos y citas relevantes? ¿Dan credibilidad a tu punto de vista? ¿Haces uso de preguntas retóricas para captar la atención del lector? ¿Usaste conectores para unir ideas? ¿Hiciste una lista de referencias para las citas incluidas?

RECURSOS PARA DEBATIR

REFERIRSE A ASPECTOS DE UN TEMA

En el proceso de argumentar a favor o en contra de un asunto, es importante referirse a aspectos de un tema que se quieren tratar, o a un argumento que un interlocutor usó previamente.

En cuanto a... — *regarding ...*
Con respecto a ... — *with respect to ...*
Por lo que respecta a ... — *as far as ___ is concerned ...*

EXPRESAR EL SIGNIFICADO DE UN DATO ESPECÍFICO

Igualmente, en el proceso de argumentar a favor o en contra de un asunto, es útil poner énfasis en el significado, en las implicaciones de un dato específico.

Esto quiere decir que .. — *This means that ...*
Esto significa (que) ... — *This means that ....*
... lo que significa que ... — *which means that ...*
... lo que quiere decir que ... — *which means that ...*

PRÁCTICA

En parejas, cada uno de ustedes tomará una postura distinta respecto al tema y defenderá su punto de vista con cuatro argumentos basados en cuatro aspectos diferentes. Usen datos y expresen el significado de estos datos.

¿Debería ser Estados Unidos un país bilingüe (inglés-español)?

Aspecto 1: Número de personas que hablan español en EE.UU. hoy y proyecciones de futuro
Aspecto 2: Número de personas que hablan español en el mundo
Aspecto 3: Globalización
Aspecto 4: Beneficios cognitivos de aprender lenguas

Estudiante 1: A favor	Estudiante 2: En contra
Argumento 1:	Argumento 1:
Argumento 2:	Argumento 2:
Argumento 3:	Argumento 3:
Argumento 4:	Argumento 4:

EJEMPLO:

- **Estudiante A:** Estados Unidos sin duda debería ser un país oficialmente bilingüe por varias razones. **Con respecto al** número de hispanohablantes en el país, según el censo de 2010 hay unos 50 millones de personas que hablan español y la mayoría de ellos son bilingües en inglés y español. **Esto significa** que uno de cada seis estadounidenses ya es bilingüe
- **Estudiante B:** ¡Sí, pero también **significa que** cinco de cada seis no lo son!

TEMA DE DEBATE

¿A FAVOR O EN CONTRA DE LA OFICIALIZACIÓN DEL INGLÉS EN EE.UU.?

Lee esta información general sobre el tema del debate.

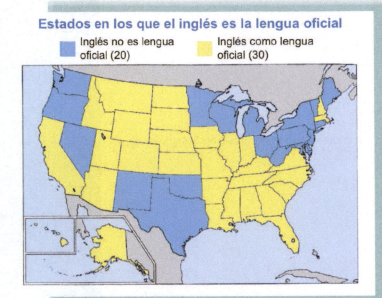

Estados en los que el inglés es la lengua oficial

Inglés no es lengua oficial (20)

Inglés como lengua oficial (30)

El movimiento "English only" es una propuesta política que propone la declaración del inglés como única lengua oficial en los Estados Unidos. Los seguidores del movimiento sostienen que la oficialización del inglés incrementará, para los numerosos inmigrantes en Estados Unidos, las oportunidades de aprender y hablar el inglés, ayudando así a su integración y éxito en la sociedad estadounidense. Los detractores afirman que esta medida es discriminatoria hacia las minorías lingüísticas y que ya el 94% de estadounidenses habla inglés, por lo que no hay necesidad de legislar al respecto; además, en Estados Unidos se hablan más de 300 lenguas.

El inglés es ya la lengua oficial de 30 estados. El último fue Oklahoma, que votó a favor de hacer el inglés lengua oficial del gobierno en las elecciones de 2010. Con ello se prohibió al estado imprimir folletos oficiales en español y otros idiomas extranjeros, lo que perjudica a miles de inmigrantes que no dominan el inglés. La ley permite a las tribus indígenas seguir usando sus lenguas, pero impide que éstas interpongan demandas contra el estado por no facilitar documentos en sus dialectos. Frente al movimiento "English-only" se organizó en 1987 otro, llamado "English Plus", que intenta que se facilite el aprendizaje del inglés entre las personas que no lo hablan pero sin obligarlos a abandonar sus lenguas maternas. Partiendo de la base de que la diversidad lingüística es algo positivo, la conservación de estas lenguas, junto a un plan que facilite el aprendizaje del inglés, es una solución más racional que el "English Only". Nuevo México pasó en 1992 una resolución que declaraba que el dominio de más de una lengua era beneficioso para la nación y que el estudio de las lenguas debía promoverse. Oregón, Rhode Island y Washington también han aprobado resoluciones "English Plus".

Consulten estas páginas para conocer estas dos posturas sobre el tema.

http://www.us-english.org/
http://www.massenglishplus.org/mep/engplus.html

PREPARACIÓN PARA EL DEBATE

Consulta la página 49 para preparar el debate.

6-1. INDIRECT SPEECH

When we relate the words of others, the spatial and temporal situation may change, so we may need to make changes to the original message. These changes can affect the person (*yo, él*, etc.), the expressions of time and/or space (*aquí, allí, hoy, el día anterior*, etc.), the referential pronouns (*este, ese*, etc.), and the verb tenses.

DIRECT SPEECH VS INDIRECT SPEECH

In written language, direct speech is represented by the use of quotation marks (" "). Inside the quotation marks we reproduce *exactly* what someone says.

> Julián: "**Estoy** muy satisfecho con el nivel de participación de los latinos en las elecciones de **ayer aquí** en California. **Estos** resultados **son** muy positivos".
> *Julian, "**I am** very satisfied with the level of Latino participation in **yesterday**'s election **here** in California. **These** results **are** very positive. "*

In *indirect speech*, the words of others are related, but often not exactly. In written language we do not use quotations. Instead -both in written and spoken Spanish-, we use a verb such as *decir*, followed by **que**.

> Julián dijo que **estaba** satisfecho con la participación de los latinos en las elecciones del **día anterior allí** en California y que **esos** resultados **eran** positivos.
> *Julian said **he was** satisfied with Latino participation in the **previous day's** election **there** in California, and that **those** results **were** positive.*

Note in the sentence above the changes that occur when transmitting the words of others in indirect speech.

estoy (yo)	→	estaba (él)
ayer	→	el día anterior
aquí	→	allí
estos	→	esos
son	→	eran

Verbs that are used to introduce indirect speech:

afirmar	contar	demostrar	negar
asegurar	contestar	explicar	pensar
clarificar	creer	indicar	reflejar
comentar	decir	mostrar	reiterar

CHANGES IN VERB TENSES

When the verb that introduces someone else's words is either in the present or present perfect tense, there is no change in verb tenses: they are kept as in the original message.

Example 1: *[from a recent newspaper article]*

> "El 67% de los residentes de Miami **habla** español como primera lengua".
> *"67% of Miami residents **speak** Spanish as their first language."*

El artículo **dice / ha dicho**	que	el 67% de los residentes de Miami **habla** español.
*The article **says / has said***	*that*	*67% of Miami residents **speak** Spanish.*

↗
NO CHANGE

Example 2: *[from a recent TV news program]*

Candidato: "No **tengo** ninguna intención de apoyar la política English-only".
Candidate: "I **have** no intention to support the English-only policy."

El candidato **dice / ha dicho**   que   no **tiene** intención de apoyar la política "English-only".
The candidate **says / has said**   that   he **has** no intention to support the "English-only" policy.
↗
NO CHANGE

However, when we relate something that *was said in the past*, we use a *past* tense to introduce what was said, and we also may need to make changes *if the time and space of the situation or context have changed.*

Example 1: *[from a 1996 newspaper article]*

El 67% de los residentes de Miami **habla** español como primera lengua.

El artículo **dijo**   que   el 67% de los residentes de Miami **hablaba** español.
The article **said**   that   67% of Miami residents **spoke** Spanish.
↗
CHANGE

Example 2: *[from a 2005 TV news program]*

Candidato: "No **tengo** ninguna intención de apoyar la política English-only".
Candidate: "I **have** no intention to support the English-only policy."

El candidato **dijo**   que   no **tenía** intención de apoyar la política "English-only".
The candidate **said**   that   he **had** no intention to support the"English-only" policy.
↗
CHANGE

In the two examples above, there is a change in the verbs (from Present to Imperfect) because the time has changed, and the context may have changed as well (the candidate may have changed his/her position).

Remember that some verbs that are used to relate requests, recommendations, commands, or advice (such as **decir, pedir, recomendar, aconsejar**...) require *subjunctive* in the subordinate clause, which means that the verb will change from Present Subjunctive to Imperfect Subjunctive.

Example 1: *[from a recent TV news program]*

Presidente: "**Salgan** a la calle y **busquen** el voto de todo el mundo".
President: "**Go out** in the street and **seek** everyone's vote."

El presidente   **ha pedido**   que **salgamos** a la calle y **busquemos** el voto.
The President   **has asked** us   **to go out** in the street and **seek** everyone's vote.

Example 2: *[from a 2009 TV news program]*

Presidente: "**Salgan** a la calle y **busquen** el voto de todo el mundo".

En 2009 el presidente   **pidió**   que **saliéramos** a la calle y **buscáramos** el voto.
In 2009, the President   **asked** us   **to go out** in the street and **seek** everyone's vote.

Remember also that, generally, negative verbs (*no* + verb) require *subjunctive* in the subordinate clause, which means that the verb will change from Present Subjunctive to Imperfect Subjunctive.

Example: *[from a recent TV news program]*

Candidato: "**Tengo** intención de apoyar la política English-only".
Candidate: "*I **have** the intention to support the English-only policy.*"

El candidato **no ha dicho**   que   **tenga** intención de apoyar la política "English-only".
*The candidate **has not said**   that   he **has** the intention to support the "English-only" policy.*

El candidato **no dijo**   que   **tuviera** intención de apoyar la política "English-only".
*The candidate **did not say**   that   he **had** the intention to support the"English-only" policy.*

CHANGE

Changes from direct to indirect speech follow the following patterns:

A. INDIRECT SPEECH REFERRED TO THE FUTURE

The verb changes from future to conditional:

Gobernador: "No **permitiremos** una política anti-latina en este estado".
*Governor: "We **will not allow** an anti-Latino policy in this state."*

| El gobernador | **ha dicho** | que | **no permitirá** una política anti-latina en ese estado. |
| *The Governor* | **has said** | *that* | *he **will not allow** an anti-Latino in the state.* |

| El gobernador | **dijo** | que | **no permitiría** una política anti-latina en ese estado. **iba a permitir** |
| *The Governor* | **said** | *that* | *he **would not allow** an anti-Latino policy in the state. he **was not going to allow**** |

B. INDIRECT SPEECH REFERRED TO THE PAST

The verb changes from preterit to pluperfect:

Locutor: "El año pasado **entraron** en el país 22.000 personas de forma ilegal".
*Announcer: "Last year, 22,000 people **entered** the country illegally."*

| El locutor **dice** | que | el año pasado **entraron** 22.000 personas ilegalmente. |
| *The announcer **says*** | *that last* | *year 22,000 people **entered** the country illegally.* |

| El locutor **dijo** | que | el año anterior **habían entrado** 22.000 personas ilegalmente. |
| *The announcer **said*** | *that* | *the previous year 22,000 people **had entered** illegally.* |

6-2. INDIRECT SPEECH: INDIRECT QUESTIONS

When relating questions, we use the same connector -with an accent- that introduced the direct question (QUÉ, CUÁNDO, DÓNDE, CÓMO ...).

Example 1: DIRECT   Pres. de TV: "¿**Qué** piensa usted del bilingüismo?"
                            TV anchor: "**What** do you think about bilingualism?"

             INDIRECT   Le **preguntan / han preguntado** qué **piensa** del bilingüismo.
                            They **ask / have asked** him what he **thinks** of bilingualism.

                            Le **preguntaron** qué **pensaba** del bilingüismo.
                            They **asked** him what he **thought** of bilingualism.

Example 2: DIRECT   Pres. de TV: "¿**Cuándo** tendremos educación bilingüe?"
                            TV anchor: "**When** will we have bilingual education?"

             INDIRECT   Le **ha preguntado** cuándo **tendremos** educación bilingüe.
                            He **has asked** him when we **will have** bilingual education.

                            Le **preguntó** cuándo **tendríamos** educación bilingüe
                            He **asked** him when we **would have** bilingual education.

If the direct question was not introduced by a connector, then we use the connector SI.

Example: DIRECT   Pres. de TV: "¿**Ha tomado** una decisión sobre inmigración?"
                            TV anchor: "**Have you made** a decision about immigration?"

             INDIRECT   Le ha preguntado **si ha tomado** una decisión sobre inmigración.
                            He has asked him **if he has made** a decision about immigration.

                            Le preguntó **si había tomado** una decisión sobre inmigración
                            He asked him **if he had made** a decision about immigration.

Here are more examples of questions reported in indirect speech:

Example: DIRECT   "¿**Tiene** Miami una gran población hispanohablante?"
                            "**Does** Miami **have** a large Spanish-speaking population?"

El entrevistador	**ha preguntado**	si Miami **tiene** una gran población hispanohablante.
The interviewer	**has asked**	if Miami **has** a large Spanish-speaking population.

El entrevistador	**preguntó**	si Miami **tenía** una gran población hispanohablante.
The interviewer	**asked**	if Miami **had** a large Spanish-speaking population.

"¿**Qué** es lo más importante para los latinos de Miami?"
"**What** is most important for Latinos in Miami?"

INDIRECT	El entrevistador	**ha preguntado**	QUÉ	**es** lo más importante para los latinos.
	The interviewer	**has asked**	what	**is** most important to Latinos.

	El entrevistador	**preguntó**	QUÉ	**era** lo más importante para los latinos.
	The interviewer	**asked**	what	**was** most important to Latinos.

"**¿Cómo** es la población latina de la ciudad?
"**How** is the city's Latino population?

Example:	DIRECT	El entrevistador	**pregunta**	CÓMO	**es** la población latina de Miami.
		The interviewer	**has asked**	how	**is** the city's Latino population.
	INDIRECT	El entrevistador	**preguntó**	CÓMO	**era** la población latina de Miami.
		The interviewer	**asked**	how	**was** the city's Latino population.

"**¿Dónde** viven los latinos generalmente?
"**Where** do Latinos live generally?

Example:	DIRECT	El entrevistador	**ha preguntado**	DÓNDE	**viven** los latinos.
		The interviewer	**has asked**	where	Latinos **live**.
	INDIRECT	El entrevistador	**preguntó**	DÓNDE	**vivían** los latinos.
		The interviewer	**asked**	where	Latinos **lived**.

"**¿Cuál** es el mayor reto al que se enfrentan los latinos hoy?
"**What** is the biggest challenge that Latinos face today?

Example:	DIRECT	El entrevistador	**ha preguntado**	CUÁL	**es** el mayor reto.
		The interviewer	**has asked**	what	**is** the biggest challenge.
	INDIRECT	El entrevistador	**preguntó**	CUÁL	**era** el mayor reto.
		The interviewer	**asked**	what	**was** the biggest challenge.

6-3. CONDITIONAL (*IF*) CLAUSES

There are two types of conditional clauses (or *if*-clauses) in Spanish, depending on the type of condition for something to happen.

INDICATIVE
↓
Los latinos **tendrán** más influencia en la política
Latinos **will have** more influence in politics

INDICATIVE
↓
[**si** se **movilizan**]
if they **mobilize**.

(= I think it is possible)

CONDITIONAL
↓
Los latinos **tendrían** más influencia en la política
Latinos **would have** more influence in politics

SUBJUNCTIVE
↓
[**si** se **movilizaran**]
if they **mobilized**.

(= not likely, or impossible)

In the first example, the condition (= that Latinos mobilize) needed for something to occur (= to have more influence in politics) is something that the speaker considers possible, feasible. In the second case, however, the speaker believes that the condition is somewhat unlikely or impossible.

POSSIBLE CONDITIONS

Si + Present Indicative ------------- Future

> Si se **aprueba** esa ley de inmigración, **habrá** más inmigrantes documentados en el país.
> *If that immigration bill **is passed**, **there will be** more legal immigrants in the country.*

> **Habrá** más inmigrantes documentados en el país si se **aprueba** esa ley de inmigración.
> ***There will be** more legal immigrants in the country if that immigration bill **is passed**.*

UNLIKELY, IMPOSSIBLE CONDITIONS

Si + Imperfect Subjunctive * ------------ Conditional

* Like in English, the Imperfect Subjunctive *does not refer to the past*. It refers to a present and/or a future time.

> Si **aprobaran** esa ley de inmigración, **habría** más inmigrantes documentados en el país.
> *If they **passed** that immigration bill, **there would be** more legal immigrants in the country.*

> **Habría** más inmigrantes documentados en el país si **aprobaran** esa ley de inmigración.
> ***There would be** more legal immigrants in the country if they **passed** that immigration bill.*

> Si EE.UU. **fuera** un país bilingüe, mucha gente **tendría** que aprender español.
> *If the U.S. **was** a bilingual country, many people **would have** to learn Spanish.*

> Mucha gente **tendría** que aprender español si EE.UU. **fuera** un país bilingüe.
> *Many people **would have** to learn Spanish if the U.S. **was** a bilingual country.*

ATTENTION!

There are only two tenses that can go after 'SI': the Present indicative, or the Imperfect Subjunctive. 'SI' is <u>never</u> followed by the Future tense, the Conditional, or the Present Subjunctive.

OTHER CONDITIONAL CLAUSES WITH "SI"

por si: introduces a condition that is simultaneously a cause.

> La policía está en la calle **por si hay** algún problema o disturbio.   (POSSIBLE)
> *The police are on the street **in case there is** any problem or disturbance.*

> La policía está en la calle **por si hubiera** algún problema o disturbio.   (UNLIKELY)
> *The police are on the street **in case there should be** any problem or disturbance.*

como si: introduces a condition that is also a comparison.

> El candidato actúa **como si** ya **fuera** presidente.   (NOT REAL)
> *The candidate acts **as if** he **were** president.*

excepto si, salvo si

> El Senado aprobará esa ley **excepto si** hay menos de 45 votos a favor.   (POSSIBLE)
> *The Senate will approve the law **unless** (except if) there are less than 45 votes in favor.*

OTHER TYPES OF CONDITIONAL CLAUSES WITH SUBJUNCTIVE

There are many other types of conditional clauses, all of which require the use of subjunctive. When we are talking about a likely condition, we use the *Present Subjunctive*. If the condition is unlikely, impossible, or unrealistic, we use the *Imperfect Subjunctive*.

EXPRESSING POSSIBLE CONDITIONS

PRESENT / FUTURE		PRESENT SUBJUNCTIVE
Los latinos **pueden** tener más influencia política	**siempre que** **siempre y cuando** **con tal de que** **en el caso de que** **a condición de que**	**se movilicen.**
Latinos can have more influence in politics	***as long as / provided that***	*they **mobilize**.*
Los latinos no **tendrán** influencia en la política	**a no ser que / a menos que**	**se movilicen.**
Latinos will have no influence in politics	***unless***	*they **mobilize**.*

Los problemas de la población latina **crecerán a no ser que** el gobierno **cambie** su política de inmigración.
*The problems of the Latino population will grow **unless** the government **changes** its immigration policy.*

Votaré por esa candidata **siempre y cuando represente** los intereses de la población latina.
*I will vote for that candidate **as long as** she **represents** the interests of the Latino population.*

Votaré por esa candidata **a menos que** su campaña **sea** contra la población latina.
*I will vote for that candidate **unless** her campaign **is** against the Latino population.*

EXPRESSING UNLIKELY OR IMPOSSIBLE CONDITIONS

CONDITIONAL	IMPERFECT SUBJUNCTIVE

Votaría por esa candidata **siempre y cuando representara** los intereses de la población latina.
*I would vote for that candidate **as long as** she **represented** the interests of the Latino population.*

Votaría por esa candidata **a menos que** su campaña **fuera** contra la población latina.
*I would vote for that candidate **unless** her campaign **was** against the Latino population.*

6-4. USE OF PLUPERFECT SUBJUNCTIVE AND PERFECT CONDITIONAL

The Pluperfect Subjunctive is formed with the Imperfect Subjunctive of the verb *haber*, plus the verb's past participle.

(yo)	**hubiera / hubiese**	
(tú)	**hubieras / hubieses**	pintado, creado ...
(él, ella, usted)	**hubiera / hubiese**	tenido, sabido ...
(nosotros/as)	**hubiéramos / hubiésemos**	vivido, construido ...
(vosotros/as)	**hubierais / hubieseis**	escrito, roto, puesto ...
(ellos/as)	**hubieran / hubiesen**	

The Perfect Conditional is formed with the conditional of *haber*, plus the verb's past participle.

(yo)	**habría**	
(tú)	**habrías**	**pintado, creado ...**
(él, ella, usted)	**habría**	**tenido, sabido ...**
(nosotros/as)	**habríamos**	**vivido, construido ...**
(vosotros/as)	**habríais**	**escrito, roto, puesto ...**
(ellos/as)	**habrían**	

NOUN CLAUSES

As you already know, the subjunctive is used in noun clauses as required by the verb in the main clause. When talking about hypothetical opinions or wishes, we use the *Conditional* in the main clause, and the *Imperfect Subjunctive* in the subordinate (noun) clause.

> **Me gustaría** que todos los estados **tuvieran** educación bilingüe en las escuelas públicas.
> *I would like all estates to have bilingual education in public schools.*
> (NOW)   (NOW OR IN THE FUTURE)

However, if this wish refers to the past, we use *Pluperfect Subjunctive*.

> **Me habría gustado** que mi escuela **hubiera ofrecido** educación bilingüe.
> *I would have liked that my school had offered bilingual education.*
>   (IN THE PAST)

CONDITIONAL CLAUSES

As we have studied in 6-3, if the speaker believes that a condition is somewhat unlikely or impossible, s/he will use the Imperfect Subjunctive. This, like in English, does not refer to the past, but rather to the present or future.

> La literatura latinoamericana **sería** más conocida en EE.UU. si **se enseñara** en las escuelas.
> *Latin American literature **would be** better known if it **was taught** in schools.*   (UNLIKELY)

> Si el escritor Junot Díaz **hablara** sólo una lengua no **podría** escribir sobre el biculturalismo.
> *If writer Junot Diaz **spoke** only one language he **would not be able** to write about biculturalism.*

However, if we want to talk about hypothetical conditions related to the past (which are, by definition, impossible) we use the Pluperfect Subjunctive to express the condition, and the Perfect Conditional in the main clause.

> Si Junot Díaz **hubiera nacido** en EE.UU. **habría escrito** novelas muy diferentes.
> *If Junot Diaz **had been born** in the US, he **would have written** very different novels.*   (IMPOSSIBLE)

> Si California no **hubiera votado** en contra de los programas bilingües, más niños **habrían aprendido** español e inglés.
> *If California **had not voted** against bilingual programs, more children **would have learned** Spanish and English.*

Mariano Rajoy: Copyright © Iker Parriza (CC BY-SA 3.0) at http://commons.wikimedia.org/wiki/File:Mariano_Rajoy_en_Bilbao2.png.

Elecciones generales 2011: Copyright © Altorrijos (CC BY-SA 3.0) at http://commons.wikimedia.org/wiki/File:Elecciones_generales_espa%C3%B1olas_de_2011_-_distribuci%C3%B3n_del_voto.png.

Congreso 2011: Source: http://commons.wikimedia.org/wiki/File:Congreso2011.svg. Copyright in the Public Domain.

Países con más inmigrantes 2010: Copyright © Mauricio Rojas Mullor (CC BY-SA 3.0) at http://commons.wikimedia.org/wiki/File:Pa%C3%ADses_con_m%C3%A1s_inmigrantes_2010.jpg.

Democracia real YA Madrid: Copyright © Olmo Calvo (CC BY-SA 3.0) at http://commons.wikimedia.org/wiki/File:Democracia_real_YA_Madrid.jpg.

Occupy Wall Street: Copyright © David Shankbone (CC BY-SA 3.0) at http://commons.wikimedia.org/wiki/File:Day_60_Occupy_Wall_Street_November_15_2011_Shankbone_20.JPG.

Manifestación del 15 de Octubre de 2011: Copyright © Ana Rey (CC BY-SA 2.0) at http://commons.wikimedia.org/wiki/File:Manifestaci%C3%B3n_del_15_de_Octubre_de_2011_en_Sevilla_024.jpg.

Manifestación 15 de Octubre: Copyright © Barcex (CC BY-SA 3.0) at http://commons.wikimedia.org/wiki/File:Manifestaci%C3%B3n_15_de_octubre_en_Madrid_-_111015_180903.jpg.

Day 3 Occupy Wall Street: Copyright © Jorgenev (CC BY-SA 3.0) at http://commons.wikimedia.org/wiki/File:Day_3_Occupy_Wall_Street_2011_-_anon.png.

Manifestación Democracia: Copyright © vreimunde (CC BY-SA 2.0) at http://commons.wikimedia.org/wiki/File:Manifestaci%C3%B3n_Democracia_Real_Ya_15-M_M%C3%A1laga.jpg.

Day 21 Occupy Wall Street: Copyright © David Shankbone (CC BY-SA 3.0) at http://commons.wikimedia.org/wiki/File:Day_21_Occupy_Wall_Street_October_6_2011_Shankbone_9.JPG.

Day 20 Occupy Wall Street: Copyright © David Shankbone (CC BY-SA 3.0) at http://commons.wikimedia.org/wiki/File:Day_20_Occupy_Wall_Street_October_5_2011_Shankbone_14.JPG.

Juventud ...: Copyright © Kadellar (CC BY-SA 3.0) at http://commons.wikimedia.org/wiki/File:Juventud_pre-parada_-_Manifestaci%C3%B3n_15-O.jpg.

Manifestación 15 de Octubre: Copyright © Barcex (CC BY-SA 3.0) at http://commons.wikimedia.org/wiki/File:Manifestaci%C3%B3n_15_de_octubre_en_Madrid_-_111015_173639.jpg.

La Piel que habito Cannes: Copyright © Georges Biard (CC BY-SA 3.0) at http://commons.wikimedia.org/wiki/File:La_Piel_que_habito_Cannes_2011_2.JPG.

Mujeres ...: Reprinted with permission of Newscom.

Volver: Reprinted with permission of Newscom.

La Piel Que Habito: Source: http://en.wikipedia.org/wiki/File:Theskinilivein-poster.png.

Ceuta-melilla: Copyright © Anarkangel (CC BY-SA 3.0) at http://commons.wikimedia.org/wiki/File:Ceuta-melilla.png.

Rock of Gibraltar: Copyright © Hans Lohninger (CC BY-SA 3.0) at http://commons.wikimedia.org/wiki/File:Rock_of_Gibraltar_seen_from_Punta_Carnero.jpg.

Identitat propia espanya ...: Source: http://commons.wikimedia.org/wiki/File:Identitat_propia_espanya_castell%C3%A0.svg. Copyright in the Public Domain.

Euscalerria: Copyright © Fortunatus (CC BY-SA 3.0) at http://commons.wikimedia.org/wiki/File:Euscalerria.gif.

CCAA of Spain: Copyright © (CC BY-SA 3.0) at http://commons.wikimedia.org/wiki/File:CCAA_of_Spain_%28Blank_map%29.PNG.

Flag of the Puerto Rican Independence Party: Source: http://commons.wikimedia.org/wiki/File:Flag_of_the_Puerto_Rican_Independence_Party.svg. Copyright in the Public Domain.

Sioux01: Source: http://commons.wikimedia.org/wiki/File:Sioux01.png. Copyright in the Public Domain.

Chillida-peine: Copyright © erwin brevis (CC BY-SA 2.0) at http://commons.wikimedia.org/wiki/File:Chillida-peine.jpg.

Monumento a la tolerancia: Copyright © Frobles (CC BY-SA 3.0) at http://commons.wikimedia.org/wiki/File:Monumentoalatolerancia_.jpg.

Carmen: Copyright © Efloch (CC BY-SA 3.0) at http://commons.wikimedia.org/wiki/File:Carmen.jpg.

Camarón de la Isla ...: Source: http://commons.wikimedia.org/wiki/File:Camar%C3%B3n_de_la_Isla_y_Paco_de_Luc%C3%ADa.jpg. Copyright in the Public Domain.

Iberoamérica: Source: http://commons.wikimedia.org/wiki/File:Iberoam%C3%A9rica.png. Copyright in the Public Domain.

St. Augustine Sign: Copyright © Diego Delso (CC BY-SA 3.0) at http://commons.wikimedia.org/wiki/File:St._Augustine_Sign,_Augustine,_Florida,_USA1.jpg.

Spanish World Cup: Copyright © Daniel Dionne (CC BY-SA 2.0) at http://commons.wikimedia.org/wiki/File:Spanish_World_Cup_celebration.jpg.

Plácido Domingo: Source: http://commons.wikimedia.org/wiki/File:Pl%C3%A1cido_Domingo,_2008.jpg. Copyright in the Public Domain.

Jose Andres: Source: http://commons.wikimedia.org/wiki/File:Jose_Andres.jpg. Copyright in the Public Domain.

Carlos Ruiz Zafón: Source: http://commons.wikimedia.org/wiki/File:Carlos_Ruiz_Zaf%C3%B3n_-_001.jpg. Copyright in the Public Domain.

Arturo Pérez-Reverte: Copyright © Edward the Confessor (CC BY-SA 3.0) at http://commons.wikimedia.org/wiki/File:Arturo_P%C3%A9rez-Reverte.jpg.

Art Museum Milwaukee: Copyright © Dori (CC BY-SA 3.0) at http://commons.wikimedia.org/wiki/File:Art_Museum_Milwaukee_Wisconsin_5658.jpg.

Ciudad de las Artes y las Ciencias: Copyright © Maribelle71 (CC BY-SA 2.0) at http://commons.wikimedia.org/wiki/File:Ciudad_de_las_Artes_y_las_Ciencias,_Valencia.jpg.

Malmö1: Copyright © Artico2 (CC BY-SA 3.0) at http://commons.wikimedia.org/wiki/File:Malm%C3%B61.JPG.

Peace Bridge in Calgary: Copyright © Ryan Quan (CC BY-SA 3.0) at http://commons.wikimedia.org/wiki/File:The_Peace_Bridge_in_Calgary_an_HDR_photo.jpg.

Exterior: Copyright © Fofo (CC BY-SA 2.0) at http://commons.wikimedia.org/wiki/File:Exterior_da_esta%C3%A7%C3%A3o_de_oriente.jpg.